氷川下セツルメント史

半世紀にわたる
活動の記録

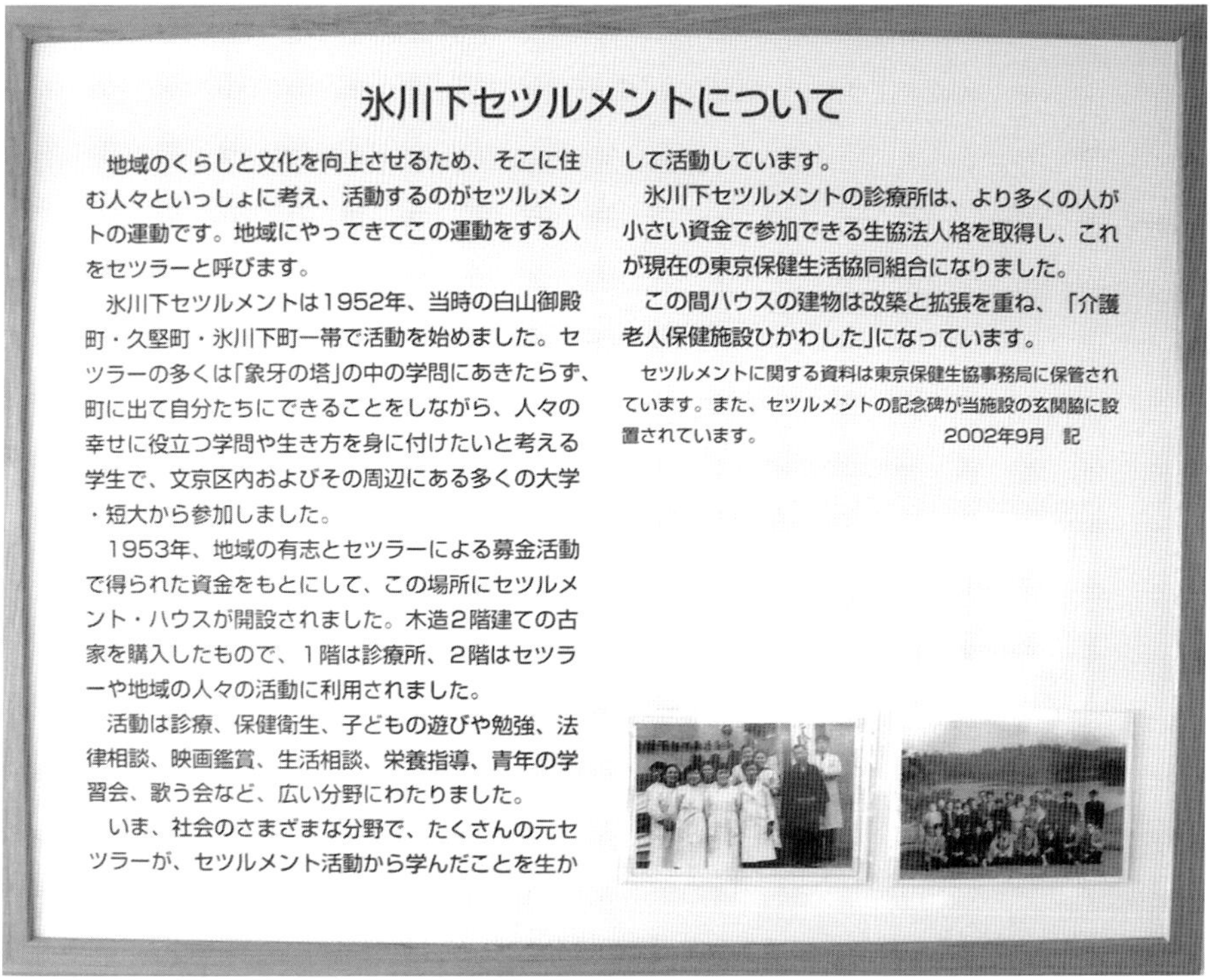
氷川下セツルメントについて
地域のくらしと文化を向上させるため、そこに住む人々といっしょに考え、活動するのがセツルメントの運動です。地域にやってきてこの運動をする人をセツラーと呼びます。

氷川下セツルメントは1952年、当時の白山御殿町・久堅町・氷川下町一帯で活動を始めました。セツラーの多くは「象牙の塔」の中の学問にあきたらず、町に出て自分たちにできることをしながら、人々の幸せに役立つ学問や生き方を身に付けたいと考える学生で、文京区内およびその周辺にある多くの大学・短大から参加しました。

1953年、地域の有志とセツラーによる募金活動で得られた資金をもとにして、この場所にセツルメント・ハウスが開設されました。木造2階建ての古家を購入したもので、1階は診療所、2階はセツラーや地域の人々の活動に利用されました。

活動は診療、保健衛生、子どもの遊びや勉強、法律相談、映画鑑賞、生活相談、栄養指導、青年の学習会、歌う会など、広い分野にわたりました。

いま、社会のさまざまな分野で、たくさんの元セツラーが、セツルメント活動から学んだことを生かして活動しています。

氷川下セツルメントの診療所は、より多くの人が小さい資金で参加できる生協法人格を取得し、これが現在の東京保健生活協同組合になりました。

この間ハウスの建物は改築と拡張を重ね、「介護老人保健施設ひかわした」になっています。

セツルメントに関する資料は東京保健生協事務局に保管されています。また、セツルメントの記念碑が当施設の玄関脇に設置されています。

2002年9月 記

氷川下セツルメント
草創の地
1953年この地にセツルメント・ハウスが設立された。
戦災で疲弊した地域で健康・生活・文化の向上を求める
活動は、当施設開設の礎となった。
1952年発足以来五十年を記念して
2002年春、元セツラー一同建之

上段の表示は「老健ひかわした」の玄関内に掲げられ、下段の碑は同じく、「老健ひかわした」の玄関前に設置されている。

氷川下セツルメント活動地域

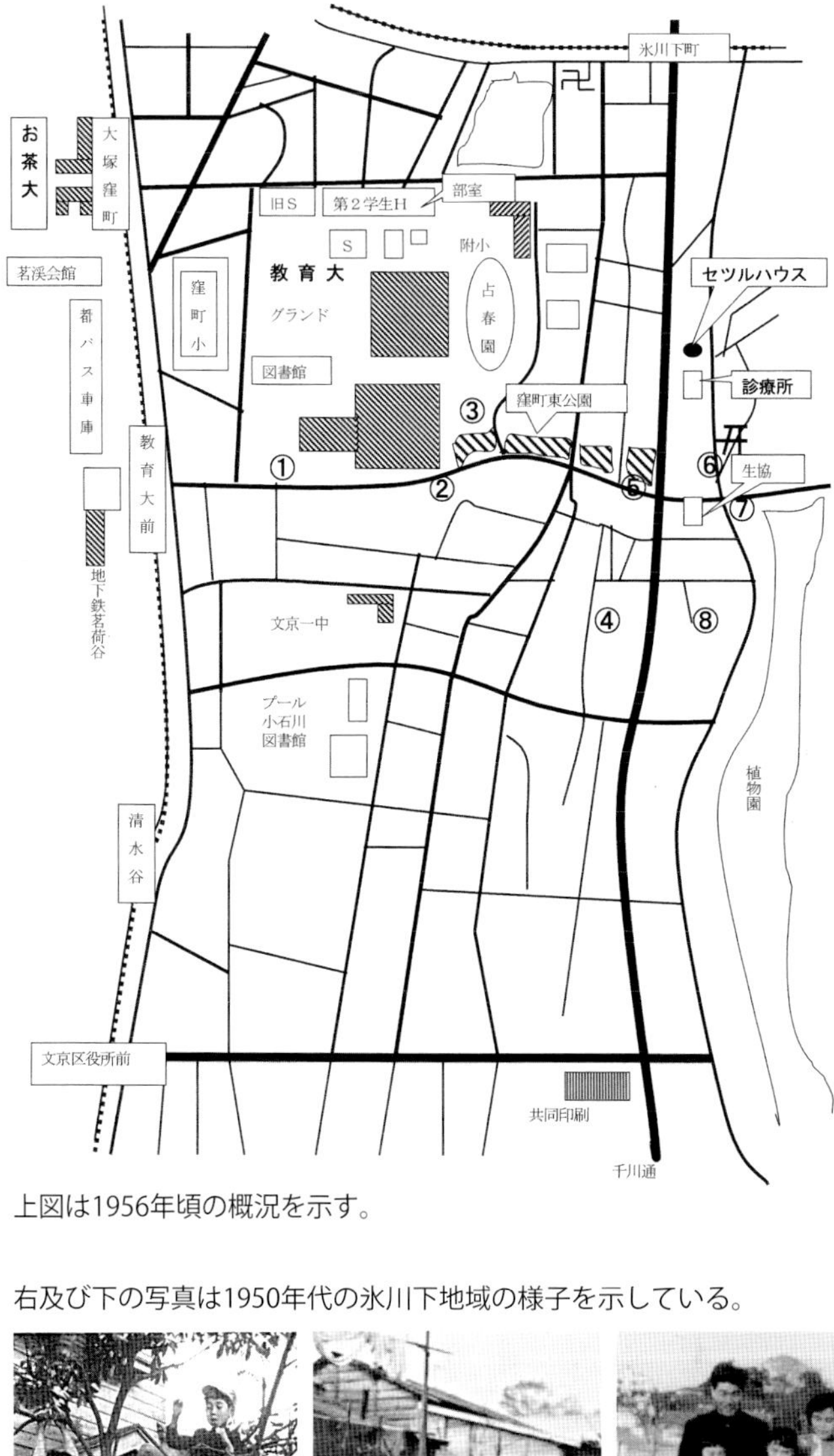

上図は1956年頃の概況を示す。

右及び下の写真は1950年代の氷川下地域の様子を示している。

氷川下地域の現況　写真の番号は右地図に対応している。

①② 湯立て坂（ロマンス坂・幽霊坂）

③ 元教育大占春園

④ 旧久堅町界わい

⑤ 窪町東公園交差点

⑥ 氷川神社

⑦ 小石川植物園

⑧ 旧白山御殿町界わい

初代診療所（1953年9月／氷川下町4番地）

ハウスの中で（1960年9月）

診療所の2階が初代ハウス
（右側2階屋が二代目ハウスか?）

氷川下セツルメント 診療所とハウス

診療所増築（1960年9月撮影）

診療所の新築（1957年3月）

氷川下セツルメント病院の新築

手前4階建が1962年6月新築のセツルメント病院（奥の6階建は1976年2月に増改築）

「介護老人施設ひかわした」へ改組

2002年4月オープン

入口で（1967年春）

ニューハウス

1965年9月、病院裏に移転

ハウスの中で
（1970年1月）

児童部／子ども会活動

子供会活動（年代不詳）

人形劇・紙芝居

夏休み勉強会（1957年／教育大合併教室）

御殿町班勉強会（1957年夏）

夏休み子供会（1960年／教育大構内）

教育大桐葉祭での
大運動会（1967年5月）

青年部／わかもの会活動

わかもの会結成後、初キャンプ（1962年7月/丹沢）

文集『てのひら』
創刊号（1962年8月）

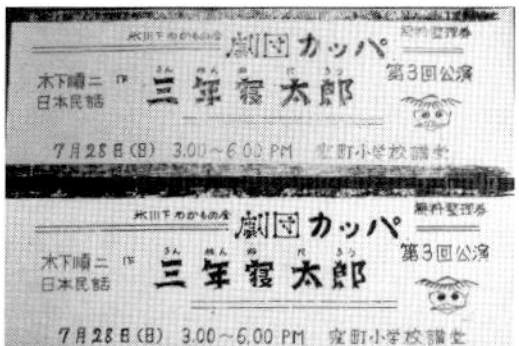

カッパ劇団（1962年12月第1回翌年7月第3回公演）

五日市キャンプ（1963年8月）

天覧山ハイキング（1964年5月）

クリスマスパーティー（1963年12月）

照月湖スケート（1965年1月）

中津川渓谷キャンプ（1964年8月）

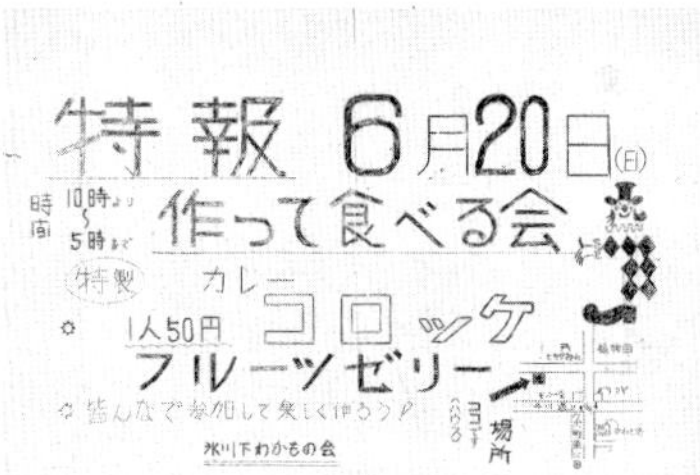

作って食べる会
（1965年6月）

高松山ハイキング
（1965年9月）

わかもの会主催第1回盆踊り大会（1966年7月）

わかもの会四周年祭り（1966年5月）

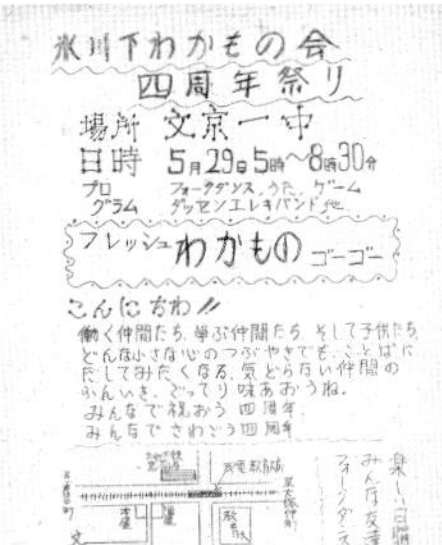

法律相談部（法相部）

法律相談室（1960年9月）

法相部（協力／保健・栄養部）
発行の『生活の泉』(1962年)

うたう会

氷川下うたう会発行
の文集『ともしび』
創刊号（1954年）

労働部

労働部発行の『ひかわ』
（1961年）

保健部

ケースワーク家庭訪問（1967年）

栄養部

『偏食の子の為に』
（栄養指導）

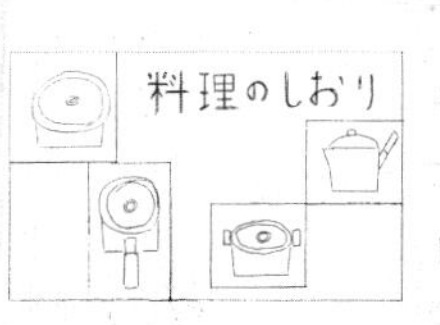

料理講習会用

栄養部セツラー（1960年代）

歓迎会

1959年鷹取山

高尾山

文化祭展示発表

日常の情宣活動

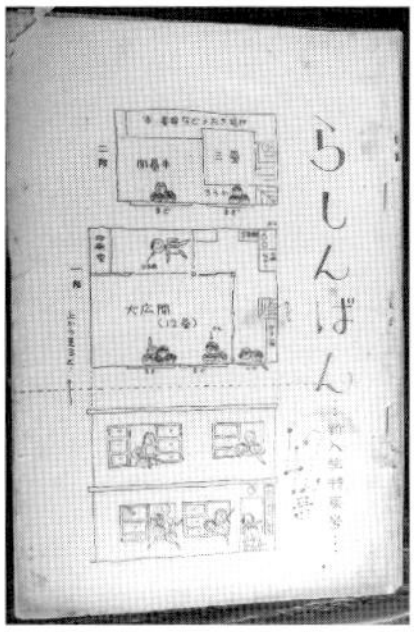

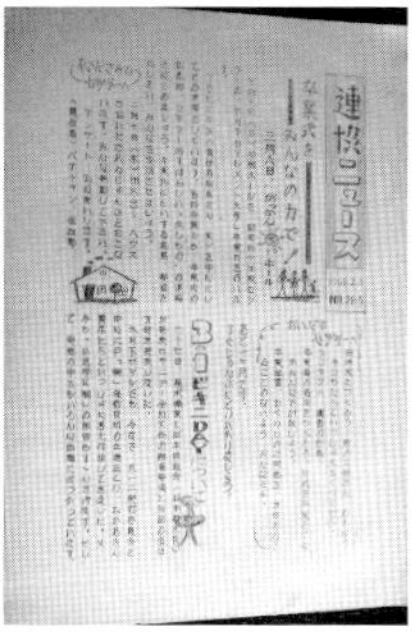

『セツラーニュース』　『らしんばん』　『連協ニュース』

全セツ連大会

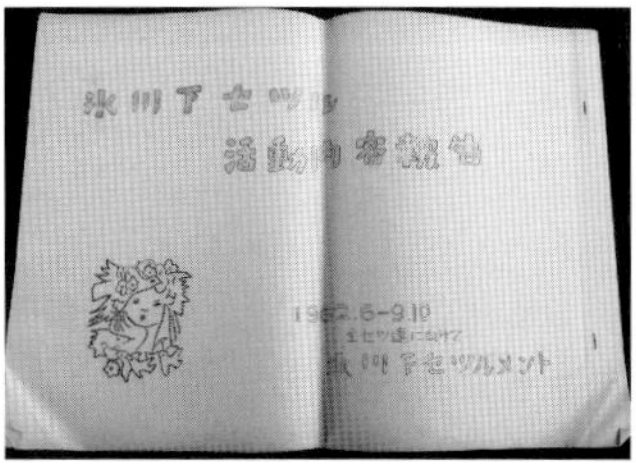

大会へのレポート

1968年第15回大会

新入セツラー

1969年小金井公園

1964年

セツラー合宿

1966年8月青年部合宿（美ヶ原）

1956年10月児童部合宿（山中湖）

1966年9月児童部合同合宿
（御岳山駒鳥山荘）

セツル大学卒業式

1965年3月

回顧録の出版

出版記念パーティーと記念写真（2007年8月）

回顧録集
『氷川下セツルメント
～「太陽のない街」の
青春群像』

『10ねんし』の復刻

1962年11月に刊行された『ひかわしたセツルメント10ねんし』を復刻（2008年8月）

『史料集』の刊行

『氷川下セツルメント史料集「第一」』（2008年7月／総会資料）

『同「第二」』（2008年9月／らしんばん）

谷 敬一）

氷川下
セツルメント史

半世紀にわたる
活動の記録

はじめに

（一）

本書に記されているのは、一九五二年から一九九一年までの大凡四〇年間、東京都文京区の西北部に位置する氷川下町、白山御殿町、久堅町、現在の千石二・三丁目、大塚三・四丁目、白山三・四丁目、小石川四・五丁目を中心とした地域で活動した学生セツルメント、氷川下セツルメントのあゆみの概略である。

（二）

二〇〇七年八月に刊行された回顧録集、『氷川下セツルメント―「太陽のない街」の青春群像―』の「はじめに」は、冒頭次のように記す。

「一九二三年一二月に創立された東京帝国大学セツルメントにはじまる日本の学生セツルメント運動は、第二次大戦後における学生運動・社会運動の重要な一翼をなすものであった。社会矛盾渦巻く地域でのその活動は、昨今における真摯な学生ボランティア活動の前身であるとも言えるだろう。一九五三年七月、前年からの多様な活動を経て、日本医科大学、お茶の水女子大学、東京大学、東京教育大学、跡見学園女子短期大学の学生たちの手によって氷川下セツルメントは確固たる歩みを開始した。しかし、一九七三年の東京教育大学閉学決定と筑波移転、加えて一九八〇年代初頭からの経済変動の渦の中、一九八五年以降著しく退潮した氷川下セツルメントの活動は、一九九一年三月、ついに、四〇年におよぶその歴史の幕を閉じることになる。」

氷川下セツルメントは、結成当初より八〇年代初頭まで常時一〇〇名前後、時には二〇〇名を越えるセツラー数を誇り、加うるに、置かれた複数の部が各部間の協力・連携を常に志向しつつ多面的かつ多様な活動を展開していた全国的に見ても希有なセツルメントであった。

氷川下セツルメントは、文化部・法律相談部・診療部・調査部の四部体制で開始された。その後、文化部は児童部・生活部・歌う会に、そして生活部は栄養部に、また、診療部に代わる保健部、新たに労働部や青年部あるいは幼児部が置かれるなど氷川下セツルメントは様々な活動を展開するが、五三年一二月の第二回総会以降、各部の結びつきを強めよう、連携を強化しよう、との呼びかけが繰り返し行われた。この、各部の結びつきを、連携を、交流を、という呼びかけは「総合セツルメントとしての活動を」という表現として結実する。「総合セツルメント」という表現は、六一年六月の機関誌『らしんばん』四五号に於ける特集「各部活動の理論化を通しての総合セツルの可能性を追求しよう」以降頻繁に用いられることになる。

しかし、七〇年代初頭から八〇年代初頭にかけて栄養部・青年部・法律相談部が消え、八六年には保健部が消えた。八〇年代の末頃には幼児と小学生を対象とする二つの子ども会のみとなってその間の連絡も途絶えがちになった。氷川下セツルメントは総合的なセツルメントではなくなり、九一年にはセツルメントの名が消える。二〇一三年現在、氷川下セツルメントを継ぐ氷川下子ども会が存在し、活発な活動を展開してはいるものの、残念ながら氷川下セツルメントの名は無い。

（三）

第二次大戦後の学生によるセツルメント活動は、一九四〇年代後半における東京大学セツルメントの再建以降急速に拡大し、五四年一一月の関東セツルメント連合、続いて五五年一一月、二六団体が結集する全国セツルメント連合の結成となる。氷川下セツルメントは関セツ連・全セツ連結成とその後の学生セツルメント運動の中心的役割を担うこととなり、特に児童部は長期に亘り学生セツルメント運動の「最重要な立場」にあった。五六年には全セツ連加盟団体三四、非加盟を合わせると六〇の学生セツルが活動していたという。しかし、生活擁護・平和と民主主義を希求するセツルメント活動は、その後の急激な政治的・経済的・社会的な状況変化の中で度々困難に直面する。

六〇年安保闘争前夜からの学生運動の変質とその影響による「生産点論」の提起をめぐるセツルメント活動の混乱に際しては、氷川下セツル児童部を中心とする地域における地道な日常活動を展開する諸セツルの活動によってこれを克服、その後のセツルメント活動の高揚の中、氷川下セツルは六三年から七〇年代前半まで全セツ連委員長の出身母体としてその重責を担った。

六八年頃から展開される全共闘運動の影響拡大に際しても全セツ連はこれを克服して活動を強化、七七年には加盟セツル六六団体、七八年の第三三回全セツ連大会には一、〇〇〇名を越える大会参加者を得るなどの大きな高揚を見せたが、その後の急激な社会変化と学生数の大幅な増加、そこから来る地域住民と学生の意識変化もあって、セツルメント活動は次第に退潮して行く。氷川下セツルと全セツ連との係わりも著しく薄弱となった。全セツ連も八〇年代後半には消滅したと思われる。

侵略戦争により世界各国に多大の被害を及ぼし、また、日本国民も大きな犠牲を払ったことに対する真摯な反省から起こった敗戦直後からの平和で民主的な日本を構築しようとする運動の大きなうねりは、八〇年代以降とみにしぼんでいく。国民的・民主的運動の一翼を担ってきた戦後の学生運動・学生セツルメント運動の衰退、そして学生の意識変化が八〇年代以降の日本の政治的・経済的・社会的動向と深く関わっていることもまた明らかであろう。

二〇一三年現在、全国的に見れば、氷川下子ども会を含め、教育系あるいは社会福祉系の大学や学生を中心に、子ども会を中心とした活動を進める学生サークルが数多く存在し、それらの中にはセツルを名乗るものも少なくない。が、その活動内容は、五〇年代から七〇年代のセツルメント活動とは著しく乖離したものとなっているように思われる。

(四)

卒業後数十年を経た現在、当時の資料を保管して下さっていた方は極く少数に限られており、証言してくださった方も多くはなかった。本書に先だって刊行された回顧録集、『氷川下セツルメント―「太陽のない街」の青春群像―』の執筆に応じて下さった方も六〇名余に過ぎず、しかも、氷川下セツルメント草創期から六〇年代の終わりまでの方々がその殆どを占めていた。八〇年代の方々は『回顧録』に寄稿してはいただけなかったものの、少なくない資料を提供して下さり証言をして下さった。しかし七〇年代の方からの資料提供は他の年代の方々に比して極めて少なく、証言も限られたものであった。また、栄養部・児童部・青年部・法律相談部・保健部等各部の終焉については残念ながら解明できていない状態にある。

従って、大凡四〇年間のあゆみとはしたものの、ここに記されているものの多くは、五〇年代・六〇年代の事柄であって、七〇年代についての記述は極めて少なく、それぞれの終焉については甚だ曖昧である。ご寛恕頂きたい。

(五)

なお、巻末には資料と年表を付した。資料は、我々が知り得た氷川下セツルメント関係のもの、本文と関係が深いと考えられる全国セツルメント連合のもの、そして、我が国におけるセツルメント運動のいわば指針ともいえる末弘巖太郎の設立趣意書、そしてまた、『ひかわしたセツルメント一〇ねんし』の巻末に付された一九四五年八月から六二年一月までの「氷川下セツルメント活動年表」を補完する意味での年表である。そのいずれもが不完全かつ不充分との誹りを受けるものであろうことは自認している。後人にとって多少なりとも参考になれば幸いである。

氷川下セツルメント史編纂委員会

目次

第四章　法律相談部……237

補説

序説

一　戦前の大学セツルメント

（一）東京帝国大学セツルメント

日本における最初のセツルメントがどこであるか、学生によるセツルメントはどうか、については、様々な見解があるようであるが、戦前の大学セツルメントの代表が、東京帝国大学セツルメントであることは、異論のないところと思われる。一番ヶ瀬康子氏は、『日本セツルメント史素描』(注1)において、一八八四年ロンドンのイースト・エンドに開設のトインビー・ホールに始まるイギリス、アメリカのセツルメント活動の展開過程と特質を概観した上、日本における「慈善事業」とは異質の「セツルメント」の創始として片山潜のキングスレー館（一八九七年、東京市神田区三崎町）をあげ、その後に設立された各種のセツルメントを検討すると、興望館（一九一九年、同市本所区松倉町、婦人矯風会）、マハヤナ学園（同年、東京府北豊島郡西巣鴨町、仏教有志団）等の宗教的団体によるものや大阪北市民館（一九二一年）、東京王子隣保館（一九二三年）等の公立のものなどと対比して最も本来的といえるのは、大学セツルメントであり、それは東京帝国大学セツルメントに代表される旨説明している。

東京帝大セツルに関しては、活動中の一九三七年二月に『東京帝國大學セツルメント十二年史』が刊行されていて（非売品）、その時点までの概要を知ることができる（復刻版は、日本子どもの歴史叢書二九として一九九八年に久山社から刊行されている）。同セツルは、その約一年後閉鎖のやむなきに至ったが、その経緯を述べ、『十二年史』では明確にできなかったことなどを補正等した上、関係者の回想等を加えたものとして、一九八四年六月に『回想の東京帝大セツルメント』が発行され(注2)、戦後、同書に先立って刊行された『穂積・末弘両先生とセツルメント』(福島正夫＝川島武宜編・東京大学セツルメント法律相談部・一九六三年・非売品)や『東京帝大柳島セツルメント医療部史』(滋賀秀俊編・新日本医学出版社・一九七九年)などと相俟って、その活動情況等は相当程度明らかになっているといえよう(もっとも、会員であっても『十二年史』及び『回想のセツル』中の一九三七年現在の名簿には記載されていない場合があるなど、若干の制約の残存は否定できない)。なお、宮田親平『だれが風を見たでしょう』(株式会社文藝春秋・一九九五年)は、同セツルに関する比較的入手し易い文献であり、参考になる点が多い。

以下、東京帝国大学セツルメントの概要を略述したのち、他の大学セツルに関して若干の説明を付加することとする。

㈠ 設立の経緯について

一九二三年九月一日発生の関東大震災後、末弘厳太郎東京帝大法学部教授が組織し、穂積重遠同教授らが賛同参加した「学生救護団」の活動(罹災者集団の救護・給養、各地からの問合せに対応した安否調査、『帝都大震火災系統地図』の作成等)が後始末の段階になった同年一〇月頃、この活動組織を解散してしまうのではなく、進んで永久的なものにしようとする気運が生まれ、大学セツルメント創始の運動に発展した(賀川豊彦氏から末弘教授への働きかけが大きかったともいわれている)。ロンドンのスラム街に開かれたトインビー・ホールがイメージされ、セツラーの募集等を経て同年一二月一四日に五〇余名の参加による第一回メンバー総会が開かれて、事業と組織の概要が決められ、文学部戸田貞三助教授らの指導の下、翌年一月から三河島、日暮里、本所、深川等の工場やスラム街の調査を行って、候補地の第一を深川区猿江裏町の労働奨励会託児所跡としたが、九分通り進んだこの話が不調となり（該地域の具体的状況を直視すると、大学セツルの趣旨、目的にふさわしいか疑問、という観点からの再検討の結果ともいわれている）、第二候補として準備した本所区柳島元町の地に決定した—のちに横川橋に町名変更。近くには、大震災前に創設されていた東京帝大ＹＭＣＡの「賛育会本所産院」—柳島植森町—や大震災直後に設立された賀川豊彦氏、馬島僩氏らの隣保施設—松倉町—が存在した。なお、賛育会の活動状況については斉藤實『賛育会の七十五年』社会福祉法人賛育会・一九九四年、賀川氏らの活動状況については村嶋帰之『灰燼の中に立つ灯明台』(注3)、セツルハウスの建築設計等については福島正夫『今和次郎氏に聞く』(注4)を参照されたい。落成祝賀会は同年（一九二四年）六月六日であり、現実に最初の学生四名が住み込んだのは同月一〇日からであって、この六月一〇日が「セツルの記念日」とされている。落成祝賀会では末弘教授から「東京帝国大学セツルメントの設立に就いて」と題する格調高い趣意書が発表され、東京帝大セツルの「不易の指導原理」とされている（定住による、知識の分与と社会実情の調査研究が二本の柱とされているが、この趣意書は多くの文献に引用されている。巻末資料の末尾に収録したので、直接熟読されたい）。

(二) 組織と規約について

東京帝大セツルは、単に学生が参加したという意味の「学生セツル」に止まらず、教官と学生が組織した「大学セツル」である。その規約は、当初のものが一九三三年と一九三六年に改正されていて、事業の発展に応じて整備されていったものと考えられるが、基本的な構成員は、総指導者（三三年規約では代表者、三六年規約では会長）、指導教授、学生（セツラー及びレジデント）、オールドセツラー（ＯＳ）である（『回想のセツル』一一頁参照）。なお、常任の役員である主事は、当初学生から、後にはＯＳから選定された。別に、会費の負担による事業援助者として賛助（維持）会員がいた。事業としては、総務部のもとに、託児部、児童部、図書資料部、調査部、医療部、法律相談部、労働者教育部、市民教育部、少年教育部、消費組合部等があり（部の名称等に若干の変動があるが、『十二年史』に部史が記載されているものを列挙した）、セツラーは、少なくとも週一回、部の事業に参加する義務があるとされていた。

三　事業活動について

『十二年史』では、発足後の活動を区分して、①事業開始より柳島消費組合設立運動具体化に至る迄（一九二四年六月〜二七年八月）、②協同組合化への努力時代（一九二七年八月〜三一年一二月）、③事業推進時代（一九三二年一月〜三六年一二月）としており、『回想セツル』は、これに、④セツルメント最後の奮闘時代（一九三七年一月〜三八年三月）を加えることになる旨説明している（一二頁）。当初は必ずしも明確でなかった消費組合の問題が極めて重要なものとして登場している点に注目すべきであろう。各部の事業ないし活動の内容とその変遷については、それぞれに極めて興味深いものがあるが（例えば、児童部活動から独立した児童問題研究会のほか、託児部の母の会、児童部のお伽学校、医療部の健康会、法相部の実費訴訟引受制、労働者教育部や少年教育部のエスペラント講座など）、本稿での要約は至難である。関係文献に直接当たられることを期待する。なお、『回想のセツル』の末尾には、個人的な回顧録を含む極めて詳細な資料文献目録が掲載されているが、次のものを付加しておきたい。

①「セツルメントの思い出」＝磯野誠一『思想の科学』第九号・一九五九年
②「座談会磯野先生を囲んで」＝唄孝一・利谷信義・萩原金美ら『神奈川法学』二〇巻一・二・三合併号・一九八四年

③『私の昭和史』＝磯村英一・中央法規出版・一九八五年
④「東大セツルメント法律相談部」＝磯野誠一『ジュリスト』九五一号・一九九〇年
⑤『小説東大セツルメント』＝松永健哉・システム出版会・一九九六年
⑥『東大セツルメント物語』＝後藤傳一郎・小倉武一発行・一九九九年
⑦「私の心の遍歴」＝清水幾太郎・人間の記録シリーズ一八九・日本図書センター・二〇一二年
⑧『穂積重遠』＝大村敦志・ミネルヴァ日本評伝選・ミネルヴァ書房・二〇一三年

㊃ 財政について

規約では、事業の維持方法に関し、経費は、維持会員費、各部収入、官庁助成金、諸寄附を以て当てる、としており（当初は、別に、賛助会員規約を定め、寄附金額を一口一〇円としていたが、一九三三年の改正規約では、維持会員制を採った上、その一か月の会費を、一般維持会員は一円又は五〇銭、託児部維持会員は五円、三円、一円又は五〇銭、医療部維持会員は一円とし、三六年の改正では、これらを一か月一口の会費としている）。各部がそれぞれの事業内容に対応して「独立採算」に努めたことはもとよりであろうが、維持会員納入の会費と官庁助成金、定例・臨時の寄附金に依存する部分が大きかったことは否めず、「助成金」や「寄附金」に依存することの当否等については、様々な議論のあるところと思われる（なお、『回想のセツル』四六八頁以下に、セツルの整理時点—一九三七年度—の会計報告が記載されている）。

㊄ 閉鎖の経緯について

一九二八年の治安維持法改正、三一年の満州事変等を契機に、国策の反動化、リベラリズムの抑圧等の動きが強まり、新人会、社会科学研究会、社会医学研究会などの学生団体への弾圧とともに、大学セツルにも、文部省思想局、内務省警保局等の「当局」から様々な圧迫が加えられるようになった（一九三六年秋には児童部の林間学校で使用した教材の不適切等を口実として、三七年一二月と三八年二月には人民戦線事件などの関連で、それぞれ相当数のセツラーが検挙されたようである。セツル解散までの間に従事した学生総数二六〇名のうち被検挙者は通算七〇名、ともいわれている。利谷信義「穂積重遠」法学セミナー増刊・日本の法学者・一九七四年の三三二頁参照）。当初、「大学隣保館」と改称し、これまでの事業のうち、幼児教育、経費診療、法律相談のみを残すなどした上、有給職員中心の財団組織とする方向が打ち出されたが（三八年一月二九日付「改組声明書」）、当局から難色を示され、結局、自主解散やむなしということになって、三八年三月に事業の閉鎖を公表し、施設の恩賜財団愛育会への譲渡（セツル経営の事業のための有形施設一切の代償は六〇〇〇円）を経て、同年四月三〇日付整理終了の挨拶状送付に至った（一九三三年に末弘教授が法学部長に就任したことから、閉鎖時の代表者・名誉会長は穂積教授）。

㈥ 東大新人会との関係について

大正デモクラシーの旗手吉野作造法学部教授の下に出入りしていた学生によって一九一八年末に結成された新人会は、その後マルクス主義の影響を受けて次第に左傾化し、学内における社会主義思想運動団体の中核的存在となっていった。セツル事業の創始と遂行、特に一九三四年まで続いた労働者教育部の活動の中心となったのが新人会のメンバーであったことは否定できないところであろうが（現在では、研究者の解明した新人会の会員名簿が存在し――『新人会の研究』・ヘンリー・スミス著＝松尾尊兊ら訳・東大出版会・一九七八年の二九一頁以下参照――、セツルメントの会員名簿との対比も可能であるが、実態を十分に反映しているかどうかは疑問である。同書一二六頁では、最初のセツラー一〇〇人のうち三〇人以上が新人会員としている。なお、松岡将『松岡二十世とその時代』日本経済評論社・二〇一三年・一八頁以下参照）、「セツラーの構成はマルキスト、自由主義者、クリスチャン、仏教徒、社会奉仕者（中略）など種々雑多な学生の集団である。そのようなセツルメントが一部の思想集団の本拠となり、一つの色に塗りかえられることになれば、一般セツラーの反撥或いは脱退ということも考えられて不可である（後略）」という考えから、セツルと新人会の幹部間の話合いの結果、新人会はセツルに「手を出さない」という了解が成立したとされている（初代主事石島治志『初めの頃』―「医療部史」一八七頁以下参照＝石島の旧姓は内村。なお、第二代主事で新人会員でもあった東利久氏は、『東京帝大新人会の記録』石堂清倫＝竪山利忠編・経済往来社・一九七六年・一四一頁以下の『東大セツルメントの歴史』において、セツルの活動情況を記述し、学生の個人名を挙げてそれぞれの具体的な役割にまで言及しているが、同書編者の判定に従えば、セツルの歴代主事七名のうち三名が、労働者教育部開設の労働学校第一期のチューター一一名のうち一〇名が、いずれも新人会員であったことがわかる）。セツル創設の際に新人会のメンバーが九州で得た募金を寄附したことは、同会会員林房雄氏の小説『ロビンフッド事件』に描かれているところである（林房雄『自選短篇集』一九三二年・改造文庫の七一頁以下。なお、『回想のセツル』五九頁参照）。ちなみに、この小説冒頭の柳島セツルの描写は、『十二年史』の二五二頁以下に収録のＯＳ武田麟太郎氏の『一時代の思出』とともに、当時のセツルとセツラーの情況を的確に現したものとして、多くの文献に引用されている。この「手を出さない」という了解・配慮があったからこそ、新人会の解体（一九二九年）後もセツルが存続し得たともいえるし、このような了解・配慮にもかかわらず、弾圧を免れなかった、ともいえよう。

（二）　他の大学セツルメント

戦前の大学又は学生のセツルメントとしては、京都帝大の学生小林輝次が賀川豊彦の影響を受けて開いたもの（一九二一年）や立命館大学の学生広瀬泉龍が始め大谷大学の学生に引き継がれた『ルンビニ学園』（一九二三年）が紹介されている（注1の書物の二五二頁参照）。前者は、小林の入営により一旦閉鎖となったが、一九三〇年になって、法学部の学生が京都東七条地区でセツル活動を始め、中島玉吉法学部教授、黒正巖農学部教授の指導の下、同年四月以降、二〇人前後のセツラーが、生活実態調査、小児の健康状態調査、夜学校（勉強会）、無料の人事・法律相談等を実施し、歳末には大学教授や医学部卒業生の協力を得て市内数カ所巡回の法律相談、診療活動等も行い、その後、助産婦の協力による妊婦相談や市内靴工らとの協働による消費組合結成の動きまで生じたものの、二年余り後の三二年秋には財政難が主因となって閉鎖のやむなきに至ったとされている（『京都帝国大学新聞縮刷版』昭和五年～七年分参照）。また、早稲田大学においては、一九二六年秋以降三〇年始め頃までの間、「社会事業研究会」のメンバーらによる大学セツル建設の動きがあり、活動場所の選定等にまで発展したが、結局、実現には至らなかったようである（『早稲田大学新聞縮刷版』大正一五年～昭和五年分参照）。

その他、戦前の学生セツルとして、一九二八年創立の九州帝大（福岡）と関東学院（横浜）、三〇年創立の明治学院（東京）が挙げられているが、これらの実態は不明である。『回想のセツル』の労働者教育部史は、一九三一年春に部内誌『セツラー』が九州帝大セツル紹介号を作成した旨報告し（同書四〇九頁）、『医療部史』は、一九三三年以降漸次活動不活発となった九州帝大セツルが解体前夜の状態にある旨の『特高月報』昭和一三年二月号の記事を紹介している（同書二二八頁以下）。これらの大学等のセツル活動や大震災直後の日本女子大学校や東洋大学の学生らの活動、その他戦前から社会福祉、社会事業関係の学科や講座を設けていた宗教大学（後の大正大学）、東京女子大学、日本大学、駒澤大学、同志社大学等の学生らの活動等については、更なる調査が必要と思われる（『日本女子大学の八十年』一九八一年、『東洋大学百年史・通史編第一巻』一九九三年等参照）。なお、大学の拡張、知識の分与の活動という点では、東京帝大セツルと共通した面があると思われるものとして、東北帝大の中川善之助法学部教授を指導者とする宮城県社会事業協会無料法律相談所（仙台無料法律相談所）の一九二八年以降の活動が存在するが（一〇周年記念会には穂積東京帝大教授が来賓としてスピーチしている。なお、一九五六年には三〇周年記念会が開かれたという）、学内での位置付けなどは不詳である（中川善之助『法律相談三十年』ＩＤＥ教育選書・民主教育協会一九五七年参照）。

（注1）「社会福祉の歴史研究」＝一番ヶ瀬康子『社会福祉著作集』第二巻・労働旬報社・一九九四年の二一五頁以下に所収。論文の発表は一九六四年であるが、著作集に収録のものには一九七〇年一二月一八日放映のＮＨＫテレビ教養特集「セツルメントの系譜」中の関係者の談話等も引用されている。

（注2）『回想の東京帝大セツルメント』＝福島正夫＝石田哲一＝清水誠編・日本評論社・一九八四年、全四七八頁、『十二年史』の約八五パーセントを再録したという。九人のＯＳの「回顧録」と六人の「市民の声」のほか、「官庁及各種事業助成団体」「臨時寄附者」「夏季転住生活御寄附学校名」から構成された寄附者名簿などは割愛されている。

（注3）『村嶋帰之著作選集』第五巻・新聞社会事業と人物評論＝柏書房・二〇〇五年の三八二頁以下に所収。

（注4）『福島正夫著作集』第七巻＝勁草書房・一九九三年の一九九頁以下に所収。なお、同巻には、一九二七年以降、東京帝大セツルにセツラー及びＯＳとして参加し、戦後の東大セツルにも指導者格で関与された同氏のセツル関係の著作等の大半が収録されている。

（執筆・担当　堀内　信明）

二　戦後の東京大学セツルメント

公刊された文献・資料が乏しく、わずか半世紀余り前のことであるのに、不明確な点が少なくない。全国セツルメント連合書記局編・新書版『同じ喜びと悲しみの中で』(注1)のほか、若干の資料(注2)(注3)を参考にして、東大セツル再興の概要を略述するに止める。

一九四九年の台風水害に対する支援活動をもって戦後の東大セツルのスタートとするのが通例である。すなわち、同年八月三一日に関東地方を襲ったキティ台風は、死者一三五人、都内の浸水一〇万戸という多大の被害をもたらした。前々年九月中旬のカスリーン台風、前年九月中旬のアイオン台風に続く大水害であって、これに対する東大生らの救援活動等が契機となり、東大自治会の中央委員会が各学部自治会、ＹＭＣＡ等に「セツルメント」の再建を呼び掛けたことから、その設立準備会が設けられ、水害地の実態調査等を経たのち正式に東京大学セツルメントが発足した、とされているのである。これに対し、既に一九四六ないし四七年には東大セツルが活動していたとする文献もある。住谷悦治氏らの『日本学生社会運動史』同志社大学出版部・一九五三年は、一九四七年一月の時点における東大セツルの活躍を指摘しているが(二四四頁、三二四頁)、具体性に欠けたものであるところ、東京帝国大学新聞は、一九四六年五月一日号で、「セツルメント、胎動する農村に進出」として、旧冬来再興の努力を進めてきたセツルが同年四月の茨城県下の赤痢、天然痘に対処する診察、医療等を行った旨報道し、一九四七年一〇月九日号で、「セツル埼玉へ」の見出しの下「農民の立上がりを援助」として、水害(カスリーン台風)の被災地である埼玉県の加須町や春日部町への継続的支援等を、旧来の形式に拘泥しない新たな時代のセツル活動、と報道しているのであって(ほかに、セツルの活動として、九州の山村での調査・教育、富山県の農村訪問を報道した記事も存在する)、このような東大の学生による複数・多方面のセツル的行動が発展して、一九四九年の水害を契機とする東大セツルの結成に至った、と解することも可能と思われるが(北川隆吉氏は『学生セツツルメント運動の理解と課題について』社会事業第三九巻一二号・一九五六年の一二頁において、「当初、農村巡回診療から端を発した東京大学セツツルメントが、昭和二十四年にキティ台風の救護活動から、その組織をかため」と説明している)、四八年九月に結成された「全学連」の運動との関連等を含め、更に調査する必要がありそうである(なお、千田謙蔵『ポポロ事件全史』日本評論社・二〇〇八年の一一一頁、一一八頁参照)。

通例の見解に従う場合にも、大学セツルとしての正式発足の時期については、一九四九年説、五〇年四月説、同年九月説など、取り扱いが分かれているが、『東京大学新聞』一九四九年一二月一二日号は、同年九月一六日の準備会を経て、一二月一日に川田信一郎農学部、隅谷三喜男経済学部、横山正彦同学部、福武直文学部等の助教授やOS、社会科学研究会、教育学会等の参加した会合が開かれ、これまでの活動の継続と正式な診療活動のためには法人化が必要とされ、その旨の方針が決められた旨報道し、また、一九五一年七月五日号は、同年六月一六日午後三時からセツルメント第一回総会がメトロ(学内食堂)で開かれ、先輩や顧問教授(来栖三郎法学部、羽里彦左衛門医学部等)らを含めた約五〇人が参加し、馬島僴氏の挨拶があった旨報道した上、一昨年来の活動情況を具体的に紹介しているから、このような記事を前提とする限り、との実態においては違いがない、ともいえる。

いずれにせよ、その活動は、まず、江戸川区葛西の漁業協同組合事務所二階における診療活動に始まり、品川区大井庚塚(東京の城南工業地帯の延長上の住宅街)所在の緑保育園に併設する形で開かれた診療所の活動が続いたのち、五一年に入って足立区大谷田地区(日立製作所等の工場、労働者住宅、引揚者寮等が混在する地域）に診療所や保育園が開設され（活動は、当初同地区の引揚者寮内で行われたが、セツルに対する排斥と擁護の動きが入り交じる中で、五二年五月からは付近に取得した独立の建物で行われた。セツルハウスが葛飾区亀有に所在したことはない筈であるが、「亀有セツル」と称されている）、また、川崎市古市場地区（日本鋼管や東芝電気の労働者住宅等が存する地域）でも診療所や子供会等の活動が開始された（「川崎セツル」又は「古市場セツル」と称されている）。その後、地域の客観的情況及び学生らの主体的条件（東京大学新聞一九五二年一〇月三〇日号の表現では、「資金と人手の不足」）を考慮した結果、葛西と大井から撤退して、亀有と川崎に集中することとなり（五二年末までには撤退を完了した）、両セツルは、専従の医師らによる診療所と医学部学生らによる保健部のほか、他学部・他学校の学生による文化部、栄養部等が加わって「総合セツル」化した（初期の総合セツルの調査活動の一例として、一九五六年実施の川崎セツルと「家」制度研究会との共同作業による『労働者家族における諸意識と地域社会』―古市場調査報告がある。その概要については、同調査に先立つ亀有調査―『扶養を中心とする家族の実態』―を含め、福島正夫「わが国都市家族の近代性と前近代性」都市問題第四七巻第六号・一九五六年の二五頁以下参照）。

法律相談部の場合、上記自治会等の動きに対応する形で、一九四九年末頃から法学部学生の有志によるセツルへの参加、法相部の再興の話し合いがなされていたようであるが、相談活動の開始は五一年秋以降と思われる（なお、ＯＳの戒能通孝氏は、四九年二月の座談会―法律時報同年四月号所収―で、セツルの再建、東大だけでなく各大学による共同セツルの必要性を主張している）。戦前の指導者のうち末弘嚴太郎、穂積重遠の両教授は既に東大から離れていた情況であって（末弘氏は、戦後労働三法の立案作業に関与、四七年一〇月以降、中労委の会長として活躍したが、五一年九月に死去。穂積氏は、東宮太夫兼東宮侍従長を経て四九年二月最高裁判所判事に任命されたが、五一年七月現職のまま死去）、セツル再興について学生の相談相手となり有力な支援者となったのは、我妻栄法学部長であった（学生の要請に応じて何度も資金を拠出した、とのことである。福島正夫「柳島セツルメント」―注4の書物の一九三頁以下に所収―参照）。我妻氏が再興セツルの指導教授にならなかったのは、四七年七月に設立されていた法学部内のサークル「東京大学法律相談所」の所長に就いていたためではないかと思われ（『東京帝大新聞』一九四七年七月一七号掲載の我妻栄『緑会の法律相談に寄す』参照）、戦前の指導者では当時助教授だった川島武宜教授が、ＯＳの福島氏や前記来栖教授らとともに、戦後の法相部を指導する形となった（『川島武宜先生を偲ぶ』財団法人クレイム研究会・一九九四年に所収の岩城謙二『川島先生の思い出』、清水誠『川島先生とセツルメント』、磯野誠一『川島先生を憶う』参照）。セツル法相部は、亀有、川崎の両セツルハウスでの相談活動に加え、五二年一月から川崎市立労働会館でも法律相談を開始し（「単独セツル」）、また、五三年六月以降氷川下セツルにも法律相談部門の担当者として参加した。

一方、五三年三月頃から、東大工学部、医学部、東京学芸大等の学生の行っていた文京区菊坂地区の子供会・勉強会活動（「若葉会」）は、同年六月の東大セツル中央委員会において「菊坂セツルメント」として承認され、保健部が五四年九月頃から、法律相談部が五六年七月頃から、参加するようになって、「総合セツル」化した。また、五二年秋ないし五三年春頃から、東大駒場（教養課程）、共立女子大、昭和女子大等の学生の行っていた世田谷区下馬一丁目の引揚者寮（旧連隊跡）での「世田谷郷」の子供会活動が、五四年春頃に四番目の東大セツルと認められた。「世田谷郷」セツルは、五四年一一月頃「北町セツルメント」と改称の上、その活動を発展させた。

このような拡大情況、特に他大学からの参加の増加が一因となって、五四年六月の東大セツル第七回総会において、東大セツルの一体性より各地域セツルの独自性を重視する方針が採用されたようである。

かくして、東大セツルは、一九五五年一一月の全国セツルメント連合結成時点において、活動地域を基準とした四セツル、すなわち、亀有、川崎（古市場）、菊坂、北町（これを構成するのは、東大各学部及び他大学の学生）と、法学部の学生による法律相談部の連合体という複雑な形態をとることとなった（本郷の学内文化サークルとして、セツルメントのほかに、セツルメント法律相談部とセツルメント医学部が登録されていた時期もあったようで、その理由として、顧問教授や学内施設である部室、掲示板、学園祭、講演会の際の大教室の利用、助成金の交付先などの問題が考えられる）。セツルメント（主として文学部、教育学部、経済学部の学生から構成されていたことになろう）やセツル医学部の学内での活動情況は五月祭への参加のほかは殆ど不明であるが、法学部の場合、法律相談部セツラーは、五月祭への参加、公開講座の開催、新聞・雑誌の法律相談欄への寄稿、部内機関誌『歩む』の発行等を共同して行うと共に、北町セツルを除く東大系の三セツル及び川崎市立労働会館（更に六二年秋以降六六年頃までの間は、文京区に所在の東京都竹早社会福祉会館）並びに氷川下セツルにおいて法律相談等の活動を行う、という形であり、その所属ハウスも、やや流動的であって、東大セツル法相部から各ハウスに派遣された状態と説明することもできる。このような関係は、例えば、五七年からの三重県鳥羽市今浦地区学校統合反対闘争に参加したのは、東大セツル法相部と東大セツル傘下の亀有セツルである旨報告されていること（『セツルメント活動の新しい展開』緑会雑誌・復刊第二号・一九六二年の六三頁以下参照）や第一四回全セツ連大会の法相部活動分科会には、亀有、川崎、菊坂、氷川下が東大セツルとして、福岡、都立大、若葉、中野、坂下が他セツルとして、それぞれ参加した旨報告されていることなどにも現れていると思われる。

その後の東大セツルメントの歴史については、本稿はもとより本書の言及範囲を越えるものである。関係者による今後の歴史編纂に期待したい（ちなみに、東京都足立区東和―亀有関係、川崎市幸区古市場、東京都文京区小石川―菊坂関係―においては、二〇一三年八月現在、「セツルメント診療所」の名称を明示した医療機関が活動を続けている）。

（注1）『同じ喜びと悲しみの中で』＝全国セツルメント連合書記局・三一書房・一九五七年

（注2）その他の主な資料・文献として

①「現代学生セッツルメント運動の特性と傾向」西内潔・『社会事業』第三九巻八号・一九五六年

②「戦後の学生セツルメントの『地域組織化』について」高島進・『社会事業』第四一巻一二号・一九五八年

③「大都市における地域医療、看護・介護の理想と現実」『東京都足立区セツルメント診療所五〇年の歩み』＝和田清美・医療法人財団ひこばえ会ほか編・こうち書房・二〇〇一年

（注3）個人的な回顧録など（小説形式を含む）として

①「東大セツルメント法律相談部の体験より」清水誠・『法律時報』二七巻四号・一九五五年

②「セツルメント法律相談部」＝稲子宣子・『法と民主主義』第一〇〇号・一九七五年

③「セツルメント法律相談部」＝西川洋一・『緑会雑誌』復刊第九号・一九七五年

④『星よ、おまえは知っているね』＝永尾廣久・花伝社・一九九七年

⑤『絵本への道』＝加古里子・福音館書店・一九九九年、なお「奇想の発見（ある美術史家の回想）・第六回」・辻惟雄・「芸術新潮」二〇一二年一二月号参照

⑥『同じ喜びと悲しみの中で』＝松村敏弘・文芸社・二〇〇〇年

⑦『雲の都（全五部）』＝加賀乙彦・新潮社・二〇〇二年〜二〇一二年、なお『永遠の都（文庫版全七巻）』＝加賀乙彦・新潮社・一九九七年参照

⑧「〝心〟と〝情〟、そして〝視座〟」＝櫻井忠（『駒場からの五〇年』東大七B会記念文集編集委員会―非売品―所収）・二〇〇三年

⑨『東京っ子の原風景』＝田村明・公人社・二〇〇九年

⑩『アイデンティティと時代』＝山田正行・同時代社・二〇一〇年

⑪『加賀乙彦自伝』＝加賀乙彦・集英社・二〇一三年及び「セツルメント運動と血のメーデー」＝（インタビュー）加賀乙彦・「すばる」二〇一一年一一月号。なお小木和孝との対談『いじめと日本社会の人権意識』（加賀乙彦対談集「日本人と宗教」潮出版社・一九九八年所収）及び『結核の歴史』＝青木正和・講談社・二〇〇三年の（あとがき）参照

（執筆・担当　堀内　信明）

第一部　氷川下セツルメントの組織

第一章　中央委員会、連絡協議会、代表委員会、事務局、臨時小委員会

一　氷川下セツルメントの成立と中央委員会

(一)　氷川下地域におけるセツルメント活動のはじまり

一九五〇年八月、一人のお茶の水女子大生が、東京都足立区大谷田で行われていた東京大学セツルメントの亀有子ども会に参加し、以後、亀有子ども会や同じく東大セツルが開いていた神奈川県川崎市におけるセツル子ども会に数名のお茶大生が参加、翌五一年八月にはお茶大生一〇数名が東大セツルメントに加入した。

五一年一二月頃にはグループとして形成されていたお茶大生たちは、翌五二年四月二四日、会員四五名、維持会員八七名でお茶の水女子大学セツルメントを結成する。そして、同年五月一〇日、東京都文京区白山御殿町の空き地でこの地域としては初めての子ども会を開催した。紙芝居などに集まってきたのは三歳から一二・三歳、四〇名ほどの子ども達であったという。これに参加した学生の数は定かではない。が、先の会員数四五名の内、実際に活動していたのは二〇名程かとのことでもある。

一方、五二年四月、前年の五一年一月、東大セツルの呼びかけに呼応したＹＭＣＡと社会医学研究会の学生たちによって結成された日本医科大学セツルメントが、その活動拠点を文京区菊坂から同じ文京区の白山御殿町に移し、週三回、個人宅を転々としながらの診療活動を開始した。

それまで殆ど交流の無かったお茶大セツルと日医大セツルは、同じ地域で活動し始めたことから日医大セ

ツルの呼びかけで同年五月一四日に会合を開き、今後手を携えて活動することとし、健康面・診療活動を日医大が、文化面・子ども会・勉強会をお茶大が担当するとした。実質的な氷川下セツルメントの成立である。

なお、共に白山御殿町で活動しはじめているにもかかわらず、その名を氷川下セツルメントとした名称の由来は不明である。氷川下セツルメントという名称の初見は、本郷健康文化会に範をとって結成された五二年七月の「小石川健康文化会会則」であるが、ここでは日医大のみが氷川下セツルメントを名乗っている。当時のセツラーは名称についての論議をした記憶もないと言っている。当時、氷川下という名称がより広い範囲の地域を表す語として用いられていた可能性もあろう。

（二）氷川下という地域

氷川下セツルメントが主たる活動の場とした文京区白山御殿町、氷川下町、そして久堅町も町名としては今や無い。行政的に小石川、白山、大塚と分断されている。

氷川下町一帯はもと小石川村の一部で氷川下田圃と呼ばれていたが、一八八八（明治二一）年の市制及び町村制の公布により一八九一（明治二四）年、氷川下町と称した。簸川神社のある氷川台の下の低地にあるのでこのような名になったといわれる。入江や水田では鮎や鰻がとれたという。今も小石川植物園の西側に残る網干坂、あるいは田圃の南側の人々が簸川原の川を隔てて簸川神社に参拝できないため、湯花を立てて献じたという、旧東京教育大、現筑波大・放送大正門前から北に下る湯立坂の名からも当時の情景が偲ばれよう。田圃は明治三〇年代から埋め立てが進み、住宅や工場が建てられた。谷を流れる谷端川、別称小石川、通称千川は大雨が降ると溢れ、その度に両岸の民家は被災した。千川が暗渠とされたのは一九三四（昭和九）

年のことである。

白山御殿町は、その大部分が徳川綱吉の館林時代の別邸、白山御殿の跡である。白山御殿は綱吉の将軍就任後廃され、その跡は幕府の御薬園となったが、付近の土地を併せて白山御殿跡と称した。御薬園は一八七七（明治一〇）年、東京大学付属の植物園となり現在に至っている。付近の武家屋敷は明治に入って荒廃、一時田畑になったが、一八九一（明治二四）年、新たに町を興し白山御殿町とした。

久堅町は元和年間（一六一五〜二四）に町屋が開かれ、一八六九（明治二）年、飛地や旗本屋敷跡を併合し、永久の発展を願って久堅町としたという。一九一二(明治四五)年、石川啄木が生涯を閉じたのも、一九三三(昭和八）年に没した巖谷小波がそのほぼ生涯を通じて半世紀にわたり居住したのも、ここ久堅町である。

大正初期、久堅町の博文館工場近くに貧しい家の子どもを預かる託児所が出来、日本女子大学校の学生が面倒を見にきていたとも言う。一九三〇（昭和五）年、隣保事業施設として久堅町市民館が置かれ、一九一三（大正二）年一〇月に白山御殿町に置かれた東京力行会では家庭相談、人事相談、金品給与、職業斡旋、少年少女保護、苦学生保護、母の会、母子の会、児童の夕べ、童話会などが行われた。なお、白山御殿町には、一九二九（昭和四）年六月、肺病・ハンセン病患者を収容していた聖ステパノ・ホームが移転してきている。一九三一（昭和六）年の取扱人員数は計七三八八という。

一九二五（大正一四）年、精美堂と博文館が合併して共同印刷となり、以後、この地域の印刷・製本業がめざましく発展する。

昭和初期、この地域は急速に宅地化したが、地価や賃貸価格は当時の東京府の中では最も安く、周辺部と比べて二分の一から四分の一程度であったこともあって、多くの工場が移転、人口は明治期と比べ六倍から八倍に増加した。これらは第一次大戦後の不況や関東大震災によって都心を追われた者たちということができる。特に、この地域を含めた小石川地区は他の地域よりも都心からの人口吸収が目覚ましく、貧しい人々の比率増大も他の地域よりも激しかった。当時の東京市社会局は五人以上の家族一世帯を標準とし月収五〇円から六〇円以下の者の居住する地域を「特定地域」としたが、「特定地域」とは、低地で比較的多湿、河川埋め立て地もしくは沮洳地で居住地または商業地域として不適当と思われるところでもあった。一九二五（大正一四）年の東京市役所「東京市特定区域ニ関スル調査」で例として挙げられている地域の中に白山御殿町と氷川下町があり、特に白山御殿町は一九二一（大正一〇）年以来一九三〇（昭和五）年に至る間「特定地域」指定から外されることはなかった。現在の福祉事務所にあたる小石川第一方面事務所が一九二二（大正一一）年七月、簸川神社の一画に置かれて当時の小石川区の東半分を担当したが、その取扱件数は一九三〇（昭和五）年には初年度の一七〇倍に達したという。

ここ氷川下町、白山御殿町、久堅町は、その東南部に隣接する戸崎町（現白山二丁目）、八千代町（現小石川一丁目）と共に印刷・製本業の街である。印刷・製本業は一八九八（明治三一）年、久堅町に建てられた出版社博文館の専属印刷所製本所としての共同印刷株式会社を頂点として発達した。ロシア革命、米騒動などの刺激もあって成長した日本の労働運動の中、一九二六（大正一五）年の一月から三月、六〇日にわたるストライキを敢行した共同印刷争議は、プロレタリア文学の金字塔と言って良い徳永直の『太陽のない街』によって夙に知られるところであるが、昭和初期、女子労働をも吸収する零細な下請け家内工業的な工場数からしてもこの地域は印刷・製本の町であり、なかんずく製本業の比率の高い町であった。

一九四五（昭和二〇）年四月一三日・一四日の空襲で白山御殿町・氷川下町は焼失、五月二五日の大空襲で久堅町・白山御殿町は止めを刺されてその大半が焼け野原と化した。

戦後日本の物価高騰、特に敗戦後から一九四九年までのインフレーションは、東京にあっても、一九三四年から三六年を基準とした物価指数のうち、例えば食糧品は二八七倍、繊維品は三〇四倍などとその進行はすさまじい。一九五〇年六月にはじまる朝鮮戦争によって物価は再び上昇、一九五二年頃から安定しはじめるとはいえ日本経済のインフレーション性向は衰えなかった。労働者の実質賃金指数は一九四七年には一九三五年頃の三分の一であり、一九五二年になってようやく戦前水準に追いついた。

この地域は戦後も出版印刷業の町として都内随一の位置をしめることになる。しかし、統計上でも零細中小企業が多く、千代田区や中央区にある出版印刷業の関連・下請け的地位にあることが暗示されているという。出版印刷の工程は専門化が進み、この地域でも複雑多種な印刷出版業集団を形成していた。

戦後の出版印刷業の中心は小石川の谷である。戦災によってこの地域の出版印刷業は大打撃をうけたが、一九五〇年には戦前の水準を越えた。製本業についてみれば、一九六一年には事業所数従業員数で戦前のピークである一九四一年の二倍から三倍になっている。とはいえ、従業員数五〇〇人以上は皆無、九〇％以上が五〇人未満の事業所である。共同印刷、共同製本、その下に中規模そして零細規模印刷業と続き、下請けの零細企業の多くは活版印刷機一台から二台、企業主と従業員一名から二名という経営形態であった。そして、女子従業員の割合は、従業員四人未満の企業では三割、四人以上の企業では四割となり、女子労働の比率が高い。若年労働力の不足は深刻で、低賃金、長時間労働、手労働の過労から求人しても新しい労働者は得にくく、企業が小規模なため労働組合も育たず、労働条件の改良を遅らせていると『文京区史』は記す。

なお、一九六〇年代前半、谷に沿ってその両側に建つ商店街は、食糧品や菓子などの日常生活品を中心とする店によってその大半が占められていたが、喫茶店が無かったのも特徴的といえようか。

〔参考〕文京区役所『文京区史』第四巻・第五巻　一九六九（昭和四四）年

文京区教育委員会『ぶんきょうの坂道』一九八〇（昭和五五）年
文京区教育委員会『ぶんきょうの町名由来』一九八一（昭和五六）年

（三）活動の拡がりとセツルメントハウスの建設

五二年八月、氷川下地域からは最も近距離にある大学であった東京教育大学の教室を借りて、毎週水曜と土曜の週二日、毎回平均三〇名の子供達を集めた夏休み勉強会が開かれた。お茶大生、日医大生、それに教育大教育学部教育学科の学生が参加したという。

一方、五二年の夏休みと五三年の春休み、東大・教育大・東京女子大の歴史学研究会・社会科学研究会に所属する学生たちが氷川下での地域調査を行い、その結果を五三年の東大五月祭で発表した。

この地域調査に参加した学生達のうち、主として教育大歴史学研究会の学生たちが五三年五月頃からセツルメント活動に参加する。このことによって、氷川下地域におけるセツル活動はより活発なものとなった。また、同じ頃、跡見学園短大の学生も勉強会活動に参加しはじめ、六月には東大法学部の学生たちが氷川下地域で法律相談を開始した。

当初より診療活動を固定して行うための診療所が必要とする日医大生と、保育園を借りながら行っていた子ども会・勉強会のために施設の必要性を感じていたお茶大生が、共に活動拠点、セツルメントハウス獲得のための活動を開始する。

五二年一二月、お茶大でハウス建設資金獲得を目的とした人形劇団プークの公演を開催、五三年一月には氷川下診療所設立趣意書が配布され、三月にはハウス建設のための募金活動がはじめられた（注1）。六月、顧問として迎えられた戦前のセツラーである教育大文学部の磯野誠一助教授を責任者として改めてハウス設立委員会が設置され、精力的な募金活動が開始された。その後、土地・家屋についての情報収集を行いながら何回かの地域の人達との懇談会を重ね、九月六日、寄せられた七万円におよぶ寄付金、個人と信用金庫からの借入金によって、氷川下町四番地にある三二坪余りの土地とその上物の獲得に成功した。上物は建坪一〇・五坪の二階建で、その一階を診療所、二階をハウスとして使用することになった。翌九月七日には『真空地帯』で知られる作家の野間宏氏の紹介により中村英彦氏が専任の医師として赴任して診療が開始され、翌々日の九月九日からはハウスを拠点とするセツルメント活動がはじまった。

その後、隣接地の購入、診療所の増改築、木造の診療所から鉄筋コンクリートの病院へと医療活動の発展に伴いハウスは移転していく。ハウスはセツルメント活動の拠点、地域住民との接点の場、地域住民の会合の場などと多様な用いられ方をしたが、いずれにしろ氷川下セツルにとって、セツル活動を続けていく上で無くてはならない施設であった。

地域住民と密着し地域住民と共に生活と健康、平和と民主主義を守る活動を展開する上で無くてはならない施設としてのハウスではあったが、学生の意識変化も係わってレジデント活動(注2)が十分に行われないことも多く、学生セツラーの施設管理能力の上では問題が多かった。ハウス維持に必要な光熱水費捻出の上でも学生セツラーには困難をともなった。加えて医療施設としての診療所・病院と多面的な社会活動施設としてのハウスが同居ないし隣するというのには多くの問題があったに違いない。

(注1) 短期間のうちに診療所設立とハウス建設の動きが出ているものの、診療所設立趣意書が現存していないこともあってこの間の事情は不明である。

（注2）セツルメント活動上、セツラーが常時ハウスに泊まり込み、地域住民と接すると共にハウス管理に従事すること。一九五四年七月一日に決定をみた「氷川下セツルメント規約」では、レジデントは中央委員会のメンバーかつ事務局のメンバーであり、ハウスに居住し、ハウスを管理すると共に、地域の動きを把握してセツルメントと地域との交流を深めるものとされている。しかし、中央委員会の廃止と連絡協議会の設置に伴って改められた新規約、またそれ以降の規約にはレジデントの規定はない。結果、氷川下セツルにあっては、レジデントは当初は特定のセツラーによって、後には交替で行われることが多く、ハウスが事実上消滅するまでの二〇年の間にはレジデントが置かれない時期がしばしばあった。

（四）第一回総会の開催と中央委員会の成立

五三年七月一一日、三〇名程の学生の出席のもとに総会開催のための準備会が開かれた。席上、文化部・法律相談部・診療所・調査部の四部、お茶大・日医大・教育大・跡見短大・東大の五大学が中央委員会に結集することを主な内容とする組織と、初代委員長に教育大文学部史学科の関根淳平氏を推すことなどの人事が決定され、七月一四日には最初の中央委員会が開かれた。

状況から考えれば、この総会準備会は事実上の結成総会・第一回総会であり、ここに総合セツルとしての氷川下セツルメントが成立する。九月一二日、活動拠点となった新設のハウスに三〇名程の学生セツラーが集まって第一回総会が開催され、先の準備会における決定が承認された。

なお、五二年五月一四日の日医大・お茶大両セツルの合同集会を以て氷川下セツルの成立とすることも可能であろうが、組織・人事の確定を考えれば、五三年七月一一日を氷川下セツルの成立とするのが妥当であろう。

五三年一二月二〇日、教育大において第二回総会が開かれる。ここではセツル活動はどうあるべきかが論議の中心であった。議論の中で、セツル活動で第一に考えねばならないことは、地元の人々や子どもたちの苦しみ、悩みを共に考え解決していくことであり、これこそがセツル活動の目的であること、そして、ここにセツラー個々人がそれぞれ異なった思想的政治的立場に立つにも拘わらず、立場の相違をこえ統一してセツル活動をやっていける基礎が存在することが確認された。また、活動と勉強の矛盾が深刻な悩みになっていることが話題となり、各自無理のない時間的条件の中で活動出来るようにすること、活動の中でぶつかる一つ一つの問題を基礎として研究会を持つようにすること、活動と各自の専攻を結びつけた長期計画をたてること、それがセツル活動の目的の一つである「新しい科学の創造」につながっていくであろうことなどが話しあわれた。

なお、この時、文化部を勉強会班、子ども会班、生活班、歌う会班の四班として整備すること、新たにレジデントを置き、初代レジデントに教育大文学部史学科の青山崇氏を推すことなどが決定された。

（五）各大学におけるサークルとしてのセツルメント

複数の学生が参加している大学においては、財政上また学内における活動の便もあって、それぞれ学内の教官を顧問として依頼、学生団体として大学当局に届け出ていた。

日医大では、（一）「氷川下地域におけるセツルメント活動のはじまり」で述べたとおり、五一年一月にサークルとしてのセツルメントが結成されていたが、一〇月に衛生学の垂木秀夫氏が顧問として就任した。お茶大では五二年四月、戦前のセツラーであった文教育学部の周郷博氏を顧問としてお茶大セツルメントが結成されている。五三年九月には、前出の磯野誠一氏を顧問として教育大セツルメントが結成された。跡見学園短大セツルメントの結成は五三年九月末のことと思われる。

氷川下セツルの創立当初、各大学セツルからも中央委員が選出されており、五三年一二月の第二回総会では、日医大、お茶大、跡見短大、教育大からの報告が行われている。第三回以降は総会への大学からの報告はなくなるが、五四年一二月の第四回総会では教育大、お茶大、跡見短大、東大、日医大、医科歯科大から中央委員が選出されている。

なお、五三年六月末に出された「趣意書―氷川下セツルメントハウス設立に関して―」には、青山学院大学、武蔵大学の名も見えるが、この二大学からの中央委員選出はない。これら二大学から氷川下セツルに参加した学生が極めて小人数のため、それぞれの大学にあってはサークルとして成立していなかったものと思われる。

規約上、大学セツルからの代表が中央組織に出席することになっているのは五五年五月までで、五八年六月改訂の規約からは消える。五五年一二月の中央委員会解散と連絡協議会設置に伴って中央組織への派遣を止めたのであろう。なお、五八年四月の組織図では児童部の代表者会議に教育大とお茶大の代表が出席することになっているが、これも翌五九年四月には消える。重複するところに無理があったのであろう。サークル内民主主義の点でも問題があったに違いない。

五七年六月の第九回総会ではハウス改築資金カンパ委員会の報告が行われているが、そこでは教育大、お茶大、女子栄養短大、日医大、東大でのカンパ活動が報告されている。

各大学には複数のセツルがあり、結果として、各大学におけるサークルとしてのセツルは、セツル活動を補完するものとして存在した。

例えば六〇年代、教育大やお茶大には、八千代町セツルメントや坂下セツルメントが存在した。八千代町セツルは一九五六年ころお茶大の社会科学研究会が創始したものを一九五七年の四月ごろに氷川下から移籍したセツラーを含めて引き継いだものといわれ、文京区八千代町・指ヶ谷町・戸崎町（現在の文京区白山一丁目・二丁目）を中心に児童部活動や青年部活動を行っていたものであり、坂下セツルは、六一年の七月に氷川下セツル児童部から分離独立し、文京区東青柳町・大塚坂下町・雑司ヶ谷町（現在の音羽二丁目・大塚五丁目・目白台二丁目）で勉強会活動をしていたもので、二つの大学ではこれらのセツルが合同で新入生勧誘活動を行っている。

東大には学部毎にあるいは教養課程に数多くのセツルが存在した。戦後の東大セツル発足当初の実状については、「序説」二で略述したとおりであるが、七〇年代に入り、例えば、七三年一一月の教養課程学園祭「駒場祭」では氷川下セツル駒場セツラー会が東大セツル五〇周年記念と銘打ってオリジナル劇を上演しているし、七五年一一月の「駒場祭」では駒場セツルメント連絡会議の名による「せつるめんと統一説明会」を開催している。時としてこのような共催企画事業を行ってはいるものの、東大には全学規模のセツラー会は無かったようである。

八四年の『オリエンテーション・パンフレット』にも「主な大学には各々セツラー会が設けられ、学生間の交流や大学祭での企画などをおこなっています」とあるように、お茶大生のようにほぼ定期的に会合を開いていたところもあったようではあるものの、基本的には、学園祭や新入生のためのオリエンテーションの際に、単独あるいは共同で活動するものだったと言って良いであろう。

但し、必ずしも特殊な例ではないだろうが、七一年八月の第二三回全セツ連大会討論資料には、氷川下教育大セツラー会が、学園祭展示内容の話し合いの中から地域の子どもたちの遊び場問題を考え、八千代町セツル・児童文化研究会・わだつみ会と共に、以前は地域の人たちが自由に出入りできた大学が二年前の機動隊導入以来閉鎖されている現状を改善するため、「裏門をあけ、鉄条網をはずすこと、グランド・占春園・K館をサークル活動に使えるようにすることを要求する」という訴えと「地域のために大学を開いて下さい」という署名用紙を持って地域に入り、多くの父母や子どもたちの支持を得たことが報告されている。また、七五年三月、都立大で開催された全セツ連第二〇回大会の報告集の中にある大学別分科会報告には、仏教大・大谷大・大阪府大と共にお茶大セツラー会の記述があり、お茶大セツラー会は学園祭「徽音祭」に「どぶ川学級」上映を決め、そのための読書会や他サークルへの呼びかけを行ったこと、あるいは、八〇年、お茶大セツラー会また早稲田セツラー会はそれぞれ週一回集まって学習会等をやっており、東洋大は白山校舎・朝霞校舎で別々にセツラー会を開いているとある。八一年九月に開催された関セツ連基調報告の学習調査活動の中で述べられている坂下・氷川下早大セツラー会が「大学で何を学ぶか」をテーマとする講演会を企画したといった例もある。八三年三月の全セツ連第三八回大会では、氷川下セツル東大教養学部・東京外語大セツラー会が、学園祭に向け、地域の青年労働者の三交代制について実態調査を行ったことが報告されているが、これもその一例であろう。

（六）　中央委員会の廃止と連絡協議会の設置

一九五四年一月二三日の第一回委員会以降、中央委員会は様々な課題に取り組むことになる。が、二月度と四月度は召集されず、三月度の委員会は流会になった。このことは中央委員会と総合セツルとしての氷川下セツルの先行きを暗示するものでもあった。

五四年九月五日には、七〇〇名を越えるセツラー・地域住民が参加する、教育大を会場とした盛大なハウス設立一周年記念祝賀会が開催された。この頃、セツラー数も二〇〇を越え、活発な活動が展開されたが、一二月に入って下降に向かった。五五年の新入生歓迎ハイキングには一五〇名以上の参加があるなどセツラー数は多いものの、六月一二日の第五回総会で出された方針、「率直に話し合おう」「創意性を生かした活動をしよう」「活動に科学性を持たせよう」「活動に責任を持とう」「国民のための学問とは何か、街の人々と一緒に考えていこう」は当時の状況を物語っていよう。努力の結果、活動は活発化する。が、一二月一一日の中央委員会で中央委員会の廃止と各部各班代表一名による連絡協議会の新設が議論され、一二月一八日の第六回総会で承認されることになる。

事実上の決定機関とされてきた中央委員会であったが、活動そのものの沈滞の中にあって、六月以降のハウス改造問題、七月の平和友好祭参加問題、『前衛』八月号掲載記事問題等に取り組む中で、「中央委員会は指導性がない」との批判が出る一方、少なくないセツラーにとっては無意味に近い存在ともなっていた。現実の活動の中でその機能を果たせなくなっていた中央委員会に対し、活動が転換期にあるとの認識から組織改編に動いたものと思われる。

（執筆・担当　増田　克彦）

二　セツルメント活動における諸問題

（一）　総合セツルメントとしての氷川下セツルの追求

多くの学生セツルの活動が、一ないし二の分野に限られているのに比べ、氷川下セツルは多彩な活動を展開したセツルメントとして知られる。

創立当初より、子ども会・勉強会活動、生活改善運動・文化活動、診療・検診活動、そして法律相談活動と多面的な活動が行われた。これは、連綿とした学生達のエネルギッシュな活動、創意性・創造性、そして飽くなき努力によるものではあろうが、地域の生活協同組合や生活と健康を守る会などとの協力・協同の結果でもあろうし、文京区氷川下が都心と言っても良い地理的好条件から来る、活動に参加する学生の多様な在籍大学等もまた起因しているに違いない。

多彩な活動を展開した氷川下セツルの、それぞれの活動間のかかわりはどうであったか。一九五三年一二月に開催された第二回総会における中央委員会報告は「地元の人が生活・健康・子供の問題で完全に一体化しているとき、われわれが診療所・文化部・法相部・・・バラバラに地元に働きかけ、その間に共通した目標方針が無く、その間の連絡が充分に行われていないということは、たとえハウスの中で各部が同居して一緒であっても地元の人の充分な支持を得、その力を組織して行くという上では不完全である」として、セツルの方針・目標を明らかにし、組織充実を計りたいとしている。しかし、この「バラバラに地元に働きかけ」「その間の連絡が充分に行われていない」という状況は、以後、様々な努力が行われたにもかかわらず結果として不十分なまま進行する。

五四年六月の第三回総会では、中央委員会の「各部各班が有機的なつながりの中で活動を行っていかなければならない」との報告を受け、「各部間の連絡を緊密にしよう」との総会決議を出す。五四年九月には生活部の紹介で勉強会会場を増やすことが出来た。五六年一〇月、連絡協議会の発案で、月刊壁新聞によって各部の状況の周知を図ろうとしたが二・三の部から提供されたのみで立ち消えとなる。五七年六月の第九回総会では、連協の「各部バラバラの活動がわざわいしてメンバーすら定まらず、四月までほとんど活動らしい活動もできなかった」という報告も行われ、「研究会活動を活発にし、各部の交流を図ろう」という方針を立てる。五九年一二月の第一四回総会における法相部報告では、他部との連携をいかに推し進めて行くかについて、安保闘争で各部が結束しなければ力になり得ないとの認識を示している。そして、六〇年七月の第一五回総会方針では「各部の日常活動を追求し、一層地域の人々との結びつきを深めよう。そのために、各部の日常活動の中で地域の調査をすすめ、記録し、問題点をつかんでいこう。又、その成果を全体のものとしてつみ重ね、各部の連携を深めよう」とされているし、六二年一二月の第二〇回総会では、「セツルの総合化を推し進めよう」との呼びかけも行われている。毎年行われた児童部の夏休み勉強会・集団指導には児童部以外の部から少なくないセツラーの参加があった。

しかし、こうした中央委や連協の動きや意識が、全てのセツラーのものとなっていたかについては甚だ心許ない。例えば、六〇年一二月の第一六回総会児童部活動報告には、「児童部セツラーのほとんどは、他部の活動に興味を持たず、又、他部の活動を理解する場もなく、活動を共にする場がない。連協の責任である。一方、一人一人のセツラーも、自分達のやっている細かな児童部活動が、具体的に、一つ一つどう他部の問題とつながっているのか、掴んでいない。一人一人の、その活動を系統的にとらえる意識の問題がある」とあるからである。

六一年六月の機関誌『らしんばん』四五号は、「各部活動の理論化を通して総合セツルの可能性を追求しよう」との特集を組んだ。寄稿者は、栄養部二、栄養部ＯＳ一、児童部五、児童部ＯＳ一、保健部一、法律相談部一、労働部一といった顔ぶれである（ＯＳとはオールドセツラーの略。卒業生を指す）。六一年には、栄養部の栄養相談、保健部の検診と離乳指導という形で栄養部と保健部が協同した月一回の乳幼児検診が行われている。青年部準備会は、中学生班卒業生や労働部が対象としていた青年達をわかもの会活動に組み入れ、六四年には「他部との交流をはかりながら、実践をすすめよう」との方針の下、南京虫対策協議会の薬剤撒布を法相部が中心となってこれに保健部と児童部が協力した。中学生班卒業生の組織化のための青年部高校生パートと児童部中学生班、わかもの会の「作って食べる会」で青年部わかものパートと栄養部、東大五月祭で法相部と児童部、アンケート調査と家庭訪問で保健部と児童部、法相部・保健部・栄養部の協同で南京虫駆除が行われている。六五年には、わかもの会会員検診として保健部と青年部わかものパートが協力した。六九年には、わかもの会を中心に企画された氷川下祭典への取り組みを氷川下セツル全体で行おうとの呼びかけも行われた。栄養部と法相部の合同学習会、連協主催の各種学習会が行われ、五九年一〇月と六八年八月には連協主催の合同合宿も行われている。

一方、学生サークルとしてある意味当然のことだが、毎年、氷川下セツル全体としての、新入生歓迎会、卒業生送別会等の行事が行われた。五三年八月の浅間牧場へのハイキングをはじめとして、毎年、奥多摩や陣馬高原・高尾山、小金井公園・神代植物園、多摩湖・狭山湖、鷹取山、金沢八景などへのハイキングが行われた。七〇年の入学式はお茶大学館ホールで開催され、参加した新入生三〇名を前に早乙女勝元氏が講演している。送別会は五四年三月の三〇余名参加のもとに開かれたのを皮切りに毎年開催され、後には「追い出しコンパ」とか「卒業式」と呼ばれるようにもなった。この送別会は、教育大日本間、教育大食堂、お茶大学生会館ホール等を会場として開かれ、顧問・地域住民・子供達、ＯＳを含め一〇〇名を越える参加者のある年も珍しくなかった。六七年以降は成人式も行われた。加えて各部交流ソフトボール大会や学園祭でのフォークダンスや交流会も盛んに行われた。

このような、活動や親睦会を通じての各部交流の努力が行われているにもかかわらず、七〇年の第三五回総会では「各部班の協力関係が追求されなかった」、八四年一〇月の第六一回総会でも「班やパートを越えた交流がいまひとつ進んでいないという現状」「他のことは全然知らないという状況はなかなか打破できず」と総括されることになる。

(二) 医療活動の進展、診療所と学生セツルの関係

氷川下地域における日医大セツラーによる診療活動は、第一節の一で述べたとおり、五二年四月に始まっていたが、五三年五月には、大塚診療所の出張所として山田みつ氏宅の三畳間を借りる形で氷川下セツルメント診療所が開設されるに到り、五三年七月の氷川下セツルメント結成時には日医大セツラー達は診療部としてその四部体制の一翼を担うこととなる。さらに同年九月には完成した建坪一〇・五坪のハウスの一階を診療所として使用し、中村英彦氏が専任の医師として赴任した。この間、来院患者数も一日平均五〇名に増え、一二月には歯科も常設された。

しかし、五三年一二月の第二回総会で既に医師のオーバーワークに対し医学生からはやることがないと言われているという報告がなされている。診療所が発展する中、この、学生は何をしたらよいのかという問題

は、診療部そして後の保健部セツラーにとっての一貫した課題となった。

五四年四月、診療所は改造され、五月には医師四、インターン三、看護師四の診療所となり、来院患者数も一日平均一〇〇名を越えた。五五年七月、診療所の職員は専任医師五名を含む一四名と増加の一途を辿っており、診療所から学生セツルへ月三〇〇〇円の補助も行われることとなる。

当然の事ながら、文化部や法律相談部等に所属する学生セツラーが大学卒業後全国に散って行く一方、診療部の学生セツラーの中にはそのまま診療所に勤務する者が現れる。元学生セツラーが中心となる診療所と他部の学生セツラーとの間での意識のずれが顕著になったことからなのだろうか、五七年一月には診療所と学生セツラーの関係についての話し合いが行われている。

五七年三月には診療所の改新築が行われ、七床八〇坪の診療所となる。五七年一一月には診療部は保健部と名称を変えた。五九年六月の第一三回総会で「連絡協議会は、診療所を除いた各部より最低一名の代表者を含む議員の過半数の出席をもって成立し、」との規約改正が行われ、六〇年一二月の第一六回総会を最後に総会への診療所の報告はなくなった。

以後、保健部が五九年一月の労働部結成と係わって事実上消滅し、六〇年一月に再建されるといった動きの中、五三年の設立以来法人化を模索してきた診療所は組合員数八九一名の医療生協として六一年一一月の発足を迎える。医療生協には学生セツルからも一名の理事が出された。六二年六月、診療所は三六床のセツルメント病院となり、産婦人科や整形外科が新設された。

元学生セツラーの医師・看護師と学生セツラーの年齢差の問題もあろう、学生セツラーの活動スタイルの問題や意識変化の問題もあったろう、病院と学生セツルとの関係は徐々に疎遠になっていく。

(三) 事務局の活動

㈠ 五〇年代

一九五三年七月一一日に氷川下セツルメントが成立した際、その組織の一環として事務局も発足し、財政を担当することとされたが、同年一二月の第二回総会においてはさらに調査部を吸収して、情宣も担当することとなった。その体制が組織的に整備されたのは、五四年六月の第三回総会で承認された氷川下セツルメント規約の中で事務局が中央委員会の決定に基づく事務の執行機関として正式に位置づけられたことによる。事務局は、同規約第一五条により「中央委員会によって任命された五名及び委員長、レジデントをもって構成され、情報宣伝、会計、渉外その他必要の係を置くことができる」こととされ、機関紙の発行と中央委員会会計の処理がその主たる任務とされた。なお、セツラーは機関紙の発行などの事務局活動に必要な費用に充てるため毎月二〇円(関東セツルメント連合会費分を含む。)の会費(以下「セツラー費」という。)を納めることとされた。

同年七月の中央委員会で五名の事務局員が任命されたが、事務局会議は同年一二月の第四回総会の直前まで開催されず、その活動はその後も極めて低調であった。

その後五五年一二月に中央委員会が廃止されると事務局も解体され、代わりにニュース係と財政係が置かれることとなり、翌年六月の第七回総会で全面改正された規約では、事務局は「各部より選ばれた事務局員により構成され連絡協議会のもとに必要な事務を行う」組織とされ、機関紙、会計の二部制をとることとなった(第六条)が、実働は三名程度、会議も月一回開かれる程度と活動は低調であった。

事務局員の問題は、五六年一二月以降各部からメンバーが選ばれるようになり若干改善され、週一回の会議も持てるようになったが、機関紙『らしんばん』の発行作業を中心に極めて多忙な状態が続いた。また、セツラー費の集まりが悪い一方、支出のほとんどを『らしんばん』の発行費用が占めるという財政上の困難が表面化した。（その対策の一環として『らしんばん』誌上でＯＳに対する財政援助の要請も行われた。）

この当時連絡協議会議長が事務局長を兼ねるという体制がとられていたが、事務局の会議に連絡協議会議長が出席したことは一度もなく、事務局と連絡協議会の連携がうまく行かず、事務局員の中からは「事務局の独立性を強化すべし」との声が上がるほどであった。

五八年六月総会では、事務局のこうした状況も踏まえた規約の全面改正が行われた。事務局は、連絡協議会の決定に基づき必要な事務を行う機関として、引き続き二部制をとることになった（財政部・情報宣伝部。ただし、財政部には予算案と決算報告書の提出権が認められた。）が、事務局の構成については、各部二名の事務局員によって構成され、その互選によって選ばれた事務局長が主宰すること、事務局会議は月二回開催されること、事務局長は連絡協議会に出席する義務を負うこと、が定められた（第一八条〜第二一条）。なお、セツラー費は月一〇円とされた（第三〇条）が、セツラーは別に同額のハウス管理費を負担することとなった。

しかし、この規約改正後も、事務局は十分な実働人員を確保できず、経験セツラーも少ない上、「連協との関係はあいまいで」、「規約は事務局長の連協出席を義務づけており、出席すべく努力したが、甚だ不十分であった」との事務局報告（五九年一二月総会資料）にあるとおり、両者が協力して活動を進めることは事実上不可能な状況であった。

(二) 六〇年代

六〇年代に入っても、事務局の活動は低調であったが、セツラーが増え各部の活動が活発になると、総合セツルとしての氷川下セツルにとって、事務局と連絡協議会、各部の活動をいかに結び付けて合理的に発展させるかが課題である、とする問題意識が事務局員の間でもたれるようになった。

そうした問題意識を反映して、六二年七月総会では、総合セツルとしての発展を図るためには事務局の体制強化を図る必要があるとの考え方のもとに三度目の規約の全面改正が行われた。この改正によって、連絡協議会のメンバーに新たに事務局代表者一名が加わることになるとともに、ハウス管理やセツルメント文庫(六二年二月児童部文庫から昇格)の仕事も事務局が担当することとなった(第二三条第一項・第二七条。ハウス管理については第二章参照)。新しい事務局は、「事務局長及び各部二名の事務局員によって構成され、事務局長が主宰」し、その会議は「原則として月二回開かれる」こととなった(第二八条・第三〇条)。なお、セツラー費はこの改正によって月四〇円となった(第三八条)。

こうして新体制に移行した事務局は、一年後の七月には、五つの部、一五〇名余のセツラーをかかえるまでになった氷川下セツルにおいて非常に重要な任務を負っていたが、事務局員の交代が多く、引継ぎが不十分、経験の積み上げができない、はっきりした任務分担がないなど多くの問題を抱え、とうてい体制が強化されたとは言いがたい状況が続いた。

こうした状況を改善するため、六三年一二月総会後の事務局では、事務局員を出せるところは何人でも出して貰って出せないところを補うとの方針を立て、事務局体制の強化を図るとともに、事務局員はセツル全体を捉えることができる立場にあり、その上に立って全体が活動しやすくなるように縁の下の力持的役割を果たすことが事務局の仕事である、という事務局の重要性についての意識改革が進められた。このような事務局体制の改善の中で、地域向けの情宣紙『わたしたちの町』が初めて発行され（地域の反応はつかめず）、事務局活動を事務局員全員のものにするため「事務局ニュース」も出されている。なお、セツラー費は六四年六月総会で改められ月六〇円となった（資料はないが、事柄の性格上当然この時点で規約改正が行われたものと思われる）。

セツラー数は、六六年春には一〇〇名を超える新入セツラーも加わって二〇〇名以上となり、これに伴い事務局も充実するようになった。事務局の仕事は『らしんばん』・『わたしたちの町』・資料保存・財政・ハウス管理・文庫の六つに分けられ、それぞれの担当が決められた。毎回の事務局会議には常時一〇名前後の参加があった。六つの仕事は当初並列的に置かれたが、『らしんばん』の仕事に非常に多くの労力が必要なため、六六年秋には「事務局の中心任務を情宣活動として、全事務局員が『らしんばん』・『わたしたちの町』に責任をもつ」ように改められた。このころ各部各班の本来のセツル活動よりもむしろ事務局で本領を発揮するセツラーもしばしばみられるようになった。事務局がまた一つのセツルメント活動を提供する場であったといえよう。

セツラー数の急増に伴って問題となったのはハウスの管理である。ハウスが手狭になり、管理が行き届かなくなってさまざまな問題が発生した。六二年七月の規約改正によってハウスの管理も事務局の担当するところとなっていたが、六七年頃から目立つようになったハウス管理上の問題が多忙な事務局員の大きな負担となり、しばしば事務局活動に支障を生じさせた。

(三) 六八年以後

事務局の仕事に大きな変化が見られるようになるのは、六八年七月総会以降のことである。それまで事務局の仕事で大きなウエイトを占めていたのは情宣とハウス管理であったが、同総会以降機関誌活動を中心としたセツラー間の交流に加え、さまざまな人的交流（具体的な人間的接触）の重要性が叫ばれるようになり、事務局の担当するハウスの大掃除、ハイキング、入学式、オリエンテーションなどの行事がそうした観点から高く評価されるようになった。事務局と各部の連絡も密になり、事務局会議も活発になった。こうして事務局活動が活発化するに伴い、セツラー費の納入状況も大きく改善された（この時点でのセツラー費は、月八〇円、七〇年には月九〇円となった）。

六九年暮の総会で連絡協議会が廃止され、代表委員会・常任委員会が新設されると、総合セツルとしての氷川下セツルの運営は実質的には事務局が担うこととなった。事務局の活動の重点は人的交流に置かれ、七〇年には、成人式、ゼミ、卒業式、新入生歓迎ハイク、入学式、大掃除（二回）といった沢山の行事に積極的に取り組んだ。

一時改善をみたセツラー費の納入状況はその後再び悪化した。滞納するセツラーが増え、財政は危機的状況を呈するようになった。七〇年当時セツラー費（九〇円）の中には全セツ連分も四〇円含まれていたが、その納入が滞り全セツ連大会の開催が危ぶまれる事態を生じたり、独立採算を旨として行われてきた事務局担当の各種行事の費用が工面できず、事務局費から肩代わり支出をするにもセツラー費の未納が多くてかなわず、事務局員が個人的負担をせざるを得ないことがしばしば起こった。

事務局の活動はそうした状況の中で続けられたが、その活動の拠点であったハウスは、詳細不明のまま七二年に閉鎖された（建物が実際に撤去されたのは七四年末）。活動の拠点を失った事務局がその後どのような活動を行ったかについてはほとんど資料がなく、具体的なことは不明である。

わずかに得られた資料によれば、七六年当時、事務局は代表委員会に吸収され、その一部となって会費の徴収を行い、全セツ連関連費を納めていたようである。これにより事務局という組織がこの時点でなお存在していたことは明らかであるが、その後の事務局については全く情報がない。八四年の氷川下セツルメントオリエンテーションパンフレットに記載された組織図には事務局は存在しない。

(四) 臨時小委員会の活動

一九五八年六月の氷川下セツルメント規約第六条各組織の中に臨時小委員会を置く旨の規定があり、二七条で改めて「本会運営に当り必要と認められた場合は連絡協議会の承認をへて臨時小委員会をおくことができる。但し、事後に総会の承認を要する。その詳細はその都度定められる」としている。

氷川下セツルの流れの中にあって委員会として設置されたものには、地域調査委員会、歴史小委員会、平和委員会がある。

㈠ 地域調査委員会

六〇年七月の第一五回総会の方針の一つとして、「各部の日常活動の中の調査、記録をもとにして地域と一層深く結びつき、更にその結果を全体のものとし、各部の連携を深めよう」とあるように、セツルメント活動を進める上で、地域調査はいわば必須であった。臨時小委員会としての地域調査委員会の設置は五八年三月のものが最初であるが、氷川下地域にかかわる学生による地域調査は、一九五二年の夏並びに翌五三年の春、東大・教育大・東女大の歴史学研究会と社会問題研究会が行い、その結果を五三年の東大五月祭で発表したものが現在知られる地域調査としての初見である。この五八年三月に設置された委員会がいつ廃止されたかはさだかではない。実態としての地域調査は様々な形で行われた。五三年七月の氷川下セツル結成に当たっては事務局の中に調査担当が置かれ、五四年三月には朝日新聞社後援による生活保護世帯の調査が行われた。

地域調査は、基本的には各部それぞれによって行われたと言って良く、五七年の第一〇回総会ではその方針の一つとして「調査活動の推進」が挙げられているが、栄養部は、五八年一〇月に四五世帯から回収した栄養調査を実施し、六二年一月の第一八回総会の栄養部方針でも「地域の人たちの生活の実態をくわしくつかむ」とある。青年部は、六二年一二月の第二〇回総会でその方針の一つとして青年労働者を対象とする地域調査を行うとし、翌六三年七月の第二一回総会でも地域調査がその方針の一つとして挙げられている。法相部は、六四年四月、六五年四月の二回、生活保護家庭の実態調査を行い、その結果をそれぞれ東大五月祭で発表している。保健部の六三年七月の第二一回総会における報告では、不十分な結果だったがとして、栄養部と協力して地域調査を行ったことが述べられている。

なお、六八年一二月、名古屋で開かれた全セツ連第一八回大会討論資料には、「わかもの会が中心となって盆踊り（延べ千五百人参加）の力を基盤にして地域にはいり、赤旗まつりなどの中で輪がひろがり、みかん狩りでは地域のおかあさんや、地域労組の参加申し込みがくる中でセツル内に地域対策委員会が作られ、地域ぐるみの運動の芽がでています」とあって、六九年一月には地域対策部が置かれている。

(二) 歴史小委員会

全国セツルメント連合書記局が五七年五月に刊行した『学生セツルメントの歴史』の刺激もあって、五七年六月の第九回総会で承認された方針の一つ「歴史をまとめよう」に基づき、その月の内に歴史小委員会は発足する。戦後、学生セツルメント活動が再開されて七年余り、その体験・実践の整理と理論化の必要性が認識されたのであろう。児童部セツラーを中心とする委員会は精力的に整理と調査を進め、秋の学園祭、教育大の桐葉祭・お茶大の徽音祭では中間発表を、一二月には五三年から五七年までの詳細な年表を作成した。五八年春には前年の一〇月児童部の中に生まれた「街の歴史を研究する会」を吸収して活動を進めたが、中心メンバーの多忙さと協力を依頼したＯＳの無反応からくる精神的沈滞によって停滞、自然消滅に到った。

六一年一一月の氷川下セツル一〇周年記念行事の一環として前年の夏から歴史をまとめる作業が始められていたが、六一年七月の第一七回総会で改めて「氷川下セツル一〇周年を記念して、歴史をまとめ明日からの活動の見とおしをたてよう」との活動方針が出され、再び歴史小委員会が設置される。各部からの一ないし二名によって設置された新たな歴史小委員会は、これまでの歴史小委員会の成果を基礎として精力的に『総会資料』『らしんばん』、各種パンフレット、レジ・ノート、ビラ等を整理し、一年余りの短期間で実に三五回の会合を重ね、翌六二年一一月にはＢ５判三三三頁からなる『ひかわしたセツルメント一〇ねんし』を脱稿した（注１）（注２）。

なお、六四年一月、『ひかわしたセツルメント一〇ねんし』の保管・販売とその後の資料整理を主たる任務として新たな歴史小委員会が設置されたが、この委員会がいつ解散したかは定かではない。

（注１）『ひかわしたセツルメント一〇ねんし』の発行に当たっては、その筆耕・印刷・製本を中野刑務所に依頼した。その経費計六七、七二〇円。内、三万円を一年後に返却することとして氷川下セツルメント病院から借り受けている。
（注２）以下、特に必要としない限り『氷川下セツルメント一〇ねんし』は『一〇年史』と表記する。

㈢ 平和委員会

一九五五年八月の第一回原水爆禁止世界大会には氷川下セツルからも二名が参加したが、九月には中央委員会の主催による今後の平和運動について話し合う平和問題懇談会が開かれ、五七年一〇月、一一月一日に行われることになった原水禁国際行動に向けての臨時総会の席上、平和委員会の設置が決められた。以後、平和委員会はセツル内における原水禁運動や地域の平和運動の窓口として活動したが、一九五九年一月、廃止された。

(五) 維持会員制度・後援会制度

主として経済的課題の解決を目的とする維持会員制度や後援会制度を設けている学生セツルメントは少なくない。氷川下セツルメントもまたその組織化に取り組んだ。

五四年一月の「セツルメントニュース」第三号には「維持会員のみなさんへ」としてハウス建設の礼とともに会員証配布通知がなされている。ハウス建設資金を募る過程で維持会員制度が作られたのであろう。その文面からして維持会員は各大学の学生・教職員を対象としたと思われるが、維持会員についてはこの一文が残るのみで残念ながらその実態は明らかではない。なお、五四年七月の氷川下セツルメント規約第二〇条では、「本会に、本会の活動を積極的に奨励する維持会員の制度をおき、会員には活動を報告する」と規定されており、五八年六月及び、六二年七月の規約にも維持会員を置くことができる旨の規定がある。また、五六年七月発行の『らしんばん』第一八号には「ＯＳの皆さんに」として、機関紙が発行されるたびに住所のはっきりしているＯＳには必ず送っているがその数三〇余、実費最低一〇円がかかる、従って年一〇〇円を出していただけないかとある。同年一一月発行の『らしんばん』第二一号で改めて「ＯＳ会費の訴え」として、ＯＳへの発送費が年間三〇〇〇円程掛かっていることからぜひにとあるが、その後どうなったかについては明らかではない。

六一年七月の第一七回総会の方針案に「後援会制度を発足させよう。そのために財政対策委を強化しよう」とあるように、その後も中央委や連協での席上、また総会でも維持会員制度・後援会制度については論議された形跡があるものの、結果として作られることはなかった。長くとも二・三年で実質的な活動を終え社会に巣立っていくセツラーにとって、その組織化と維持は困難を伴うものであったに違いない。

（六）　氷川下セツルメントと地域諸組織

学生達が氷川下地域でセツルメント活動を開始した一九五二年春の時点で氷川下地域にどのような住民組織があったかは定かではない。しかし活動を始めるに当たっての幾つかの接点の存在と当時の社会状況を考慮すれば、氷川下地域にも様々な運動の芽生えがあったとすべきだろう。

セツルと地域住民の組織団体とのかかわり方には当然の如く濃淡がある。「セツル友の会」のような後援会的組織もあれば、「うたう会」や「わかもの会」「青年センター設立実行委員会」「氷川下祭典実行委員会」のようにセツラーが積極的に活動し、また相応の役割を果たすべく期待されたものもあれば、「生活協同組合」や「生活と健康を守る会」のように協力関係にとどまるものもある。「平和懇談会」、五八年九月の「勤評反対文京区共闘会議」、五八年一一月の「文京区警職法反対共闘会議」、五九年一〇月の「新聞代値上げ反対文京連絡会」、六〇年五月の「小石川安保反対の会」、六四年七月の「文京原水協」のように加盟したに留まると言っても過言ではないもの、あるいはその中で積極的に活動した組織もある。

五三年九月、セツルが働きかけて地域組織「セツル友の会」を作ろうとし、機関紙「セツルの友」を五三年八月には「特報」として、九月には第一号を出すが、五四年五月の第三号以降見られなくなる。「友の会」がどのようなものとなったのかもまた不明である。

生活協同組合は氷川下折工組合の要請を受けた東大生協が協力を決定、職員の村上久枝氏が常勤の理事として五三年の九月頃にはその活動が開始された。生協活動には当初からセツラーの協力があったが、セツルは五六年一一月一四日の氷川下生活協同組合設立総会に連協名でのメッセージを送っている。生協と連携した活動を行っていたのは主として生活部、そしてその後の栄養部であるが、五七年一二月には生協婦人部の育児グループの集まりに保健部・児童部セツラーが参加し、五八年一一月には　診療所、生協、今晩会共同編集の『政経新聞』に編集委員を出している。また五九年三月には、生協と共催で人形劇団プークを観劇した。

氷川下生活と健康を守る会「今晩会」は五五年五月に結成された。会からはセツルに対して法律相談、教育相談、健康相談等の要請があったが、具体的に行われたのは、同会の会報である月刊の「こんばんかいニュース」に法相部が五六年八月から「やさしい法律の話」を寄稿したこと、五九年から法相部が中心となって南京虫駆除作業に協力したこと、五七年・五八年に保健部が定期的に何回かの健康相談に応じたことなどに限られている。なお、氷川下地域における生活と健康を守る会については「今晩会」の消滅後、七一年一〇月、児童部・青年部・法相部有志の働きかけもあって、新たに「みのり会」が発足したが、「みのり会」のその後は不明である。

六二年一一月には青年センター設立実行委員会が結成されたが、これには文京区青年婦人協議会、わかもの会、民主青年同盟、文京区文化人懇談会と共にセツルが加盟した。

六五年六月には新日本婦人の会、民青、文京区教組、母親連絡会と共に実行委員会を作り「文京母と子のつどい」を開催した。これには中央合唱団、文京わかものセンター、統一劇場、日本子どもを守る会等も参加した。

氷川下セツルは当初から総会での総括と方針の中で地域との結びつきの追求を明示してきたが、六四年一二月の第二四回総会では「地域との結びつきを広め深めよう」「地域の民主団体との提携をすすめよう」との方針を、また六五年六月の第二五回総会、六五年一二月の第二六回総会でも「地域の民主団体との具体的提携を追求し恒常的な連絡体制を確立しよう」との方針を打ち出している。しかし、その努力はどの程度行われたのか明らかではなく、結果としてはスローガン倒れに終わってしまったものと思われる。

（七）氷川下セツルメントの情報宣伝活動

セツルメント活動を進めるにあたって情報宣伝活動は欠くべからざるものであった。その活動は口頭によるもの、印刷物によるものが主であり、時として映像も用いられた。ただし、日常活動と情報宣伝活動の区別は必ずしも明確にはできない。特に、地域・地域住民に対する勧誘や家庭訪問・職場訪問時における口頭あるいは印刷物の配布による活動についてはその区別は難しい。

ところで、印刷物の性格は、地域に対するもの、学内の学生や教職員に対するもの、他セツルや全セツ連に対するもの、セツル内に対するものと四つに分けることができる。その殆どは既に散逸してしまったが、活動や行事の通知、あるいは情報、報告が記載された夥しい数のビラ・リーフレット・パンフレット・冊子類が日常的に配布され、ポスターが張り出され、立て看板が立てられた。活動や行事の際には少なくない栞や資料が配付された。ハウスに設置された印刷機は休む暇も与えられなかったに違いない。

地域に対しては、定期的なものとして一九五三年から五四年にかけて中央委が発行した数号の「セツルの友」、一九六四年から六九年頃まで事務局の発行した月刊の「わたしたちの町」がある。児童部では一九五九年頃から各班がほぼ月刊の「ひさかた母親新聞」(六〇年から「さざなみ」と改称)、「千川通り」「ごてんまち」を、六二年頃からは各班・各パート毎に週刊あるいは月刊の「母親新聞」も発行された。六二年から法相部が栄養部の協力を得て発行した『生活の泉』や『法律相談』は六八年頃まで続けられた。

五三年の「ハウス設立趣意書」「寄附申込書」、五八年の警職法反対ビラ、五九年の安保反対のビラ、児童部の勉強会のお知らせビラや夏休み集団指導のお知らせビラ、集団指導の文集や各種講演会や映画会案内、栄養部の「料理の栞」や法律相談ポスターなど、各部の活動に伴う宣伝物は当然の事ながら多様である。氷川下セツル終焉時期では、八九年、久堅子ども会の学年解散文集『おひさま』がある。

学内に対しては、毎年、新入生勧誘ビラ、オリエンテーション用パンフが作られ、教育大の「桐葉祭」、お茶大の「徽音祭」、東大の「五月祭」「駒場祭」、栄大の「栄養展」、医科歯科大の「お茶の水祭」等各大学の学園祭に際しては展示が行われパンフレットが発行された。またセツルの名で勤評反対のビラや警職法反対等、社会的政治的諸問題に対するビラも作られた。

他セツルに対しては、東京を中心に各地で開催される毎年の全セツ連拡大連合委員会・全国大会には氷川下から多くのセツラーが大挙して参加したが、その際には各部とも精力的に分厚い報告書や資料を用意した。

セツル内に対するものとしてその中心にあるものは、年二回開催される総会の際に発行される『総会資料』と、五三年から七〇年頃まで年三回から年八回程まで不定期に発行された機関誌『らしんばん』である。『総会資料』には中央委や連協の総括と方針、各部の報告と方針、事務局等の報告が記載される一方、『らしんばん』

には理論問題から実践報告、行事報告、個人的感想から詩句と雑多なものが掲載された。また、連協からはおおよそ週刊の「連協ニュース」、連協が代表委員会に改組されてからは代表委から週刊の「太陽の街」が発行されて、その時々の氷川下セツル全体に係わる情報が掲載された。各部ではそれぞれの部の総会に際して『総会資料』が作成され、年一回ないし二回行われる合宿に際しては「合宿資料」ないし「合宿の栞」が作成されたのに加え、栄養部の『こぶし』、児童部の『交差点』、青年部の『あしのうら』、保健部の『あしぶえ』等の年一回ないし二回刊の機関誌、児童部の「代表者会議ニュース」、青年部の「青年部ニュース」、「わかものパートニュース」「高校生パートニュース」、法相部の「法相ニュース」など、週刊あるいは月一回刊ないし二回刊の機関紙が発行された。児童部の夏休み集団指導実践記録感想文集やセツラー感想文集『ダム』も発行された。結果として一号で終ってしまっているこの五四年九月末に発行されたと思われる『ダム』には、教育大の磯野誠一氏や診療所の中村英彦氏をはじめ三七名のセツラーが寄稿しており、氷川下セツル草創期の状況を知る上で貴重なものとなっている。また、春・夏・冬の各長期休業に際しては学生達の多くが帰省するため在京者会議が組織されたが、夏季休業中には週刊の「在京者ニュース」が発行された。それだけではない。学年別のセツラーの会が組織されるのが常ではあったが、六二年入学生の間では年一回刊の機関誌『かぎろい』が発行された。

なお、「なかまたち」や「ともしび」への歌う会の、「氷川下わかもの会ニュース」への青年部の、「こんばんかいニュース」への法相部など、それぞれが係わる地域組織の発行する印刷物の編集・印刷・配布等の作業の少なくない部分にセツラーが係わったことは言うまでもない。

（八）セツルメント活動における政治性の問題と社会問題への取組み

氷川下セツルでは、創立当初より極めて熱心かつ積極的に社会的政治的問題への取り組みが行われていたと言って良かろう。セツルメント活動に従事することを考えた、例えば、創立当初の日医大におけるＹＭＣＡまた社会医学研究会の会員、あるいは教育大における歴史学研究会に所属する学生達の問題意識からして、セツラーが社会的政治的問題に強い関心を寄せ、セツルメントとして社会的政治的問題に取り組むのはいわば必然であったに違いない。

五五年六月一二日に決定を見たと考えられる綱領の「みんなでみんなの生活を守ろう」の項は「健康で文化的な生活は、人間として最大の希望です。しかし今の日本では医療技術は向上しても、実際にその恩恵を受けることのできない人や、健康な楽しみにふれることが出来ない人がふえています。又、未来の希望である子どもにも、自由にのびていくための教育の機会が少なくなっています。更に、もっとも最低の要求である衣食住に対する困難はますます増加してきています。そこで氷川下セツルメントは、各部に分かれていろいろの面から破壊されようとしている生活を、町の人も、セツラーも一緒になって守っていくよう出来るだけの努力をしたいと思います。その中で、生活を破壊しようとしているものは何なのか、町の人と一緒に考え見つけだして、生活を破壊しようとするものに対し、ぶち破り平和で民主的な生活を築いていきましょう」と述べている。

氷川下セツルはその活動開始以来、セツル全体として、部として、あるいは個人として、こどもを守る運動や原水禁運動のような長期にわたるものから警職法・政暴法のような短期的なものまで、美濃部革新都政の誕生への貢献を含め、実に多くの社会的政治的問題に取り組んだ。

五三年以来、日本こどもを守る会の全国大会や母親大会には、必ずしも組織的ではない年もあったとはいえ、熱心に参加してきた。特に母親大会には六一年以降地域の母親達と共に参加、六四年には九名の地域の母親の参加があったと記録されている。母親大会のお知らせと感想は毎年地域向け機関紙「わたしたちの町」に載せられた。

原水爆禁止世界大会には五五年八月の第一回大会から参加している。五七年六月の第九回総会、一二月の第一〇回総会、五八年六月の第一一回総会ではその方針の一つとして原水禁運動の推進が掲げられた。五七年一〇月には原水禁国際行動に向けての臨時総会が開かれ、臨時委員会としての平和委員会も設置され、一一月一日の原水禁国際行動中央集会には六〇名程のセツラーが参加した。六四年七月の臨時総会では文京原水協への加盟が決定された。

原水禁運動への取り組みについてみると、毎年のように学習会や映画会が催され、児童部・青年部・診療所を中心に署名・カンパ活動が行われ、また、被爆者の話を聞く機会も設けられた。そして、毎年一〇〇〇から一二〇〇筆の署名と五万円から六万円のカンパを集め、一〇名から一五名のセツラーが世界大会に参加した。世界大会や三・一ビキニデーの様子は報告集会で語られ、機関誌『らしんばん』や地域向け機関紙「わたしたちの町」に載った。しかし、七〇年以降の原水禁への取り組みはつまびらかではなく、八〇年代にはその取り組みは見られない。

国の教育政策への反対あるいは抵抗の動きも児童部を中心に頻繁に起こった。教育二法、勤評、学力テスト、大管法、筑波問題等である。

教育二法に対しては、教育大セツルが五四年二月反対決議をし、五六年五月には教育大学生自治会のストに参加、その日の子ども会を中止した。勤評問題の際には児童部を中心に法相部、保健部、診療所が、五八年四月から九月にかけ、度々セツラー集会と教員・父母との集会を開き、宣伝のための映画会等を積極的に行った。しかし、その運動のあり方等については児童部と法相部、保健部の間には意見の相違が見られた。六一年一〇月以降の学力テスト反対運動の際にも度々反対集会が開かれている。いわゆる大学管理法案と教育大の廃学そして筑波大の創設に関して、機関誌『らしんばん』では六三年一二月の五一号に特集「大管法」が、六六年六月の八〇号では「戦後教育の流れ―筑波移転問題を理解するために」が組まれ、六九年四月の九五号で「教育大闘争について」が組まれている。連協主催をはじめ各部での学習会が頻繁に開かれ、機関紙「わたしたちの町」を通じて地域にも宣伝された。六九年五月に全学連が行った統一行動には六〇名を越えるセツラーが参加した。

その他、松川事件にかかわっては、一九五八年六月と一一月の二回、被告を呼んで松川事件の真相を聞く会が開かれ、一一月の「講演と映画の夕べ」には一〇〇名を越える地域住民とセツラーが参加した。五九年八月、また六一年八月の松川行進にも参加している。

五八年一〇月から一一月にかけての警職法に反対する運動としては、反対声明を発表、各部が連携して学習会、懇談会を開催、文京区警職法反対共闘会議へ参加して地域に対するビラ撒きを行い、統一行動へ参加した。

一方、物価値上げ問題や新聞代値上げ反対などの取り組みも常に行われ、一九五九年の九月から一一月にかけては生協と連携し新聞代値上げ反対運動が行われ、六六年には物価値上げ問題が取りあげられ、地域向け情報宣伝紙の「わたしたちの町」の一月号、三月号は物価値上げ問題が特集されている。伊勢湾台風被害や伊那水害被害などにもセツルは積極的に取り組んだ。一九五九年の一〇月には生協・診療所・今晩会・共産党とともに救援活動に取り組み、ビラ撒き、救援物資搬送、池袋・新宿駅頭カンパ、医師等の派遣などを行っている。六一年七月には伊那水害地にたいするカンパ活動を行っている。

日米安全保障条約改定問題に関しては、一九五九年の六月にセツラー集会を、七月には原水禁問題と併せ臨時総会を開催した。以降、反対のビラ撒き、署名活動、家庭訪問、一週間にわたる窪町東公園での写真展、映画会、講演会、統一行動への参加、文集の発刊、討論会、研究会と旺盛な反対運動を展開、五九年一二月の第一四回総会ではその方針の一つとして「各部の状況に合わせ安保闘争を進める」とした。六〇年五月には小石川安保反対の会に加盟した。同じく六〇年七月の第一五回総会では、「安保不承認の闘いを進めること」、「帰郷運動を展開すること」、「安保対策委員会を設置すること」を方針として掲げている。六〇年一二月の第一六回総会でも「安保体制打破の闘い」が方針の一つとして挙げられている。

七〇年安保闘争の際には七〇年六月に学習会を行い、同月二三日の統一行動には、デモも集会も初めてという「未権利大学」の二年セツラーを含め、九〇名のセツラーが参加した。

六一年五月から一二月、政暴法反対運動にあたっては、集会を開き統一行動に参加、地域への訴えを行った。基地撤去、原子力潜水艦寄港反対運動の展開された六二年から六五年についてみると、六二年一〇月の横田基地集会には栄養部を除く四部から計六三名のセツラーが一〇名のわかもの会会員と共に参加し、六三年六月の原子力潜水艦寄港反対横須賀集会には参加を決定した部は児童部だけだったものの、他部からも多くのセツラーが参加した。

六三年七月の第二一回総会では日韓会談の問題が話題とされ、六五年九月の日韓条約阻止闘争には、七〇名余りが参加している。

六五年六月のベトナム侵略反対統一行動には安保闘争以来の九三名が参加、六六年一〇月一四日の統一行動には五〇名、同月二一日の統一行動には保健部・栄養部のセツラーを含め六五名が参加している。

ある種当然のことかとも思われるが、これらの取り組みと関連しセツルにおける政治性についての議論は常に行われていたと考えて良い。既に一九五三年の段階から政治性についての議論が盛んに行われた。このような経緯を経て、五八年一二月の第一二回総会ではそのスローガンの一つとして「平和と民主主義を守る活動の推進」が謳われ、六一年一二月の第一八回総会では統一戦線の課題が議論され、その方針の一つとして、「地域共闘への結集と強化をはかろう」が取り上げられている。六六年の一一月・一二月には平和問題、小選挙区制、筑波移転問題などの学習会が頻繁に行われ、六七年の「わたしたちの町」では、総選挙、紀元節、三・一ビキニデー、地方選挙、筑波移転問題などが特集され、六九年四月には沖縄デーに向けた映画「広島の証人」の上映活動が行われている。

しかし、セツラーの中には、社会的政治的問題に積極的に取り組むことに対し批判的意見をもつ者、あるいは取り組むことについて逡巡する者も少なくなかった。また、セツルの社会的政治的問題への取り組みを押さえ込もうとする動きも少なくなかった。一九五三年一〇月の跡見学園短大職員によるセツラーに対する干渉は、極めて明瞭な形で表面に現れた問題であったが、日常のセツル活動や個々のセツラーに対しては公安警察等の眼が常にあったと言って良い。なお、五五年八月から翌五六年一月までの、共産党の中央機関誌『前衛』五五年八月号に掲載された記事、「太陽のない街の伝統の旗」についての問題は、氷川下セツル中央委員会の抗議に対して共産党が謝罪し、その謝罪文が『前衛』一月号に掲載されて決着を見たとは言え、セツルの社会的政治的問題への取り組みにかかわるもう一方の問題でもあったと言えようか。

（九）サークル運営・仲間作り、自己変革の問題

新入セツラー獲得の活動は入学試験当日から始められた。大学当局は良い顔はしなかったが高校生の圧

倒的多数がその存在を知らされていないセツルメントの名を知らしめる必要もあって各大学のセツラーはこぞって受験生の心情に配慮しつつビラを配った。入学式当日には他のサークルと競いながらビラやパンフレットを配布した。四月下旬から五月上旬には新入セツラー歓迎のピクニック・ハイキングが行われた。行き先は東京都内や近郊の公園等が選ばれた。記録に残る一九五六年四月二九日の新入セツラー歓迎ピクニックは多摩湖・狭山湖である。以降、金澤八景、鷹取山、相模湖と多方面が選ばれた。五七年一二月の第一〇回総会では次期方針の一つとして「新入生受け入れ態勢の確立」が挙げられている。年度当初の『らしんばん』や「連協ニュース」には必ずと言って良いほど新入セツラー向けの記事と新入セツラーの紹介が載った。七〇年以降は入学式も行われるようになり、七〇年五月一七日にお茶大学生会館で行われた入学式には三〇名の新入生が参加した。

七月下旬から九月上旬、また、三月には各部各班あるいは氷川下セツル全体の合宿が各大学の寮や青年の家、あるいは出身高校の寮で行われ、半期の活動総括と次期方針が討議され、その中ではセツラー同士の親睦がはかられると同時に個々のセツラーを巡る相互批判や自己批判も行われた。三月の末には各部各班と共に氷川下セツル全体の追い出しコンパ・卒業式が行われ、これには顧問、地域の人々、そしてOSも参加した。七月から八月に行われる児童部の夏休み集団指導は、セツラーの多くが帰郷することから、児童部が他部のセツラーや他大学に協力を呼びかける事もあり、新入セツラー獲得と総合セツルの意識化にとって大切な行事ともなっていた。

セツル活動を展開していく上では勿論のこと、各大学にサークルとしての団体届けを出していることもあって、その組織運営・仲間作りの問題は常に考え取り組まねばならない問題であった。しかし、在籍大学も区々で、様々な生活環境、多様な思想信条を形成しつつある学生の集まるセツルにとって、この問題は避けて通れないとは言え極めて難しい問題であった。

実践を通じての組織づくり、仲間づくりが標榜され、形としての組織作りは常時相応に行われていたとは言え、実際の運営に当たっては悩ましい問題が常時つきまとっていた。中央委や連協レベルでは、出席すべき者が決まらない、決まっていても出席しない、参加者が思うように集まらない、遅刻者が著しく多いといった問題である。各部にあっても個々のセツラーの活動そのものへの参加は勿論のこと、各種会合への参加の問題があった。人間関係、特に男女の問題も常に浮上し、活動が下降に向かう時期には往々にして恋愛談義が盛んになった。六〇年一二月の第一六回総会で出された次期方針の一つ「近代的モラルをセツルの中に打ちたてよう」「我々は一つのグループの仲間である」、あるいは、六四年一月の連協ニュース三号の記事「規律ある活動を行おう」は、そうした状況と苦悩を表現したものと言えよう。

中央委や連協、各部各班執行部の組織作り仲間作りを補完する意味もあって、それぞれの入学年度を一にする横断的セツラーの会も組織された。六二年入学の一年セツラーの会は会員数六七、『かぎろい』という名の年一回刊の文集も発行している。


（執筆・担当　一、二、四～九　増田　克彦／三　河野　幸枝）

第二章　氷川下セツルメントの変容と活動の縮小

一　東京教育大学の廃学・筑波移転、大学闘争・学園闘争とその影響

六八・六九年を中心とした六〇年代後半から七〇年代前半にかけ、その発端は様々ながら全国的に展開されたいわゆる大学闘争・学園闘争は、六九年八月三日の参議院での審議抜き強行採決による大学運営臨時措置法の成立もあって、その後の大学や大学生のありようは勿論のこと、日本の社会、そして日本人の精神構造から行動様式に到るまで、あらゆる分野にわたり極めて大きな影響を与えるものとなったが、氷川下セツルにもまた甚大な影響をもたらした。

これまでにもセツル活動から離れ、学内に戻って学生自治会活動に力を入れるセツラーが少なくなかったが、この間の闘争によってその数も増え、また、少なくないセツラーが学内に戻らぬまでもそのエネルギーの多くを学内に向けざるを得なくなった。氷川下セツルの変容、そして、栄養部・青年部・法律相談部の消滅と、それらが再建されることなく氷川下セツルそのものの消滅へと向かったことは、それぞれの部における単なるセツラー不足と言うだけでなく、この大学闘争・学園闘争が大きく係わっていると思われる。

この闘争の過程で決定された教育大の四学部、文学部・教育学部・理学部・農学部と東大の六九年度入学試験中止は、両大学からは児童部・青年部活動に参加する六九年度新入生がいなくなること、そして七一年度に法律相談部の中核となるべき東大本郷キャンパスへの進学者が無くなることを意味した。氷川下セツル

における セツラー不足は、これまでも常に問題とされてきたところであるが、この事によって一層深刻になるであろうセツラー不足、なかんずく男子セツラーの不足を解決すべく、六九年の四月から五月にかけて立教大学・東洋大学・電気通信大学など、これまで勧誘を行っていなかった大学へ積極的に入ることになる。特に近距離にある東洋大に対しては繰り返し勧誘が行われた。

七三年九月二九日、改正国立学校設置法の公布によって筑波大の新設と教育大の廃学が決定された。このことによって、氷川下地域からは距離的に最も近いところにあることもあって、これまで最も多くのセツラーを供給してきた教育大からの参加がなくなり、また、氷川下セツルの総会や各種行事、全セツ連大会等の会場として度々借用してきたその施設の使用が不可能となった。

セツラー数においても、実践的にも理論的にも、あらゆる面で氷川下セツルの、そして、戦後学生セツルメント運動の中核的役割を担ってきた大学が消えた。教育大の廃学が氷川下セツルの活動そのものに影響を与えないはずはなかった。

二　連絡協議会の廃止と代表委員会・常任委員会の設置

六六年一二月の第二八回総会で、「組織的に大きくなった氷川下セツルの活動を一層発展させる連絡協議会」の任務を保障するためとして、その構成を、連絡協議会議長及び各部二名の代表者、全国セツルメント連合委員、事務局代表者一名から、連協議長、児童部各班一名、青年部二名、栄養部・法律相談部・保健部各一名、事務局二名、連合委員へと変更した。この変更は実状に即応するものであったと思われるが、それが総合セツルとして妥当なものであったかどうかは論議のあるところであろう。

続いて、六九年の暮に行われた第三四回総会の席上、連絡協議会の廃止と代表委員会・常任委員会の新設が決定された。大学闘争・学園闘争の中での時間的制約また組織的混乱を整理しようとしたのであろう。

六九年六月一四日付けの『らしんばん』第九九号に載せられた「昭和四三年度後期総括」の中の「体制・組織」では、「連協は一年前実践交流の協議機関から方針を出す指導機関になり、会議も隔週だったのが毎週持たれるようになりました。でも情勢の厳しさ等もあり、まだまだ仕事がいっぱいあってやりきれません」とある。この間の事情を物語っているのであろう。改正論議の記録も改正規約も現存しないため、具体的にどのようなものかは必ずしも明確ではないが、連絡協議会に代わるものとして各部各班代表一名によって月一回開催される代表委員会、そして、日常的には四名の常任委員によって週一回開催される常任委員会によって氷川下セツルは運営されることになった。代表委員会の構成と開催頻度は連協とさして変わらないことから、恐らくは常任委員会の設置が眼目であったろう。またこれに伴い、セツラー向け情報宣伝紙であった「連協ニュース」に代わり、週刊の「太陽の街」が発行されることになった。

しかしこの組織改編が氷川下セツルの結束とその活動にとって効果的であったかどうかについては疑問が残る。常任委員会が十分に機能しなかったことが翌七〇年の第三五回総会で既に告白されているからである。活動は以後も活発に行われるものの総合セツルとしての氷川下の姿は徐々に消えていく。なお、七六年時点での常任委員の選出方法は、立候補を募り全セツラーによる信任投票の結果、過半数を得た者が就任する。任期は半年。常任委員会の長は常任委員の互選である。

三

地域の変貌

六四年から六七年にかけて、白山御殿町は、白山三、四丁目、小石川二丁目に、氷川下町は一九六六年と翌六七年に大塚三丁目、四丁目、千石二丁目、三丁目、そして久堅町は一九六四年から六六年にかけ、小石川三、四、五丁目と住居表示の変更が行われ、ハウスの所在も氷川下町四番地から千石二丁目一番地六へと変更された。住居表示の変更は氷川下地域の変貌を象徴するものでもあった。

日本の経済成長、特に六〇年代の驚異的成長、七〇年代の安定成長、六二年から始まる数次の全国総合開発計画、産業構造の変貌と技術革新などは否が応でも地域に影響を及ぼした。八六年一二月から九一年二月のいわゆるバブル経済がこの地域の姿を一層大きく変えたであろう事は想像に難くない。

結果として「ハーモニカ長屋」やバラックは姿を消し、ビジネス・ビルやマンションが林立した。地価は高騰し、住民の東京郊外・隣接県転出が相次いだ。印刷製本の技術革新によって折り等の内職はなくなり、住民の生活のあり方は変化せざるを得なくなった。これまで物心両面からセツルを支えてきた氷川下地域の人々、診療や集団検診に訪れた地域住民、勉強会に来ていた子どもたち、わかもの会に参加していた青年労働者や高校生、料理講習会に来ていた母親たち、法律相談に訪れた人々の姿が徐々に消え、新しい住民が増えていった。少子高齢化が進み、地域には子どもの姿が少なくなった。その数少ない子どもたちも塾に通い、熱心に習い事をするようになった。

四　学生の意識変化

学生セツルメントとは何か、セツルメント活動とはどういうものか、一九五三年一二月、論議の中で、セツル活動の目的を「地元の人々、子どもの苦しみ、悩みを共に考え解決していくこと」「新しい科学の創造」とし、五四年七月の綱領ではそれを「みんなでみんなの生活を守ろう」「みんなに愛され、理解され、役立つ学問を創ろう」と表現した。五八年六月の連絡協議会設置に伴う新規約でもその目的を「氷川下地区の生活と文化の向上のため活動し、併せてともに学問を学んでいくことを目的とする」としていた。しかし、六四年七月の改正規約では「氷川下町及びその周辺の地域の人々の生活と文化を向上させるため活動すると共に、（中略）セツルメント運動の全国的発展に寄与することを目的とする」と変更された。

全国セツルメント連合もまた変化する。六〇年一一月の臨時大会は、「平和・民主主義・生活擁護のための国民的統一の一環として、対象とする人々と共にねばり強い運動を進めよう」「学習運動、歴史編纂を行い、研究会、交流会を活発化してセツルで何をなすべきか探っていこう」と呼びかけ、また、学生セツルメントを「現在にあっては学ぶものとして、将来にあっては生活の各々の場所でよりよい社会の建設をめざす、そういう願いを持った学生の一サークルである」とした。六三年一二月の第一四回拡大連合委員会で提起されたセツル活動を規定する二つの側面は、「地域の生活と文化教育等の具体的要求を出発点とする人民大衆の運動を側面から援助する」「学生の要求を出発点とするサークル運動であり、活動を通じて、セツラーは政治的にも民主主義的にも自覚を深め学ぶ」というものであった。しかし、六六年一二月の第一四回大会は、「セツルメント活動の基本的な性格は、学生の、真の友情を得たい、子供と遊びたい、働く人々と話して何かを得たい、専門の勉強と結びついた活動がしたい、社会活動をやってみたい等の要求を具体的出発点にし、これらの要求を、仲間と共に実際に地域に働きかける中で実現する活動であり、そのことを通して社会の現実にふれ、働く人々の生き方から学び、私たちの生き方を追求する学生のサークル活動である」とした。

六五年段階から総会資料の中の連協や各部の総括項目として、「サークル運営、仲間作りの問題」とともに、「自己変革の問題」が取り上げられているのも、学生の意識変化そして組織崩壊へと向かう流れとして象徴的である。八四年から八六年にかけての久堅子ども会合宿資料が残っているが、そこには組織としての総括は見られず、セツラー個々人の個人的総括のみがある。代表委員会に結集する代表は単なる連絡係、代表委員会は文字通りの連絡会であり、「総括」の意味もまた変化してきているのではないかと思われる。

一方、六四年段階の『らしんばん』から執筆者名にニックネームが現れ始め、六七年以降はその殆どがニックネームで表記される。このセツラーネームとも称されるニックネームは、わかもの会の中で用いられていたものであるが、それを青年部セツラーがセツルそのものに持ち込み、わかもの会にも参加した児童部セツラーに広がり、結果としてセツル全体に拡大したものと思われる。尤も、当時の社会状況からすれば、ニックネームは単なるニックネームとして用いられただけではなかったろうこともまた明らかではある。七六年、法相部の合宿では上級生が新入生のニックネームを決めたとの証言もある。ニックネームはどのように意識されていたのだろうか。

また、既卒セツラー、オールド・セツラーをOSと略すことは戦前からのいわば伝統であったが、六八年頃から、セツルをS、パートをP、新入セツラーをNS、料理講習会を料講と表記するといった短縮・略称文字が横行しはじめ、次第にセツラーはSr、経験セツラーはKS、連絡協議会がRKといった表記になっていく。現存する最後の総会資料である八四年一〇月の『第六一回総会資料』には、NS会、2KS会、Pa、Pa会、

Ｐａ代、関代Ｋ、ＤＩ、ＵＩなどといった短縮文字が氾濫している。こうした傾向は何を物語っているのだろうか、必ずしも明らかではない。

五　総合セツルとしての氷川下セツルメントの組織的衰退

六六年一二月一一日の第二八回総会以降、総会資料がまとまった形で冊子にされることは殆どなく、総会当日それぞれが持ち込むようになった。そして、全セツ連・関セツ連の討議資料等には氷川下セツルの名とその実践の様子が散見されるものの、七〇年代にはいると、大学闘争・学園闘争の影響であろうか、七〇年の第三五回総会資料、七六年一〇月の第四六回総会資料、七六・七七年の「太陽の街」、同じく七六年の常任委員会報告「ＪＮニュース」、七八年四月の第四九回総会資料などがあるのみで、氷川下セツラーの手による氷川下セツルの姿を窺い知れる資料は残念ながら極めて少なく、証言もまた乏しい。

数少ない証言によると、七三年以降、教育大廃学の危機感から、四月には連日のように多くの大学に新セツラー獲得のため勧誘に出掛け、結果として多くの大学から多数のセツラーを迎え入れることが出来た。例えば七五年七月に行われた法相部の夏合宿には、東大、早稲田、中央、明治、教育大、お茶大、日医大看護学校、慶応大看護学校など多数の大学から三五名もの参加があったという。

七四年から七五年にかけて法相部の中に相次いで二つの班、聾唖者班と生活保護班が誕生した。このうち生活保護班は七六年に「ひまわりの会」と名称を改め、さらに翌七七年には聾唖者班とともに法相部から独立した。

この頃事務局の機能停止ということもあって機関誌『らしんばん』は自然消滅していたと思われるものの、機関紙『太陽の街』は週一回刊で発行されていた。

しかし、七〇年代の初めに栄養部が、七〇年代の終わりには青年部が、そして遅くとも八〇年代初頭には法相部の姿が見られなくなる。栄養部は七〇年に、青年部は七八年には消滅したと思われる。八三年八月の全セツ連連合委員会と八四年三月の全セツ連大会では法相部が法律相談ではなく教育懇談会活動を中心に活動を再開したことが報告されているが、氷川下セツル法相部の名が見えるのはこれが最後となる。保健部は存在していたものの代表委員会には結集しなくなっていた。また児童部としてのまとまりが十分あったかどうかの疑問はあるものの、氷川下、御殿町、久堅の三班が存在し、六〇年代に入ってからの何回もの企図の末、六九年度前半に作られたと思われる幼児部・幼児パートの姿も見える。また、青年部高校生パート消滅後、児童部中学生班の発展したものと考えられる中高生班、聴覚障害をもつ子ども達を対象とするよういどん子ども会、生活保護を受給している一人暮らしのお年寄りや母子家庭を対象としたひまわり会、それに保健部が存在していた。

なお、保健部は、年一回の健康診断を病院と児童部の応援を得て実施し、日常活動としてはねたきり老人中心の訪問活動をしており、ひまわり会と保健部は実態としては極めて酷似していたものと思われる。現に八四年一二月三日の代表委員会の記録には、ひまわり保健部とある。合併したのであろうか。ついでながら、この代表委員会に結集したのは御殿町子供会（班）、氷川下子供会（班）、久堅子供会（班）、ひまわり保健部、中高生班、出席者は計八名、議題はクリスマス交流会についてであった。

氷川下セツルは、ほぼ年二回の総会、七〇年代後半から週一回開催となった代表委員会によって運営され、代表委員会の合宿も行われた。なお、運営委員が代表委員会の準備にあたっていたと言う証言から考えると、六九年に設置された常任委員会はいつ消えたのであろうか。ただし、八〇年に発行された氷川下子ども会の新入生勧誘用パンフレットの中の組織図には常任委員会の名が見える。各種会合用の場所は病院の中にハウスとして一室が用意されていたにもかかわらず、主にお茶大の学生会館が用いられるようになっていた。

教育大の廃学によって七六年、氷川下セツルから最後の教育大生が消えた。後、セツラーの在籍大学は一気に多様となった。東洋大、早大、東大、お茶大、跡見学園大、東京家政大、東京外大、大妻女子大、慶大医学部付属看護学校、日医大付属看護学校、聖路加看護大、拓大など、一人だけというところも入れるとその在籍学校数は数十に及んだという。筑波大からの参加もあった。セツラー数は子ども会に参加している者がその殆どではあるものの、七六年の所属大学・学校数二七、一六二名をはじめとして七〇年代の後半から八〇年代初頭毎年一〇〇名から一五〇名を数えた。八四年にも七〇名を擁し、全国的には最大規模を誇っていた。七八年頃まで役員を送り出してきた全セツ連との係わりは、その間の事情は定かではないが、大会そのものには毎回二・三名が出席しているものの組織的には希薄になり、関セツ連にはオブザーバーとして参加している。

八四年の関東交流集会パンフレットの氷川下セツル自己紹介欄には次のように記されている。

「営団地下鉄丸ノ内線茗荷谷駅・新大塚駅周辺（文京区小石川四・五、大塚三・四）で活動しています。春日通りのほうには新興マンションがたちならびますが、千川通り沿いには昔からの中小印刷工場が立ちならび、長屋風の家がかなり残っています。教育熱心な父母が多く（特に高級マンション街に）、おけいごとや塾にかよう子がほとんどです。独人ぐらしのおとしよりもずいぶんいらっしゃいます。また、徳永直の『太陽のない街』（共同印刷争議を扱った小説）の舞台となった地域でもあります（・・古いかしらん？）

構成大学―大妻女子大、お茶大、東洋大、早稲田大、東京外語大、東京大、聖ルカ大、女子栄養大、日大
活動内容―御殿町班、氷川下班、久堅班（幼児・児童部）、中高生班（中学生・高校生部）、ひまわり保健部（老人部）の五つの部班からなり、おとしよりや子どもたちひとりひとりの幸福とＳｒの成長をめざして活動しています。活動は「楽しく、しかも充実したものに」というのがモットーかな。家庭訪問が定着しており、また老人部では毎週のケース・ワークの他にお年寄り同士の交流をすすめようということで、お年寄りたちが一同に会するような□□（判読出来ず。執筆者注）への取りくみにも熱心です。単セツ内に二〇位パートがあるので、毎年各パートの活動のようすを伝える状況集約集「太陽の街」を発行しています。これからの行事としては、一二月上旬に廃品回収とクリスマス祭が行われます。単セツの特徴―七〇名くらいＳｒがいるのですが、各班バラバラ…といった面がなきにしもあらずです。」

八六年にかけて、よういどん子ども会が抜け、御殿町子ども会、ひまわり会、そして中高生班が姿を消した。八六年の三月、在籍していた最後のセツラーが卒業して保健部も消え、八四年段階で既に少なくないセツラーから意識されなくなっていた代表委員会も八六年には開催されなくなった。

以後、班を名乗らなくなっていることにも象徴されるように、氷川下子ども会と久堅子ども会の二つの子ども会が別個に活動し、両者が顔を合わせるのも夏祭り企画の際のみとなった。そして、セツルメントを名乗るのも年一回、夏祭りの際だけであった。

六

氷川下セツルメントの終焉、そして、氷川下子ども会の今

一九九〇年の第二四回夏祭りが終わり、セツルメントの名を外すこととした氷川下子ども会から、来年度の夏祭ではセツルメントの名を外して欲しいとの要請を受けた久堅子ども会はその検討に入る。

九〇年の第二四回夏祭りに向けた氷川下・久堅両子ども会で作られた実行委員会のセツラー向け情報宣伝紙、恐らくは九〇年の六月中旬から下旬にかけて発行されたと思われる「誘い」二号には「なつまつりとセツルメントについて」なる一文があり、次にように記されている。

「セツルメント活動とは、貧民区に住み込んで、その地区の福祉・教育等の向上のために活動することで、詳しくは自分自身よく知らないのですが、氷川下セツルメントもこういった旨の活動をしていました。対象は子供だけに限らず幅広く、お年寄り、もっと高学年の学生とかも対象としていました。（或いはその地区の住人なら年齢を問わず?）しかし現在セツルメントという名を残すも、活動は子供会活動として、この両子供会は活動を続けています。つまり目的というものも、活動概念も形を変えていった、といってよいでしょう。」「では何故この問題がなつまつりで取りあげられるのか?　そもそもこのなつまつりもセツルメント活動の一環として始められました。そして活動の変容した今でも、セツルメントとしての名を残す一因としてこのおまつりがあるという見方ができるのです。」「大げさにいうとセツルメントには政治的背景が見え隠れしている…ということがポイントとなるのです。例えば、公園の占有許可や町内会への交渉としてセツルメントということは、占有許可に関しては議員さんに後押ししてもらえるし、町内会との交渉では、団体としての信用を得ることもあります（逆もあるのであろうが）。」「しかし商かん（商店カンパのことか―編者）

とかになると、このことはマイナスとなることが多いようだ。『セツル』と聞くと、やはり偏ったイメージがもたれることも否めないようである。セツラー自身、セツルメント活動（政治的なものを含んだとしての）と結びつけられるのは正直望むことは少ないと思うし、むしろ考えてもみないことだと思う。なつまつりにはこうして『セツルメント』と深く関わる（私たちがセツルメントという名のメリットを使っている）だけに、そのマイナス面との衝突が起こり議論となるのです。特に今年氷川下サイドではこの話題が問題となりました。しかし決してこれは今年だけの問題ではなく、氷川下サイドだけの問題でもありません。そしてなつまつりを行うときだけの問題でもありません。私たちはこのことを認識していなくてはいけません。…とのことです。」

約半年の間、セツルメントとは何かを考え、また、セツルメントの歴史等を学習した久堅子ども会は、九一年三月、小差でセツルメントの名を外すこととした。

一九五二年五月、健康面・診療活動を日本医科大学の学生が、文化面・子ども会・勉強会をお茶の水女子大学の学生が担当するとして実質的に発足した氷川下学生セツルメントは、以来、六〇年代から七〇年代にかけ、我が国における学生セツルメント運動の中核として、実践的にも理論的にも、多彩かつ多面的な活動を展開した。しかし、診療活動が健生病院や老健施設として確固たる歩みを続ける一方、地域住民と共に取り組んだ生活改善運動、文化運動、青年運動、子ども会・勉強会活動、法律相談活動などは、地域の変貌そして学生の意識変化と共に姿を消した。

これ以降も氷川下子ども会と久堅子ども会はそれぞれ子ども会活動を続けるが、こうして氷川下学生セツルメントの名は氷川下地域から消えた。準備段階から大変な労苦を伴う夏祭りも一九九八年七月一八日・一九日のものを最後にその姿を消したと思われる。

久堅子ども会は、一九九九年一二月一八日の活動が最後のものとなり、活動メンバーが三名と少数になって子どもを集めにくくなっていたこともあり、二〇〇〇年、その解散式を小石川植物園で行ったという。

二〇一三年現在、セツルメントを公的に名乗ってはいないものの、過去の氷川下学生セツルを意識し、氷川下セツルを継承するとして活動を続けるものに氷川下子ども会がある。学生達は自らをセツラーと呼び、NS、KSといった略号も用いているが、九〇年以降今日までの氷川下子ども会の歩みは、我々の間にあっては必ずしも明らかではない。なお、お茶大学生会館内氷川下子ども会の部室には、久堅子ども会の遺品とも言うべき文房具類も残っている。

氷川下子ども会は、現在、文京区内一円から参加してくる幼児・児童を対象に、三歳から六歳までの幼児パート、小学一年から三年までの低学年パート、四年から六年の高学年パートにわかれ、活動場所としてはお茶大周辺と窪町公園、活動は毎週木曜日の家庭訪問と土曜日の公園遊びを基本としている。これに、年三回のハイキング、七月の七夕祭、八月のキャンプ、一二月のクリスマス祭、三月のお別れ会とお泊まり会があって、この年間スケジュールはその記録に見る限り、七月の夏祭りが七夕まつりに置き換えられているのみで、毎年全く変わっていない。学生独自のものとしては四月・五月の新入生歓迎ハイキング、九月の合宿、二月のお別れハイキングと合宿がある。学生数は約三〇、子どもは約二五、構成大学は東洋大・大妻女子大・お茶大の三大学である。

氷川下子ども会は、健生病院や老健ひかわしたとは勿論のこと、町内会等の氷川下地域に於ける諸組織とも、他の地域で学生がボランティアとして取り組んでいる子ども会とも関わりを持たず、その活動を続けている。

七

付言

第二次大戦前の我が国にあって、旧制大学の学生は勿論のこと、旧制高校生・専門学校生はエリートであり、彼等は自らの社会的立場とその果たすべき役割を十分に認識していた。

太平洋戦争勃発期前後より政府の戦争政策によって旧制中学・専門学校への進学率は急激に上昇した。しかし、一九六〇年になっても、二％から三％という女子の著しく低い進学率が全体の進学率を押さえているとは言え、新制高卒者の新制大学・短大進学率はほぼ一〇％であり、大学生はエリートたりえた。高卒者の大学・短大進学率はその後の経済活況を背景として上昇しはじめ、一九六三年には一五％、一九六九年には二〇％、一九七一年には二五％、一九七二年には三〇％、一九七五年には三五％、そして一九九三年には四〇％を越え、二〇〇四年には五〇％、二〇一〇年には男子五六・四％、女子四五・二％にまで上昇した。特に一九六六年から一九七六年の間の上昇には目を見張るものがある。つまりは、一九六〇年代以降、特に一九六〇年代後半以降、大学生は徐々にエリートたる存在からは遠ざかり、彼等もまた自らをエリートとして意識しなくなっていったと思われる。

その現れが、氷川下セツルメントの規約あるいは全国セツルメント連合のいわゆる「テーゼ」「基調」の変化であろう。そこには地域や地域住民のとらえ方の変化、地域組織のとらえ方の変化、学生自らの将来像の変化などが見られるのである。特に「科学」あるいは「学問」といった文言が消えていくのはそれを象徴していよう。

エリートではなく、学問の担い手でもなく、日本社会における指導者層でもなくなって、単なる年齢層として存在する現在の多くの学生にとって、五〇年代・六〇年代の学生運動・社会運動は、理解しがたい存在であり、そこからは、過去の、戦前そして一九七〇年代までのセツルメント運動の如き運動は二度と現れることは無かろうとも思われる。

（執筆・担当　増田　克彦）

第三章　セツルメントハウスの変遷

氷川下セツルメントにおけるハウス設立の経緯については第一章一の（三）に述べられており、その設立の趣旨については一九五三年六月にセツルハウス設立委員会（責任者　東京教育大学助教授　磯野誠一）の名前で出された「趣意書―氷川下セツルメントハウス設立に関して」（巻末資料に収録）に詳しく説かれている。本章では、五三年九月に設立された初代のハウス以降のハウスの変遷とハウスの管理をめぐる諸問題について取り上げることとする。

一

初代ハウスから三代目ハウスまで（一九五三年九月～六一年五月）

ハウス設立委員会関係者の努力が実ってハウスとして利用可能な物件が大塚駅前の周旋屋で見つけられた

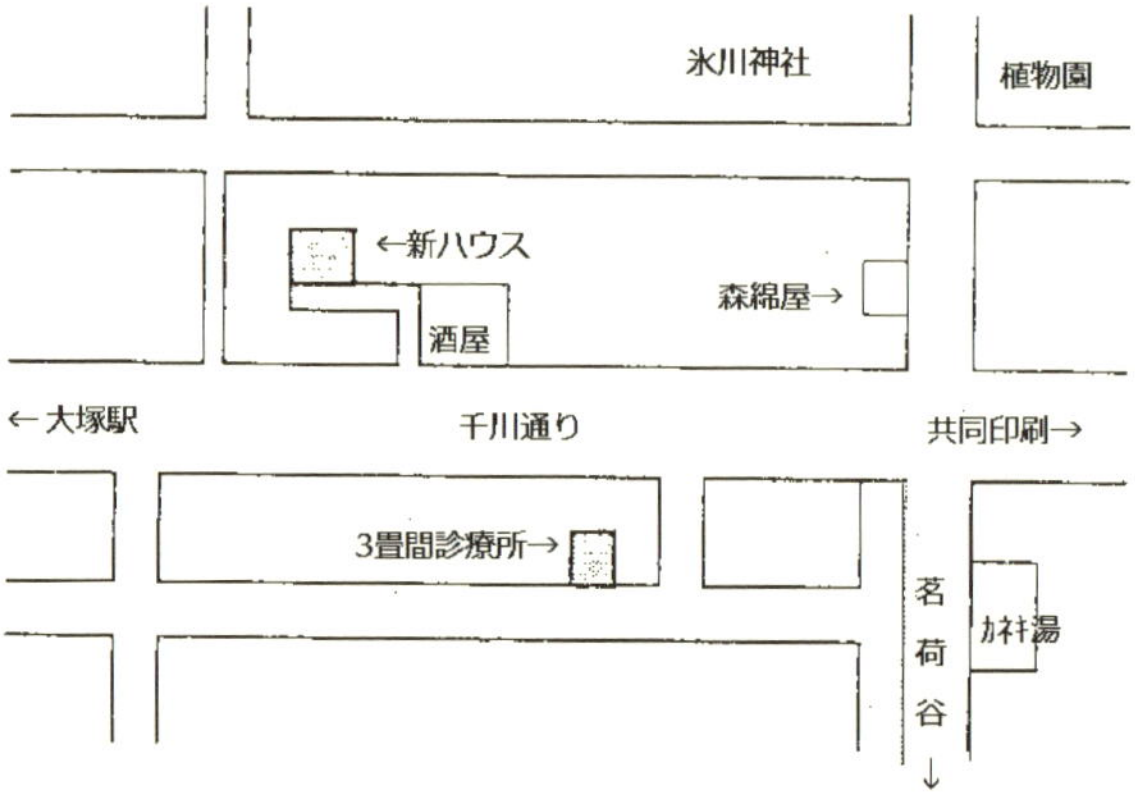

図１　文京区氷川下４周辺

のは五三年八月中旬のことであった。それは、氷川下町四番地の元正札屋の物件で、土地（三一坪余）付き四二万円の二階建てであった（図1参照）。その正式取得は九月六日で、建物の一階部分は氷川下診療所、二階部分が氷川下セツルメントハウスに充てられることになった。図2に間取りを示したが、実際の写真は口絵を参照されたい。

　診療所もハウスも早速フル稼働を始めたが、半年を経過する頃、診療所からは患者数や診療科目の増加で施設拡張の声が上がってくるようになった。セツルメントでもハウス改造の話が出てきた。

　五五年一月、診療所は東隣家（土地一五坪）を購入した。『一〇ねんし』によれば、五五年からはハウスを建てようとする兆しがみられ、七月には診療所・学生・地元の代表によるハウス改造委員会が発足した。その後設計図まででき あがったが、建設場所が定まらず二転三転して結局自然消滅してしまった。それからは診療所の改築計画は診療所と地元の人たちで進

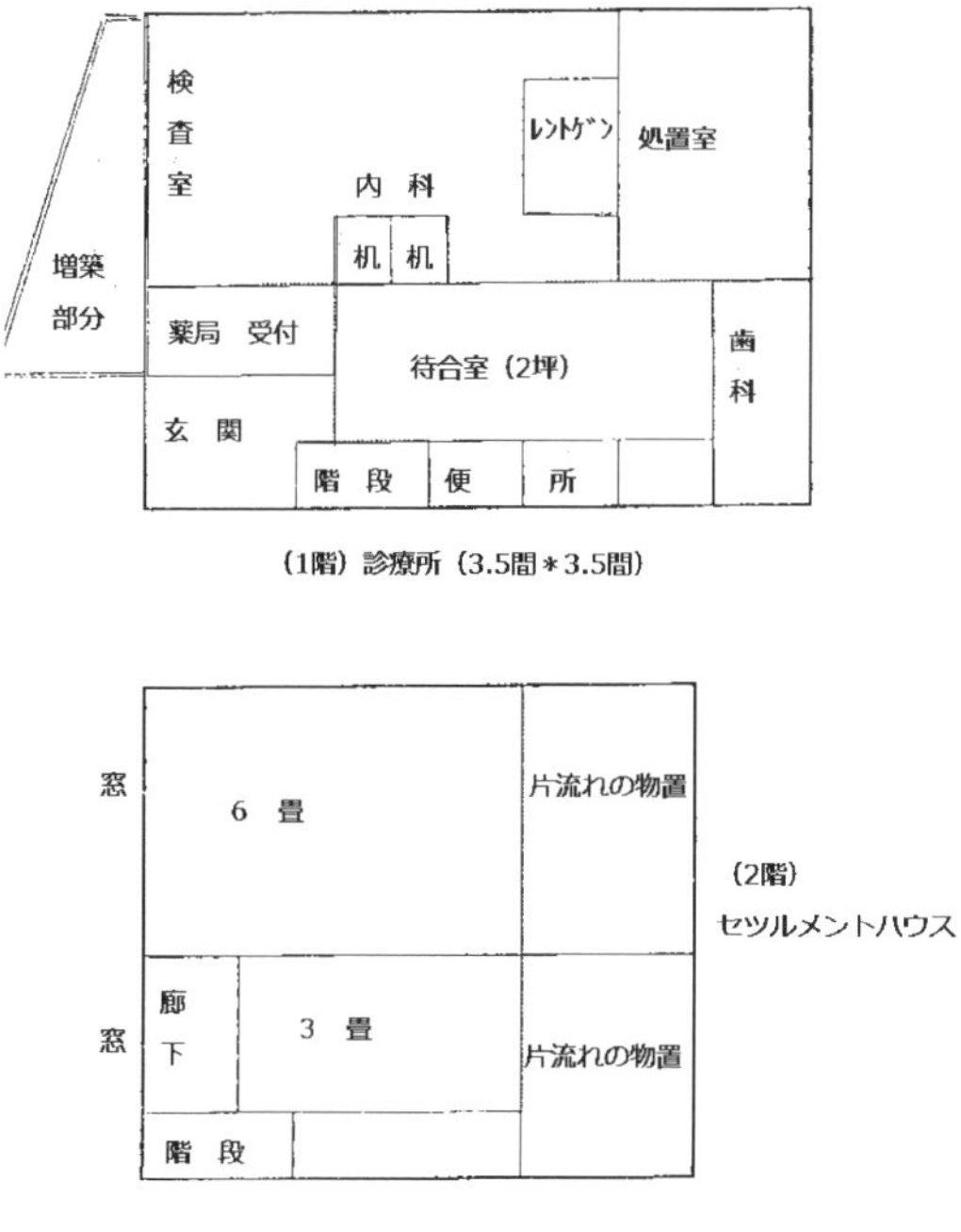

図2　初代ハウス・診療所

められ、診療所は次々と土地の取得へ動いていった。

五六年二月、診療所は西隣地一九坪を取得した。さらに七月、北隣地六五坪を取得するといよいよ新診療所建設へと動き出した。それに伴いハウスに変化が生じてくる。

図3は初代診療所事務長足立氏提供の文京区千石二丁目一〇四番地付近の公図で、ここは当時の文京区氷川下町四番地で氷川下セツルメント・診療所の位置である。診療所が取得した東隣地（B）、西隣地（C）には古い家屋が存在していた。北隣地（D）は氷川神社側の裏通りに面し、隣（D'）は貸地で家が建っていた。新診療所はB、D地に建設されることになる。

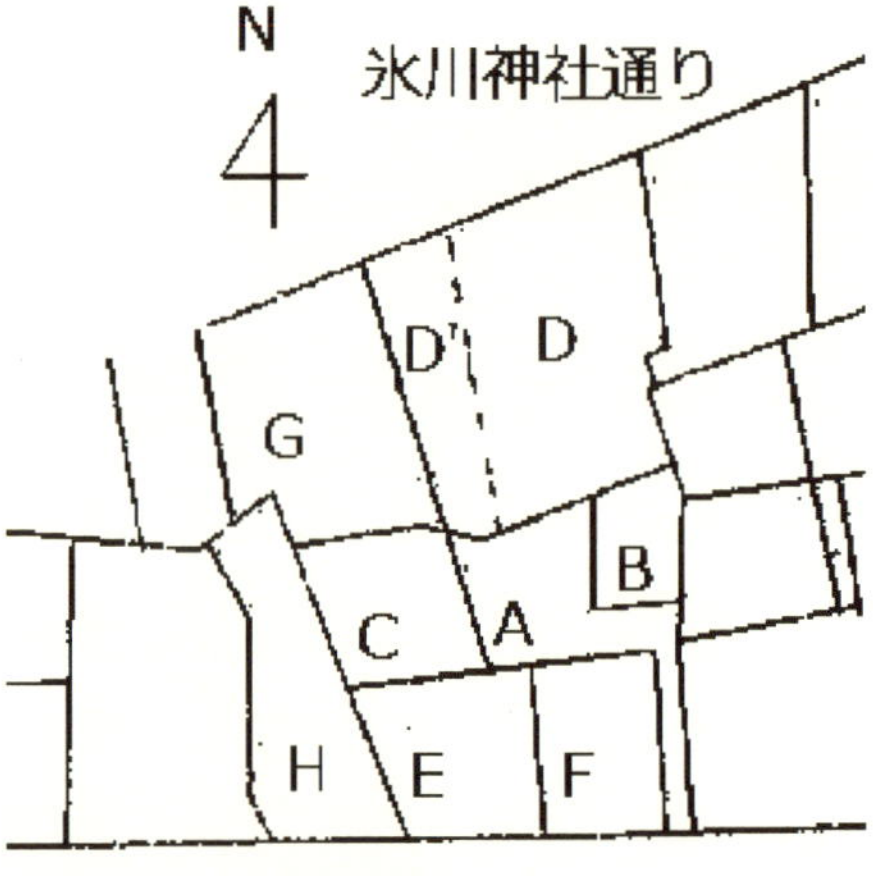

図3　文京区千石2丁目104番地付近

第九回総会資料ハウス改造委員会報告によると、五六年一一月、新診療所の半分が新築され、残りの半分がそれまで学生セツラーが使っていた場所に伸びることになって急に隣の家に移らなければならなくなったとある。

それに先立つ五五年一二月発行『らしんばん』一六号によると、診療所はハウスの改造計画を進めていて、現在の敷地（A）を全部使って二階建てを計画している。問題は学生のいるところがなくなりそうなことであると危惧している。

『一〇ねんし』の氷川下セツルメント活動年表によると、五五年一一月ハウス設立委員会が発足し、ハウス改造が行われた。『らしんばん』どおりだとすると、これによりセツルは東隣家（B）に移動したと思われ、そこもハウスという認識を持ったので二代目ハウスと言うことができよう。詳しくはわからないが、口絵に掲載されている初代診療所写真の中にその姿を見ることができる。

五六年一一月現在、東隣地の古家はともかくハウスとして使われていた。そこに新診療所の残り半分が建つことになり、隣の家（C）に移らなければならなくなった。ところがその家は土台も腐っていて改造の方法もないほど傷んでいたため、児童部総会で初代診療所を移転改造する案が出された。足立氏によれば、隣の家（C）は別宅と呼ばれて仮ハウスのような形で一時フルに使われたようである。セツラーは「山賊の巣」とも呼んで、夏の集団指導では涼しい別宅を大いに活用した。

一一月下旬、初代診療所は取り壊しの運命にあった。セツルメントは初代診療所を曳き家して利用することになった。

一二月二一日、別宅が取り壊され、二五日には空になった旧診療所（初代ハウス）が移動された。これが三代目ハウスとなる。初代との位置関係を図４に示す。

この最初の移動費用には三一〇〇〇円を要したが、セツラーから集められた資金（現

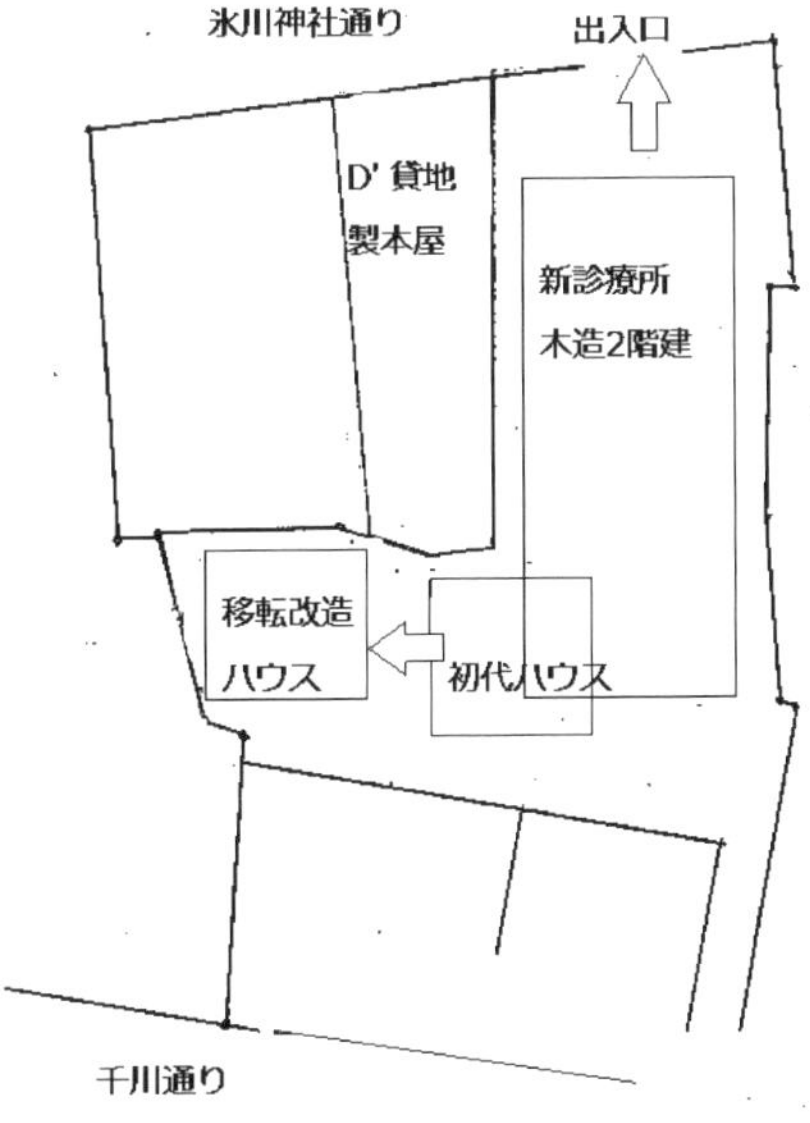

図４　三代目ハウス位置

役セツラーは一口五〇円で二口以上、ＯＳは一口百円で一口以上）は約一万六千円、これに壊した別宅の古材売却による収入を加えても二万円少々という手持ち資金しかなかった。やむを得ず磯野教授から二万円を借用し、無事支払いを済ませた。

こうしてようやくハウスの移動が行われたが、五七年一月、診療所から再びハウス移動の提案があった。空きスペースができて土地がもったいないというのがその理由であったが、こうした事態が生じたのは診療所との連絡が密に行われてこなかったところに原因があり、将来の共通のハウス像が描けなくなって相互に不信が生じてしまった。この問題は診療所と学生セツルメントの間の率直な意見交換を通じて解消され、一月下旬から再移動が始まった。ハウスはその後内部の改造も行われ、その工事費は約三万六千円に達した。最初の移動と合わせた総費用は七万円近くに及び、生協からも一万円の大口カンパが寄せられてようやくこの事態を乗り切った。

五七年三月、北隣地を主にして裏通りに面する有床（七床）の氷川下診療所（口絵参照）が完成した。三代目二階建てハウスは旧診療所を移動、再移動し改造も行った広い独立ハウス（その間取りは　図5のとおり）となった。このハウスはその後四年以上も使われ、歴代ハウスの中で最も使いやすいハウスだったと言われた。

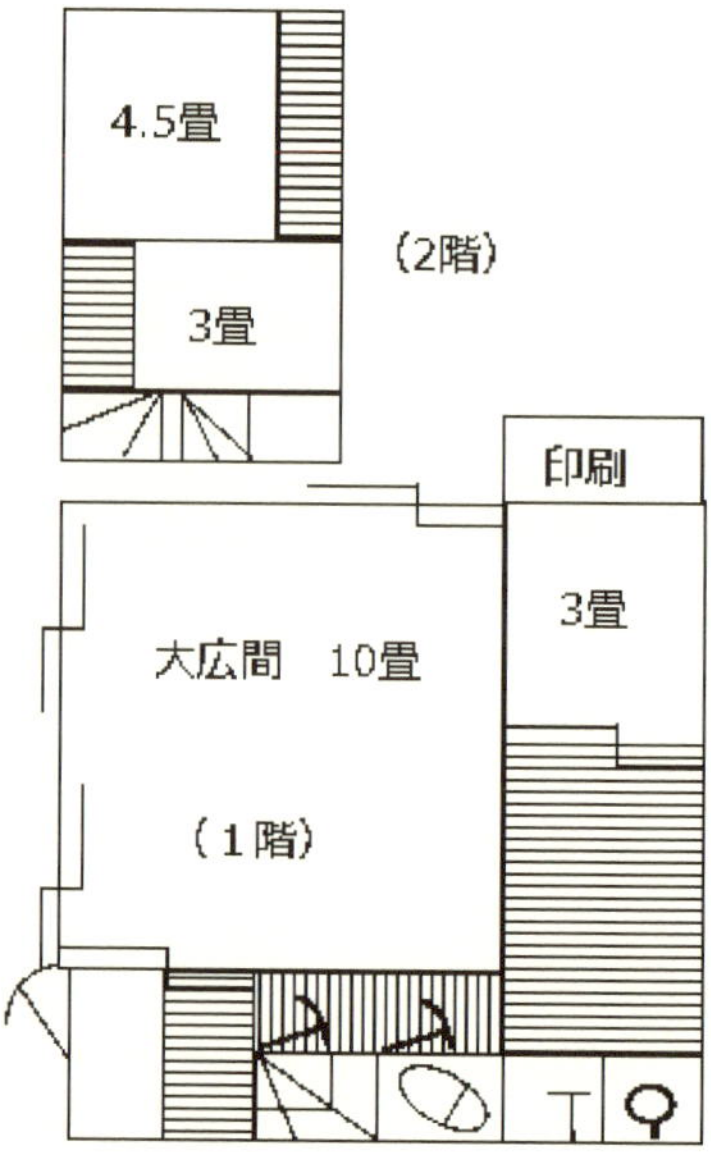

図5　移動改造後の三代目ハウス

初代ハウスの管理は主に診療所が行っていたのでセツラーはさほど苦労はしなかった。しかし、独立ハウスではそうはいかず、二月の連絡協議会で、正式にハウス管理委員会を発足させ、管理に当たることにした。五五年一〇月に廃止されていたレジデント（宿直制）の復活も決定された。

問題は移転に伴う費用の工面であった。二月一四日、早速カンパ委員会が発足し、新に必要な修理費等も含めて四万円を目標額とし、六月末までにこれを達成することが決められた。カンパ趣意書が作成され、大々的なカンパ活動が展開された。このカンパ活動は、最後に「講演と映画の会」を催し、五月三〇日に目標額を達成して終了した。表1に一連の移動改造費用の明細を表したハウスカンパ委員会報告を示す。

ハウス管理に関する財政事情については、五八年一二月及び五九年六月の総会資料にハウス管理委員会から報告が載せられているが、後者によると半期毎に約二千円の剰余金を残し、一応健全で、収入部分については大体一定しており、年額約一万円の収入があった。収入ではハウス使用料とセツラーからの管理費が主たる財源で、支出では電気代・ガス代（月額約千円）を診療所の負担に頼っていた。なお、ハウスの全体的な減価償却分については正確な算定もできず、そのための蓄積はなされていなかった。

六〇年三月、診療所は千川通りに面する隣家の土地（E）三三坪を購入した。二階建てハウスとの隣接地である。診療所はこれにより医療生協として組織を改め、病院として整備されることになった。

一方ハウスの方はセツラー自身による十分な管理が確立できずにいた。四月、夜は空き家となるハウスが近所の青少年のたまり

ハウス移動費	三一〇〇〇円
改築材料費	一二一六九円
人件費	二四〇〇〇円
屋根修理費	一一〇〇〇円
畳	六八〇〇円
謄写版	二八〇〇円
事務用品・わら半紙等	三六八五円
交通・通信費	九〇九円
その他	一五五五円
合計	九三九一八円

表1　ハウスカンパ委員会報告 支出関連

場となっているという診療所や地域の苦情をうけて、各部の男子セツラーが交代で泊り込むことになった。宿直セツラーの食費補助には女子セツラーが月に二〇円を負担した。

ところが、その宿直レジ制も九月以降いつの間にか立ち消えになり、ハウスは次第に荒れ始めた。ハウス管理委はセツラー一人一人にハウスの大切さを訴え続けたが、改善されることはなかった。無為に時間が過ぎ、やがて二階建てハウスの幕を閉じる時が来た。診療所が行っていた周辺の土地交渉が不調に終わり、二階建てハウスをとりこわして病院を建設せざるをえなくなったのである。そのため、ハウスは診療所の二階を増築してそこに移ることになった。

六一年五月二七日、三代目のハウスでお別れコンパが開かれ、ハウスはほどなく取り壊された。

二

四代目同居ハウスの頃（一九六一年六月〜六五年八月）

六一年六月一五日、氷川下セツルメントは診療所二階を増築して設けられた四代目のハウスに移転した。増築の費用は、ハウスの移転が診療所側の都合によるものであったためか、診療所側が全面的に負担した。そのことについてはセツラーへの相談もなかった模様である。

四代目ハウスは六畳と八畳の二間だけで狭い上に、印刷室がないなど数々の不便があった。このハウスについては不明な点が多いが、今のところよくわかっていない。写真も残されていない。

当時の診療所関係者の回顧によると、診療所二階には歯科、医局事務室、病室、看護師当直室及び厨房があり、病室の隣の北側一杯にハウスを増築した模様である。口絵写真の診療所はハウス増築前のものであり、空いている一階屋根の上に四代目ハウスが増築されたものと思われる。

このハウスは、当初診療所の一階から出入りしていたが、後に外階段が設置された。七月に入り、壊したハウス跡を含む千川通りに面した地に氷川下セツルメント病院の建設工事が始まった。

六二年四月、病院は新建物への引越しを開始し、旧建物、診療所の改造に着手した。最終的には六月に四階建ての氷川下セツルメント病院（三六床）が完成するが、同じころ改造工事も終了したと思われる。

この地は千川通りから北に向って上り勾配で高くなっている。そのため診療所二階は病院三階と接続された。四代目ハウスは氷川下セツルメント病院の三階部分に接続する木造二階建て診療所の二階部分に位置することとなった。改造工事中、一時表通りの病院の階段を使ってハウスに出入りしたが、完成後は再び裏通りに出る外階段を利用するようになった。

診療所改造工事の工期がどのくらいだったか不明であるが、ハウスは一時閉鎖された。ハウスの閉鎖によりハウスに置かれたカルテが利用できなくなった法相部は、不便を感じながら病院四階で活動した。閉鎖が解かれハウスが再び使用できるようになったのは、六月に入ってからであった。図6にこの四代目

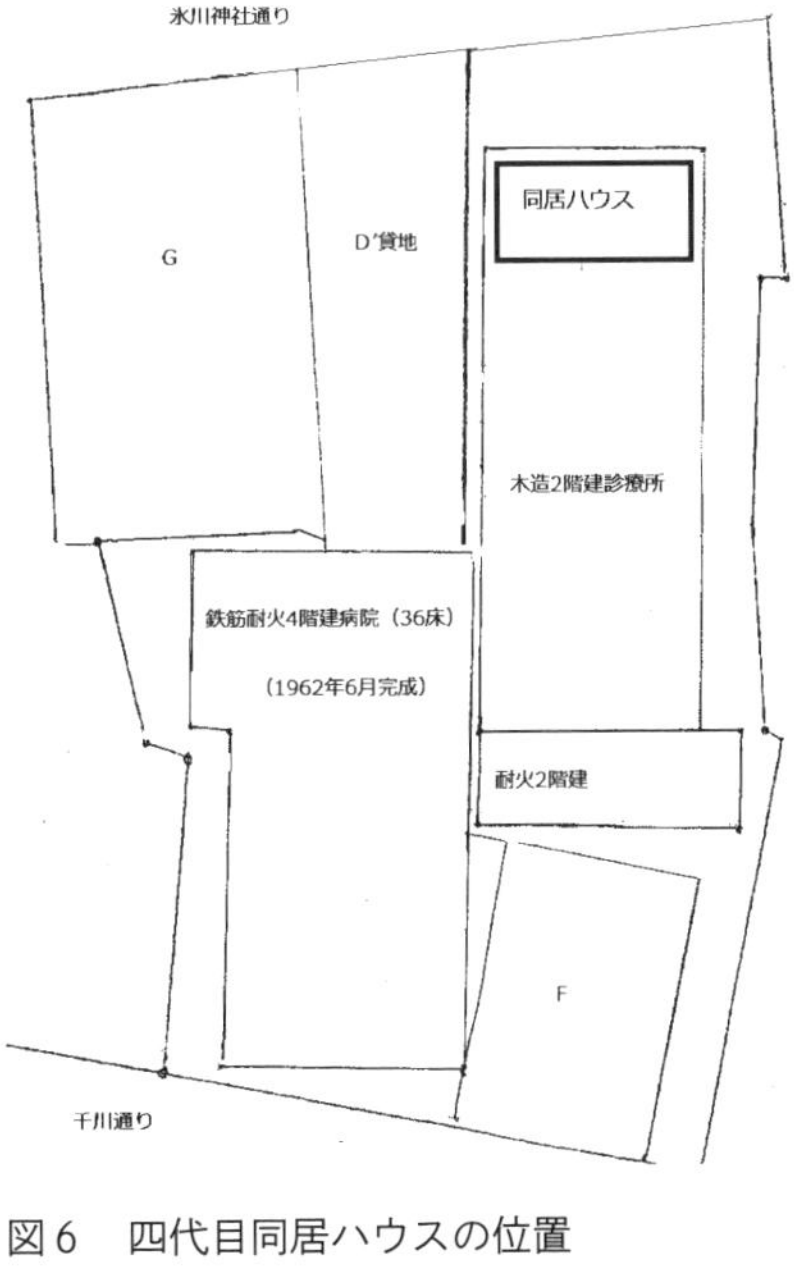

図6　四代目同居ハウスの位置

同居ハウスの位置を示した。また、図７に関係者数人で記憶を辿って作成した間取りを示した。

六二年七月、規約の全面改正が行われて、ハウスの管理は事務局が担当することとなった。ハウスの管理に関しては従来からさまざまな問題があったが、その管理が事務局の担当になっても相変わらず困難が続いた。鍵の管理がきちんとできず、紛失や破損が起きた。さらに盗難がおき、備品の破損も頻発した。ハウスはセツラー以外の人が使うこともしばしばで、それが無秩序に行われることもあったと報告されている。狭いハウス、加えてハウスが病室と隣り合わせという状況の中で、なんとか改善を図るべく関係者と話し合いを持とうとしたが、医療生協設立後の病院との距離は大きくなる一方で意思の疎通を欠く深刻な状態が続いた。

ガラスや戸は長い間入れなおすことができないでいた。それでも時折大掃除を行って最小限の整備に努めたが、日常の掃除というものがほとんどできていなかった。六四年二月、念願の謄写版を購入するが、それに伴ってセツル活動が活発になると、それがさらにハウスの混乱に拍車をかけた。印刷物が山積みとなって狭いハウスがさらに狭くなっていく。活動が活発に進んでいる証ではあるのだが、他団体の不正なハウス使用も手伝ってセツラーの実践にも影響を及ぼしていた。六四年四月発行『らしんばん』五九号によれば、児童部の勉強会はお茶大の教室で国語のプリントをやったとあり、印刷はハウスで行い、勉強会はお茶大の教室を借りていたことがうかがえる。

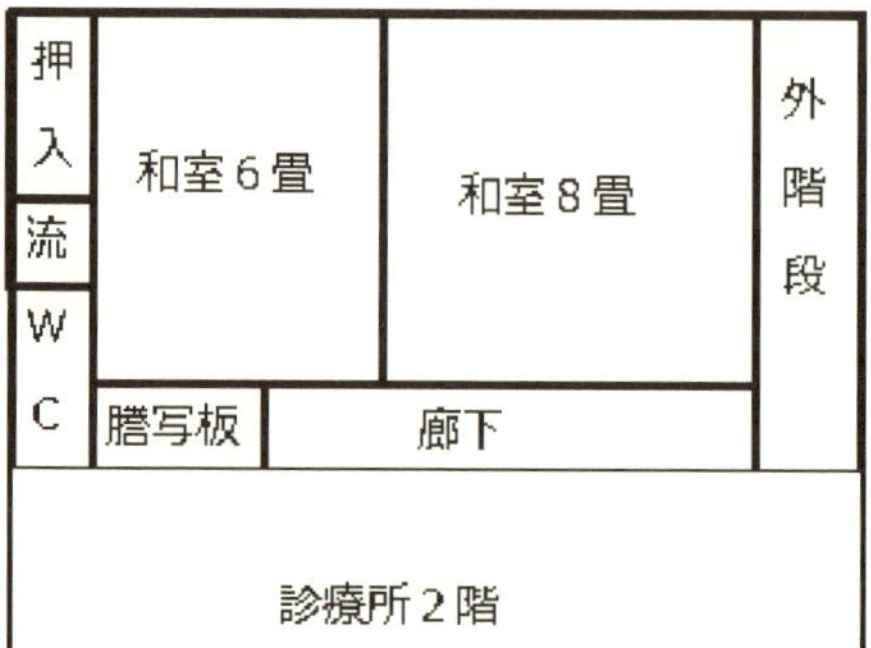

図７　四代目同居ハウス間取り

六四年六月、荒れ放題のハウスで中学生がセッラーのいない時に火を使用する事件がおきた。これをきっかけに夜のハウス管理が不可欠であるとしてレジデントの再開が決まった。六月末、連協が直接乗り出して管理に当たることになり、病院から布団を借りてレジを始めた。その後事務局が受け継ぎ、寝具購入のためのカンパ活動を展開し、左に載せたビラを配って町の人達へも協力を求めた。しかし、このカンパ活動によって得られたのは二五〇〇円に過ぎず、毛布（二〇〇〇円）を購入できただけであった。

レジデントのカンパのお願い

町のみなさん！私達セツラーは、ハウスの盗難防止、地域にもっと深く入って、色々のことを知りたいという要求から六月の末からハウスに毎日泊まってきました。今までは病院の援助で蒲団を借りレジの役割を果たしてきましたが、これからは寒くなり今までのままではハウスに泊まることは出来ません。これからもお父さん、お母さん、働く若者のみなさんと話をし、町をよりよくするためにレジデントを続けていこうと思います。当面蒲団をそろえるために皆さんの御協力をお願いして、この運動をもっと強力におし進めて行こうと思います。たまにはハウスに色々話しにきて下さい。またこちらからもうかがいますから、その節は宜しくお願いします。

氷川下セツルメント

六五年一月、長い間放置されていたガラスをようやく入れることができ、レジも確立された。しかしそのレジも時間が経つとともにおろそかになり、三月にはまた殆んど停止してしまった。レジのいないハウスは鍵もかけられずに放置された。レジ担当のセツラーを求めてもなり手がなく、ハウス管理は空回りしてしまった。とりわけ休暇中の管理に問題が起きた。病院・患者・セツラー間で友好的な話し合いを行う必要性が強かったがなかなか実現できず、その後も盗難事件が頻発し、金品がなくなった。事件に対してセツラーは毅然とした取組みをせずに放置したため病院からも苦情がよせられ、再びレジの不徹底ぶりが指摘された。

六五年三月北通りに面する貸地の住人が立ち退くと、八月に病院はハウスを移動させて増床工事を行い、ベッド数を四七床とすることとした。病院にとってベッド数の増加は必要不可欠であり、病棟に同居し問題の多いハウスをこのタイミングで移動させ、増床することとしたのである。六五年四月一四日発行、児童部中学生班中一「勉強会だより」（第二部第二章の四）によれば、土曜日の勉強会は病院のセツルハウスで行うとあり、狭いながらもこの時期の活発な児童部活動を支えたと言えよう。

三

五代目バラックハウス（一九六五年九月〜七四年一二月）

六五年九月、セツルは病院裏に新築されたバラックハウスに移転した。ハウスは再び独立ハウスとなった。この五代目となるハウスは診療所が駐車場として使っていた土地に新築されたもので、病院建物からは完全に独立したL字形平屋である。図8に位置関係を示す。トイレは建物を出たところに簡易式のものが設置された。間取りは図9のとおりで、文庫資料棚の横にトイレに行く出入り口があった。この五代目ハウスが六〇年代後半の活発なセツルメント活動の場となってゆく。まずはレジについての意識改革に取り組むものの、なかなか改善されず成果が出なかったが、ハウスはいつも盛況でいつも汚れている状態が続いた。

二月に布団が入り、病院と結ぶインターフォンも設置され、設備が徐々に整ってきた六六年の春、百人を超す新人セツラーが氷川下セツルに入った。後に献身的なハウス管理人となる新人が複数事務局に入ってきた。局員の創意工夫がなされ、懸命なハウス管理が始まった。

レジはまもなく一定の成果があがり、固定化の懸念があったが、レジ日程と差入れ日程は順調に決まるようになった。一二月総会ではハウス管理はかなり徹底したと評価されたが、その陰には深夜学生寮（お茶大大山寮）で洗濯機を回し、寝具の手入れを続けたセツラーの姿があった。おそらくこれは初めてのことだったであろう。それまでの記録でクリーニングというのが一度だけあるが、シーツ類を洗濯したという形跡は見られない。この時は初めて禁酒禁煙を定めたハウス使用規則も作られた。

この当時ハウスはフル回転で、毎日大勢のセツラー、子供たち、青年、街の人たちが出入りした。セツラーが急増しハウスが狭く感じられるようになりつつも、六七年はそれなりに順調なハウス管理が続いた。

六七年六月の第二九回総会資料でハウスの使用状況をみると、

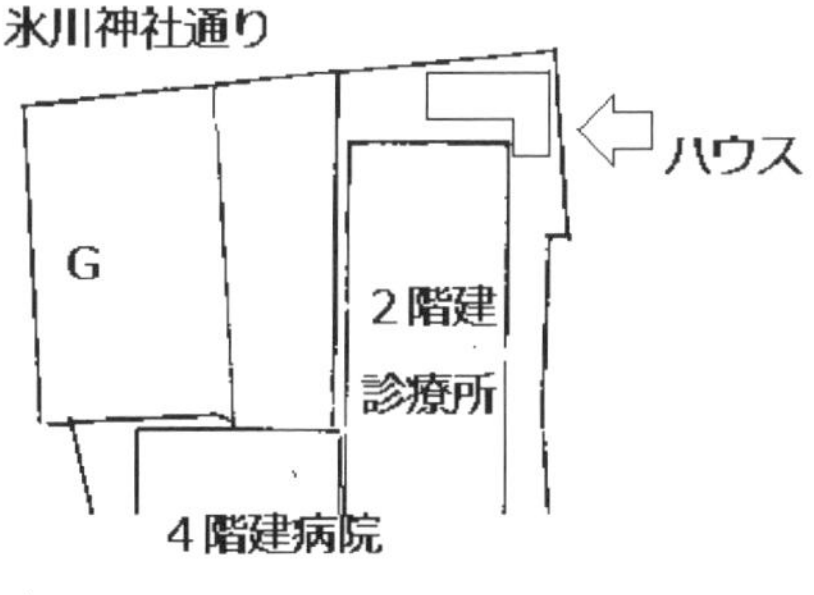

図8　五代目ハウス位置

図9　バラックハウス

月曜日―事務局会議　チューター会　その他の実行委
火曜日―チューター会
水曜日―チューター会　勉強会　わかもの会（夜八時～）
木曜日―パート代表者会議（久堅）　チューター会
金曜日―法律相談
土曜日―栄養部　保健部

であり、子供はセツラーの許可なくハウスに入れないようにしようとある。六八年七月『らしんばん』九二号、事務局主張のハウス掃除当番表から見ると、水曜日の勉強会は児童部ではなく高校生パート、また土曜日はわかもの会も使用したことがわかる。

このような長期間、ハウスが清潔に保たれたのは稀有なことであった。十分とは言いがたいが、ある程度は清潔なハウスや布団、それがレジの長続きへと導いたであろう。この頃のレジノートにはほのぼのとした満足感が漂っている。

しかし、こうした状態は長続きしなかった。ハウスはその後徐々に荒れ始める。六八年夏、事務局はハウスの整理・整頓を『らしんばん』誌上で強く呼びかけたがはかばかしい成果があがらず、年明けには予想もしなかった事件まで発生した。冬休み中ハウスの管理が行き届かなかった結果、ハウスは若者や高校生らがシンナー遊びなどをするたまり場と化した。更に封鎖した窓を壊して中に入り、ラーメンを食べ、布団を汚し、書類をかき回した。

こうした事態を受けて、病院は、六九年一月四日、ハウスを強制閉鎖した。かつてなかったハウス閉鎖である。セツルにハウスの管理能力がないとして病院が強制閉鎖に踏み切ったものと思われる。

この事件をきっかけにセツラー、わかもの会、病院の三者でハウス管理、セツルメント全体について真剣な討論が行われた。その結果、ハウス管理に関しては学生セツルメントが全責任を負うことが確認された。その後ハウスの閉鎖を解くために二〇名近くのセツラーが集まり、二回の大掃除を行った。これは異例のことで、ペンキも塗りかえ、一月一四日には閉鎖の解除に漕ぎつけた。

四月、新入生を迎え入れて事務局はさらに懸命にハウス管理に取り組んだが、成果は上がらなかった。六九年前半には外部団体の創美会にハウスを貸出し、使用料五〇〇〇円を得た。ところが、翌七〇年二月には、ハウスはまるでごみためのようだという噂が街に流れた。

七〇年八月、夏休みでレジができないという理由でハウスを閉鎖しようとしたが、これにはわかもの会が反対した。結局在京セツラーでレジを続けることになったが、担当者がなかなか見つからず、女子セツラーのレジも考えなければ、という話まで出た。結局レジの問題は曖昧なままで夏休みに入ったが、夏の行事のさなかルールに従ったごみ処理ができなかったり、夜間のハウス使用では近所の人や病院からしばしば苦情を寄せられたりと、問題続きであった。

こうしたハウスの管理をめぐる問題はその後も続いたものと思われるが、ハウスに関する情報はその後ほとんど得られなくなる。記録で確認できる最後は七〇年一〇月二〇日のことで、その日ハウスで学習会が開かれたことが分かっている。

この五代目のハウスの建物は、一九七四年一二月から始まった氷川下セツルメント病院の増改築工事の際取り壊された。しかし、その時点ではその建物はすでにセツルメントハウスとして使用されてはいなかった。七〇年当時のハウス管理の状況からして推測されるところではあるが、おそらく七二年頃には学生セツルメントがハウスの管理能力を失い、最後はハウスを持て余してしまって、ハウスの閉鎖に追い込まれたものと思われる。

このハウスの閉鎖時期については、いくつかの情報がある。

一つは、七二年の春ごろ、一人のOSがハウスが閉鎖されるという噂を耳にしていること。

もう一つは七三年三月に文京一中から転勤した三上氏の回顧録に、この間粗末なハウスもなくなったとの記載があること。

さらに複数の法相部OSによると、法相部は七三年から白山南寿会館に法律相談の場所を移しているが、それは前年（七二年にハウスが）にハウスが閉鎖されたためであるとしていること。

これらの情報からみて、ハウスの閉鎖時期は一九七二年と考えてほぼ誤りはないものと思われる。

七五年二月、日照権問題もクリアして、氷川下セツルメント病院は増床工事に入るが、そのためにはハウスの建物の取り壊しが必要であった。そして七六年二月、増改築された一〇四床の病院が完成する（図10参照）。

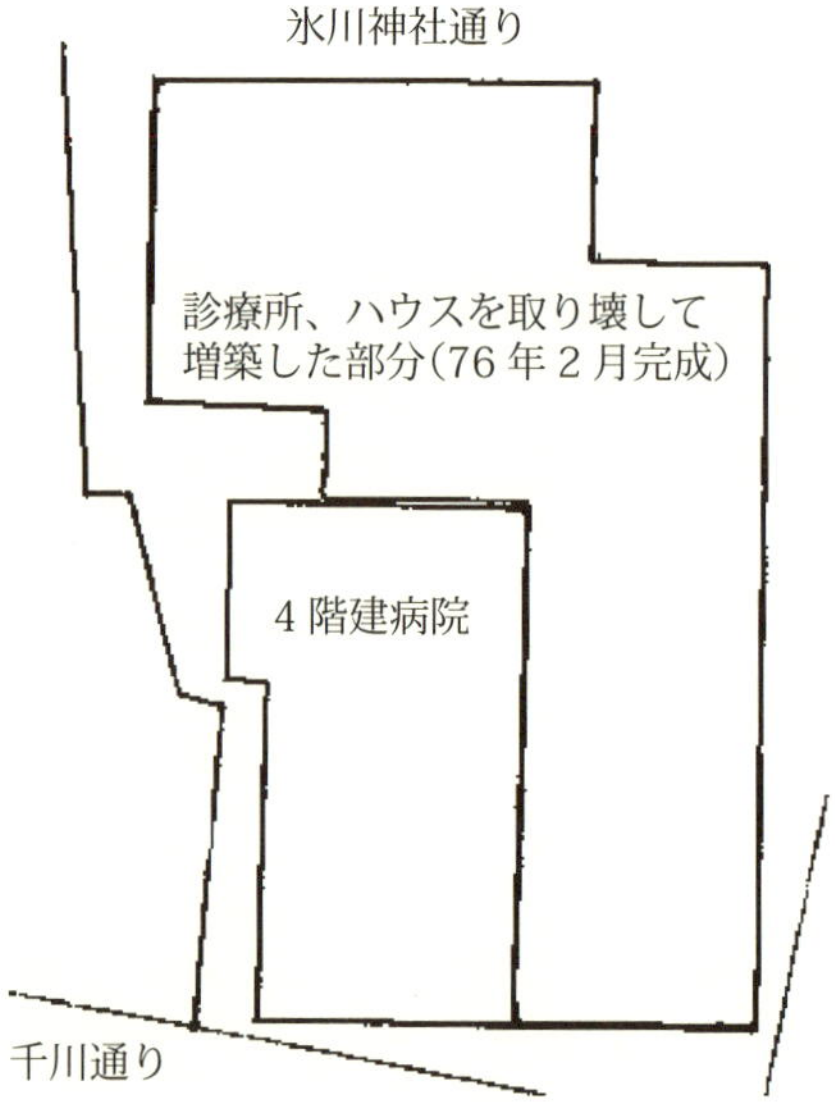

図10　1976年完成 氷川下セツルメント病院

ハウスが閉鎖された後は、お茶大学生会館が単なる集会場所としての役目をある程度果たしていた模様である。

四　その後のハウス（一九七六年～八六年）

七六年二月、氷川下セツルメント病院（口絵参照）の増改築工事が終了すると、セツルのための一定のスペースがハウスとして病院の地下に設けられた。

しかし、そこは薄暗くてほとんど使われることがなかった模様である。セツラーや地域の人たちはそこには二度と戻っては来なかった。地域の変貌と共にセツル活動の拠点としてのハウスの役割は失われてしまった。とりわけ児童部ではそうであった。寿会館に移っていた法相部も戻らなかった。活動はハウス以外の場所で行われるようになり、ハウスを最も必要としていたものと思われるわかもの会もなくなってしまった。病院側がそれでもハウスと称してスペースを提供してくれたのはなぜか。

「だんだん長くなっていくとハウスが診療所だけに使われるようになってしまうのではないかというふうに磯野先生からも前に注意を受けていまして、まあ、やはり今のところはなんとかハウスとしてもっと広い場所を提供したいというふうに考えています。」ＯＳ会での内田医師の象徴的なスピーチがその答えかもしれない。

七九年、病院は氷川下から五百メートルほどのところにある日本交通の車庫地を取得し、新に東京健生病院の建設に着手した。

一九八〇年当時、氷川下セツルの事務局はお茶大学館にあり、病院地下のスペースは利用されていなかった。保健部のセツラーが病院を訪れていたことは確かであるが、ハウスに来るという自覚はなかったであろう。児童部セツラーに限ってはまったく連絡がとれてなかったようだ。

八二年三月に東京健生病院が完成すると、四月には氷川下病院から患者が移送され、引っ越しが行われた。その後セツルメント病院は一時閉鎖されたが、その年の一〇月に一部再開され、ハウススペースは地下から二階に移動した。

八四年には病院は学生と契約を交わし、二階の二〇坪をセツルが所有するということを明文化した模様である。詳しくはわからないが、当時セツラーはこのスペースを関東学生セツルメント連合の事務局にしたいという希望をもったらしい。しかしこれは病院側から光熱費等の維持費（月五千円）の負担を求められたため契約には至らなかったとのこと。いずれにしてもこのスペースが氷川下セツルメントハウスとして使われることはなかった。

八四年四月に出された新入生オリエンテーションパンフレットにハウスは載っていない。病院はハウスとして提供してくれてはいるが、セツラー側の意識の中ではハウスは欠落している。パンフレットではセツルメント病院はひまわり班保健部が連絡をとったり活動したりする場であると説明されている。また、中高生班の活動はお茶大学生会館及び運動場で行っていると記されている。そして病院はその後もハウスを確保し続けた。

八六年四月保健部最後のセツラーが卒業し、保健部が消滅した。この結果病院提供のこのハウスに来るセツラーはもはやいなくなった。セツラーの来る可能性のなくなったスペースはもはやハウスと呼ぶことはできない。氷川下セツルメントハウスはこの時点で消滅したというほかないであろう。

（執筆・担当　河野　幸枝）

第二部　氷川下セツルメントの諸活動

第一章　文化部生活班・生活部・栄養部
―地域の人々と共に取り組んだ生活改善運動

一　文化部生活班・生活部（活動時期　一九五三年一二月頃から五五年一二月まで）

（一）文化部生活班の成立

氷川下セツルメントの地域に於ける狭義の生活改善運動への取り組みが、いつ頃から行われたかについては必ずしも明らかではない。

一九五二年五月一四日の日本医科大生とお茶の水女子大生の会合では、日医大生は健康面を、お茶大生は文化面をとセツル活動のすみわけをしているが、ここでの文化面とは子ども会・勉強会に限定されているように思われる。五三年七月、氷川下セツルは四部五大学制の組織を確立させるが、その一つとして文化部が置かれることになる。文化部は五三年九月には地域住民と共に池袋文芸座で映画「蟹工船」を鑑賞、翌月、その合評会を行っており、また一一月には地域住民四〇名余と前進座の公演を鑑賞している。『ひかわしたセツルメント一〇ねんし』（以下、『一〇年史』と略記）も、「この頃から地元の人々との交流も計画的になされるようになった」としてこの「蟹工船」の鑑賞会と合評会を記述しているが、その間の経緯については触れていない。そして、「セツラー同志の結びつき、セツルメント独自の活動理論が深まるうちに文化部は活動分野を拡大し発展した」、「今まで文化部＝子供会・勉強会という限定のもとに各セツラーがあれもこれも手を出すという調子で全体としてまとまっていなかったことが反省され、四つの班構成をもつことによってその欠陥を克服しようとした」として、その一つの班としての生活班の誕生を記す。ただし、生活班は生活協同組合と提携との注釈つきである。

恐らくは五三年一二月一二日の文化部会議の前のことと思われるが、文化部のセツラーは、東京大学生活協同組合から派遣されて、五三年九月頃から氷川下地域に生協を作るべく努力していた村上久枝氏から生協についての説明を受け、あわせて地域の現状を学んだ。同じ地域に同じ目的で活動し、セツル以上に地域に浸透していた生協に協力できなかったことを反省したセツラーは、以後、生協とともに活動することになる。しかし具体的には生協機関紙「生協のお知らせ」の配布、マーガリン、油、醤油、石鹸等の共同購入物資の運搬、国民保険加入の呼びかけなど、生協活動の手伝い、労働力提供であり、セツル独自の活動は組めなかった。

五三年一二月一二日の文化部会議で、文化部は勉強会班・子ども会班・生活班・歌う会班の四班に分かれる。文化部として中央委員二名と各班代表一名からなる総務を置き、班会議は週一回、部会は月一回とした。この改編は各セツラーがどこを自らの基本的活動の場とするかを明確にするための組織整備だと説明されている。文化部会議の結論は同年一二月二〇日の第二回総会で了承され、生活班が誕生する。なお、この第二回総会の跡見学園短大報告では、「お母さん達との栄養研究、手芸の会など開けると聞き、紙芝居の方向を育児・衛生・文化の方面に拡げたいと考えています」とある。跡見の学生達の活動は、こども会活動から次第に後の栄養部活動の方向へと活動を拡大ないし転換していったのではないかと推測される。

跡見短大生のセツル活動への参加は東京教育大生同様、五三年五月からだと思われる。が、一〇月初旬、セツル活動を内偵していた警察の通告を受けた跡見短大寮の舎監が該当する文化部セツラーに辞めるよう命令、当該セツラーがセツル内で訴えたことから問題が表面化し、氷川下セツルの顧問でもあった教育大の磯野誠一氏の抗議によってとりあえず干渉と制限が除かれるという事件が起こっている。

翌五四年に入り、一月八日には生協二班と共に生協組合員宅で会費三五円の新年会を開催した。参加者は二四名。炭や漬け物を持ち寄り、おしるこを作り、一升瓶を空け、歌い踊った。男子セツラーが「今の若い男の人は女に理解があっていいね、私も若返りたい」と言われたとか。一六日には生協一班と共に組合員宅で会費五〇円の新年会を開催、ちらし寿司と煮染めを作り、折工組合の青年数名も加わって半日紅白に別れての歌合戦に興じたという。セツラー数五名の生活班は人手不足で参加できなかったが、二月五日には初めての手芸の会、生協二班の手芸洋裁研究会「くるみ研究会」がハウスで開かれた。三月四日には生協二班と共にひな祭りを兼ねておしるこ会が開かれ、生活班は幻灯「山びこ学校」を上映した。三月二四日には生協一班の幻灯と懇談の会が開かれ、「混血児」「山びこ学校」が上映された。

順調な滑り出しに見えたがセツラーの悩みは深かった。地元の人々の中になかなか入れないこと、生協の手伝い以外の独自の活動が出来にくいこと、活動範囲が不明確で地元との結びつきが深まれば深まるほど問題が増え際限が無くなること、セツラーが不足している事などである。狭山湖で花見をという企画もあったが、いざとなると夫や近隣の手前、あるいは経済的な理由から流れるといったこともあった。

五四年四月一六日、生協二班での栄養研究会が開かれ、一三名の地域の人々がセツラーと民主栄養協会員のもとでチャウダーを作ったが、その席上原爆まぐろが話題となり、原水爆禁止署名運動に取り組むこととなった。アメリカ大使館に禁止の請願書を出すことも考えられた。五月二七日には生活班合同の会合が塚田氏宅で行われた。ここでは大塚診療所の医師を囲んでの勉強会が行われて四〇名を越える住民が参加、水爆禁止署名実行委員会も結成された。セツル中央委員会ではこの動きを受けて水爆禁止署名が議題とされた。六月に入ると繰り返し実行委員会の会合や学習会が行われ、二〇日には、原水爆禁止のための映画と講演の会が窪町小学校で開かれた。

なお、この間、五月二二日に保育園問題の打ち合わせが東原氏宅で行われている。また、朝日新聞社の後援で中央委員会が行った生活保護の実態調査に生活班も積極的に参加したが、一方的に強行したために住民の猛烈な反発にあうということもあった。

五四年六月二七日の第三回総会に於ける中央委員会報告では、「生活班による地元とのつながりは、それはまだ限られた地域であるとは言え、新しい段階に発展し」、「生協との協力による『幻灯とお話の会』や『栄養講習会』等の活動の中でおばさん達がいろいろな問題についてみんなで考え合うようになり、自分達の生活向上のために積極的に努力するような気運が生まれ、セツルに対してもいろいろな要求が出されるようになり」、「その話し合いの中から水爆禁止の運動が起こり、セツルに協力を求めてくるほど迄になった」。「託児所の問題も、おばさん達の間でどんどん計画が進められ七月から発足するようになった」とある。また、同じく生活班報告によれば、「生協に側面からお手伝いすることになり」、「新しく生まれたのが生活班」である。「生協のお手伝いの域を出なかった面もあ」るが、「とにかく地元のおばさん達と仲良しになれ、正月には一緒に歌ったり、今では気軽に家々を出来るようになった」。「仕事の内容は」「市価より一割安値でマーガリン、油、醤油、石鹸等生活物資の共同購入をする。その配給の手伝い」、「料理講習会を開き実習もやる」「息抜きの場所として幻灯と話し合いの会をもつ」、「その中でおばさんたちの切実な要求が出」、「水爆反対の署名運動もその一例」であるとして、署名総数は一五〇〇筆と報告されている。なお、この時期の生協組合員は御殿町で五六、氷川下が一一、共同購入日は毎月一日と一五日の二回であった。セツラーの悩みは「活動の範囲に一定の枠がないため、地元との結合が深化すればするほど問題が山積し、学生の限界からくる勉強と活動の矛盾が激化すること」であると記述されている。

（二）文化部生活班から生活部へ

第三回総会後の五四年六月三〇日、恐らくは文化部会議の席上に於いてであろうが、「活動の内容から考えて文化部内の生活班と勉強会、子供会は各々独立の部として活動した方がこのましいのではないかという処」から生活班は独立して生活部となり、勉強会班と子ども会班は児童部として、歌う会班は歌う会として、それぞれ新たにスタートすることになった。（七月一日制定の規約上にもこれが明記された。）

五四年六月時点での文化部セツラーは七〇余名であったが、その多くは児童部に移り、この時生活部に入った者は五名に過ぎなかった。なお、生活部は地域向け情宣紙「セツルの友」の発行を担うこととされた。

七月以降生活部の栄養研究会や幻灯会は順調に開催されていく。夏休みに入って黄変米騒ぎが起こる。黄変米は、一九五二年一月一三日、神戸港で輸入ビルマ米から多量に発見され、その後タイ米・トルコ米などからも発見されて問題となり、氷川下地域でも「黄変米懇談会」が開かれていた。しかし、五四年七月三〇日、吉田内閣は黄変米の混入率を下げて配給を強行した。消費者団体の猛反発から政府は八月一四日配給中止の声明を出したものの、八月一六日、久堅の山田氏宅で配給されたカリフォルニア米から黄変米が確認され、翌一七日には五〇人程の住民が久堅町配給所へ取り替えに出向き、警察が出動する騒ぎとなった。警察と新聞社が来たらセツルは逃げたというデマが飛ばされる中、一九日には住民三〇名程とセツラーは区役所へ、二三日には都庁に抗議に赴く。この間の住民運動を支えたのは夏休み中と言うこともあって生活部の在京セツラー三名であった。なお、黄変米の害について政府が人体実験を考えたのに対し、セツル診療所は動物実験をしている。

黄変米騒ぎが一段落して一〇月、八名のセツラーは、栄養・幻灯・保育園・読書会の四部門に分かれ、地域の人々と共に『日本女性史』読書会を開き、栄養担当の二名は料理講習会を開催した。しかし、セツラーは、地域の要求がつかめず、地域の力もつかめず、請負の傾向が大となり、活動には系統性が無かったと総括されている。

跡見学園短大生の参加は、この年の一二月頃が最後となり、生活部の料理講習会も行われなくなった。セツル活動が全体的にも下降線を辿る中、生活部セツラーは何をすべきかよくわからないまま幻灯会を続ける。五五年一月には「山は俺達のものだ」、五月には御殿町で「唐人お吉」、氷川下で「二十四の瞳」、「ここに泉あり」を上映している。参加者はそれぞれ一〇名程であった。

（三）生活部から栄養部へ

一九五五年六月、生活部に女子栄養短大生九名が参加し、料理講習会を担当することになった。五二年の四月頃から亀有セツルや川崎セツルに参加していた女子栄養短大生が、跡見学園短大生が去った後の栄養担当を埋めるべく氷川下に参加したのであろう。栄大生は「ただの料理の先生でしかない」との悩みを抱きつつ料理講習会を続けることになる。

五五年七月、文京青年婦人のつどいの一環として開催した七夕映画会では「ともしび」、「無限の瞳」が上映され、四〇〇名程がこれを鑑賞した。生活部最後の大きな活動と言えるだろう。

一一月には教育大生の参加がなくなる。五五年一二月一八日の第六回総会に於ける生活部報告は、「このまま続けていくのは不可能に近い。一つの考えとして、現在確実に動いている栄養講習会を独立させて一つの部とし、他のものは好きな部に入るというのがある。形ばかりで実質を伴わない活動は無意味である」と結ばれている。

この第六回総会に先立ち一二月一一日に開催された中央委員会では、中央委員会の解散と新たに「連絡会議」を設けることが決められるが、その決定の中に「連絡会議には各班（栄養、法相、診療所、学生診療、児童部氷川下、久堅、御殿町）から各一名以上代表を送る」とあるところから、この段階で既に生活部の解消と栄養部の新設が合意されており、第六回総会でそれが正式に認められたと考えてよいであろう。こうして生活部は消滅し栄養部の誕生となる。

二　栄養部（活動時期　一九五五年一二月から七一年頃まで）

（一）栄養部の誕生

五六年四月、栄養部は二二名の新入生を迎える。料理講習会開催会場の拡大努力をしつつ、月二回の講習会を開催していく。なお、六月二四日の第七回総会では一年二二名、二年一名、一二月九日の第八回総会では二年二名、一年二〇名で出発とあって、この数字には多少の違いがある。講習会場は一二月までには七ヶ所に増えた。

五月二七日の第二回全セツ連大会では他セツルの栄養部と交流し、七月からは同じ栄大内の亀有セツル、川崎セツルと共に栄養家計簿の記帳をはじめた。氷川下セツルが対象とし得たのは四八世帯であった。

これは、毎日七つの基礎食品別に記入できる家計簿を渡し、八月中の一ヶ月間記帳して貰うものであるが、そのため、始めのうちは毎日足を運んで付け方を覚えて貰い、食品構成基準量の話などをした。九月、二三世帯から回収、栄養家計簿による各家庭の栄養指導をはじめた。家計簿からはエンゲル係数六四・四という結果を得た。なお、この年、五六年のエンゲル係数全国平均は四二・九であった（注1）。

九月にはまた五〇世帯を対象とするアンケートを配布した。一〇月には三回の料理講習会の傍ら、栄養家計簿、アンケートを一軒一軒集計して栄養的に検討、家計簿を返却した。セツラーは、氷川下の人々の生活、特に食生活について正しく理解していなかったこと、また、これまでの活動がどれほど実生活に入り込んでいたかの疑問をもち、栄養的な考察などの活動で改善できる部分がある一方、一人一日の食費六八円と言ったどうにもならない部分があることを感じた。なお、この調査は、一一月二日から五日に行われた女子栄養短大学園祭「栄養展」に「セツルメント活動を通して知った地域社会の食生活」として展示された。

栄養展の最中の一一月四日、全セツ連関東栄養部会の結成大会が栄養短大で行われた。これに参加したセツルは川崎、亀有、氷川下、寒川、清水ヶ丘であった。同じく五六年一一月二四日・二五日、大阪大学で行われた全セツ連連合委員会には氷川下セツルから児童部の二名と共に栄養部は一名のセツラーを派遣している。部誌『こぶし』を創刊したのも一一月である。

一二月九日の第八回総会の栄養部報告によれば、料理講習会は毎月第一・第三土曜日、会場は氷川下で二ヶ所、御殿町で四ヶ所、久堅で一ヶ所の計七ヶ所、参加する住民は合計四一名。これを一年一六名、二年二名の計一八名のセツラーが、一ヶ所につき二ないし三名で担当した。一方、料理講習会の反省・準備・実験を中心とした部会は毎週月曜日に開催、部内には講習会研究係、講習会用調味料調達係、講習会用プリント作成係、セツル診療所と提携した病人食係、会計、書記、連絡の各係を置いた。活動方針として掲げられたのは、①食生活の改善推進（二週間分の献立表を作り、毎食のヒントに栄養の栞の配布をする）、②研究会活動の展開（栄養技術・知識、大学出版部発行の『栄養と料理』読書会、他セツルとの交流、氷川下の歴史・経済状態、病人食）、③氷川下や他セツルのセツラーとの結びつきの強化、であった。第三の方針との関係で、栄養部は氷川下セツルの事務局に二名の局員を派遣し、彼女たちはそこで会計を担当した。なお、総会資料には栄養部の会計報告も載っているが、第七回総会から第八回総会までの五ヶ月半程の間に於ける栄養部の総収入は七、六八九円、総支出は七、六〇一円、収入は大学からのものが四、五二一円、一人当たり月額二〇円かと思われる部費が一、九三〇円、その他『こぶし』の販売収入である。

（二）活動の新しい展開

栄養部の活動は料理講習会を基本としたが、誕生して間もなくから始まった診療所、あるいは生協等との提携が次第に深まりかつ具体化していった。

栄養部は、五七年三月に行われた診療所新築落成祝賀会に協力して「栄養と病気」、「一日の食事」の展示をする一方、病人食での個別訪問が可能かどうか診療所、保健部と検討を続けた。その結果、五月には腎臓病患者宅で病人食を作成している。その後も診療所の医師と打ち合わせつつ病人食を作っている。

一方、五九年六月には、生協から呼びかけられた新生活運動への取り組みを決定、新生活運動の一環としての食生活改善運動、そのための栄養調査を六月から八月にかけて行い、九月には栄養調査の結果をまとめて不足している栄養素と食品とを助言した。また六〇年二月には、栄養改善普及会と協力、ママ料理教室講習会を開催したが、この時には住民四〇人余りが参加している。

他部との連携も進み始める。六〇年七月の第一五回総会では栄養部は、児童部・保健部・生協と共に母親大会対策委員を出し、セツラーと地域に対し呼びかけることとなり、八月の第六回母親大会に参加した。八月に保健部からなされた検診や診断の結果を見ながら栄養に係わる助言をとの協力要請に、栄養部はこの時、趣旨には賛成だが無理との返事をしている。一一月には児童部中学生班のこどもたち、セツラーとドーナツを食べる会を開いている。

(三) 栄養部セツラーと平和問題・社会問題

栄養部もまた積極的に社会的政治的問題にも取り組み始める。五七年五月一日のメーデーには数人のセツラーが参加した。五月一四日の研究会では『栄養と料理』の記事「米価は安すぎるか」から米の配給価格引き上げにからむ問題点を討論、六月四日の研究会では、平和問題をどう取りあげるかが検討された。しかし、五七年一二月八日の第一〇回総会には「一一・一の国際行動には参加したが、十分な討論がなかったため疑問・躊躇があった」と報告されている。

五七年一二月一五日に開かれた第三回関東ブロック栄養部会には、寒川・北町・亀有・氷川下の四セツルが参加、平和運動に積極的に取り組むことが話し合われたが、氷川下セツル栄養部では、五八年五月に開催された全セツ連第四回大会でのセツルと平和運動の問題で動揺があったものか、同年八月、少なくない数の一年生の退部があり、九月にもまた数名の退部者が出た。(五八年一二月一四日の第一二回総会の栄養部報告によれば、「四月、一年生が七・八名入部し、一年生を交えて一三名ぐらいで活動を開始した」が、「五月の全セツ連大会にセツルの理解のためにと出席した一年生は、それまで自身の中にくすぶっていたセツルと平和運動の問題にますます足踏みしてしまい、動揺し始めた」とされている。)

一方、具体的にどの様なことであったかは定かではないが、五九年二月二日に開かれた連協主催の「各部交換会」で、栄養部は、学校からの圧力を報告、氷川下からの脱退の意向を受けた連協は、栄養部援助を検討している。五月には、多数の脱退者を出さぬようセツラーの意識を高めるためとして栄養部と法相部とで新聞を読む会が開かれ、栄養部援助の一環として考えられたと思われるが、六月一四日の第一三回総会は女子栄養短大の校舎を借用して開かれている。

五九年一〇月九日発行の『らしんばん』三九号に栄養部セツラーの「私たちの疑問と不安」なる一文が寄せられた。要旨「安保とか母親大会とかいろいろな学生運動にいつのまにか呑み込まれるように参加していました。しかしわからないのです。安保とは何か、どうして運動に参加するのか。学生が必死になって叫びつづけて社会の人たちが耳を傾けてくれたろうか。それよりもどのように調理すればより栄養的に楽しく食事ができるかを共に考えていくのが私たちの役目だと思う。私たちの疑問に答え、これからの目標を教えて下さい」というものである。これに対して、同じ三九号で児童部の女性セツラー二名と法相部男性セツラー一名が、続いて一一月二七日発行の『らしんばん』四〇号は特集「わが愛するセツルのために」を組み、今晩会、生協、診療所、OSのメンバー計六名がそれぞれの立場、角度からその疑問に答えようとしている。

『らしんばん』四〇号の「栄養展の発表報告と反省」によれば、五九年一一月一日から三日の栄養展で、牛乳の高価なことについて流通過程を含め問題にしたところ、前日これを下見した学長から、これらは東大生がやればよいことで我々は専門的知識と技術で奉仕すべきだとの批判を受けたという。

六〇年七月、栄養部は安保阻止写真展に参加した。政治活動もするクラブとのことで辞める者もいたが、考えさせる大きな動機になったとしている。

六一年一二月一七日の第一八回総会の栄養部報告によれば、七月総会の方針の一つ「地域の組織化を目指す中で政暴法反対運動を推し進めよう」については、十分討論されず、地域への働きかけはしなかったが、学内ではセツルが主体となって政暴法についての話し合いが行われてデモに参加したこと、連協主催の原水禁の署名とカンパ以外は地域での活動はしなかったこと、その理由としては、勉強不足、そして、そのような勉強会よりも乳幼児にかかわる勉強会の方が大切であり、母親たちは料理を教えてくれる以上のことは考えていないので政治問題を出すと講習会に来なくなるのではないかと考えたとしている。

六四年六月一日発行の『らしんばん』六〇号には栄大セツル顧問の金子載教授から「セツルメントに生きる二つの伝説」なる一文が寄せられている。大学当局がセツルを危険視し、それが卒業後の就職や縁談の差し障りになる、顧問がセツル活動を厄介視して新入部員を退部させようとしていると言われていることに対し、大学がセツルをそのように見たことはないこと、セツル活動が理念と実践の間に大きな懸隔があり、その科学的方法を欠いて行き詰まった活動結果を安易な乗り換えでごまかしていることに対して、顧問が強い批判をしていることから、学生は顧問をそのように見ることになったのだろうと言う。大学当局の姿勢の真偽はおくとしても、氏のセツル活動に対する指摘は当を得ているように思える。

なお、機関誌『らしんばん』に寄稿している顧問は、教育大の磯野誠一教授とこの女子栄養短大の金子載教授の二人のみである。氷川下セツルにとって希有な存在であることを付記しておきたい。

六五年一二月一二日の第二六回総会の栄養部報告によれば、一一月の栄養展では青年部と共同、法相部・児童部も協力して「きんちゃく栄養とフラスコ栄養」なる展示を行ったが、これには大学当局からの記述や発表内容についての干渉があったという。ついでながら、この時の資料によれば、地域の職業構成は、公務員・会社員・工員が計七〇％、自由業・商業は二〇％、労働時間は八時間が四八％、九～一二時間が三八％、食費は一人平均一七五円となっている。

この栄養部活動とセツルの政治・社会問題、平和運動への取り組みとの問題は、特に、学園闘争・大学闘争の展開の中でますます大きくなったであろう事は十分に考えられ、その事が栄養部消滅に繋がっている可能性もある。短大生の場合、二年になると就職活動がはじまり、セツラーは大学から個別に呼び出されて「あなた方は親御さんからお預かりしている大切なお嬢さんたちです。危険なことはしないで下さい。続けていると就職にも影響します。推薦できないことにもなります」と言われることから、退部する者と推薦を要しない公務員や教職への道を選択する者とに分かれ、地方出身者は地元に帰って就職したとの証言がある。尤もこの大学の姿勢については全く別の証言もある。六〇年代初頭という時期的な問題も考慮に入れる必要はあろうし教員個々の問題もあろうが、卒業前の学生一人々々と行う学長面談で、セツル活動を学校はどう思っているかとの当該セツラーからの質問に対して、学長は、「栄養短大の理念は良妻賢母を育てることではなく、職業人を育てることなので、学生時代から一般社会の中で栄養指導を行うことはとても良いことです。セツル活動をしていることで就職が不利になるということは一切ありません」と答えたという。

（四）悩み多き栄養部活動

栄養部の活動には大きな悩みが常にまとわりついていた。それは栄養部の全セツラーが栄大生であったことである。つまりは、六〇年代後半からは四年制の女子栄養大学からの参加が見られるようになったものの、その多くが短大生であるため活動期間は二年、従って、セツル活動についての理論的実践的蓄積と継承が困難であったことである。短期間の活動のため、引き継ぎが重要であることは十二分に意識されていたがなかなか上手くはいかなかった。セツラー数には常に大きな波があった。料理講習会にしろ乳幼児検診にしろその活動にはセツラー数が大きく係わる。セツラー数の多少によって料理講習会の開催地域も会場数も変わる。セツラー数の多少によって乳幼児検診での対応も変わる。

『総会資料』や『らしんばん』から五六年四月から七〇年三月までのセツラー数を窺うことが出来るものの、その記録は氷川下セツル全体としても極く限られたものであり、事情は栄養部に関しても同様である。氷川下栄養部へ三〇名を越える新入セツラーのある年もあれば、四、五名という年もある。従って一概に述べることは出来ないが、四月に入部した学生は年内には半数以下となり、進級に際してまたその半数が退部するというのが大きな傾向である。時には、六一年の新入セツラー四名が卒業まで活動を続けるといった例外的な場合もないではないが、六〇年四月に入部した学生は三〇名余、翌六一年、二年生セツラーとして活動を続けたのは七名にすぎない、というのが通例である。

毎年様々な努力がなされた。五七年には四月のクラブ紹介で「セツルとは」のプリントを配布、栄養短大の川崎・亀有・氷川下の三セツル合わせて約三〇名の新入生が入部した。氷川下の栄養部は氷川下全体の新入生歓迎ハイキングに参加し、また、この年は毎週火曜日に会食を行っている。

六一年にはセツラー数一年四名、二年六名という状況であったが、コンパ、回覧ノート、ハイキング等で結びつきを強め、部会は毎週金曜日にハウスで行った。

六二年一月一四日の第一八回総会（継続総会）では、栄養部の方針として、地域の人達の生活実態を詳しく掴む、生活の中での物価値上げなど政治的課題、意識と日常活動を統一して実践していくとし、仲間作りとして、文化委員を決め月二回の話し合いの場を設定、一回は読書会、一回はハイキングあるいは食べ歩きとした。四月には、保健部と共に新入生歓迎コンパを行い、一二月からは「生活の泉」の発行に対して法相部・保健部と協力している。六二年一二月九日の第二〇回総会では、「部会を徹底させる、入部した者の目的としたものを話し合う、無駄話などからセツラー間の親交を深め活動する、地域への浸透から地域の要求を確認し、それに基づく活動の方向にもっていく、地域の人達と生活を話し合う、方針の確立など心機一転心新たに活動していく」という方針が掲げられている。一二月には保健部と共にクリスマスコンパを栄養大の松風会館で開催している。六三年四月頃には毎週金曜日に読書会や会食がハウスで行われている。

六三年度の栄大セツラーは三〇名、内、栄養部が二四名、児童部三名、青年部三名であった。栄大ではこの頃から青年部や児童部へ入部する傾向が強まっている。なお、出身地は、東京都八名、東京を除く関東七名、東北四名、甲信越三名、北海道二名、近畿二名、四国二名、東海一名、九州一名である。

六四年のオリエンテーションは青年部と共に行い、後日独自の説明会を開催した。七月には法相部とサンドイッチを食べる会を開き、寒川セツル栄養部と交流し、原水禁に取り組んだ。九月には法相部と尾瀬へ旅行した。身近な政治問題を取りあげた法相部との合同勉強会も何回か行った。六六年五月二二日の第二七回総会には、九段会館で開催された日本栄養食糧学会に全員が参加したこと、機関誌『こぶし』を発行したこと、毎週火曜日の四時三〇分から六時まで栄大氷川下セツラー会を行っていることが報告され、同じく六月二五日に発行された『らしんばん』七九号には栄養部の新入生一一名が紹介されている。七月二四日からは二泊三日の合宿が松原湖畔で行われて一二名が参加、原水禁・料理講習会の問題から友情・恋愛についての話し合いが行われた。なお、栄養部の夏合宿は毎年行われているが、七〇年九月の向丘・正行寺における合宿が記録に見える最後である。六六年一〇月一六日には児童部・青年部と共に第四回全国青年スポーツ祭典に、小選挙区制について法相部との合同学習会を行った。六六年の一〇・二一統一行動には他部セツラーと共に参加した。六八年の一〇・二一統一行動には八名が参加している。

六六年一二月一一日の第二八回総会では、六月以降「新セツラーばかりで出発し」たが、「土曜日はハウスで部会をするため週一度は必ず町に来るようにし」、「家庭訪問、料理講習会を定期的に行うように」したこと、また、「法相部と読書会、青年部とわかもの会に出席、児童部と母の会、保健部とは高血圧者食事と多面的に活動し」、総会向けの総括に際しては「みんなが口をそろえて栄養部に入ってよかったと言われるくらいまとまり、いつもほがらかで明るいクラブにな」った報告されている。そして、「町の人ともっと話せるように努力しよう、セツル活動をする中で専門の学習を深めよう、一人一人の意見を大切にいつでも全体で話し合える雰囲気をさらに進めよう、活動を学内にそして全国的に広めていこう」との方針を掲げている。六八年のオリエンテーションでは新入生三百数十名の内百名以上がセツルの説明会に殺到したという(注2)。六九年四月のオリエンテーションは二回行い、一〇名余の新入生が入部した。七〇年に発行された現存する最後の『らしんばん』一一二号によれば三月時点のセツラー数は七名、四月は一一名とある。なお、この年、栄養部の一セツラーがセツラーの支援を得て自治会長に立候補している。

連協では繰り返しこの問題が検討された。六二年一二月九日の第二〇回総会では、短大のため活動期間が短く親しくなるともう行けなくなり、新しい人が行くという状態で、母親達は味気ないらしいとの栄養部からの報告もあり、連協はお茶大生の栄養部への移籍の可能性を探ったが実現しなかった。また、何故辞めていくのかについては、六五年一二月一二日の第二六回総会では、自分の要求とセツルの理念・活動方向が合わない、料理講習会の現状がつまらない、サークル活動としての面白みがない、セツラー同士の交流がないといった理由が報告されている。この時、二年セツラー三名という栄養部の実状から、児童部・青年部・保健部が参加した栄養部対策小委員会が設置され、翌六六年一月には一年生が三名、新年度の四月には一〇名余の新入セツラーが入部した。加えて青年部から三名の栄大生経験セツラーが移籍、部会も会場を学内からハウスに移すといった工夫がなされている。

しかし、六七年六月一八日の第二九回総会資料の事務局報告記載の氷川下セツル全体のセツラー数を見ると、栄大五五名、教育大五一名、東大三三名、お茶大一六名などと、栄大生は氷川下最大のセツラー数を誇っているが、栄養部への他大学からの参加は無い。なお、この年の栄大三セツル全体での新入セツラーは六五名であった。そして氷川下栄養部のセツラー数は二八名、内三年一名、四年一名とあって、一九六一年、埼玉県坂戸に設置された四年制大学の学生の存在が窺える。六七年六月一七日発行の『らしんばん』八六号新入生特集号には、児童部久堅班二四名、青年部わかものパート四名、高校生パート一三名、法相部七名、栄養部二一名の紹介と、児童部久堅班二名、氷川下班一名、青年部高校生パート一名、栄養部一名の新入セツラーの感想文が載せられている。久堅班二四名中栄大生が九名、栄短生三名、青年部わかものパート四名中栄大生一名、栄短生一名、高校生パート一三名中栄短生六名を数えるが、新入セツラー全体の中に栄大の三年生が三名いるのも特筆に値しよう。

(五) 栄養部と料理講習会

様々な問題や悩みを抱えながらも料理講習会は続けられた。

五七年、四月二〇日には六ヶ所で、五月七日に一ヶ所、一一日に三ヶ所、二五日には五ヶ所で行われた。この間、五月三日には全セツ連大会向けのサンドウイッチ七〇食をハウスの台所を使って作った。五月四日、全セツ連大会栄養部会は「これからの講習会のあり方」、「時間的制約について」について討議、五月五日には関東ブロック栄養部会を開催した。関東ブロック栄養部会は五月一九日に研究会を開催、東大公衆衛生学の鈴木氏の「調査について」の講演を聞いた。五月二八日には栄養部独自の研究会を開き、「砂糖の害と効用」について検討している。六月に一回、七月に一回、八月には二回の料理講習会を開催、六月に「食用油のいろいろ」をテーマに研究会、七月三日には小谷氏を講師として地域住民とともに「楽しい食事について」話し合った。一一月の栄養短大学園祭「栄養展」では、「保健所の栄養指導の実際」の展示と人参や魚を擬人化して偏食の恐ろしさや一日の食品の必要量を人形劇で説明、また、偏食問題を扱った「正男君の夢」と題する紙芝居を作った。この紙芝居は後日川崎・亀有・氷川下をまわり、わかりやすいとの好評を得ている。

五七年一二月八日の第一〇回総会では、セツラー数は二年一四名、一年一一名、料理講習会は月二回、会場は六ヶ所と報告されている。なお、この時の報告では活動について、「講習会はセツラーの奉仕活動ではない」、「栄養に対する注意が喚起されつつあると思う」としている。

五八年六月一五日の第一一回総会報告では、「七つの食品群の普及徹底」が緒についたとし、「他部との交流をふかめる」、「地域活動を充実させる」、「自分達の知識を広める」との方針を掲げている。栄大の亀有、川崎、氷川下の三セツルは、五八年一〇月七日、八日、九日の三日間、それぞれの地域で栄養調査を行った。氷川下は配布数五五、回収四五、そのまとめを人形劇として栄養展で発表した。要旨、総カロリーに占める割合は七〇から八〇％、穀物カロリーが多ければ多いほどその他の食品の摂取量が減少する穀物偏重主義が残っていること、卵・牛乳・油などは高価で食することの出来ない物であるとの先入観があること、栄養的といえば魚・肉を食べることと考えていることとある。

六〇年四月には新入セツラー三〇名余を迎え、これまで御殿町を中心に活動してきたものを拡げて、御殿町、久堅、氷川下の三班に分け活動することとした。そして、三月時点から発行し始めた「料理の栞」を用いながら料理講習会にとり組んだ。七月の「料理の栞」は頭脳と栄養、夏休みの子供のおやつについてという内容である。もっとも、この「料理の栞」については、テレビ・雑誌の普及から「料理の栞」の意味は低下している、栞にかけるエネルギーを講習会に注ぐべきだとの批判もあった。なお、料理講習会では、先の栄養調査の結果をまとめ、不足している栄養素と食品についての助言をして喜ばれている。講習会の会場は、一〇月を見ると、御殿町班と氷川下班はハウスで、久堅班は共同印刷第三寮であり、それぞれ一〇名前後の参加者があったようである。さんま飯、きつねそば、中華蕎麦、カスタードプディング、りんごの重ね煮、ホットケーキ、さつまいもの揚げ煮、酢豚とさまざまなレシピが考えられた。一二月の久堅班料理講習会は、折りの作業が入ったため寮でおこなえず春風荘で開かれたが、「変わった正月料理」であった。

六一年は、「地域の食生活の改善、即ち、栄養知識を普及し、又楽しい家庭生活が出来るよう努力し、明るい民主主義の世の中を築きあげることを目的とする」との活動方針で臨んだが、セツラー数は二年七名、一年四名の計一一名と激減したことから、六一年九月からは対象地域を氷川下・御殿町・久堅の三地域から御殿町にしぼることとなった。他地域からはやって欲しいという声が上がっていたがやむを得ない措置でもあった。会場は、持ち回りの方がハウスに行くより良いとの住民の意向で、住民宅の台所持ち回りで月二回行った。一回の参加人数は一〇名前後、メンバーはほぼ固定していた。話の中で物価値上げ問題など出てきたが、時間的制約とセツラーの勉強不足で話し合えていないという。「料理の栞」は月一回発行し、日常生活にすぐ取り入れられるよう朝夕の献立をたて、食品構成が正しく取れるようにした。この献立は一日三食一〇〇円程度で納まるよう工夫もされていた。ただし、活用されているかどうかは疑問であった。なお、今晩会対象に料理講習会をとの話があって検討したと考えられるが、どうやら受けなかったと思われる。

六二年一月の第一八回総会では、前述のように、地域の人達の生活実態を詳しく掴む、生活の中での物価値上げなど政治的課題、意識と日常活動を統一して実践していく、との方針が掲げられている。活動内容は料理講習会、御殿町を中心に大凡月二回とある。六二年六月の第一九回総会報告によれば、料理講習会は月二回、御殿町の住民宅台所を借りて行っている。シーズン毎に「料理の栞」発行し、講習会ではこの中から二、三品を選ぶ。参加者五名から一〇名。なお、この時、六月、七月と保健部と共に地域調査を行っている。六二年一一月三日から五日の栄養展では、氷川下、亀有、それに川崎セツルを脱退後池袋周辺で活動を始めた駒込の三セツル合同で活動内容の紹介を行った。

六二年一二月から栄養部は法相部・保健部と協力して「生活の泉」を発行した。

同年一二月九日の第二〇回総会報告では、栄養部のセツラー数は一年八名、二年四名の計一二である。但し、事務局報告では一一月現在一五名とある。栄養部は、料理講習会と乳幼児検診を行っている。料理講習会は月一回、ウィークデーの一時から四時頃まで、参加者は一〇名程でセツラーは五名程。「安くて美味しくそして早い」をモットーに講習しているが、母親達は珍しいものが食べたいようで、講習会は母親達の井戸端会議になりがちだとある。

六三年七月七日の第二一回総会では、活動は料理講習会と乳幼児検診、三年計画で五月から駒込・亀有セツルと協同して物価調査を開始するとしている。料理講習会については、対象とする人達の要求と我々の要求とが著しくずれている。母親たちは如何に目先の変わったものを簡単に作るかに興味があり、多少お金がかかっても変わったものを作りたいと考えており、栄養基準量やバランスの取れた食事を考えるセツラーと異なることが報告されている。一二月八日の第二二回総会では、活動は料理講習会と乳幼児検診で、物価調査については、素人にはわからない問題が起きたため一〇月で中断した。栄養展では脱脂粉乳を取り上げたが、一一月九日の児童部との学習会で考え方の違いがはっきりしたため、このギャップをうめるべく、さらに協力して地域に入っていけるようにしたいと報告されている。

六四年六月七日の第二三回総会では、新入セツラーは昨年の半分以下の八名。月一回の料理講習会、その後再開した物価調査と共に、あゆみ保育園でのおやつ作りが報告されている。

林町にあるあゆみ保育園は、一九五二年に地域の働く母親たちが興した共同保育が実を結び成長したもので、経営者はおらず園児の父母と保母の代表者による「あゆみ保育園運営委員会」が運営している無認可保育園であった。〇歳から四歳までの乳幼児三〇名程がおり、保母が四名、内一名は食事担当である。栄養部は請われてここに毎週土曜日、おやつ作りに出掛けていた。今後、積極的に保母・園児と接し、運営委員会・父母の会にも出席して食生活の改善を図りたいとしている。

料理講習会については、対象がずれていても何等かの形で役立っているのではないかとしている。また、五月以降、生活保護家庭の訪問を今晩会と接触して行っていることが報告されている。土曜日と日曜日に訪問活動を行い、地域は西丸・林・御殿町・久堅とある。なお、栄大内三セツルの交流が四月以降二回行われ、内一回は顧問にセツルのありかたを話して貰ったという。

恐らくは六〇年代前半の物かと思われる「料理の栞」が幾つか残されている。B6判一二ページの「偏食の子の為に」と題するものでは、人参の嫌いな子の為にとして炊き込みご飯、人参羹、うどんのべとべと煮、牛乳の嫌いな子の為にとして、卵のホワイトソースあえ、牛乳ゼリー、肉の嫌いな子の為にとして、挽肉と野菜のチャウダー、レバーコロッケ、魚の嫌いな子の為にとして、鱈子入りマッシュポテト、鱈のそぼろのレシピが記載されている。同じくB6判一二ページの「料理の栞」には、白菜と塩ざけのしょうが鍋、惣菜むきのおでん、ジャーマンキャベツ、新じゃがいもともやしのサラダ、炊醤麺、スコッチエッグ、鶏肉と青豆のうま煮、西紅柿蛋花湯が載っている。B6判一枚のパンプディングやほうれん草のオムレツというのもある。どれほどの経費かが記載されていないのは惜しまれるが、それぞれが五人前のレシピになっており、当時の家族数が窺える。

この年の栄養展では青年部と共同で氷川下の実態を報告している。六四年一二月六日の第二四回総会では、一一月から料理講習会は月二回に、あゆみ保育園についてはセツラー不足から思案中であること、生活保護家庭訪問は二、三の献立を頼まれた家で献立を立ててあげただけと報告している。また、寒川セツルと交流したこと、原水禁の署名とカンパをあゆみ保育園と料理講習会でわずかながら取り組んだことが報告されている。

六五年六月二〇日の第二五回総会では、セツラー数は一〇名、二年五名、一年五名、料理講習会は、基礎的な栄養を摂る必要からバランスの取れた食事を考え行っている。場所は御殿町の個人宅、参加者は五名ほどで新婦人の会や生協関係者であることが報告されている。普段の家庭料理をメモして貰い、セツラーが栄養計算をして正しい食事形態に近づけること、自慢料理や独特の調理法・味付けの意見交換を一緒に会食しながら行っていること、セツラーが新しい料理を紹介すること、『栄養と料理』の廻し読みして貰っていることが報告され、問題点としては、一定の場所、一定の人達に偏っていることがあげられ、料理講習会開催の要望は多いが、セツラーの人数や時間帯の問題があって無理であるとされている。なお、毎週土曜日、午後一時半から三時までの栄養相談を開始したこと、あゆみ保育園での活動は、セツラー不足と時間の関係で土曜日に行けないため一月以降ストップした。六五年一二月一二日の第二六回総会では、セツラー不足と場所の問題、母親たちとの時間の不一致のため料理講習会は七月以降二回のみになってしまったこと、栄養相談については、南京虫の薬剤頒布時にビラを撒き、土曜日にハウスで待つことにしたこと、あゆみ保育園については、保育園側との考え方の相違があり、話し合いがつかぬままとぎれていることが報告されている。なお、栄養相談については、氷川下セツルの地域向け情報宣伝紙「わたしたちの町」六六年度第五号に紹介されている。

六六年一二月一一日の第二八回総会では、七月二三日にハウスで母親達の得意料理を作ってもらうという形の講習会をしたが、八月・九月・一〇月は中止、一一月に入って漸く三ヶ所で開くことが出来たという。また、九月頃わかもの会会員から言われた「俺の食事はこれで良いのか、きちんと栄養が取れているのか」という問いかけから喰ったもの調査を行ったが、回収率が極めて悪く調査にはならなかったことが報告されている。

六七年には、生協に料理講習会のパンフレットを置かせて貰い、あるいはセツルの地域向け情報宣伝紙「わたしたちの町」六七年度第七号で料理講習会の紹介をするなど宣伝に努め、ハウスやあゆみ保育園で料理講習会を開催した。ただし、この頃の料理講習会は二ヶ月に一回程度であったようである。

その後七〇年にかけ、料理講習会の開催頻度は月一回になっている。六九年七月の第一回氷川下祭典実行委員会には栄養部も参加、七〇年の第二回氷川下祭典では、セツル病院に紹介してもらい、薬剤センターの千野氏を講師として招き、窪町東公園で食品公害のつどいを開いている。七〇年八月にお茶大で開催された全セツ連第二一回大会の討論資料では、この年アンケートを実施し、四〇枚を回収、そこから「食品添加物のことを気にしている」、「物価の値上がりを強く感じる」（九〇％）が、「どうしたらいいかわからない」で「栄養よりも値段を考えて食事を作る」おかあさんが殆どであること、また「働くおかあさん」が四七％であることなどを知ったとしている。

（六）乳幼児検診と高血圧対策

栄養部が保健部と共に乳幼児検診をはじめたのは、一九六一年六月頃のことと思われる。六一年一二月一七日の第一八回総会の栄養部報告によれば、保健部と提携した乳幼児検診は毎月第二土曜日に行っており、栄養部は乳幼児の栄養相談を受け持つとあって、当初、保健部が主体で栄養部は栄養相談に参加する形だったものを、両部が対等な立場で協力しておこなうよう改め、ポスター、ハガキ等の準備にも積極的に参加することとしたとある。そして一二月からは定期的に第一土曜日に保健部との会合を開くこと、「乳検だより」を栄大、医科歯科大、女子医大の三校で順番に発行、栄養部は九月号の発行となったと報告されている。なお、子供を守る運動の組織化のためには現状では困難かとしている。

この保健部と協働した毎月第二土曜日の乳幼児検診は暫く続く。六二年六月の第一九回総会における栄養部報告には、乳幼児検診は毎月第二土曜日、安閑寺にて保健部と共同してとあり、六月には離乳食のデモンストレーションを行ったとある。六二年一二月九日の第二〇回総会の栄養部報告にも、活動は料理講習会と乳幼児検診とあって、乳幼児検診は月一回、第二土曜日、二時から四時、植物園前の安閑寺で行っており、これには医師一名、保健部セツラー四名、栄養部セツラー五、六名が参加しているとある。身長・体重の測定、健康診断、栄養相談、そして離乳食のデモンストレーションを行っている。一回あたりの来場者は一〇名程で、好評のようだが来場者は生活に余裕のある人達で我々が本来対象とする人達は来ていないとしている。

しかし、六三年一二月八日の第二二回総会における栄養部報告では、活動は料理講習会と乳幼児検診だが、乳幼児検診は四校のセツラーの話し合いがうまくいかず一一月はとりやめになったとある。課題は二つ、機材をリヤカーに積んで会場に運ぶが会場としている安閑寺は狭く、一〇名も来ると満員になってしまうこと、来る者は育児熱心な人達で、この人達にセツルとしての役目がはたせるかという対象者の問題であるという。そして、六四年六月七日の第二三回総会の栄養部報告では、対象のずれ・場所の問題・セツラー不足等で安閑寺での乳幼児検診を三ヶ月間休止したが、これは保健部に同調しただけとし、六四年一二月六日の第二四回総会には、乳幼児検診は一二月で打ち切りと報告されている。

六八年一二月、名古屋で開かれた全セツ連第一八回大会討論資料では、生活保護を受けている一人暮らしの高血圧の高齢女性を家庭訪問した際の様子と、最終的には生きる権利の問題として一緒に考えていく必要があるとの報告が行われている。

六九年四月には二回のオリエンテーションの結果一〇余名の新入生があったため高血圧班と乳幼児班を結成したとあって、六九年段階では乳幼児検診が復活しているようにも思えるが定かではない。

なお、六九年三月には保健部と共同で新たに高血圧のつどいを開催したが、これには一八名の参加を得た。高血圧のつどいは六九年六月に二回目を栄養部のみで行った。この時の参加者は一〇名であった。一〇月には三回目を開いている。

七〇年二月に発行された全セツ連機関誌の実践記録特集号に栄養部の実践報告が掲載されているが、それによると、栄養部は高血圧班と乳幼児班に分かれ、日常活動は家庭訪問によっているとしている。高血圧班は、家庭訪問と高血圧のつどいによって、血圧測定、体重・身長測定、血圧の話、調理をして試食し、話し合い、栄養相談をしているという。つどいは、家庭訪問をしている家が少ないため広範な地域の人達を対象に出来ない欠点を補うためとしており、医学的な面よりも日常生活に重点をおいているという。乳幼児班も家庭訪問をしているようで、いずれの活動も家庭訪問を基本にしているように思われる。

(七) 栄養部の消滅

栄養部の消滅時期は明らかではない。現存する機関誌『らしんばん』の最後である七〇年発行の一一二号には日付記載がない。が、財政報告の中に九月三日現在分という文言があるところから、発行は七〇年の九月中であろうと思われ、そこには六月分までの栄養部セツラー費納入も記載されている。また、この『らしんばん』

一一二号には、事務局員の個人総括欄があるが、一名の栄養部セツラーも寄稿している。七〇年八月に開催された全セツ連第二一回大会討論資料にも、氷川下セツル栄養部の報告があり、母親達の関心事についてアンケート調査を行い四〇名から回収、食品添加物を心配し物価の値上がりを強く感じているがどうしたらよいかわからず、栄養よりも値段を考えて料理している母親が殆どであるという結果を得たとしている。

これらから考えて栄養部は少なくとも七〇年の九月までは確実に存在した。この時点での栄養部セツラー数は一一名。しかし、八三年の代表委員会に栄養部の姿はない。これまでの栄大生の事情からしてあり得ないことではないとも思えるが、一〇名前後のセツラー数であった栄養部が突然消えている。しかもその後も栄大生は氷川下セツルの児童部あるいは青年部、また、亀有セツル等には参加しているのである。栄養部は、いつ、どの様な事情で消滅したのだろうか。なんとも解せない。

とはいえ、「時間的な制約、学生運動の激化、そして活動を通じて地域の人たちと喜びを感じ合うことができなかったことなどが要因となり、次の部員へとつないでいくことができなかったのではないかと感じている。自分の中での疑問が解決できないまま、後輩にセツルの魅力は説けない。しかし常に議論していた『フラスコ栄養学から生きた地域の栄養学へ』は、セツルにかかわった者としてその後の人生を大きく左右した」という六〇年代末に在籍していたOSの証言は貴重である。

（注1）二〇一一年のエンゲル係数全国平均は二二・〇である。
（注2）全セツ連『第一八回大会討論資料』一九六八年一二月

（執筆・担当　増田　克彦）

第二章　文化部・児童部・子ども会

一　文化部活動のはじまりと文化部の分化

一九五二年一月三〇日付けの「お茶の水女子大学学生新聞」第九号は、「発展するセツルメント―平和と幸福を求めて―」という見出しのもと、お茶大セツルの発足を伝えている。「昨秋以来、数人の本校学生が亀有方面の労働者街でセツル活動を始めていたが、昨年暮、展示会を開き参加者を募集した。そして今年の一月、今まで属していた東大セツルから独立し、お茶大セツルを設立した。この種の活動はお茶大としては最初であり、ヒューマニスチックな性格をもつサークルとして今後の発展に興味がもたれている。以下その成立発展史をきく。」なる小見出しのもと、記事は冒頭、次のようなものになっている。

「お茶大セツルメント発足　昨年の暮、学生控室に掲げたセツラー募集のための展示は、多くの方々に読まれ、関心をひいて満足な結果を収めることが出来ました。その結果、今迄のセツラー六人の他に、十四・五人の方々がこの活動に参加されることになりました。私達のささやかな、しかも遠大な理想をもったセツルメント活動にかくも多くの方々が関心を寄せられ、同じ喜びと悲しみを共にする決意をされたことは私達に明るい希望を抱かせてくれました。こうして教育社会学の周郷博教授に顧問をお願いし、二十三日の自治会の承認を経、ここに二十名程の人員を擁してセツルメントが発足したのです。」

新入生を迎え、会員四五名、維持会員八七名をもって、改めて五二年四月二四日に結成されたお茶大セツルが、初めて氷川下地域の白山御殿町で子ども会活動を行ったのは五月一〇日のことである。

創立に係わった岡百合子氏は「お茶大から歩いて十分ほどの谷間の街、共同印刷の工場を中心に、周囲には下請けの零細企業、『折り』と呼ばれた製本の内職に明け暮れる人々の長屋が密集していた。その中の一軒に荷物を置かせてもらい、その辺の路地で子供会をはじめた。まだ児童施設などなにもない時代である。子供たちはたくさん集まってきた。小さい子の相手をするのははじめてだったが、一緒に遊んだ。素直な子たちで、見慣れぬ大学生のお兄さんお姉さんにもすぐ馴染み、縄跳びをしたり紙芝居をみせたり、帰るときはぞろぞろと送ってくれたりして可愛かった。」と回想している（注1）。

同じく草創期のセツラーである小田辺郁子氏は「教育大の脇の坂を降りて行くと、千川道路にぶつかる。植物園とその道路に挟まれたあたりが、現地だった。子供会は近所の公園で、勉強会はご好意で貸して下さった家でやったが、今日は何人の子供が来てくれるのか、何をしたらよいのか、いつも不安だった。一九五三年四月、どのような動機があったのか判らないが、教育大歴研の人達がまとまって入ることになった。春休みに、『太陽のない街』の調査で氷川下に入ったのが動機だとか言っていたような気もする。おかげで歴研の部屋も使えた。入学式後は新入生募集を大々的に行い、どっとセツラーが増え、活き活きと楽しく活動を始めた。自分達は直接、世の中のために役に立っているとの思い上がりもあったが、とにかく教育大が参加することで、地元の近くに溜まり場ができ、なにより仲間が増え、活動にはずみがついた。」「夏休みには教育大K館（教育大の敷地のはずれにあり、千川道路のすぐ近くの木造校舎）を借りて『夏の学校』と称して十日位勉強会を行った。最終日には都電を借り切って上野動物園まで遠足もした。」と言っている（注2）。五二・三年の勉強会・子ども会の様相の一端である。こうして、おおよそ週二回の勉強会と週一回の子ども会が氷川下の街中ではじまった。

五二年五月一四日に行われたお茶大セツルと日医大セツルの会合では、文化面・子ども会・勉強会をお茶大セツルが担当することとなり、翌五三年七月一一日の総会準備会における組織整備の話し合いでは、文化部・法律相談部・診療所・調査部の四部体制とすることとなる。同年九月一二日の第一回総会でこれが承認され、ここに文化部が成立する。

五三年八月二一日から三〇日までの夏休み勉強会には二〇〇名の子供達が参加した。が、これを持続させるためには、地元における勉強会会場を確保することと、セツラーを増やす必要があった。九月には、苦労の末、念願のセツルメントハウスも実現した。勉強会会場はこれまでの翠川氏宅に続き、九月には斉藤氏宅を借用することが出来、さらに一一月には役田氏宅と三ヶ所になった。しかし、集まる子供の数は三〇名に減少していた。セツラー数は教育大セツルの正式発足で教育大生が五二名に、お茶大でも五名、また、その参加時期は不明なるもののほぼ同時期に参加し始めたと思われる跡見学園短大でも新たに二名の増加を見た。

こうした中、勉強会は、火曜日の二時間を「クラブ活動」とする新しい時間割も作られた。毎日曜日には窪町東公園で子ども会を開催している。五三年一二月二〇日の第二回総会における文化部報告では、母親達も「何しに学生がここにきているのか」という質問をもうしないとなっている。

文化部はこの勉強会・子ども会と同時に映画会を行い、うたう会も行っている。生活協同組合の活動に刺激を受けたこともあって、文化活動をより多面的に行おうとしたものの、そのことはセツラーの負担を大きくし、責任の所在を不明確にすることにもなった。そのため、第二回総会に先立つ一二月一二日の文化部会議では、文化部内を勉強会・子ども会・生活・歌う会の四班に分け、中央委員二名と各班代表一名による総務を置くこととしている。

五四年三月、勉強会班は、保育園や幼稚園に行っていない子供が学校に上がって困らないようにと、六日間の新入児童集団指導を行った。区役所で氷川下町、白山御殿町、久堅町における新入児童の名簿を見せてもらい、家庭訪問をしながら申し込みをとった。申し込みは五二名。これを五班に分け担任を決め、名前を書く練習、数をかぞえる練習、折り紙、お絵かきをした。通信表を作り、毎日親たちにその日一日のことを書いて送り、親には感想を書いてもらった。セツラーも各自のノートに一人一人の子供について記録した。最後には母の会を開いたが、四二名中二二名の参加があった。

この実践はセツラーに勉強会活動に対する確信を強め、地元、特に、就学予定児童の四六％が参加した氷川下町との結びつきを強めることが出来、母親達の勉強会に対する信頼を深めたとしている。

五月には、翠川氏宅、斉藤氏宅、関氏宅、矢島氏宅、中村氏宅の計五ヶ所で勉強会活動を開始、当初申し込んだ九〇名のうち五〇名程が参加している。子供達の騒がしさと何を教えるかに悩みながらの週二回の活動である。なお、月四〇円の会費を取っている。

五四年六月二七日に開かれた第三回総会の討議資料には、説明はないものの、恐らくは地域に配布したと考えられる氷川下セツルメント勉強会名による次のような「勉強会の方針」が掲載されている。なお、原文は全ての漢字にふりがなが付けられている。

勉強会の方針

子供達は、明日への希望です。人間の性格、物の見方、考え方などは子供の時代のかんきょうなどによって左右されることが多いようです。だから、人間の一生でもっとも大切な子供の時代によいかんきょうにそだつことは非常に大切なことだと思います。しかし、日本のだれもが一日々の生活におわれ、食べていくのが精一ぱいで、子供の教育という重大なことに手がまわらない家庭が多く、また、勉強する部屋がなく、遊ぶにもその場所がない。一方、学校の授業も充分できないという社会の状たいは、子供たちにとってほんとうに望ましいものではありません。子供たちは、つまらない遊びに走ったり、学校の勉強もおろそかになりがちで、このまま放っておくわけにはいきません。

氷川下の子供たちも例外ではないようです。お母さんたちは「折り」などの内職で忙しいとか、また、昔と教育の仕方がかわったので、どう教えたらよいかわからないということがかさなって、ますます放っておかれる状たいです。そこで、わたくしたちが、その相だん相手となって少しでもお母さんたちを助け、一人では勉強しない子供でも一しょに集まって、たのしく勉強できるようにし、その中から、子供たちの基そ学力ができ、よろこんで自ら勉強し、学校に行くよう氷川下の子供たちの全部がなってくれるよう願っているのです。また、お母さんたちにも、みんなで一しょに勉強することは大切であり、子供のためになるということを、もっとよく知ってもらいたいと思います。

また、これからの学問は実さいの人々の生活の中にあって、だれにでも愛され、理解され、役立つものでなければならないと思います。そのために、わたくしたちは、人々の生活に接し、その生活をよく知らなければなりません。氷川下の一人々々の子供をどのようにのばしていくか、その解決の中から、新しい学問、真の教育が生まれてくるものと思います。しかし、そのことは、全く困なんなことですが、この苦しみの中で自分自身をきたえていき、また、自分一人では弱いので、全セツラーと子供たち、それにお母さんたちと互いに助け合って、困なんを打ち破っていくことが、これからのわたくしたちの新しい生き方ではないでしょうか。わたくしたち氷川下勉強会は、この勉強会を通じて、子供たちに勉強を教え、子供たちのもつかぎりないのびゆく力をはぐくみ、それにはげまされ、そして、お母さんたちの愛情と固く結びついていき、子供たちの明るい平和な生活を、共に築きあげていこうとするものです。

一九五四年六月二四日　氷川下セツルメント勉強会

（注1）『私の女高師・私のお茶大—一九五〇年代、学生運動のうねりの中で』＝東京女高師・お茶の水女子大学五〇年代を記録する会・創英社・二〇〇四年　P一四七・一四八

（注2）『私の女高師・私のお茶大—一九五〇年代、学生運動のうねりの中で』＝東京女高師・お茶の水女子大学五〇年代を記録する会・創英社・二〇〇四年　P一六五・一六六

二　児童部としての活動の開始

五四年六月二七日の第三回総会後の六月三〇日、これまでの生活班は生活部、歌う会班は歌う会部に、そして、勉強会班・子ども会班の二つは合併して児童部となることが話し合われ、七月一日に制定された新規約にこれが明記されてここに児童部が成立する。

五四年の夏休み勉強会は七月二三日から三一日までのものだったが、総参加人数一四五名、氷川下が五八名、久堅二五名、柳町、音羽町、志村からの参加もあった。八時半の朝礼、一時間目は夏休みの宿題を中心とした学習、二時間目は担当セツラーによるそれぞれの学習、三時間目は子供達各自の自由研究、そしてレクリエーションというのが一日のスケジュールである。セツラーは午後、反省会、各学年の翌日の準備、そして家庭訪問となる。二六日には遠足。低学年は六義園、高学年は上野動物園。三一日の学芸会で夏休み勉強会は終わっている。

この夏休み勉強会に御殿町の子供達が殆ど姿を見せなかったことから、地域に入っていくことの必要性が意識され、九月以降の勉強会を、氷川下・久堅・御殿町の町別に編成することになった。五五年六月一二日の第六回総会ではこの三つがそれぞれ班として表現されている。

子ども会班は、資金不足と雨の日の会場難に悩みながらも、毎週土曜日の一時から二時間程、窪町東公園で、紙芝居、歌、遊び、童話の読み聞かせなどを行っている。集まってくる子供の数は四〇名から八〇名、幼児から小学三年生位までが多かった。五月五日の子供の日子供会には大塚談話会を招き、人形劇、紙芝居、童話の会を行い、集まった子供の数は百数十名。ただし、借り物の子ども会との批判を受け恥ずかしい思いをしたという。第三回総会における子ども会班報告は、子ども会班の当面すべきこととして、「良い文化を与える」「子供のために子供会を組織する」の二つをあげている。そして、集まってくる子供が固定的ではないこともあって、子供を把握すること、紙芝居や人形劇等の技術をも含め、セツラーの力量を向上させること、運営方法等の改善と解決の三点を課題としている。

五五年に入り活動は停滞した。勉強会の開催も週一回程度となった。活動は組織的ではなくなり、各部における会合は勿論、個々のセツラー間の話し合いも不十分なものとなった。勉強会・子ども会に対するセツラーの望むものと母親達が期待するものとの間のズレ、セツラーの活動と勉学の問題、理論と実践の問題等々がその背後にあった。

小学一年生から中学生を対象とした五五年の夏休み勉強会（集団学習指導会）は、七月二四日から八月四日までの一二日間にわたり行われた。途中、豊島園で行われた平和友好祭少年少女の集いに参加し、最終日の学芸会で終わっている。この夏休み勉強会については、奥付きを含め最後の数頁が欠落しているため発行年月日も総ページ数も明らかではないが、「一人の十歩より十人の一歩」と題する顧問の教育大磯野誠一教授の文をはじめ、四〇名を越えるであろうセツラーが寄稿したB５判一〇〇頁を越える記録・感想文集『せみ』が編まれている。

勉強会と子ども会を合体させたのは五五年九月の児童部総会においてであった。これまで勉強会班と子ども会班が完全に分離し、全く連絡のない独自活動をしてきた点が反省され、セツラーの要求と地元の客観情勢を考慮して勉強会、子ども会を形式上解体し、氷川下、御殿町、久堅の三町班別組織とした。子ども会中心の御殿町、勉強会中心の久堅・氷川下として活動再開の組織的基礎としたのである。

このような活動が展開される中にあって、学生の悩みはつきない。五三年一二月二〇日の第二回総会における教育大セツル報告では、学業とアルバイト、そして活動の矛盾、セツル活動と政治性の問題など、その後も続く悩み・問題が提示されている。五五年における活動の停滞はその具体的な現れでもあった。

五四年九月末から一〇月初めに発行されたと思われる中央委員会編集によるB5判八二頁の文集『ダム』の「巻頭言」は、街の様子と診療所、診療部、生活部、歌う会、法律相談部、児童部それぞれの活動を摘要した上で、この文集の目的を次のように書いている。「この様に、多種他面にわたるセツルの仕事の中で、セツラーは多くの喜び、多くの苦しみ、悲しみを感じています。皆に話したいこと、訴えたいこと事が沢山あります。しかし私達はあまりにも多忙でゆっくり話す時間がありません。そこで皆が感じていること、考えている事をありのままに書いて発表し、お互いの気持ちを理解しようと考えて作ったのがこの感想文です。」執筆者三七名のうちの多くは児童部セツラーであるが、子供達と接するその楽しさ喜びと共に、実に多くの活動上の悩みや疑問が寄せられている。

五四年一二月一九日の第四回総会における児童部報告では、セツラーの問題として、特に新入セツラーの多くが、勉強会・子ども会に慣れるのが精一杯で、セツラーの会議では事務的なことが多く、入ってきた動機を満足させるような話し合いもなく、政治的な活動に対するしこりやセツル活動の意義、家庭や学業の問題の解決策を見いだせず、それがセツル活動を義務的なものにさせ、学校の成績を芳しくないものにもさせてやめたいという者がではじめていること、これを解決するために学園祭への取組みもあって討論が重ねられたこと、また、「母の会」における話し合いから母親達に支えられて活動が行われているという意識がセツラーの中に生まれていることが報告されている。

一方、前出の岡氏は街での強烈な記憶として次のような思い出を語っている。地域の人々のセツラーへの眼のひとつであろう。「荷物を置かせてもらっていた地域の奥さんにしみじみと言われた言葉である。少し病身でいつもさびしい笑顔のその方は私に向かって言ったのだった。『どうしてあなたはこんなことをしていらっしゃるのですか？お金持ちのお嬢さんで大学生さんなら、もっと楽しいことがいっぱいあるでしょうに』と。そんな言い方をされたのははじめてだったので、びっくりしてしまって何も返事が出来なかったのを覚えている。いま思うと、彼女の目から見て、私のやっていることはなんとも中途半端な、危なっかしいお嬢さんの所業だったのかも知れない。」(注1)。

(注1)『私の女高師・私のお茶大―一九五〇年代、学生運動のうねりの中で』＝東京女高師・お茶の水女子大学五〇年代を記録する会・創英社・二〇〇四年　P一四八

三　勉強会のあり方を求めて　～五〇年代後半の児童部活動～

(一) 勉強会活動と二つの論文

中央委員会の解散や勉強会が一時中止されるなど混迷していたセツルは一九五六年頃から打開への歩みが始められて行った。

五六年、児童部では春休み集団児童会を契機にして五〇名の新セツラーを迎えて六〇名となり、五月には児童部総会が開かれて組織体制が整えられていった。

1956年の各班勉強会（第7回総会資料より）					
班	開催曜日	学　年	子供数（人）	チューター数（人）	会　場
久　堅	月・水	小学1・2	8	5	S宅
		小学3・4	7	6	O宅
			計15	計11	計2
御殿町	水・木・土	小学1	3	2	T・N宅
		小学2	13	6	Ya・Yo・H宅
		小学3	13	5	N・T宅
		高学年Ⅰ	6	4	T宅
		高学年Ⅱ	3	2	H宅
			計38	計19	計8
氷川下	水・土	小学2	6	10	T・K宅
		混成学年	14	9	T宅
			計10	計19	計3

しかし、新セツラーが全体の八割を占めるなかで（『一〇年史』）、勉強会のやり方、子ども達をどう掌握するかなどがわからず、更には勉強会が何を目指すのか等活動の方向性がつかめない状況は依然として続いていた。それを打開すべく理論化の試みが開始された。特に「セツル・児童部に関する作文」（中村日出丸氏、約二万九千字）、「勉強会について―成立と展開」（馬場恒夫氏、約二万四千字）の二つの長大な論文は勉強会や母親との提携について全面的な分析を行った。この二つの論文は五八年のらしんばん特集号「理論化のために」にも再録されるなどして、児童部活動の理論的基礎となり、実践に生かされていった。二つの論文は基本的にほぼ同じことを提起している。その要旨をまとめると、おおよそ次のようである。①勉強会は母親（或る母親の言葉「子供のためなら、どんな苦しいことでも、三度のご飯を二度にしてまでも、塩をなめても何かする。」「子供が勉強のできるようになるならもっと身をつめても内職をしよう。」）の、貧困から脱却するための子どもの学力や成績の向上への強い願いを受け、母親の支持を土台として成立する。それを無視しては勉強会は成り立たない。（両氏）
②子供たちをどう育てるか。ア、学力の向上。イ、資本主義の競争社会において、子どもたちが協同して集

団的に取り組むような勉強会を目指す。セツル勉強会にくることが一種の利益になると感じさせ、「セツルの子ども」という仲間意識を育てる。ウ、子どもの自立性、連帯性、仲間意識を育てる。(馬場氏)

③勉強会の技術と内容の改善。子供たちは総じて勉強嫌いでなかなか勉強に集中しないし、すぐ来なくなる(注1)(注2)。学習に興味を持たせるための工夫が必要。易しくできる事、生活的であること、現在学校で学んでいる事の補充的なこと、アトラクションをやるのもよい。(馬場氏)

④母の会は勉強会を成立させる大黒柱。(両氏) 母の会で、母親の意見を反映させ、勉強会の指導内容、計画を定め、決定させるような運営が期待される。勉強会発展の原動力はセツラー相互の結びつきでなく、母親たちの支持と協力である。(馬場氏) 我々の「守る」運動の中に母親たちを入れ、行動できる基礎を作る。(中村氏)

⑤勉強会の矛盾。母親の成績向上の要求に答えるだけになり、現実に抵抗する力を失ってはならない。勉強会=セツルのワクの中だけで討論するのでなく、大きな視野の中でとらえること。研究会も必要。(中村氏)

⑥セツラーの問題。チューターの基本的態度は子どもに愛され信頼され、子どもたちにとけ込む中で、子どもたちの集団化をさせていくことである。(馬場氏) セツラーの入部の動機や要求は多様で、漠然と入った。子供が大好き。自分の性格をかえたい。町を知りたい。自分の学問に役立てたい。友人を得たい。平和と民主々義を守るため…等々様々であるが、その様な各々のセツラーの要求を伸ばしながらヒューマニズムを持つ人になる事、正しい考えをもち、正しい方法論を身につける事、そして我々が大学を卒業し、実社会に出た時に有効に、正しく動けるように少しでも下地=基盤を作る事だと思います。さらに平和、民主主義を守る人間に少しでもなる様つとめる事だと考えるのです。要するにセツル活動を通じて、何等かの形で将来の基礎がうえつけられる可能性があるという事なのです。(中村氏)

⑦セツル運動は、社会を明るくする為に、平和、民主主義を守り、地域の人達と一緒になって活動し、地域向上につとめ、その中で自分自身（我々セツラー）をも発展させていくこと。セツルだけでそれをおし進める事は出来ない。やはり、日本における色々な平和、民主々義と関連させて、全体の国民運動の中でとらえて行く事。（中村氏）

五六年の夏休み勉強会には多数のセツラーが参加し、打開の方向をつかむきっかけを得た。①子供達の地域の中での生活の実際や考え方を知り、②子供達を取りまく地域環境への理解を深め、③地域環境を形成させている社会の本体を知ること、の三点が指摘され、母親達の協力を得て行く中で、勉強会、子供会、母の会の三つを中心とする活動を具体的に編み出して行くことが必要とされた。児童部代表者会議とその活動は九月以降軌道に乗っていった。一〇月には各班の目標が建てられた。

《氷川下班》（イ）低学年どうし仲よくする。（ロ）子供会を定期にやる。（ハ）母の会の強化。
（ニ）月一回研究会。

《御殿町班》（イ）中村氏、馬場氏の論文に影響されて母の会建設にとりかかる。（ロ）綴り方教育の実施。

《久堅班》（イ）久堅と御殿町の子が仲よく遊び、勉強するようにする。（ロ）経験交流会の強化。
（ハ）レクリエーションの時間の計画性。

こうした活動を保障するために、①勉強の教え方その他についての定期的研究会、子供を知るための研究会。②学年の孤立化を防ぐためにグループ活動を結成。③おおざっぱなプランのリスト作成。④読書会　⑤活動の整理と経験交流会の実施、等の方針が建てられた。

五〇人もの新セツラーの加入（一一月の文化祭後には更に増加）により、セツラー相互のコミュニケーション不足が問題となり、一、二年生が中心になり、八ヶ岳登山、二年一年コンパ、一〇月には山中湖で四〇名程が参加して合宿が実施され、相互の親睦と連帯感が深められた。しかし、五六年一二月の第八回総会、五七年六月の第九回総会資料には児童部報告がなく、第九回総会の連協報告には、昨年来セツルの重要ポストは殆ど一年生である、一二月来児童部代表者会議の人事の混乱が尾を引き、代表者会議が弱体化している、新旧セツラーの間に断層がある、等が指摘されており、五六年秋から五七年前半の児童部は苦闘の中にあったようである。

五七年秋には、六月の第九回総会の、「研究活動を活発にしよう」「原水爆禁止運動を進めよう」等の方針にもとづき、様々な取組みが行われた。前者については、児童部を中心に「人形劇グループ」、「創ろう会」（スライド制作）、「町の歴史を研究する会」「母の会研究会」「大学一年セツラーの集い」や読書会等が作られ、活動した。五七年一二月の第一〇回総会における児童部報告によれば、同年六月決定の方針に沿って次のような取組みが行われた。勉強会の内容を母親達とともに考えていくために、カリキュラムを母親達に配布、去年の活動報告の配布（久堅班）、年間計画の作成、母親大会についての話し合い（久堅班）、生協と共催での母の会（古川原氏や一中の先生の参加）やピクニック、勉強会実践の記録簿への記入、読書会、研究会の実施、児童部歴史小委員会の活動、児童部文庫の設置、学園祭での展示と人形劇、等々である。方針として、（1）母の会を地元組織の中核としよう。（2）歴史をまとめ、皆のものにしよう。が掲げられた。

五八年六月の第一一回総会の児童部報告は、「児童部は今行き悩んでいる。」として、セツラーの減少と、一つ一つの勉強会や「係」の孤立化の問題をあげている。その原因として、①代表者会議の弱さ、②これまでの理論的又技術的な面での積み重ねを正しく受け継ぎ、今のセツラー相互の考えを噛み合わせ、共通の基盤、財産というものを確かめて来なかったこと、の二点をあげている。そして今最も必要なこととして、①

代表者会議が各勉強会、各班の状況を十分に把握し、取組みの具体策を出して行けるようにすること、②これまでの積み重ねを正しく受け継ぎ、セツラーの討論を通して「共通の理念」を作り上げて行くことをあげた。さらに、現代の民主主義運動、平和運動の大きな流れの中で、セツルの位置と役割、課題を考え、これと関連させて勉強会や子ども会、母の会等の役割や意義を究明して行かなければならない、とした。次期の活動方針として、①研究活動の強化と活動を科学的に進めること、②母の会の組織化、平和運動を強力に進める、③地元組織、他部との連携強化を掲げた。これまでのセツルに関する主な「論文」や「考え」の普及と理解を図ることを最も重要な方針とした。母の会については、勤評闘争や原水禁運動、母親大会などと関連させてその定期化を推し進めて行く、とした。

この総括と方針にもとづいて、この年後半には活発な活動が展開されて行った。勉強会はカリキュラムをくんで取り組む等、軌道に乗って行ったようである(注3)。夏休みの集団指導は子ども達百数十名、セツラー四〇数名が参加して実施された。勤評闘争、警職法反対闘争への積極的な取組みも行われた。一〇月にはらしんばん別冊「理論化のために」が発行され、理論化への取組みが追求された。(この別冊には前記二論文が再録され、児童部活動の理論化に大きな役割を果したと思われる。)らしんばんでは勉強会と基礎学力をめぐる論争も展開された(注4)。一〇月には八千代町と保健部のセツラーも加わって四七名が参加して山中湖合宿が実施され、らしんばん別冊をもとに理論化を目指す討論が行われ、また仲間づくりをとりあげて、成功をおさめた。こうした活動の上にたって、一二月の児童部総会は、「一、今までの活動をまとめ、現在の基盤の上に立って理論化を更に進めよう。一、私たちの掴んだ問題を、お母さんたちに提起しお母さんたちとともに成長し、その中で平和と民主主義を守る運動を進めよう。一、仲間作りをしよう。」(第一二回総会資料児童部報告)という方針を決定した。新たに仲間づくり(セツラーの問題)がセツルの重要な課題の一つとして位置づけられていった。

五九年六月の第一三回総会児童部報告は、週一回の勉強会の実施、子どもの学習指導、生活指導を考えカリキュラムに力を入れ、内容の充実化に努力、家庭訪問や母の会などで勉強会の反省や宿題、学校教育の問題等を積極的に取り上げ、話し合う努力を進めて行ったこと、実践記録発表会の実施、セツラーの問題（自由な話し合いの場作り、山行、時事問題の話し合い、安保問題や学習指導要領等の研究会、社会主義入門の読書会、新入生の受け入れなど）への取組み、など様々な取組みを行ったことを述べ、「今までの活動を通じて、前記の方針が正しく現在それを一層進める事がセツルの正しい方向である事を認めて来た。」と総括した。数年来の試行錯誤を経ながら、児童部活動の基本的方向性が確立してきたと思われる。

（注1）「現実の勉強会＝ガヤガヤ、ザワザワ、先生は声をはり上げる。子供は十数人、先生二人位、誰かが大きな声をあげる。とたんにケンカ、一座メチャメチャ、先生アゼン。家を貸しているお母さんの方がヒメイ、二、三人とても騒ぐ子、静かな子、さっぱり統一がとれない。はて、我々の理想はどこにとんだのかいな？…チューター達は、日頃、きれいなスローガンをかかげても何も出来ない。」（中村氏）

（注2）子供達の勉強会への要求（ⅰ）宿題の答えを教えてもらうために来る（五六年、小学上級）（ⅱ）勉強するため、自身の学力のあがることを望んで来る（中学生）（ⅲ）母親に催促されて来る（ⅳ）チューターのやること等を楽しみにして来る（ⅴ）集って一緒に何かする雰囲気が良い（多かれ少なかれ子供達に共通している。私達の努力によってかちとれる条件である）

逆にどうして来なくなるか、子供達の意見は、（ⅰ）ケンカしたり、イジメられたりするので厭だ（ⅱ）どうしても、勉強は嫌いだ。ツマラナイ（ⅲ）遊ぶことに夢中で、日時や場所を忘れる（ⅳ）友達がちがう　あの辺の子ども達とか　女ばかり　好きな友達が行かない（ⅴ）先生が悪い、面白くない、よく教えてくれない、判らない、etcその他（ソロバン塾、留守番、手伝い、etc）（馬場氏）

（注3）五八年一二月の第一二回総会の児童部報告は、冒頭で当時の勉強会活動を紹介している。「現在児童部では氷川下・久堅・御殿町の三つの班に分かれて、勉強会を中心に活動を行っています。セツラーは各々一二～一五名で、氷川下・久堅では学年別（氷川下＝一年～中学計七つ）（久堅＝二年～中学及び自然集団、計六つ）、御殿町ではブロック別（三ブロック）の勉強会を持っています。勉強会は週一回～二回（最近では週一回が多い）、四、五人から二〇人位までの子供を集めて行われています。内容は、以前は宿題などをその場その場で行っていたものが、最近ではカリキュラムをくんで、学習指導・生活指導等を計画的に行おうとする傾向が増加しています。しかし、その為のセツラーの技術・時間的負担などが問題になっています。特に時間の問題は依然として解決されず、学業・アルバイト等との間の矛盾が単に個人の努力に任され、毎年多数のセツラーが活動から退いて行っています。セツラーの減少は各班とも深刻な問題であり、活動の大きな障害になっています。

毎週の活動は主として地域の家を借りて会場にあてています。したがってチューターは担当地域のお母さんとはかなり親しくなり話し合いも行われています。しかし、そうした接触も個人的なものに止まり、班として、或はセツルとしての組織的なものにまでなっていません。したがって、一人のセツラーがいなくなると結びつきがとぎれてしまうと言った具合で地域の中でのつみかさねも不充分です。班単位での母の会も今期は氷川下・久堅で二回ずつ開かれたにすぎません。」

（注4）この論争は基礎学力をつけることの意味をめぐる議論を通じて、勉強会の子供たちに何を教え、どういう人間になってほしいのかという、セツル勉強会の本質的な問題が深められた。

（二）平和運動、生産点論と安保闘争

平和の問題はセツルが常に追求していった問題である。五七年秋には、全国的な平和運動の高揚と全国セツルメント連合（以下「全セツ連」と略記）書記局の「平和擁護はセツル運動の本質的な課題である。」（五七年九月）という提起をうけ、氷川下でも取組みが行われた。一〇月二〇日にセツル臨時総会がもたれ、「根

本的には『平和への願い』は学生としてセツラーと地元の人達の共通の願い」「現在の各部活動（例えば児童部は勉強会・子ども会のくり返しを意味する）だけでは不十分だ」（臨時総会討論資料より）として、平和運動への取組みを提起し、平和委員会が設置された。セツラーは一一月一日の原水禁国際行動への参加、地域での署名活動、ビラの作成等に取り組んだ。平和運動の主力は児童部であった。五九年に入ると安保改定が大きな問題となっていった。セツルでは六月に安保問題のセツラー集会が開かれ、第一三回総会は安保改定阻止の方針を決定し、以後取組みが進められていった。児童部では、一二月の児童部総会で安保闘争を地域において進めようという活動方針が決められ、母の会を中心とした取組みが追求されていった。御殿町班では生協と提携して安保問題のブロック別地域集会、久堅班では安保問題の母の会がそれぞれ持たれた。

一方、五九年から六〇年の全セツ連大会でいわゆる生産点論が提起された。生産点論はセツル運動の任務は労働者の生産点での闘いを中心とすべきであるとして、地域での日常活動を否定或いは軽視するものであった。

児童部では、地域での地道な勉強会、母の会の活動を続け、母親と結びついて勤評や平和運動に取り組んで来た経験を踏まえて生産点論を批判、日常活動を重視しながら、母親たちに働きかける等の活動で安保闘争を展開して行った。生産点論とそれに対する氷川下セツルの活動は第六章「全セツ連と氷川下セツルメント」で述べられているので詳しい事は割愛するが、『一〇年史』は「氷川下セツルでは過去何年か、勉強会活動の理論化が試みられ、いくつかのみるべき成果もあげてきた。そして教育系大学により構成され、個々のセツラーも『教育』理論を何らかの形で有していたと考えられる児童部が生産点論からの批判に耐え、勉強会活動の独自性を主張しえた。」としている。

安保闘争は五九年から六〇年にかけて国民の中に大きく広がって行った。氷川下地域でも六〇年四月に小石川安保反対の会が結成され、セツルも加入し、スト支援、ビラまき、デモ、国会請願等の活動に参加した。児童部は地域で、一月に「安保闘争を地域でどのようにすすめていったらよいか」をテーマに実践記録発表会、署名やカンパ活動、安保をテーマにした母の会（氷川下班）、母親新聞の発行等に取組んだ。母親新聞は、「ひさかたははおやしんぶん（のち「さざなみ」と改名）」（久堅班）、「千川通り」（氷川下班）、「ごてんまち」（御殿町班）がそれぞれ月一回発行され、勉強会、日常生活の情報、解説記事等とともに安保等の時事問題が取り上げられた。六〇年七月の第一五回総会児童部報告は安保への取組みについて「安保問題の主体的取組みの比較的よくなされたと思われる氷川下班は、日常の実践活動がきわめて強固であり、久堅班や御殿町班のように、あまり日常活動のうまく行なわれていないところでは、安保問題の取組みはほとんどなされていなかった。このことから、カンパニア活動を行おうとするならば、日常活動をしっかりやらなければならないことが児童部総会で確認された。さらに今後安保問題を取組む方向として、（中略）安保問題を契機として（中略）地域の組織化といった芽生えが少しでも見出されたとしたならば、それはそれで活動の評価としてもよいのではないかということである。」と総括した。

六〇年一二月の第一六回総会児童部報告は、「現在の日本のような高度な資本主義社会では、地域の中のほとんどの問題は、他の地域・全国的な問題と密接につながっており、そのような観念なしには考えることができないし、解決はのぞめない。ひとりの具体的な子どものことを考えてもそうであるし、ひとりひとりのおかあさんやセツラーの場合もそうである。このような点から、われわれの活動は、全国的な視野に立たなくてはならないし、全国民的な平和・民主主義・生活向上のための運動と関連を持たざるをえないのである。」としてセツル活動を統一戦線の中に位置づけた。「このことは、セツル運動の一つの新しい道を開いたものであった。」としている。（『一〇年史』より）

(三) 六〇年テーゼと氷川下セツル

六〇年六月の全セツ連大会に書記局が提起した生産点論にもとづく提案は、氷川下、八千代町をはじめとする、地域活動に取組んできたセツルから厳しい批判を受け、採択されなかった。改選された新書記局には氷川下等地域活動に取り組んできたセツルも参加して、安保闘争の経験もふまえて新たな方針案作りが進められた。氷川下からは児童部のセツラーが書記局員になり、新方針案には氷川下の実践と経験も大いに活かされていった。一一月の臨時大会で新方針である「六〇年テーゼ」が採択された。六〇年テーゼは、セツルメント運動を、①「平和・民主主義・生活擁護のための国民的統一の一環として、対象とする人々とともにねばりづよい運動をすすめよう。」②「学生を主体とする活動であり学生一般の多様な豊富なエネルギーを十分にくみ上げて行かねばならない。」と位置づけた。①については、セツル活動でかかわっている地域の人たちの問題や要求は究極的には統一戦線に基づく国民的な運動を通して実現されることが明らかにされ、セツル活動の方向が示された。②では、セツル活動を行う学生自身の要求や問題に目をむけようとするものであり、セツラーの問題がセツル活動の中にきちんと位置づけられていくことになった。(第六章参照)

五〇年代後半の児童部活動は、①勉強会で何を教え、子供たちをどのような人間に育てるのか、②勉強会と母親たちとの関係、③勉強会と平和、民主主義、政治との関わり、④セツラーの問題等について、地道な勉強会活動や平和問題や政治的問題への取組みの積み重ねと、安保闘争の経験を通して、苦闘と試行錯誤とセツルならではの喜びの中から、以後のセツル活動の基礎を作り上げていった。六〇年代のセツルはそれをもとに新たな発展期を迎えていく。

四

国民教育運動の一環として〜六〇年代前半の児童部活動〜

児童部活動は五〇年代の活動の成果の上にたって大きく発展していった。六一年四月の児童部総会で「児童部活動を現在の国民教育運動の一環として進めよう。」(注1)という方針が決定され、この方針は以後六六年度方針まで一貫して掲げられた。六一〜六二年度にかけては、日常の実践活動を点検し、勉強会などの新たな活動のあり方が打ち出された(注2)。

この間、五九年七月から活動を続けてきた坂下班が六一年七月に坂下セツルとして独立した。また六〇年四月に中学生班が誕生、六二年四月には中学生班を卒業した子どもたちの受け皿ということも一因として、児童部セツラーが移籍して青年部が立ち上げられた。児童部活動の発展の一つである。

六〇年代前半の児童部活動の特徴は、

第一に、勉強会の内容が一層充実したことである。それと結びついて、母親との結びつきも家庭訪問や母の会が定着するなど、一層深まった。

第二に、勉強会活動などの日常活動と結びつきながら、地域カンパニア活動（原水禁運動や政治的な問題への取組み）が進んだことである。

第三に、セツラーの問題への取組みが大きく進められたことで、これは六三年一二月の全セツ連の「セツルメント運動の二つの側面」論の確立へとつながって行った。

第四に、全セツ連のもとに集結することによって、児童部活動も前進したこと。

等である。以下、これに沿ってこの時期の活動を見ていきたい。

（注1）六一年一二月の第一八回総会児童部報告は国民教育運動について次のように述べている。「セツル活動を、児童部活動を国民教育運動の一環として推し進めようという児童部方針は、七月総会の方針①各部の課題を追求する中で安保反対の会に結集しようということを大胆かつ具体的にしたものと考えられる。児童部国民教育運動はその性格に二つの面がある。一つは民主教育を守るといったたたかう面、もう一つは、大きな意味で闘うことであるが、新しい国民のための教育を創造する面である。前者には勤評闘争・学力テスト反対闘争・教育内容の反動化をねらった新学習指導要領への闘い。後者には制度改変をねらい民主教育を徹底しようとする高校全入制運動・教育課程の自主編成の運動がある。児童部活動を見た時このことが現実に行われている。日常活動として勉強会があるが、これは現実に矛盾のある社会を変革していける子をどうしたら形成できるかと勉強会を行っている。一つの創造活動である。また一〇月にとりくまれた学力テスト反対闘争はセツルの闘う面をはっきりさせた運動である。」

（注2）六三年七月の第二一回総会児童部活動報告は、「（六二年度は）私たちの勉強会を改めて見直し、検討してきた画期的一年だった」。様々な取組みを進める中で「国民教育運動を推しすすめるセツルの教育活動とはどういうものでなければいけないかという新しい問題をもって日常活動そのものを点検するということが行われた」と、総括している。

（一）勉強会活動の展開

㈠　子どもをめぐる状況

六二年の第一九回総会は、「現在の日本では池田内閣の『独立一〇年、大国日本』『高度経済成長』政策のもとでの種々の政策が地域の人々の文化と生活の向上を難しくし、平和と民主主義をふみにじっている。この政策のもとで、戦争への危機感、増大する教育費の重荷、軍国主義的教育内容統制への不安、学力テスト、高校入試、物価値上げ、交通事故への不安を感じて、地域の人々のセツルへの期待と要求は高まっている。」と当時の情勢を分析、子どもをめぐる状況を「英雄的に取り扱われる戦争物でいっぱいの子供雑誌、週刊誌、人間の生命を大切にしないようなテレビや映画の物語の中で、教科内容は社会科を中心として反動化、複雑化している。又この複雑で発展した社会の中で、子ども達は高い学力を要求され、その必要を満たそうと高校進学を希望すれば狭き門をくぐらなければならない。学校の授業についてゆく為には、塾や家庭教師を必要とし、見放された子は不健全な文化や遊びの中に放り出される。」六五年の第二五回総会は「厳しくなる受験体制のもと、昨年（六四年）には青少年保護育成条例が東京でも実施され、今年に入っても『期待される人間像』が出されるなど、又、マスコミを通しての戦争宣伝、ボーイスカウト、海洋少年団等のこどもの組織化などが進められています。その中で氷川下の子どもたちにも小学校一年生からもう受験のことを意識させられたり、学校からかえっても狭い遊び場しかない、家には誰もいないといった状況、お母さん方にしてもひどい物価の値上がりの中忙しい仕事にテレビや新聞も余り見られず社会の動きも知ることができない状況、家庭の貧困などから性格的にゆがんでしまってみんなの中に入ってこれなかったり、要求を出すにしてもゆがんだ形で出して来たり、又、中学生では勉強は面白くない、しかし何をやっていいかわからないといった状態、勉強会のはじめはプリントを与えてもそれで足をふくといったような事がありました。」と分析している。

㈡ 目指す児童像と生活に結びついた勉強会

児童部は、各々の勉強会の実情に応じて、目指す児童像と勉強会の目標を掲げた。その例を示すと次のようである。

・現実の矛盾をありのままに見つめられる子供、集団の中で現実の具体的矛盾を出してゆき、それを集団と解決してゆける子供（御殿町一年パート）

・何故だろう、どうしてだろう、と考える子供、仲良く助け合う子供（御殿町二、三年パート）

正しい物の見方と考え方をし、ヒューマニズムに貫かれた行動のできる、そして集団的に行動のできる子供（氷川下四年パート）

・現実の社会の様々なごまかしにのらず、あくまで科学的に物事を見、考えてゆける人間、自分の属する真の仲間を持ち、地域の矛盾、社会の矛盾を解決してゆく人間（中学生班二年パート）

以上をまとめると、①科学的に物事を見、考える力と、②仲間と協力して物事に対処できる力を育てる、ということになろうか。そして勉強会の目標として、「基礎学力の向上」「子供の仲間作り」（六一年度）「生活に結びついた勉強会」（六三年度）という方針が出されて実践が進められていった。

㈢ 勉強会活動の展開

作家車育子《ちゃゆっちゃ》さんは当時の勉強会の一コマを次のように描写している。

「その路地には同い年が四人いた。小学生のころの懐かしい思い出。その四人を集めては勉強を教えたり、遊んだりしてくれた大学生のお兄ちゃん・お姉ちゃんたちがいた。その人たちはセツラーと呼ばれた。国立のお茶の水女子大学や東京教育大学（当時）、東大の学生がほとんどだった。セツラーが来るのは日曜日の午後。四人の家を順番に使って、本を読んだり、算数の数式を学んだりした。天気のいい日には、近くの公園でドッヂボールなどをした。散歩を、実感として体験させてくれたりもした。朝からとても寒く、午後からは雪が降るというお天気模様の日。その日の当番だったT君の家で、いつもより来るのが遅いセツラーを待っていた。当然のように雪が降ってきて、心なしか失望ぎみの子どもたち。「きょうは来ないよ。」「そうだね・・・・」「遅くなってごめん、ごめん。ほら、これを借りるのに手間どっちゃった」お膳に顕微鏡が置かれた。理科室にある顕微鏡といっしょだ。みんなの目がいっせいに輝いた。「きょうはね、雪の結晶を見よう」「ワアアー」歓声をあげながら、お膳を囲む。顕微鏡の操作に慣れるように、最初はみな、自分の髪の毛を使った。頭をかきむしってフケを見はじめる子も出てくる。「そろそろ本番」「まずはじめは雪を感じよう」「外に出て、手で雪を触ろう」ワクワクしながら、空から降ってくる雪をてのひらに乗せる。てのひらに乗った雪はすぐに溶けてしまう。こんなんで結晶が見られるのかしら。まず、細長いガラス板（スライドグラス）を雪で冷やした。そこへ雪を乗せて、その上にカバーグラスを当て、対物レンズの下に置く。「ワー、雪印のマークだ」「ほんとうだ」指先が冷たくて真っ赤になっても、気にもとめなかった。」(注1)。

62年夏休み勉強会三年パートのカリキュラム

時間割表（　）内は担当者

	HR 9：00～9：15	1時間目 9：15～9：55	2時間目 10：05～10：45	3時間目 10：55～11：35
27(金)	HR	自己紹介（N）	算数（I）グラフ　→　遊び	
28(土)	(N)	理科（Y）	美術指導	
29(日)	(S)	社会〈手紙〉(N)	美術指導	
30(月)	ピクニック〈石神井公園〉			
31(火)	(Y)	ピクニックの作文(U)	美術指導	
1(水)	(U)	社会〈返事〉(I)	紙芝居	理科（Y）
2(木)	(O)	社会〈表を作る〉（Y）→	反省会・レク（N）	

◎授業内容：
★理科（2時間）①はかりを作る（ゴム）、坂道　②にじ
★算数（2時間）「家計簿」(家庭内の生活…社会科とのつながり)、掛け算（九九を加減算にくり入れる)、グラフ（家計支出の分類)、九九を利用したゲーム
★社会科（国語を含む）「生活」生活時間に分ける。農村、山村、漁村…などの生活を子ども達の作文等から手紙の形で書く（文、表、絵)。
→返事（自分達の生活）を書く。
★美術は氷川下のセツラーではなく、特別参加の他大学美術系学生が担当。

勉強会は学年別に小学生班三班と中学生班一班、計四班二一に編成された(注2)。個々の勉強会はチューター二～四名、子ども六～一五名から成立し、毎週一回、二～三時間、ハウスまたは子どもの家でおこなわれた。勉強会単位にチューター会議が持たれ、家庭訪問が実施された。チューター会議や班会議では活動の総括や問題点の話し合い等も行われた(注3)。

毎年夏休みに一週間～一〇日程度各班合同で実施された集団指導（夏休み勉強会）は、開校式、ピクニック、閉校式などの行事、子ども集団づくりなど、あるテーマへの意識的取組み、精力的な教材研究など、普段の勉強会では出来ないことへの取組みも行われ、大きな成果をあげた。（下部にカリキュラム表）

また、勉強会の内容の充実の為には、教材研究やセツラーの力量の向上が必須であり、実践記録発表会、学習会やパートや班を単位とした読書会等も熱心に行われ、大きな役割を果たした。

（注1）『旅する名前　私のハンメは海を渡ってきた』＝車育子《ちゃゆっちゃ》・太郎次郎社エディタス・二〇〇七年　P四八～五一）なお、氏は子どものころ氷川下に住み、セツル勉強会に来ていたと思われる。
（注2）久堅は六〇、六一年度はブロック別にしたが、ブロック内の集団が持つ歪み、学年間の発達段階の差などが学習や共同作業を困難にしている等のことから学年別に戻した。
（注3）ある年の集団指導の取組みで、A班は「疲れる」「時間が損だ」と総括したため、一年生は誰も参加出来なかった。B班は「つらい面もあるが、子どもや母親とうんと仲よくなる」「子どもの仲間づくりなど成果が」と総括し、一年生が六名も参加したという。総括や学習の如何が活動に影響を及ぼしていったのである。

㈣　勉強会の学習内容

勉強会の内容も研究と実践が積み重ねられていった。氷川下セツルでは、全セツ連のテーマ設定にもとづいて実践記録発表会などで研究を深めながら実践を充実させ、更にはそれをまとめたレポートを持って沢山のセツラーが全セツ連大会に参加、他のセツルとの経験交流を行って更にそれを実践に活かしていく、というサイクルができ上がった。ちなみに六四年一二月の第一五回拡大連合委員会における勉強会関係の分科会のテーマ設定は次のようなものであった。①正しいものの見方をどう育てていくか（ア）社会科学を通して（イ）自然科学を通して　②創造活動③進学と就職　④学力の低い子、宿題の問題⑤非行化の問題、だった。

下記の資料は六四年九月二六日の中一パート勉強会で使われた国語の教材である。

国語の勉強の中でも社会的なものの見方を身につけさせようと工夫している。また次ページのような勉強会だよりも発行されていた。

東京オリンピックもあと十数日にせまった。聖火リレーもいまやたけなわ。イ報道1キカンは、いわゆるオリンピック・ムードをもりあげている。2ユウコウとロ親善の3サイテン、オリンピックそのものはもちろんハ結構であるがニ果して現実さまざまの動きはそのサイテンにふさわしいものであろうか。オリンピックに関係したことに約1兆?00億円の金が必要である。このうち主な4シシュツ5コウモクは6ユソウ・道路・建設などである。東京都知事は「オリンピックは『街づくり』の中だちです。」としばしばホ述べている。

しかし現実にはオリンピック道路は立派でも一般の道路はデコボコで雨がふれば7ドロんこになり、オリンピック用の競技ヘ施設は立派でも私達がちょっとしたスポーツをしたくても、8ジュウブンな場所がなくてなかなか思うにまかせません。夢の超特急光号は成功しても交通地獄はいっこうト緩和されませんし、今年の夏は水不足で大変不便をしました。このように私達の生活は全然よくなっていません。

問題1．1〜8を漢字に。
問題2．イ〜トの漢字の読み。
問題3．全体を2つの段落にわけて、各々の段落の要旨を書け。

㊄「生活に結びついた勉強会」の追求

勉強会を中心とした児童部活動は着実に前進して行った。六三年一二月の第二二回総会児童部総括では「何よりも児童部の方針そのものが全セツラーのものになってきつつあること、それを力として、勉強会活動、地域との結びつき、その他様々な面で児童部の日常活動が前進している。」と報告した。

「生活に結びついた勉強会」とはどのようなものかについては、次のように検討されていった。

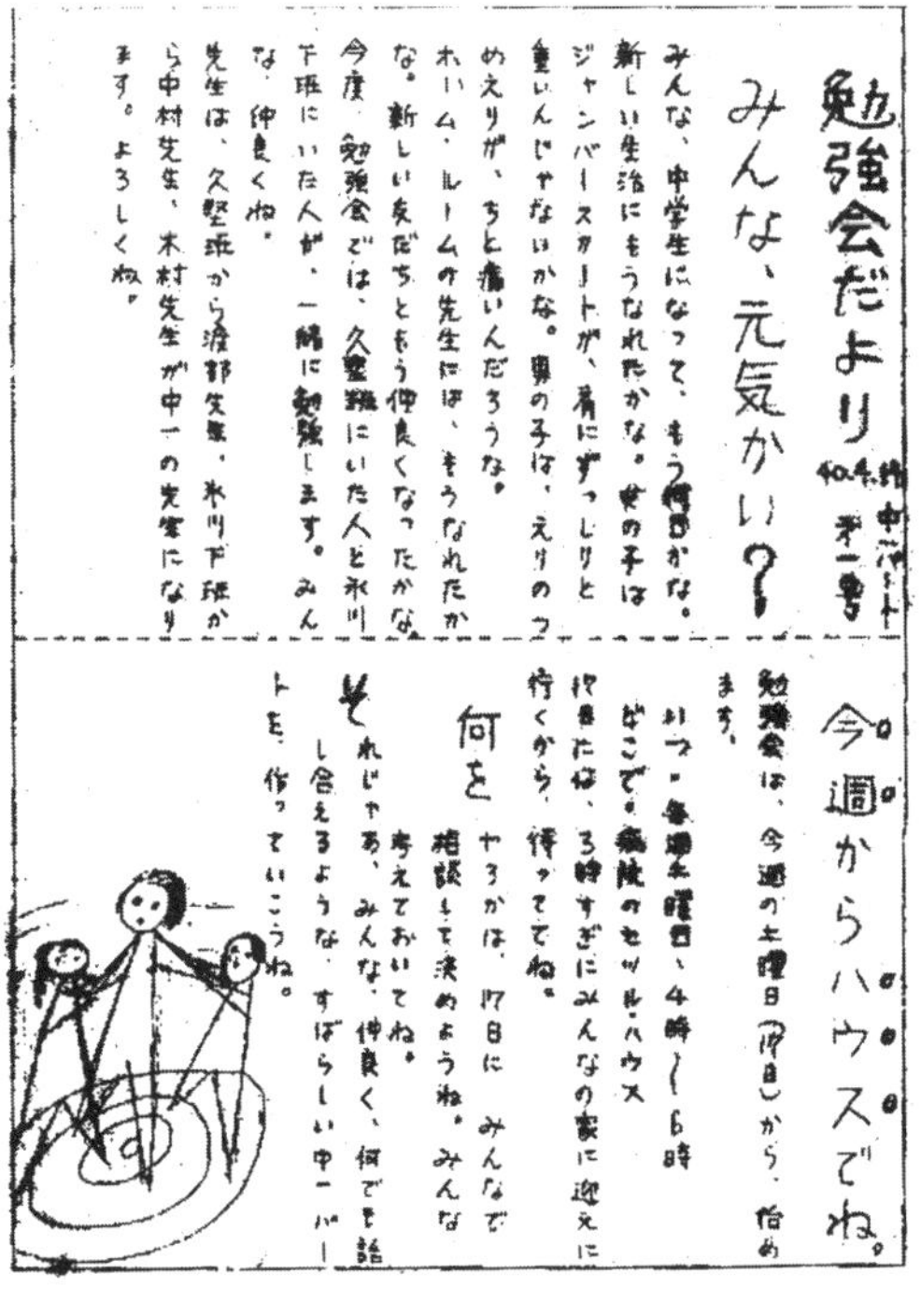
勉強会だより　第一号

みんな、元気かい？

みんな、中学生になって、もう何日かな。新しい生活にもうなれたかな。女の子はジャンバースカートが、肩にずっしりと重いんじゃないかな。男の子は、えりのつめえりが、ちと痛いんだろうな。ホームルームの先生には、もうなれたかな。新しい友だちともう仲良くなったかな。今度、勉強会では、久堅班にいた人と氷川下班にいた人が、一緒に勉強します。みんな、仲良くね。先生は、久堅班から渡部先生、氷川下班から中村先生、木村先生が中一の先生になります。よろしくね。

今週からハウスでね。

勉強会は、今週の土曜日（17日）から、始めます。
いつ・毎週土曜日、4時～6時
どこで・病院のセツル・ハウス
17日だけは、3時すぎにみんなの家に迎えに行くから、待っててね。

何を

やるかは、17日にみんなで相談して決めようね。みんな考えておいてね。

それじゃあ、みんな、仲良く、何でも話し合えるような、すばらしい中一バートを、作っていこうね。

・子どもたちの生活のきびしさの中にくい込み、生活の要求を組織して行く。子どもたちに、①現実の具体的状況をありのままに把握させる。②どうしたらその矛盾を解決できるのかをはっきりさせる。③それをやりとげる力をはっきりさせ、子どもたちから引き出し育てること。（第二二回総会）

・どんな子どもをめざして何を教えていくのかという教科内容からの追求と、子供の現実の生活にくいこみ、その要求や矛盾をつかみ、要求を組織して行くという面からの追求が必要。（第二三回総会）

・ゆがめられたテスト偏向の学校教育の弊害が小学校の低学年までに及んでおり、この中で基礎学力とはいったい何なのかということが各セツラーの中で真剣に考えはじめられている。学校教育から疎外された子ども達を勉強会の中で我々セツラーが暖かく迎え元気づけ自信をもたせることと同時に我々が週一回の勉強会で何を教えどういう子どもになってほしいのかということを意識的に追求する必要がある。勉強会の教育内容の具体化がまだ弱い。（第二四回総会）

「生活に結びついた勉強会」の実践として次のような例があげられた。（第二三回、第二四回総会資料）

・電信機作りに代表されるような、身近な題材を使った理科の実験、学校がどの区に一番多いか等を調べた地図づくり、劇作り、料理、キャンプ、歌作り等（六三年夏休みの集団指導）
・身近なものに目を向けるようにとなされた作文教育の中で子供達自身の生活劇（氷川下三年パート）
・理科の実験を通してものの見方、考え方を追求（氷川下四年パート、御殿町三年パート）
・時事問題、歴史上の事件等を扱う中で社会の正しい見方を追求（氷川下六年・御殿町二年・四年・中三パート）
・家庭訪問を積み重ねていく中で、子供の生活からの要求をとらえ、その要求にそった勉強会を企図（中三・中一・氷川下一年・二年パート）
・わかもの会の人と、就職する者にとっての勉強の意義についての話し合いの中で、子供が現実的に考えられるようになった。（中三パート）
・綴り方を通して子どもに正しいものの見方や仲間づくりをすすめていく要求が表面では子どもに反発を受けながらもやっていく中でいつの間にか「書きたい」という要求がでてきた。（久堅二年パート）
・子ども達のみのまわりに転がっている時事問題、例えば新潟地震や原子力潜水艦の問題をとりあげ子どもに考えさせる。（御殿町五年・中一・中三パート）

・オリンピック村を見学に連れて行って見学を断られ、子どもが「オリンピックなんて金持ちだけのものじゃないか」と社会に矛盾を肌で感じた。（御殿町四年パート）
・全然字の書けない子どもを個人指導によって書かせようと努力している。（氷川下二年パート）

㈥　子どもの集団づくり

六三年以降「勉強会においてガッシリした子どもの集団をつくりあげよう。」という方針が掲げられ、意識的に追求された。六六年の第二七回総会児童部報告は「至る所で子供達の自主的集団の芽が出てきている。」と総括している。次の各項は六四年の第二四回総会、六五年の第二五回総会、六六年の第二七回総会で報告された事例である。

◇自主性、主体性の強まり
・核である子どもが全体をリードしていきセツラーにどんどん要求や批判をぶつけてくる（中一パート）
・学校では不良の集まりといわれている勉強会の集団を質的に変化させることを一貫して追求している（中二パート）
・「チューターがいなくても勉強会がやれるくらいの自主性を持ってきている」（氷川下三年パート、四年パート）など子供達の主体性を大きく生かし、子ども達自身で勉強会を運営していく勉強会の増加

◇仲間づくり
・新しい仲間を自然に暖かく迎える勉強会集団（御殿町五年パート）
・「学校でつまはじきにされている子どもたちが遊び、ゲームの中での意識的な仲間づくりのもとに男の子に対して偏見をもっていた女の子が男の子の良い点をみつけられるようになり、その中で男の子たちも差

別の圧迫から解放され素直になってきた。子どもたちが勉強会集団を自分たち自身のものとしていくその中で子どもたちが変わってきている。（中二パート）

◇行事を通じての集団づくり

・行事とその準備期間を通じて集団づくりを目指す。行事の利点は、①子供の楽しみたいという要求にかなっている②イメージが明確であり集団の目的ができる③準備期間が設けられており、その過程で子供達が要求を満足させるために、お互いにぶつかる等である。（氷川下一年パート、御殿町三年パート等）

・運動会に向けてのバトンづくりやお知らせ作りに子供が積極的に行動したパート

・誕生会、ＮＨＫ見学、ピクニック等の中で、子供達の責任の領域を次第にひろげてゆき、その中で司会をする子が増えてきたり、子供だけでお知らせに回る動きがあらわれてきたパート

・小学生三班がそれぞれに計画したクリスマス子供会では、どの班も子供実行委員会（子供代表者会議）をつくって、歌集、かざりつけ、司会の係を決め、各パートの出しものを準備する中で、子供達は大変生き生きして来、自分達でやるんだという意識の強まってきたパートもある。

・今まではセツラーが全部決めていたのが、子供が司会をして紙芝居、人形劇などを決めたり、久堅一年パートでは、ウルトラＱの紙芝居づくりを子供の司会で決め、家からレコードをもって来て絵を考える。

・創造活動をとりあげる中で、助け合う集団をつくり上げたパートもある。セツラーがおぜん立てをしすぎる傾向もあるが、子供の要求に適っている場合にはすばらしいぶつかり合い、助け合いが生まれる。

・御殿町六年パートではトーテムポールづくりの時、材料をもってきていない子供にもってきている子供が貸してやったり、いいかげんにつくって外へ飛び出そうとする子に、「もっとていねいに作れよ。」と注意する。

・御殿町五年パートでも、はりこ人形づくりの時、のりのない男子に女子が貸してやったりする動きが見られている。子供達は自分の要求を満足させたい時に主張しあってぶつかり合う。だから子供が活発に動くには要求にかなった勉強会でなければならない。

◇遊び、スポーツを通じて

・御殿町一年パート、御殿町五年パートでは集団的な遊び、スポーツをとりあげて、仲間作りを進めてきた。初めの頃はあそびの決定に関してボスの発言が絶対であったが、続けていくうちに、楽しい、力を全部出しきれる、自分の力を認識できる条件の下で自分のやりたいものを主張するようになり、ボスが退けられ、自分の姿を仲間の中で出しはじめた。主張のぶつかり合いの中で、自分の要求を主張するだけでなく同様に相手にも要求があることを認めるようになり、あそびの決定に関しても、相互の納得のいく解決の仕方を「ドッヂボールをやってからラインサッカーをやろう」「電気オニをやってから野球をやろう」と提案するようになってきた。また「この前のローラーの時は○○ちゃんがすべれないのにみんな先に行っちゃった。今度はそれがないようにしよう」という発言がなされるまで、「ローラースケートはすべれないからいやだ」といった子の問題が子供達の間で深められてくるまでに、子供は成長してきている。集団からはずれていく子供に対してはセツラーが意識的に働きかけ、来ている子に「○○くんをよんできてよ」とか、勉強会でこない子に全員で手紙を書くことを続けてきた結果、勉強会の最中に帰った子をみんなが追いかけるとか、来てない子をよびに行く動きが見られるようになった。

㈦　母親との結びつきの深まり

「勉強会は母親の支持を土台にしている」との位置づけのもとで、家庭訪問や母の会を通じての母親への働きかけは常に重視され取り組まれた。家庭訪問でお風呂に入れてもらい感激したセツラーの話など、セツラーと母親や地域との結びつきも、より深まっていった。

六一年の学力テスト反対闘争への取組みを経て、六二年には「母の会の意義を再確認し、地域の民主勢力を推進する組織として成長させよう。」六三年からは「母の会を定期化し年四回は必ず持とう」という方針が掲げられた。六三年にはポラリス原子力潜水艦寄港問題などで母の会が三回開催された。家庭訪問や地域向けの新聞の発行も、よく行われるようになった。六四年には「実践記録発表会を境にしてぐんと意識的になされていき、勉強会以外の日にも一週一回家庭に入る班がでてきた。これは家庭訪問もねぐられているのではないかと総括された前年度と比べて大きな発展である。母親新聞は、氷川下班では週一回発行するパートがいくつかあり、御殿町、久堅では班で週一回出されている。」（第二三回総会児童部総括より）等、さらに取組みが進んでいった。

六四年六月の母の会は、総会資料によれば、「各班、各パート別に行われ、特に御殿町等では窪町小の教師を交えて実施。中学生班では母親同士が呼び合って一緒に来る程積極的で、家庭の状態や子どもの育て方について明るい和やかな雰囲気で話せたことが目立った。しかし児童部全体での母の会が持てなかったので、今後目的意識的に追求される必要がある。その上に母親の組織化（お母さん同士のつながりの場の保障）をセツル全体として考える時期に来ている。多忙ながら一人一人の母親にみんなと話をしたい等という要求があることを知り、それをくみ上げることもセツラーの任務ではなかろうか。」等が総括されている。母親大会への取組みも集団指導、原水禁と一体となってなされ、大会に九名の母親が参加した。六五年の御殿町の母の会では、母親から他の母親達と子どものことなどで話し合う母の会を持ちたいという要求が出されてきた。

(二) 地域カンパニア活動（原水禁運動や政治的な問題への取組み）

安保闘争の経験と六〇年テーゼのもとで、平和運動や政治的な問題への取組みはスムーズかつ積極的に行われた。特に勉強会など日常活動と結びつけた活動が展開され、大きな成果を上げた。

六一年には、学力テスト反対闘争に児童部内に「反対の会」を作り、母の会や学習会を実施。地域への声明を出した。地域では教師が組織した父母集会が持たれた。政暴法反対闘争にも取り組んだ。六二年には「一〇・二一横田基地包囲大集会」に児童部の大半のセツラーが参加した。六三年のポラリス潜水艦寄港反対の闘いでは、セツラーの学習会、家庭訪問と母の会を実施、「六・二三横須賀大集会」には四〇名余りのセツラーが参加した(注1)。

原水禁運動は毎年取り組まれてきたが、六三年と六四年には、夏休みの集団指導に参加していたセツラーが地域に入るなどして署名・カンパ活動に取り組んで大きな成果を上げた。六三年には、二〇数名が勉強会に来ている子どもの家などをまわり、署名三〇〇筆とカンパ二万円を集め、三名の代表団を広島の大会に送り出した。六四年には、七月にセツルとして文京原水協に加盟した際に学習会を持ち、集団指導の時に子どもの家などをまわり、署名八四一筆とカンパ六万円余を集め、一〇名もの代表団を広島に送った。報告集会も二回実施、多数の地域の人たちが参加した。平和運動が日常の勉強会活動としっかりと結びついて進められた成果である(注2)。

六五年にはアメリカのベトナム侵略に反対する闘いに取組み、六月九日の日比谷での集会には安保以来という九三名のセツラーが参加した。

地域の民主団体と提携した活動も進んだ。六五年六月六日に「国際子どもデー」の一環として「母と子のつどい」（新日本婦人の会、民主青年同盟、教職員組合、母親連絡会議、氷川下セツルの五団体で実行委員会を作り、文京区内の民主団体数団体が参加）が開催され、子ども達と父母達が参加し、一日を楽しんだ。日本子どもを守る会文京支部再建の取組み、「一〇・一六教育と権利を守る父母集会」にセツラー代表を送ったことや、勉強会に来ている子どもたちの学校の教師たちとの提携の芽が出てきたことなど、地域との新たな結びつきも進み始めた。

（注1）第二三回総会児童部総括は「セツルと平和運動という事も、経験セツラーが理論を新入生につめこむのではなく、実際地域に入り署名を集める中でいろいろな問題にぶつかり、それを班会で話して行ったこと。これによって、セツルと平和運動の結びつきが、比較的容易にできた。」と総括している。

（注2）あるセツラーはこの時の体験を次のように記している。

「私は、署名カンパ活動を通し、地域の色々な階層の人々にふれる中で、平和の守り手が町のお母さん一人々々であることを学び、自分達のこれからの活動に、大きな力を得たと思います。

あるお母さんは、『私は、そんな署名なんかやったことがないからわかりません。署名なんかやっちゃいけないって、うちの人にいわれているから…』といいました。けれど、そのお母さん、今本当に戦争がおこりそうだ。いやじっさいに行われている。そして日本も、それにまきこまれようとしている。そんな時、いったい誰が平和を守るのでしょうか。いったい誰が、『戦争は、絶対いやだ』と叫んで、その戦争をやめさすことができるのでしょうか。それは私たち以外の何者でもないのです。と話したとき、『戦争なんて、ぜったいいやですね。』と言って、しばらく考えた後『私も署名させてもらいます』と。お母さん自身の名を署名してくれたのです。うちの人に叱られるから…と言っていたお母さんが、『戦争はいやだ』という心をはじめて署名にあらわしたのです。

人の署名がどんな意味をもっているのかということを思うとともに、（中略）このようなお母さんの声をうずもれさせておいてはいけない、このような声を本当に大切にして育てていかなければならないと感じました。署名九〇〇余名、カンパ六二〇〇〇円突破に思わずすごいなと思いました。セツラーの団結した力と、署名、カンパしてくれた地域の人々の力にすごいと思ったのです。全然知らない家に入ってカンパと署名をうったえるのにくらべて、勉強会の子供の家に行って、署名とカンパを訴えるには相当勇気がいります。行ったあとでべんきょう会にこなくなるようなことがあるのではないだろうかという不安があるからだと思います。子供の家を全部まわろうと決心したのですが、結果としてやっぱりちゅうちょして行かなかった家があった…躊躇して入りにくい家は、日常活動においても深く入っていない家であるということに気がつくはずです。お母さんと私達の間に信頼感がうまれている家には大胆に訴えていくことができたのです。…今までのとりくみの中で、日常活動の重要さをあらためて見直すことができたと思います。今度の氷川下セツルのとりくみは、セツルに日常活動と原水禁のとりくみがガッチリとむすびついて行われた点にその成功、すばらしさの原因があると思う。集団指導を成功させた力が、原水禁を成功させる力になっていたと思う。」（「原水禁大会報告」らしんばん六三号より抜粋）

（三）セツラーの仲間づくり

次の一文は六〇年代のあるセツラーの手記である。

「東北の最北での一八年間の眠りから、周囲を見まわせしめ、これからの活動の準備を提供してくれたこの三ヶ月。私に目をあけてくれたのはセツルだった。…高校のとき、セツル的活動を、貧しいものの向上を（理論的に考えたのではなく、貧しいものへの哀れみの感情からだったと思う。）自分の仕事にしたいと先生に、両親に話したら、『そんなものは青年の一時的感情だ。そのくらいのことは誰でも一度は持つものだ。あなたのそれも今に小さくなって行きますよ。』と簡単にかたづけられ、それに従った私。先生の反対を頑強に押し切って入学した女子校での三年間が大いなる損失・失敗であることに気づいた時は、他人の意見が、いくら不純であることがわかっていても、それにのっている方が安全で、確かなのではないかと考えるようになっていた自分。セツルのオリエンテーションにでる。入部の名前を書く。…セツルでの行動一つ一つに、又失敗するのではないかという不安と、罪の意識が伴う。しかし、弘前で理想だ、空想だと言われた事が、東京には、同じ目的（?）で集まった仲間が沢山いて、しかも実践しているという事実だけで、私に自信を回復させた。…セツルで何を学んだか。『何も知らないことを』これ以上の大きな収穫があるだろうか。遊ぶ事。愛する事を（悩む事は知っている）知らなかった。…『女って何もしないで、裁縫やお花を習って静かにくらすのがいいんじゃない』『そうね』の結論になぜ到ったのか。新聞に載るくらいのニュースについて話し合っても、ただ『可愛そうね』『ひどいわね』で終わっていた高校の勉強。…教養ある女性らしく見せる道具だったのだろうか。…クリスチャンの両親の下に、幼少から教会に行き、『汝、隣人を愛せよ』と説かれたけれど自分では、十分に他人に愛を働きかけていると思ったけれど、それは何でもなかった。何も行われていなかった。セツルの仲間意識、すばらしい愛だ。どんな些細な、どんなにつまらない疑問も取り上げ、共に助け合いながら一歩一歩進んでいくセツルの仲間。以前の私は、仲間などという言葉は小説の中でより持てなかった。…セツラーとして自覚する以前に、人間として知らねばならぬ事が多すぎるようだ。…軽蔑しきっていたお嬢様育ちに真っ先にさせられた自分。しかし自信を失わせなかったセツル。このセツルを通して学んで行こう。すばらしいサークル、セツル！…自分が何も知らない事は認めるけれど一方では『そんなに他人と違わない』という思いもある。自意識過剰だと笑われたけれど、この夏休みにじっくり考えてみたいと思う。無知だからといって、自分の歯車を他人の油でまわされては、機械であり、又人形であるにかわりはない。」（一九六二年度一年セツラーの会文集『かぎろい』創刊号）

セツル活動の中でそれまでの価値観が一八〇度ひっくり返り、自分の生き方を見出していった体験を持つセツラーは多かったと思われる。セツルは様々の要求を持って参加してきたセツラーが、地域での活動のなかで成長していく場でもあり、セツルもそれを重視して積極的意識的な取組みをしてきた。チューター会、班会、コンパ、ピクニック、合宿、読書会(注)、学習会等々、あらゆる場を通じて、勉強会の諸問題や政治的問題、あるいは個人的な悩み事や恋愛相談なども取上げられた。セツル卒業式は、個々のセツラーの成長の跡が明らかにされ、後輩にも感銘を与える感動的な場であった。また、六〇年代には合宿が年に二、三度行われるなど、盛んだった。セツラーの仲間づくりは全セツ連の分科会にも設定され、経験の交流も行われた。しかし一方では、中途で退部するセツラーも一定数いた。理由は、セツル活動の忙しさ、しんどさ、「セツル的生き方」への疑問、セツル活動継続の強い思いを持ち、後髪を引かれながら自治会等学内の活動に移っていった、などである。

（注）読書会で使われたテキスト

『児童問題講座』『国民教育運動』『やまびこ学校』『正しい学校教育』『愛と規律の家庭教育』『マカレンコ著作集』『教育基本法』『現代のヒューマニズム』『教師の社会科学』『昭和史』『社会科学入門』『経済学入門』『共産党宣言』『賃労働と資本』『資本主義経済の歩み』『唯物論の哲学』『ものの見方考え方』『憲法を生かすもの』他。

（四）全セツ連の果たした役割

六〇年代には全セツ連のもとに全国のセツルが結集して新たな活動を展開していった。六二年一二月に名古屋で開かれた第一二回拡大連合委員会は二百名以上が参加し、二一の分科会が開催され、活発な実践の交流や議論が行われた。氷川下からも三〇名以上が参加し、全国の仲間達と交流し、視野を拡げるとともに、自分達の活動に大いに自信を持ち、また励まされた。これ以降の大会と拡大連合委員会は、沢山のセツラーが参加し、分科会へのレポート提出と、実践交流や議論、交流会での全国の仲間達との交歓の場となり、全国のセツルの活動の発展に大きく寄与した。六三年一二月の第一四回拡大連合委員会では、六〇年テーゼを土台に、六〇年代の実践の発展をふまえて「セツルメント運動の二つの側面」が提起され、セツルメント活動におけるセツラーの問題の重要性が明確に位置づけられた（第六章参照）。

五

全セツ連の新たな方針と一九六〇年代後半の児童部

六六年一二月、全セツ連第一四回大会は、前年度からの検討、特に、セツルのサークル運動・自己変革の運動としての側面についての検討を踏まえ、基調報告として提出された「セツルメント運動の基本的性格」（以下「基本的性格」と略記）を新たな方針として決定した。

新方針は、六三年の「二つの側面」は、セツル活動が学生の要求に基づいたものであって、その主体はあくまでも学生である、と言う点についての曖昧さを残しているとして、セツル活動の基本的性格を、第一に、「学生の、真の友情を得たい・子供と遊びたい・働く人々と話して何かを得たい・専門の勉強と結びついた活動がしたい・社会活動をやってみたい等の要求を具体的出発点にし、第二に、これらの要求を、仲間と共に実際に地域に働きかけるなかで実現する活動であり、第三に、そのことをとおして社会の現実にふれ、働く人々の生き方から学び、私たちの生き方を追究する学生サークル活動である」（注1）とするものであった。

地域活動を通じて学生が学ぶことを重視したこの方針は、その後のセツル活動、なかんずく学生セツル数とセツル活動に参加する学生数の増大に大きな役割を果たした。しかし、一方、この「基本的性格」が、「六〇年テーゼ」や「二つの側面」において、地域住民や学生の要求解決の道筋として、セツル活動を国民的統一の一環として位置づけ定式化したことが明確にされていないこと（注2）（注3）、また、セツル活動の役割には一定の限界があり、地域の矛盾を解決していく主体は地域の人々であり、セツル活動を地域の矛盾を解決するための活動と規定するならば、一部の意識の高い学生の活動としてセクト化するか、あるいは逆に単なる奉仕活動に矮小化することになる、としたことで、氷川下セツル児童部に一定の戸惑いと混乱をもたらした。

六三年の「二つの側面」では、「私たちのセツルメント運動は、地域の父母大衆、青年、子どもの、生活の要求、文化的要求、健康の要求、教育の要求等々、具体的要求を出発点として、サンフランシスコ体制を打破する、独立、平和、民主主義、生活の向上のため、国民的統一の一翼をになう、人民大衆の運動であるということです。そして、学生のセツルメント活動を側面の援助として行われる、この地域運動の主体者は、あくまでも地域の父母大衆、青年であるということです。しかし、この事によって、地域運動の構成部分たる学生の役割は軽視される事は決してなく、しかも、ある問題、ある運動を進めていく上で、学生セツラーが、ある一定の段階、過程で、ある一定の範囲で、極めて重要な役割を担うということは認められねばなりません。」としている(注4)が、これは、児童部の勉強会はセツラーの主導なしには成り立たず、子供たちをどう育てるかについて、セツラーは一定の責任を負わなければならず、セツラーは子供たちのことを真剣に考え、子供たちに向きあって勉強会活動に取り組む中で、セツラー自身も成長できるという、児童部の活動を特に強く意識してのものと考えられる。

六七年六月一八日の第二九回総会資料における「連協報告」は、「現在連協では全面的な総括ができておらず、当然の結果として方針を考えられていません。これは、今の氷川下の状況の反映であり、また基調報告をすこしとまどってうけとめたセツルの一つとしてどういう形で総括していくのかわからないというところからくるものであり、また各部の総括がなされていなかったところからくるものです。」「現在のセツラーの状況として、経験セツラーの中に何を学んだのかわかんないという声、一年セツラーの期待はずれだという意見があります。」とし、児童部全体総会名での「児童部の現在の問題点について」は、「全セツ連第一四大会で今の基調が出され、氷川下（その中の児童部）はそのとらえ方についてかなりの動ようを示しました。セツラーはまず学ぶんだ、地域で実践する中で学ぶんだ、ということが、どうも理解できず、では地域に働きかけるという面はどうなったんだとか、疑問が生じてきました。」「氷川下の児童部は今一歩だと思います。一歩、実践と変革の関係、その観点がはっきりすれば、進んだ実践も今一段と飛躍的に発展します。実践がもう少し深く（セツラーの問題として）つっこまれれば、生き方を考えざるを得ないようになってくるでしょう。」と述べている。

これまでも、セツルとは何かについては、繰り返し氷川下全体でもまた児童部でも議論されてきたし、全セツ連の大会や拡大連合委員会で書記局から出されるセツル活動の基本にかかわる文書については、それがどこまでセツラー全体のものとなっていたかについての疑問はあるものの討議が行われてきた。

六七年一月一三日発行の「連協ニュース」は、「新年を迎えて」で「現状、課題をあきらかにした基調報告と重要な内容を含んでいる二つの大会アッピールの学習とともに、この大会の成果・教訓を総括して、そこから学び取り実践にいかしていくことが重要な課題になっていると思います。」とし、六七年一月一七日発行の『らしんばん』八三号で、連協議長は、新年に当たっての挨拶の中で、「一人一人のセツラーが自分の実践から感じたこと、学んだことを深めていき自分の生き方を考えていく、これをセツラー会議とか学習会等で集団的に保障していくことが必要だと思います。このことが基調報告を実践的に生かしていく道だと思います。」と述べている。六七年一月三〇日付け「連協ニュース」の「全セツ連大会について」の項では、「全セツ連大会のあと、二つの傾向があらわれているのではないかというのが児童部より出された。①なんとなく参加し、あまりよかったと感じない。②基調報告がピタッときて、生き生きしてる。そして、氷川下の実践を大会でしったとか、なんとなく参加したとか、討論不足だという感想もだされています。」「これからは、①基調報告の学習②全セツ連大会での討論を深め、基調報告の観点から一つ一つの実践をみていくという方向でいくという報告が児童部よりだされました。」とある。そして、六七年一一月一三日発行の『らしんばん』

八八号では、氷川下班の一セツラーが「基調報告学習会・話し合い」を報告している。「基本的性格」に対する児童部内の戸惑いと混乱の深刻さ、そして「基本的性格」の議論が継続されていることが窺える。

前出六七年六月一八日の第二九回総会資料の「連協報告」は、「今の氷川下の主要な側面は、一人一人の力が十分発揮できておらず、地域にも深くはいっていないなどからくる大きな停滞です。」としている。

この「停滞」がどこから来たのか、そして以後、『総会資料』や『らしんばん』がなぜ発行されなくなってくるのか、この間の事情は必ずしも明らかではない。先の「基本的性格」にかかわる、主として六五年入学を中心とする経験セツラーと六六年入学以降の新入セツラーとの論議、あるいは意識の違いもあろう。教育大の施設が使えなくなって、運動会や夏休みの集団指導等が困難になったことも関係するだろう。特に大きな要因として、各大学における大学管理法問題を中心とする大学・学園闘争、特に教育大における筑波移転問題などがあって、少なくない教育大生・経験セツラーがセツル活動を離れ、学内活動に参加することになったであろうことも容易に考えられる。小選挙区制の問題もあった。この時期の『らしんばん』がその種の記事一色になっているのもそのことを物語っていよう。六九年以降、セツル活動が多分に政治主義化していたとの証言もある。あるいは、多くの新入セツラーを迎えた児童部各班は、仲間づくりにその重点を置かざるを得なくなり、結果として実践がおざなりになっていたのではないかとの証言もある。六七年一一月一三日発行の『らしんばん』八八号に掲載されている、六五年入学のセツラーと六六年入学のセツラーの、対照的とも言える文はそのあたりを象徴していると言えるかも知れない。この時期のセツラーの中には、ここに「世代交代」があったという者もいる。しかし学生セツルメント活動にとって「世代交代」は常のことであり、ここだけに「世代交代」があったわけではない。従って、ここで言われる「停滞」も、『総会資料』や『らしんばん』が発行されなくなっていくのも、あるいは、六〇年代後半には既に勉強会ができなくなったパートが幾つもあったとの証言もあるように、勉強会から子ども会への移行も、そこには多くの要因が絡んでおり、おそらくは複合的なものであったに違いない。

六八年七月一八日発行の『らしんばん』九二号には、入部後二ヶ月程の氷川下班の一セツラーによる「全セツ連の感想」なる一文が載せられている。全セツ連第一七回大会の感想を「氷川下という地域は①明日への生活に困るほどでもない。②教育に無関心あるいは熱心すぎるほどでもない。③あそび場、集合場所に困るほどでもない。④セツルの意味を積極的にとらえようとする姿勢もないがあからさまな批判反撃もない。」「氷川下では（他地域に比べ）現実的危機感を感じない。だから不活発になりやすいとも言える。」と記している。また、同誌には、「ひとこと」と題するY氏による「目的意識的行動とその結果の総括が非常に足りないのではないか。」「マンネリズムを打倒せよ！　あいまいさを克服せよ！　ムダをハブけ！　生き生きとした活動を！」というものもある。この時期の氷川下の状況を窺わせるものであろうか。

こうした状況を打破する意図もあったのだろうか、保健部セツラーによる幼児部設立の動きが六八年に具体化している。六八年七月四日付けの「連協ニュース」には、「幼児部活動について」として、「幼児部設立準備会で、幼児部をつくるためには、まずセツラー拡大にとりくまなければならないということになりました。」「当面は、児童部の三つの班に入って、幼児パートとして発足させようということになりました。第二回目、七月八日（月）五時三〇分よりハウス。先週は児童部からだれも出席しませんでした。今度は必ず、だれか出席して下さい。」とある。

なお、その時期は明確でないが、六八年、児童部代表者会議が解消され、代わりに児童部キャップ会議が置かれている。また、六八年の夏合宿は、各部各班の合宿と併せ連協主催による全体合宿が行われた。

（注1）全セツ連第一四回大会「討議資料」

（注2）六六年六月の全セツ連第一三回大会は、これまで運動別分科会として国民教育運動、青年運動、生活と健康を守る運動としてきたがこれを変更、新たに、児童部活動、青年部活動という分科会を設定、生活と健康を守る運動は、平和運動、文化運動等と共に運動別分科会としている。児童部関係の分科会設定においても、一例として「子どもの正しいものの見方をどう育てていくか」という分科会を無くすなどの変更が行われている。国民教育運動の一環としてということこれまでの活動の方向性を考えれば、注目すべき変更であろう。

（注3）六六年五月二二日に行われた第二七回総会資料における児童部総括は、前年度の方針「我々のセツル活動を国民教育運動の一環としておし進めよう」に基づいて総括しており、方針に疑義を挟むものとはなっていないことにも注目しておきたい。

（注4）全セツ連第一四回拡大連合委員会「討議資料」

六

一九七〇年代前半の児童部・勉強会・子ども会

氷川下セツル自体の資料は、一九六〇年代の末頃から、児童部に限らず頓に少なくなる。六九年六月二一日に行われた第三三回総会（注1）以後の総会資料は、七〇年とあって日付のない代表委員会報告のみの第三五回総会資料と八四年一〇月二七日の第六一回総会資料の二つに過ぎず、『らしんばん』は七〇年とあって月日の記載のない事務局総括のみが記載されている第一一二号№2が最後となる。六九年の暮、連絡協議会に代わって設置された代表委員会の機関紙「太陽の街」や常任委員会の機関紙「JNニュース」は七〇年代を通じて少なくない号数が残ってはいるもの、その多くは氷川下祭典（夏祭り）にかかわるもので、各班各パートの具体的な実践を記すものは極めて少ない。従って、七〇年代の氷川下セツル児童部の動きは全セツ連大会資料等から窺い知ることができるだけとなる。
六九年六月一四日並びに二〇日、第三三回総会に向けて発行された『らしんばん』第九九号は、「昭和四三年度後期総括」として、情勢と総括を載せ、情勢では日本をめぐる情勢、地域をめぐる情勢に分け、地域をめぐる情勢としては、「青年・労働者（労働時間、鉛中毒）」、「お母さん（内職、パートタイム）」、「こども（文化、教育）」、「大学問題の地域への影響」の四つを、また総括では、「地域実践（この間の特徴と問題点）」、「大学政治問題」、「サークル運営」、「体制」について記している。

このうち、子供をめぐる情勢として、学力差が顕著になってきていること、学校は成績別クラス編成となって競争が強いられ、成績の悪い子供がセツル勉強会の中でも馬鹿にされる状況が生まれていること、塾に通う子供が目立って多くなり、そのためにセツルの勉強会に来られなくなっていること、退廃文化の影響・テレビの影響が心配されること、無気力あるいは非行が懸念されることなどが記されている。そして、児童部実践については、久堅班三年パートと中学生班の実践について、セツラーの熱心な働きかけが一旦は離れて行った子供を集団の中に引き戻したこと、ただしこれが一セツラーによって行われセツラー集団として行われていないこと、久堅班二年パートと氷川下班二年パートの実践については子供達の民主的集団づくりの例として、また、御殿町班五年パートや久堅班二年パートの母親への働きかけと「父母の会」の実践例としてあげる一方、子供達や母親の要求をとらえきれず、寄り添っていないセツラーの姿を批判、地域に対して責任を持つという姿勢を厳しく持つこと、セツラー一人一人の見方や経験を出し合いながら問題の背景を捉えること、まずは感じたところでぶつかっていくこと、なぜセツル活動をするのかの問題意識を常に鮮明にしておくことが大切であるとしている。

『総会資料』の「昭和四四年度前期方針（案）」の中で、児童部と直接関わると思われる記述は、「班運営

委員会　今まではこれが不十分であり、中心がはっきりしないという欠陥がありました。班運委でセツラーの状況だけでなく実践の状況を集約し、班の団結をかちとろう。」「児童部ＣＡＰ会議　独自の課題については児童部ＣＡＰ会議を開き考えよう。そして代表者会議解消の欠陥を補うべく、随時事務局と協力して交流会を開き実践討論をしよう。」「とくに児童部でＮＳ（注2）が圧倒的に不足し、チューター会が二人でむきあってなかなか深まらないという状況であります。また男性セツラーが少ないという深刻な悩みもあります。オリテーでも明らかにされたようにセツラーを拡大していくことは自主的民主的学生運動を発展させる上でも重要です。」「関児連、関青連etc. 関東段階の交流を強め氷川下はその先頭に立とう！　さかんにやろうと言われながらできないのは、やはり中心となるべき氷川下セツルが動かないからです。関児連の世話人会にも参加していません。もっともっと中心になって動き回ろう。」の四ヶ所である。

　七〇年二月二一日発行の『らしんばん』一〇七号には、児童部セツラー八名が寄稿している。うち、氷川下班一年パート、久堅班三年パート、久堅班四年パート、氷川下班五年パート、久堅班二年パートの五氏は、具体的な実践活動を描きながらその中でぶつかる様々な悩みを吐露している。

　七〇年の『第三五回総会資料』は、教育大における体育学部での九人の学生処分と拓大における一八人の学生処分、そして夏休み集中実践が入構する全ての学生の名簿を提出せよとの大学側の要求と闘ったものの結局教育大Ｋ館の使用が出来なかったことなどを記しているが、実践総括としては、「『実践の意義がわからない』ということは、どういうことか。」と題し、次のように述べられている。御殿町班三年パートの野球の実践にかかわって、組み分けが終わった後で、強いチームに入りたかったＹ君の希望を個人的なやりとりで認めてしまったセツラーについて、他の子供達のＹ君への批判は実はセツラーに向けられていたにもかかわらずこれに気が付かなかったことを、「『Ｙ君がみんなに批判された時、どうして何も言わなかったの？』

と他のＳｒ（注3）に質問される中で、そのＳｒは、批判は当然自分にも向けられていることに気づいたのです。―子どもたちの批判の目がＳｒにもむけられている―この指摘が総括の中でなかったならばＳｒは自分のおかしたあやまりに気づきません。これはどういうことか―『実践と自分のかかわり』が指摘されたということです。そしてそれはＳｒのものの
みかた考え方（生き方）が実践を通して総括の中で点検されたわけです。実践の意義がわからないということは、実践を通してそのＳｒのもののみかた、考え方（生き方）が点検されていないということです。『実践の意義』というのは、厳しいＳｒ間の実践を通しての点検活動によってわかってくるものだと思います。」

また、氷川下祭典総括の中における「おばけ大会」の項では、「おばけ大会の準備は、三班の四Ｐ（注4）を中心に、横のつながりのないままに、すすめられた。そのため、全体の状況を見通して、責任を持つ部分が存在せず、直前になって、二日がかりでとりくむなど、準備がおくれたパートが多かった。その結果、当日、予想をはるかに上回る四〇〇人もの人が、会場におしよせた時に、Ｓｒも子どもたちもどうしていいかわからず、混乱してしまった。一生けんめいやっていた多くのお化けたちが、笑われ、バカにされ、日和っていったし、先頭にたってきたＳｒが消もう感を感じてしまった。このお化け大会の取組みで、Ｓｒの側のしっかりした意義づけがなかったこと、計画性がなかったこと、など不十分な点ははっきりしているが、それほどの宣伝もしなかったのに、一体どうして、あんなにもたくさんの人がやってきたのか、という点については、ほとんど明らかになっていない。」

あるいは、「ハイキング」の項では、「去年は全体で取り組まれたハイキングは、今年は児童部四班で独自に取り組まれた。その中で、やはり準備を前からきちんとやっていた班はうんと成果を上げてきています。たとえば、久堅班では、二度の下見をし、場所の良し悪し、川の中で危険な所などを事前に行ってよくつかんでいたために、初めにたてた計画どおりに行われ、参加したお母さんの信頼を勝ち取ってきています。日常実践の中で追究することのむずかしかった『およぎたい』という要求を的確にとらえて実現したことも大きな成果であるとおもいます。反面、取組みの遅れた御殿町班では、二日前にやっと場所が決まったなどで、当日になってやっと盛り上がったというところもあります。中学生班では、班全体でも取り組むことはできませんでした。けれども中一Ｐでは、きちんと準備し、日常実践で集まらなかった子供が生き生きするなどこれからの実践を切り開く上で大きな意味を持ってきています。」「子供の要求をストレートに実現できた。参加したお母さんがすごく生き生きし、またＳｒも具体的な行動をみることによって、子ども会に対する認識を新たにしたのではないか等大きな成果として見おとすことはできません。」と記されている。

また、七〇年八月の全セツ連第二一回大会に出された『討論資料』の「小学生を対象とした活動」の項には、「実践が生き生きと発展するか否かは、この子どもの要求を正しく捉え、そこに見通しをもって働きかけるか否かにかかっています。」として、氷川下三年パートの、サッカーをやりたかったにもかかわらず結局出来なかった子どもが、その不満もあって投げた石が図書館の窓ガラスを割ってしまった事に対する責任の問題について記している。

七二年三月の全セツ連第二四回大会『討論資料』の「私たちをめぐる情勢」〈教育と文化の荒廃〉の項では、中教審答申は、「放送の合図と共に、気を付けの姿勢をとる軍事教練まがいの」氷川下の子供の通う学校を指弾し、「人なんか信じられるものか。夫婦だって出刃包丁で殺し合うことがあるのよ」という氷川下の子供の発言を引いて、子どもの中に、人間不信、人格破壊がひきおこされていることを糾弾している。

同じく『討論資料』の「幼児部」の項では、「集団づくりでは、児童部での教訓をふまえて、しっかりと発展してきています」として、神社でみんなが遊んでいるのに一人狛犬の上に座って眺めている子供が、家庭訪問を繰り返す中で自分の要求を言えるようになり、集団の中で鍛えられていった例が記されており、また、アンケート調査などで幼児の考察や学習活動の位置づけが日常実践の中で追究していく重要な点になっていると評されている。あるいは、「小学生を対象とした活動」の「こどもをめぐる状況」には、「Kちゃんは一二時近くまで宿題をやっています」と、氷川下の子供の状況が記されている。また、「地域実践の総括と今後の課題」の「日常実践の特徴と飛躍的発展への課題」〈生活現実のとらえ方をめぐって〉の項では、「重々しい現実に直面したとき、その否定的側面に目を奪われて実践の正しい方向を見誤ることがしばしばあります。」として、五年生になっても台本の字すらよく読めないK君の、どうしようもない現実を、もっとわかりたいんだという強い願いがあることをつかんで指人形と勉強を最後までやりきって自信をつけさせた例が紹介されている。

七三年八月の全セツ連第二七回大会の『討論資料』では、「幼児部」の「情勢」の項で、製本のパートに出ている母親と母親といつも一緒にいたい子供のことが紹介され、働こうとすれば幼児が犠牲になる貧困な保育行政が糾弾されている。また、「小学生を対象とした活動」の「この間の実践の特徴と問題点」の項では、子どもの真の要求に迫る実践の展開についてとして、久堅班五年パートの新聞づくりがその例として紹介されている。

七四年八月の全セツ連第二九回大会『討論資料』では、「幼児部」で春のハイキングに向けての父母会の取組みが、「中学生を対象とした活動」の〈勉強会〉の項では、学校における「新幹線授業」「テスト中心主義」のため、時間を掛ければ理解できるのに振り落とされ、そのために全生活で差別・卑下されて「一八点分の人格」というレッテルを貼られている氷川下の子供の例が紹介されている。

（注1）第三三回総会に向けた『総会資料』は、「総括案」が『らしんばん』に、「方針案」は『総会資料』として出されている。なお、総会の期日について、『らしんばん』には六月二二日、『総会資料』には六月二一日とあるが、二二日が月曜日であることから、総会は二一日に開かれたと思われる。
（注2）NSは新入セツラー、新人セツラーの意と思われる。
（注3）Srはセツラーの意。以下同じ。
（注4）Pはパートの意。以下同じ。

七

全セツ連第二四回大会基調報告と一九七〇年代後半の勉強会・子ども会

七〇年代後半は資料が極めて乏しいこともあって、最も捉えにくい時期である。

七二年三月の全セツ連第二四回大会『討論資料』の「基調報告」は、七〇年代のセツルメント運動について次のように書く。「一九七二年という時代のもつ歴史的な意味、セツルメント運動の到達段階、地域の変容の可能性、セツルメント運動の伝統の継承、という四つの視点からとらえると、七〇年代に達成すべきセツルメント運動像とはどのようなものでしょうか。それは第一に、民主的学生運動としての側面と地域運動としての側面を組織的に統一させることを基本として、それと共にセツルメント運動が、学生運動、地域運動のそれぞれの面における組織的確立と安定を勝ちとることです。そして第二に、運動内容での核心的課題は、セツルメント運動を貫く大原則として、『学ぶ』機能を定着させること、『学ぶ』ことを基本に据えたセツルメント運動を確立するということになります。それは『学ぶ』ことを、自然成長性にゆだねられた、感性的なものだけにとじこめていた従来の部分的な偏向を積極的に打開し、セツルメント運動を学生の本質的な要求に不動の基礎を置き、その社会的任務に正面から応える知的教育的活動へと発展させるためのものです」

この基調報告の内容が、その後七〇年代を通じて、氷川下セツルにおいてどのように議論され、受容され、消化されていったかについては、氷川下セツルそのものの資料が極めて乏しいところから、残念ながら不明である。

七五年三月の全セツ連第三〇回大会『討論資料』の「幼児部」の項には、久堅班の幼児パートの実践について、「クリスマス祭典に向けての父母をまきこんだ実践が行われている」としながらも「実践することがＳｒのよろこびとなっていない」と記されており、「児童部　小学生を対象とした活動」の「情勢」では、氷川下の状況を引きながら、低賃金・長時間労働によってもたらされる親の生活のゆがみが、子供にまで及んでいること、親も自ら持つ強い教育要求にも拘わらず、それを塾にゆずりわたさざるをえないところに追い込まれていること、そして子供は受け身的・画一的・消費的傾向をますます深めていることを記している。また、「中学生を対象とした活動」の「はじめに」の冒頭では、「子どもが何をしたくてきているんだかわからない」、「セツラーと子どもが一緒にやったという気がしない」、「どうも実践やってもおもしろくない」という氷川下セツラーの声を紹介、あわせて塾の問題が記されている。「実践の原則的内容」では、活動の立脚基盤を集団的にはっきりつかみ、そこに依拠して実践をすすめている例として、中学生班の、父母会を開いて学校のこと勉強会での子供の様子などを話し合い、父母と一緒に「うたごえ喫茶」を成功させたという実践が紹介されている。

七六年五月二七日発行の「太陽の街」には、新入セツラー数が全体として六〇名を越える中、氷川下班が一〇名、御殿町班一三名、久堅班六名、中高生班は一〇名とあり、久堅班は新入セツラーが全て東大生のためもう一度オリエンテーションをやりたい、中高生班は班全体として二〇名の大台に乗りそうだと記されている。七七年段階でも、五月時点での氷川下セツル全体のセツラー数は一六二名を数え、その在籍大学は二七校に及んでいる。

七八年四月三〇日に行われた第四九回総会の総会資料（注1）では、児童部という表現は文中には出て来るものの児童部としての報告はなく、久堅、御殿町、氷川下、中学生、高校生各班の報告である。報告内容はおおむね中間執行部（注2）、班会、各パートの実践、各パート会、行事である。そして、ここからは、この時、中高生班は中学生班と高校生班に分かれており、且つ、高校生班には高校生各学年パートに続いて「旧大一パート」「新大二パート」とあって、大学生を対象とする活動が行われていることもわかる。

各班の報告で特筆すべきは、御殿町班と他班との間でセツル活動や子ども会のありかた等についての意見の食い違いが出ていることである。「感情的ミゾ」とまで御殿町班の報告者は書く。残念ながら、総会資料ではその対立のよってきたるところは不明であるが、その食い違いは少なくとも前年七七年の夏以前からのように思われる。

なお、七〇年代後半から「勉強会」という表現が徐々に減っていく。各班から代表委員会への報告文にも「勉強」と言う文字が少なくなる。なぜ勉強会が徐々に減っていき、結果として子供会のみになったのか。それはいつ頃からのことなのか。七二年段階でセツルメントハウスが事実上無くなったことや、地域の変貌、親の意識変化、子供の塾通い、セツラーの意識変化などにその要因は求められるのではあろうが、結果として推測の域を出ず、残念ながら明確には出来ない。

（注1）第四九回総会資料は、「総会パンフレット」、そして「二五周年記念号」とある。
（注2）パート代表者会議か

八

一九八〇年代前半の子ども会

八三年三月の全セツ連第三八回大会『討論資料』は、久堅子ども会幼児パートの、新しく入ってきた子供が他の子供から意識されずにいることを、手つなぎ鬼の遊びから集団の中にとけ込ませた実践について、「あそびの特性をとらえ、対象集団の課題を克服していける場面を設定してきています。」と評し、八四年の全セツ連第三九回大会『討論資料』は、久堅子ども会幼児パートの実践を、課題を含みながらとしつつ「クリスマス祭典に向けての父母をまきこんだ実践が行われている」と紹介している。

一九八四年の氷川下セツルメントオリエンテーションパンフレットには、氷川下子ども会、御殿町子ども会、久堅子ども会、中・高生班、ひまわり会の名が連ねられ、「こんにちは氷川下セツルメントです」として「生の人間を相手にしています」「自分自身の成長の場です」「仲間を作れる場です」とある。

パンフレットは、組織図、セツルメントについての説明、参加大学紹介に続き、それぞれの概要説明がなされている。久堅子ども会は、「時には小憎らしく感じることもあるけれど、子どもたちは成長しようとするパワーのかたまり、とってもすばらしいものだと思います。あそびの中できらめくとき、友だちへさりげなくやさしさを見せるとき、子どもたちは私たちの心をもホクホクとうれしくさせてくれます。仲間と共にこどもたちと楽しくあそび、成長を考えていくなかで、私たち自身も楽しみ、充実し、より豊に成長していけると思います。」御殿町子ども会は、「毎週土曜日の午後一：三〇～茗荷谷駅近くの窪町東公園と新大塚公園で子供と遊びます。」「現在幼稚園児から小学校六年生まで、総勢九三名、四つのパートにわかれて活動しています。子供たちはとっても純粋でそれでいて鋭いのです。大人のウソやゴマカシは通用しません。現在セツラー（担当の学生）は二〇名、東大、お茶大、東洋大、早大、国際手芸学院と顔ぶれもさまざま。」氷川下子ども会は、「大塚公園　ペンギンパート（小高）、てんとうむしパート（小低）、うさぎパート（幼児）窪町公園　イルカパート（小高）、杉っこパート（小低）、どんぐりパート（幼児）」、中・高生班は、「今のところセツラー三名、子供九名」「普段は野球、バレーボール、バドミントンにトランプなどをしています。又春秋にはハイキング、夏にはキャンプ、そのほか映画会にクリスマス会といろいろな行事を中高生と一緒に作り上げています。活動は毎土曜日、午後四：三〇～八：〇〇、お茶大学生会館及び運動場でやっています。」とある。

中高生班の一セツラーの呼びかけた「読書会へのおさそい」なるプリントがある。日付は記載されていないものの、準備会とされた日から推測して、八四年の五月あるいは六月初めのものと思われる。呼びかけは、「今の氷川下セツルの各班各パートの現状を、ちょっと極端な言い方で言えば、どのＳｒも一所懸命にＪＳ―Ｐａ会―班会―家訪をし、楽しいセツラー・ライフを送ろうとしている面がある一方、『盲目的に、子どもを楽しませるＪＳを行いつつも（そしてその中で子どもとのその場その場のふれあいから『やってて楽しいな』と感じつつも）、Ｓｒのあり方や、セツルで何が学べるのか得られるのかや、実践をどうやったらいいのか、がわからないままに『時間がとられすぎる・疲れる』と感じている面があるのではないでしょうか。そして同時に『Ｓｒがお膳立てして対象を楽しませるＪＳ』が対象にとってどんな風に役立っているのかも押えられていないのではないでしょうか。」とした上で、他セツルの学習会と自らの学びを紹介し、読書会をはじめたいとしている。この読書会が行われたかどうかは定かではないが、この頃の氷川下セツルの状況の一面をうかがい知れるものとして貴重である(注)。

八四年一〇月二七日・二八日の二日間にわたって開かれた第六一回総会は、初日がホテル大国、翌日はお茶大学生会館で行われている。一日目は一九時集合、二四時まで、学年会、全体会、部屋毎の交流会、二日目はお茶大へ移動後、九時三〇分から一七時まで、レクリエーション、実践討論、閉会全体会というスケジュールである。『総会資料』に記載されるセツラー数は、氷川下子ども会が二五名、御殿町子ども会一二名、久堅子ども会二三名、中高生班三名、ひまわり保健部は九名の総計七二名である。なお、この『総会資料』には、新旧代表委員の紹介と主に組織体制にかかわる代表委員会の活動報告・方針、ならびに関セツ連・全セツ連に出ていたセツラーの渉外報告のみで、子ども会の具体的な実践は記されていない。

(注) Srはセツラー、JSは実践、Pa会はパート会議、家訪は家庭訪問を表すと考えられる。

九

一九八〇年代後半の子ども会

八五年二月に発行された文集『ひなたぼっこ』がある。前年の八四年一二月一五日、久堅児童館で行われたクリスマスイベント、「みんなこいこい一二月」に参加した久堅子ども会一五名程のセツラーと七〇名程の子供達による文集である。

幼児・一年生パートの出し物は「ちびくろサンボ」、二年パート・おひさまパートは「裸の王様」、三年パートは「まじめにやったで賞」をもらった「一休さん」、四年パートは「よくまとまっていたで賞」をもらった「ピーターパン」、高学年パートであろうか、わんぱくパートが「三人のおばあさん」、そしてセツラーの出し物は「長靴を履いた猫」である。セツラーの「長靴を履いた猫」は一人の子供からは「一番つまらなかった」と評されるが、生き生きとした子供達一人一人の文からは楽しく充実していた様子がうかがえる。

これに先立ち一二月五日に開かれた四年パートの父母会開催時のレジュメには、「四年パートは『ピーターパン』をやります。今のところ、やっと配役が決まり、先週の土曜日に練習をはじめたばかりです。塾などで、子供たちも忙しく、なかなか集まれないとは思いますが、時間は少なくとも、練習の質でカバーできればと考えています。練習日程はすでに配りましたので、塾などのない日は、練習に出るよう一声かけていただければ幸いです。（朝練習も場合によっては考えますが･･･）一回の劇で急に自己表現ができるようになったり仲間意識を持つようになったりすることは、おそらくむずかしいでしょうが、何かのきっかけになればと私たちセツラーは思っております。」とある。当時の子ども会の様子を知ることのできる内容である。

八五年のオリエンテーションパンフレットはそれぞれの子ども会毎に発行されている。それらによると、氷川下子ども会の活動場所は、大塚公園と大塚窪町公園（船の公園と表されている）の二公園、幼児、小学校低学年、小学校高学年それぞれ二つずつのパートがあり、セツラー数二一、大妻女子大一三名、東洋大五名、早稲田大二名、東大一名である。三歳から六歳を対象とする幼児パートのどんぐりパートは子供数二五、遊びは、どんじゃん、どろけい、リレー、はしおになど。小学校低学年パートの杉っ子パートは、子供数二五、ドッヂボール、どろけい、たか鬼、中あて等数え切れない程のあそびをし、時にはプラネタリュームを見たり、交通博物館を見学する。春と秋のハイキングもある。セツラーは、木曜にパート会を開き、「お知らせ」を持って家庭訪問をする。土曜には、子供会、終了後班会を開く。小学校高学年パートのイルカパートは三つの小学校から来る子供達を相手にしており、流行っているあそびとしては、魔法と解除、四角十字、ドロケイ、Sケンとある。春と秋にはハイキングを、夏にはキャンプ、春のお泊まり会もある。御殿町子ども会は、活動は週一回、毎週土曜日、一三時三〇分から夕方まで、幼児から小学校六年までを二つのパートに分けている。幼児と一年生のパートでは、わにおに、どろけい、どんじゃん、だるまさんころんだ、なわとび、すなあそび等、二年生から六年生のパートでは、サッカー、ドッヂボール、リレーなど。家庭訪問は木曜日または金曜日、土曜日には一七時頃からのミーティングで、前半はパート毎に、後半は班全体で反省と次回の打ち合わせを行っている。活動場所は窪町東公園（汽車の公園と表される）、パート毎また班全体の行事としては、五月のハイキング、七月の祭典（盆踊り）とキャンプ、一〇月のハイキング、一一月のやきいも大会、一二月のもちつき大会とクリスマス会、三月のハイキングと続く。セツラーの年間行事としては五月の新入生歓迎ハイキング（昨年は秩父）、八月の夏合宿、二月の追い出しコンパ、三月の春合宿（昨年は伊東）がある。久堅子ども会の活動場所は竹早公園、久堅公園、久堅児童館、中高生の会の活動場所はお茶大学生会館である。各会からの代表者が一堂に会し全体行事の打ち合わせや情報交換をやる代表委員会は、週一回開かれる。セツラーの年間スケジュールは、五月の氷川下セツル総会、六月の関東交流集会、七月の集中実践、八月の合宿、一〇月セツル総会、一一月関東交流集会、三月の春合宿と続く。

これらのパンフレットでは御殿町子ども会が全体の会合を班会と称してはいるものの、他のものからは「班」という文字が消えている。パンフレットがそれぞれ独自に出されていることと併せ、氷川下全体の繋がりが希薄になって来ているのであろう。活動地図で湯立坂が「ロマンス坂」と表現されているのも当時のセツラーの姿を彷彿とさせる。

なお、この時、氷川下セツルには、翌八六年には脱退したと思われる聴覚障害を持つ小学生を対象とする「よーいどん子ども会」が存在する。子供は八名。セツラー数は、東洋大一〇名、早稲田大二名、東大一名、日本女子大一名、慶応大医学部附属看護学校一名の計一五名、七つのパートに分かれ、毎週土曜日の午後、それぞれの子供の家に行き、遊ぶことを「実践」と呼んでいるが、子供の家近くの公園等で一緒に遊んでいる。従って活動場所は広範囲となり文京区内の公園は少ない。

八五年六月一〇日発行の文京教育懇談会の機関紙「文京の教育」第一七四号は、八五年四月二六日に行われた窪町小地域を中心とする第五回氷川下教育懇談会（注1）の様子を「『教懇をやってよかった』五回目を迎えた氷川下教懇『中学と受験』」と題して報じている。「氷川下地域は、区内でも進学・受験熱が高いと言われ、一方では公立中の『荒れ』の問題も、お母さん方の不安をかきたてています。そこで今回は、『中学と受験』をテーマに、文京八中の須賀先生（元一中）、久堅児童館の首藤先生、セツルメントで子供会活動をしている学生セツラーと、幼稚園から中学生までの子供をもつお母さん方が参加して、塾や学力のこと、学校生活のことなどについて話しあいました。」と中見出しにはある。この会に何人のセツラーが参加したかは明らかではないが、久堅子ども会のセツラーがまとめた記事からは、活発な発言があったことがうかがえる。なお、これ以降も「文京の教育」には、病院の赤澤潔氏と共に十数名の久堅子ども会のセツラーとOSが度々寄稿している。「夏祭り」の記事もあれば漫画の解説記事もある。これらが、九〇年一〇月号からの「氷川下セツルメントのあゆみ」（注2）連載に繋がっていったのであろう。

久堅子ども会八九年三月の発行であろう、B５判六六ページ立ての『おひさまパート解散記念文集』は、就学前から小学六年までの、パート結成から解散までの九年間における、子供達とセツラーの様々な思いが込められた文集である。前年、八八年一二月の「みんなこいこい一二月」におけるおひさまパートの出し物、「不思議な子　アリス&アンヌ」の記録と子供達の感想文もある。寄稿しているのは、中学生になろうとする子供達とセッラー計四七名、中には結婚して子供を持つOSの文もある。

氷川下セツルにおける「文集」としては、その意図するところも、その性格、あるいはその体裁・構成、印刷仕様も大きく異なるが、五四年秋発行の『ダム』、五五年秋発行の『せみ』と共に、特筆すべき金字塔的作品と言えようか。

（注1）氷川下教育懇談会は、七六年一一月、中高生班と御殿町班のセツラー計三名によってその必要性が訴えられたのをきっかけとして具体化されることになったものと思われる。

（注2）九〇年一〇月から九五年一〇月にかけて文京教育懇談会の機関紙「文京の教育」紙上に連載された「氷川下セツルメントのあゆみ」は、二〇〇七年八月にエイデル研究所より刊行された『氷川下セツルメント―「太陽のない街」の青春群像―』に資料Ⅱとしてその全文が転載されている。

一〇

一九九〇年代の子ども会、氷川下セツルの終焉、そして氷川下子ども会

八九年の氷川下子ども会オリエンテーションパンフレットは、「氷川下子供会とは、それは何　それは、犠牲的精神に酔いしれるいとまもなく、日夜活動に明け暮れるわれわれ仕事師集団に、つけられた名である。それは、幼児、小学校低学年・小学校高学年のパートを持っており、二つの公園で活動している。」「ユニッ

トの構成員であるセツラー（Ｓｒ、特に意味はない、と思う。レスラー・ハスラー・オイラー・デスラー等と同じく普通名詞として使ってね。）は、各自必ず一つのパートに属する。」「活動には『ケ』として、家庭訪問・実践・班会などがあり、『ハレ』としては、夏祭り・クリスマス会・ハイキング・キャンプ・おとまり会などがある。」「子供会の運営には、キャップ・サブキャップ・会計担当重役のお歴々が中心となり行われる。寄り合いの類としては運営委員会（Ｕ．Ｉ）、Ｐ会（ぱーとかい）が週一で催され、前者は総体、後者はパートの意志決定の場となる。」「氷川下子供会が何であるのか—、二年ちかくこの場に身を置くことになってしまったが、まだそこには理解しえていない。ただ、先の戦争のあと、大塚・千石あたりにこの集団が根を下ろして以来、」「『まわり道』を重ねながらも、今に至るまで連綿と息づいてきた事実は、やはり重いといえよう。」

九〇年の第二四回氷川下夏祭りは、七月二一日・二二日の土・日曜の両日に掛けて行われた。主催は氷川下セツルメント（久堅子ども会・氷川下子ども会）とある。会場は大塚窪町公園。二一日には一七時三〇分から一九時三〇分まで玉入れゲームと豆つまみ・ボーリング・一円玉落とし、一八時三〇分から盆踊り、二二日は一三時から一五時まで「大工作大会」、一七時三〇分から一九時三〇分まで「おすもういろいろ」、そして一八時三〇分から盆踊りというスケジュールである。夏祭りにかかわる主催者の商店街カンパ帳には六月二七日から七月七日にかけて集められた六五軒の名が記され、金額は計一〇三、〇〇〇円であった。なお、八四年の第一八回氷川下祭典の際には、祭典実行委員会は氷川下班、御殿町班、久堅班、中高生班という構成になっており、商店カンパは一三五軒一八〇、五〇〇円であった。第一八回に比べ第二四回は企画内容においても大幅に縮小されている。

九〇年代以降の子ども会については、第一部第二章の六、「氷川下セツルメントの終焉、そして氷川下子ども会の今」で既に述べたが、九〇年に行われた第二四回夏祭りが終わり、セツルメントの名を外すこととした氷川下子ども会からの、次年度の夏祭りではセツルメントの名を外したいとの申し入れを受けた久堅子ども会がその検討に入り、久堅子ども会がセツルメントの名を外すこととしたのは翌九一年三月であった。

九三年の氷川下子ども会のオリエンテーションパンフレットには、「主な活動内容。私達は子供と遊んでいます。」「氷川下子供会では小学校高学年、低学年、幼児の三つのパート（ＰＡＲＴ）に分かれて活動しています。」「『活動』というと堅苦しいもののように聞こえてしまうかもしれませんが、そんなことはないよ。みなさんが子供だった頃に遊んだようなことをいまどきの子供と楽しんでしまおうというのが主要なコンセプトです。」「普段の活動は週二回です。土曜の二時から文京区のとある公園で遊んでいます。」「これが活動の中心となるのですが、もう一つの欠かせない重要なコトがあります。子供の各家庭を家庭訪問することです。木曜日の六時からのこの家庭訪問は子供会と各家庭の意思の疎通を図るためのものです。」とあり、年間行事として、新入生歓迎会、七夕祭、夏合宿、スポーツ合宿、大学祭、クリスマス祭、スキー合宿、春合宿が挙げられ、セツラー紹介ではセツラー総数一六名、大妻女子大一〇名、東洋大六名とある。

御殿町子ども会が消滅したのは八六年から八九年の間であろうとは思えるものの、明らかではない。二〇〇〇年には活動がいきづまった久堅子ども会も解散し、以後、氷川下子ども会のみが活動を続けることになる。

（執筆・担当　薄井　敬／河野　幸枝／東郷　久仁子／増田　克彦）

第三章

歌う会・労働部・青年部―青年労働者・高校生とともに―

一　歌う会（活動時期　一九五三年一二月から五五年一二月まで）

（一）歌う会の成立と発展

一九五三年九月一二日に開かれた第一回総会における確認事項の一つ、「青年層と結びつきを深める」は、以後、一貫した氷川下セツルメントの方針であった。

どのような経緯から「歌う会（班）」の誕生となったかについては必ずしも明らかではない。氷川下の中小企業で働く未組織青年労働者をどう組織化するかとの議論の中から出てきたと言うことであるが、一九五二年以降急速に広がっていた、いわゆる「うたごえ運動」がその背景にあるであろうことは想像に難くない。

五三年一二月一二日に開かれた文化部会議の結果、それまでの活動の反省から組織整備を行うこととした文化部は、勉強会班・子供会班・生活班・歌う会班の四班体制となった。ここに「歌う会」班が成立する。

「歌う会」班は地元にうたう会を組織することを目的として、所属する四名のセツラーは同年一二月から翌五四年四月までを準備期間としてアコーディオン練習や歌唱指導技術の習得に努める一方、中小工場への宣伝や一月一六日の「唐人お吉」「にごりえ」の映画鑑賞会とその合評会を一月二三日に開くなど精力的に活動した。

こうした努力の積み重ねを経、五四年五月一六日の日曜夜には診療所二階のハウスで小中学生を含む二五名が「五木の子守歌」や「歌もたのし」を歌い、こうして「氷川下うたう会」が誕生した(注1)。五月二三日には御殿町居住の合唱指導者を招き一〇名が「木曽節」や「おおスザンナ」を、三回目の「うたう会」では一五名が集まって「山の人気者」「どじょっこふなっこ」を歌い、六月二〇日には四回目の「うたう会」が開かれた。

こうして週一回、日曜日の夜七時から、「うたう会」がハウスで開かれるようになった。この間、「歌う会」班は「うたう会」の活動と並行して映画鑑賞会を企画、六月一三日に教育大K館前広場で開催した第二回映画鑑賞会の「カルメン純情す」他には五〇〇名に及ぶ地元の人々が集まっている。

六月二〇日の四回目のうたう会まではセツラー主導であったが、七月に入り転機が訪れる。七月四日、ハウスでの「氷川下うたう会」例会が、たまたま近隣の印刷・製版・製本・折り・靴下製造等に従事する中小企業労働者の会合とぶつかった。共に歌いその後の話し合いでこれから一緒にやろうと言うことになって、七月七日に改めて話し合った結果、「合唱を練習して工場を巡回演奏しよう」、「職場のことをざっくばらんに話し合おう」、「新聞を作ってみんなの考えや工場の様子などを知らせあおう」の三点を柱とする新たな「氷川下うたう会」が一九名の参加のもとに発足した。偶然の要素が強いとは言え、この転機は、これまでセツラーが行ってきた中小企業労働者への働きかけや地元の合唱指導者掘り起こし努力の成果であったといえる。

「歌う会」班は、五四年六月二七日の第三回総会で承認された文化部の発展的解消に伴い、児童部、生活部と共に部としての「歌う会」となったが、この新しい「氷川下うたう会」の発足によって、「歌う会」部の学生セツラーは、個人として「氷川下うたう会」に参加する形となった。

以後、「うたう会」は、セツラーも加わる運営委員会の下、診療所二階のハウス、教育大文学部内の研究室、教育大学生ホール、氷川下幼稚園などを主たる会場とし、平和印刷に勤務する一労働者の歌唱指導のもとで開催されることとなった。会の始めに新しい歌曲を覚え、その後職場の悩み等を話し合い、会の終わりにはスクラムを組んで歌った。会員数も急速に増え活動も広がった。「氷川下うたう会」の活動は、労働者の若さを取り戻し、労働者に希望を与えたという。

七月一八日には会の機関紙「なかまたち」、八月八日には文集「ともしび」を創刊した。「うたう会」は毎日曜日に開催され、「歌う会」部のセツラーは夏休み中にもこれに参加し続けた。

八月七日から九日にかけて、五名の会員が近江絹絲労組を訪問した。労組が仏教強制反対や信書開封拒否など二二項目の要求を掲げてストライキに突入、人権ストとして社会問題化していたものである。八月二一日のストックホルム平和使節団歓迎国民大会には四〇名の会員がその会場での大合唱に参加した。八月二二日には二〇数名の会員が由比ヶ浜へ海水浴にでかけ、八月二九日に多摩川台公園で行われた東京大平和祭では、七〇名程の会員が構成詩「太陽を求めて」を演じた。九月五日のセツルメントハウス設立一周年記念では構成詩「太陽のない街」を発表、九月九日からの簸川神社の祭礼に出演、九月一二日の「関東のうたごえ」には一七名が参加して国慶節に招かれた関鑑子氏に寄せ書きを託した。一〇月一〇日には平和印刷主催の小河内ダムへのハイキングに二三名が参加した。

このような「氷川下うたう会」の急速な発展拡大は公安警察の注目するところとなり、警察の指示によって入会した田中某はそのあまりにも不自然な動きが会員の疑念を呼んで一週間足らずで追放され、また、アカハタ文京支局員を含む会員の逮捕に対して多くの会員が抗議するという事態も生じさせた。これらの事態はセツル＝アカと宣伝されることにもなり、セツルメント活動全体にも少なからぬ影響を与えることともなった。

一一月には、教育大学園祭「桐葉祭」において構成詩「太陽を求めて」を学生ホールで演じ、七日の東京都体育館で行われた一〇月革命記念祭、一一月二九日の「日本のうたごえ」にも参加した。

「小石川全労働者六千人の統一の中心になろう」と意気込んだ「氷川下うたう会」の活動は、地域の全日本自由労働組合や全逓信労働組合に影響を与え、公共職業安定所内で、また翌五五年一月二七日には小石川郵便局で、三月一一日には豊島郵便局で「うたう会」が結成され、それぞれで「氷川下うたう会」のメンバーによる歌唱指導が行われた。賃金闘争や馘首撤回闘争、労働組合結成、労働組合の青年婦人部結成の動きの中心には「氷川下うたう会」の会員がいた。

(二) 氷川下うたう会の停滞と再出発

「氷川下うたう会」は五五年一月九日、窪町小学校で新年会を開催した。この新年会は、歌う喜びを多くの人達と分かち合いたい、うたう会をもっと大衆的なものにしたいとの考えから中小企業の未組織労働者を対象として小石川周辺地域の様々なサークルに呼びかけ大きな歌と踊りの会とすべく企画されたものであった。うたう会が中心となり、教育大とお茶大の合同合唱団「ハトの会」が協力した。しかし、参加者は子供達や高齢者が多く、肝心の若い人達の姿は少なかった。

こうして新しい年、五五年の「氷川下うたう会」の活動は始められたが、この頃からその活動にはかげりが見え始める。例会を日曜日から土曜日に変更した一月中旬以降参加者は減少、二月から三月にかけて、天候のせいもあったが参加者五、六名という日が続き、例会への参加者は減り続ける。労働者の姿は少なく、加えて新陳代謝が激しくなった。集まってくるのは子供達とセツラーという状況にもなった。

これには、少なくない労働者がそれぞれの職場における「うたう会」や労働組合等の活動家として成長していったこと、労働環境やアカ攻撃等、「氷川下うたう会」を囲む環境悪化により会合への参加が困難になってきたであろうこと、あるいは、野間宏を指導者として迎えた文学サークル「文学を楽しむ会」など、地域に他のサークルが結成され始めたこと、合唱サークルの持つ課題としてのレベル設定の問題、つまりは技術また意識の異なる会員の要求をどのように汲み取っていくかの問題、何よりも地域サークルとしての位置づけの問題など幾つもの原因が求められよう。

この様な状況への対応をめぐって話し合いを重ねた結果、「今迄のようにうたをやり、話し合いもやるというようなどっちも中途半端になるようなものでなく、みんなで楽しめるコーラスとして再出発しよう。まわりにうたごえを広めていくために私達がもっと技術的に高くなろう。歌唱指導ができるためには楽譜もよめなくては」との結論に達し、こうした方向で再出発することとなった。

メーデーも近い四月一七日、「ハトの会」の協力を得て小石川植物園で「うたって、喰らって、踊ろう会」を開催、一二〇名の参加を得た。これによって多少持ち直した「氷川下うたう会」は次第に会員数も増え、メーデー前夜に幼稚園で開いたメーデー歌指導のためのうたう会には三〇名程が集まり、中央合唱団団員一人を加え歌唱指導の出来る者も四名となって、五月八日の「春の大音楽祭」・印刷のうたごえに参加した。

七月一〇日には「氷川下うたう会」の呼びかけによる文京青年婦人の集いが開かれる。文京青年婦人の集いは、「氷川下うたう会」結成一周年記念行事としてうたごえと友情をひろめようとの意図が籠められていたが、これには、共同印刷労働組合、東京都教職員組合文京支部、「ハトの会」など数十団体が参加して、歌、踊り、映画、野球、卓球、写真コンクール、絵画展覧会、文化人との座談会、幻灯会など、多彩な行事が繰り広げられた。

(三)「歌う会」のセツルからの分離

「氷川下うたう会」は、その後も毎週平均して三〇名程の参加があったものの会員の顔ぶれはすっかり替わっていた。多くの職場が多忙になっていた。徹夜や残業々々の労働強化が続き、従来の参加者が少なくなった。政治的要因から活動が消極的になったとの証言もある。八月に鎌倉での「海の祭典」に参加し、一〇月には野猿峠へピクニックに行くなど活動は続けられた。

五五年一二月一八日の第六回総会への報告によれば、「歌う会」部のセツラーはわずか二名となり、かつ、この総会をもって、「歌う会」部はセツルから分離した。

「氷川下うたう会」は運営委員会によってその運営がなされていたが、「うたう会」の会員達は運営委員を含めて「うたう会」とセツルとの関係を十分には理解していなかったし、セツルと積極的に交流しようという意識も醸成されていなかったと考えられる。セツラーもまたセツラーとしての役割を十分に意識していなかったのではないかとも思われる。それ以上に、「歌う会」部の活動は日曜の夜が多いことから新たなセツラーを獲得するのが難しく、他部との連携の必要性を感じながらも時間的意欲的な問題から具体化できなかったと思われる。「歌う会」部の実働セツラーは、この時、実に一名であった。おそらくはこうした背景からであろう、「歌う会」部は中央委員会解散を機にセツルから離れ、氷川下セツルメントの組織としては消滅する。

分離後、「氷川下うたう会」は、「今晩会」「文学を楽しむ会」同様、ハウス利用外郭団体の一つとして存在し、組織的には文京区コーラスサークル協議会と緊密に結びつき、セツルとはしだいに疎遠になっていった。「ハトの会」所属の学生たちが、積極的に「うたう会」に参加するようになったとも言われるが定かではない。五七年の五月と一一月には文京区合唱の集い(注2)に参加し、五八年二月には歌集「おれたち」を発行しているが、その後の経緯は必ずしもつまびらかではない。

五七年一一月発行の『らしんばん』二八号には「氷川下うたう会」についての簡単なルポルタージュ記事がある。記事によれば、うたう会の例会は第一、第三日曜と第三木曜の午後六時半から九時頃まで。会員は四十余名だが毎回の参加者は一二・三名。男女の比率はほぼ半々。その日は指導者のアコーディオンに合わせて「バイカル民謡トムバイ」「アイヌの踊り」「開拓者」などが歌われたとある。記事には「昼間職場で働いたり、文学生であったりする人達が時折同じ趣味の人達と集まり和やかなひとときを過ごしている様子は、非常に頼もしく楽しそうで、日常の雑事など忘れてしまう程である」との感想も付けられている。

五九年四月に発行された『らしんばん』新入生特集号には地元サークルの紹介欄があり、そこでは、氷川下生活協同組合、今晩会、文学を楽しむ会とともに、会員が執筆したと思われる「氷川下うたう会」の記事がある。

それによると、「うたう会」の運営が一・二名の児童部勉強会活動と兼ねたセツラーに委ねられた五八年段階ではその存立が危ぶまれたが、五九年に入って「ハトの会」や町の青年を迎えて立ち直り、会員数一五、第三・第五日曜日の夜、ハウスを会場として例会が行われ、毎回新しい歌を一つずつ歌い、時に踊りもする。セツラーも三名から五名程参加しているとある。

六〇年七月の第一五回総会における労働部報告の中では、労働部セツラーの参加している地元サークルの一つとして「うたう会」があげられ、六二年四月発行の『らしんばん』には関係団体の一つとして「氷川下うたう会」の紹介があって、セツル青年部と提携して「わかもの会」を作ろうとしているとある。

（四）氷川下うたう会の発展的解消

「氷川下うたう会」は、六二年二月に発足した氷川下わかもの会準備会に発起団体の一つとして、青空のつどい、氷川下セツル青年部準備会、日本民主青年同盟文京地区委員会と共に参画した。そして、六二年七月成立のセツル青年部に「うたう会」の学生会員が一名参加している。これらからして、六二年段階まで学生も参加する形での「うたう会」が存在し、「うたう会」は新たに成立したわかもの会に発展的解消を遂げたものと考えて良い。

（注1）『総会資料』並びに機関誌『らしんばん』の前身である「セツルメントニュース」では、セツルの組織としては「歌う会」、地域のサークルとしては「うたう会」と分けて表記していることが多いため、ここではそれに従った。

（注2）一九五七年五月一二日に真砂小学校の講堂で開催された第一回文京区合唱のつどいは、実行委員会主催、文京区教育委員会と文京コーラスサークル協議会の共催、文京区労働組合協議会が後援し、出演団体は共同印刷、オルガノ商会、日本信販、住宅金融公庫、全逓小石川支部や東大、教育大、お茶大など文京区内の合唱団計一八団体が出演、「氷川下うたう会」は一四番目に出演している。一一月一七日には第二回文京区合唱のつどいが開催された。

二　労働部（活動時期　一九五八年一二月から六二年三月まで）

（一）労働部の成立

一九五八年一〇月八日、岸内閣が国会に提出した警察官職務執行法改正案(注1)は、氷川下セツルメントも参加した広範な国民の反対運動に直面した結果、一一月二二日審議未了となった。一方、セツルメントは地域で起こっていた共同製本闘争(注2)の支援活動にも立ち上がっていた。

これらの活動の中から、労働者との接触を続け、労働者と学習会を開き、あわせて全逓信労働組合小石川支部や旭工業労組を中心とする文京区青年婦人連絡協議会再建の動きに協力したいとして、保健部と法律相談部の一部セツラーが労働研究部活動を開始する。

一二月末日、四名のセツラーが、ほぼ同様の状況から労働部活動を始めていた菊坂セツルメントのセツラー八名並びに菊坂セツルのOS二名と共に文京セツルメント労働部を結成した。その方針とするところは、青婦協結成準備、労働者との学習会、そしてセツラーの研究会・読書会開催、文京区内労働組合の現状把握などであった。

労働部の結成はセツルメント活動の新しい動きあるいは活動の脱皮として唱えられた。原水禁運動・勤評闘争・共同製本闘争・警職法闘争等を見るとき、労働者との提携、あるいは広汎な大衆運動に適応していくという面でセツルメントは大きな弱点をもっていたのではないか、労働者を中心とした闘争への参加によって、これまでのセツルメント活動の不十分な点が見えてくるのではないか、労働者と手を取り合うことによってセツルメント運動をより広汎に、また運動の弱点を補うことが出来るのではないか、という。こうした労働部の考え方を見ると、そこに生産点論への流れがあることは明らかであろう。

五八年一二月一四日の第一二回総会で労働部の承認が提起されたが保留となった。決定を無視して活動を始めた労働部に対し、翌五九年一月一二日の連絡協議会はこれを議題として取り上げ、結果、保健部内部の動きとして連協に報告することと並びに今後も保健部活動を続けるとのことが保健部との間で確認された。しかし、その後保健部では個人的な労働部活動は行われたものの、保健部としては部会も開かれず、日常活動も行われなかった。

労働部は五九年一月一二日付けで「労働部速報」No.1を発行し、以後号数は不明であるがニュースを発行して宣伝啓蒙活動に努めた。活動方針の一つであった文京青婦協結成については、全逓小石川、旭日工業、秀工社、共同印刷、共同製本の労働者と共に開始した五八年一〇月の第一回連絡会以降五回の連絡会、五九年二月一三日以降七回の準備会を経て、七組合の参加の下に五九年一〇月一七日、結成大会が開かれて達成された。

五九年六月一四日の第一三回総会では保健部からの労働部新設提案が採択され、氷川下地域の民主主義運動の強化のために活動する、労働者の経済的・文化的要求をくみあげる活動をするという二つの付帯条件をつけて労働部は正式に結成されることになった(注3)。

六月二八日時点での労働部メンバーは一二名。うち七名は法相部から、四名は保健部からの参加であった。法相部からの参加者は引き続き法相部員としても法律相談活動を続けたが、保健部は全員が労働部に参加したため保健部は事実上消滅した。労働部は、七月二日の臨時総会で行われた氷川下セツルメント規約の一部改正により正式に氷川下セツルの組織となった。なお、この半年後の六〇年一月二三日、東京医科歯科大学、同付属看護学校、東京女子医科大学の学生三〇名余が東京医科歯科大で会合し、保健部は再建されることになる。

労働部では、部内で『戦後日本労働運動史』の学習会、全逓小石川青年部との安全保障条約に関する学習会、順天堂労組との労働法についての勉強会、あるいは、東大の学園祭「五月祭」での労働者を囲む春闘の総決算などが行われてきた。しかし、これらに参加した労働部セツラーの労働部活動そのものに対する認識の違い、経験不足やメンバーの多くが学生自治会にも係わっていたことからくる活動の負担過重などによって、夏休みを機に少なくないセツラーが活動から離れ、五九年九月以降その活動は事実上停止状態となった。

(二) 労働部の再建

六〇年四月、従来の保健部・法相部からのメンバーに代わって、児童部セツラー数名が労働部の再建に乗り出す。五月九日の労働部セツラー集会では、将来的には地域の「労働学級」を目指して、当面地域の労働者サークル「土曜会」に中心を置いて個人参加の形で活動することとし、セツラーの学習活動や機関誌の発行を決定した。

こうして活動を開始したセツラーは、平和と民主主義を守り抜く力は、「統一戦線に支えられた労働者階級の生産点における実力行使」であり、「労働部活動は明確にこの階級的視点に立って進められ」るべきであるとしたが、全セツ連書記局の「労働部に全セツラーは結集せよ」とのいわゆる生産点論に立った呼びかけに対しては、活動の主体である学生の意識変革の困難さや、学生と労働者とでは明らかに活動分野が別であることを無視した誤った見解であり、「我々はこれを参考意見として聞いておくにとどめたい」、「生産点論のもつ意義は、ともすれば善意だけの行為に終わりそうなセツル活動の欠点を突き」、「現代社会に目を向け、その分析の中からセツルの任務を位置づけたという点にある」としたうえで、「我々は生産点論の方法論的な着想の良さ即ち国内や国外の社会情勢、特に労働運動の情勢の分析の中からセツルに要求される任務を把握し、それを日常活動に導入することに努力する」とした。

労働部セツラーの学習活動・読書会は、お茶大学生会館の部室で五月四日に始まり、初めは水曜日に、その後木曜日に日をかえて、週一回のペースで行われた。『共産党宣言』、『賃労働と資本』、宇野弘蔵著『経済原論』、『フォイエルバッハ論』、『ドイツ・イデオロギー』、『実践論』、『矛盾論』と六〇年から六一年にかけて順調に進んだものの、セツラーにとって地域活動の中心であった地元労働者サークル「土曜会」は八月頃から欠席する者が多くなり、その主要メンバーが他の組織化のために出席できなくなったことなどから消滅、六一年五月からは高校生との交流会である「みなつき会」(これを青年部と呼んでいた)、労働者との交流の場として「氷川下セツルメントさつき会」(七月には「千川通りあすなろ会」と改称)を組織し、映画会等を行い、地域の労働者を対象とする「ひかわ」を保健部や法相部の協力も得ながら発行した。

しかし、実働メンバー四、五名という人員不足に加え、労働部の成立とそれ以降の活動を巡る感情的わだかまりや理論的対立もあって他部との意志の疎通を欠いたことなどから活動は次第に先細りになっていった。

(三) 労働部の消滅

その後の労働部については、六二年四月発行の『らしんばん』「新セツラーのために」の中に労働部の紹介があり、「地域の地図作りなどから地域の実情を把握し、労働者の組織を作っていくつもりです」とあるものの、六一年一二月一七日に引き続き六二年一月一四日に行われた第一八回総会資料には、労働部自身の活動総括は掲載されておらず、労働部についての記述は法相部の報告や連絡協議会の総括の中で行われているに過ぎない。一月一四日の総会に連協が提案した方針案(注4)の中で掲げられた労働部の課題には、「①本格的な青年部としての基盤、条件を準備すること、②民主組織(診療所、青婦協、民青、労働組合青年部等)との連携を深めていく、③児童部(特に中学生班)との連携を推進する」とあるが、六二年二月の青年部準備会に労働部セツラーの参加はない。従って、労働部は六一年度いっぱいで消滅したものと考えて良かろう。

(注1) 警察官職務執行法は、第一線で働く警察官の職務遂行上必要な手段を定めた法。一九五八(昭和三三)年一〇月、公共の安全と秩序維持のためとして、職務質問、所持品調査、保護処置、土地建物への立ち入り権限強化を企図して、岸信介内閣が提出したもの。オイコラ警察の復活であるとして広範な反対運動が起こった。
(注2) 一九五八年八月、職場撹乱を理由とする本工一二名、臨時工七二名の馘首通告に端を発するもの。人件費削減と労働組合破壊を目的としたと考えられる馘首に対する闘争は百日余におよび、第二組合の結成、暴力団介入の末、組合側の敗北に終わった。(『一〇年史』による)
(注3) 一九六〇年六月七日連絡協議会発行「全国セツルメント連合大会向け氷川下セツルメント活動報告」
(注4) 第一八回総会は六一年一二月一七日に開催されたが、方針の採択に到らず六二年一月一四日に改めて方針案の討議が行われたものと思われる。また、方針案にある労働部の課題とされたことが労働部そのものからの提案によるものかについては、当時の労働部の状況を考えると疑問である。

三

青年部 —わかものパート、高校生パート、労文パート (活動時期 一九六二年二月から七八年頃まで)

(一) 青年部とわかもの会の創立

青年部は、地域の未組織青年労働者(注1)の組織化と児童部中学生班卒業生の組織化を求める声に応えて設立された。

全国セツルメント連合内における「生産点論」、「生活点論」の論争は、安保闘争を経て次第に集約され、全セツ連では、六〇年一一月には「平和、民主主義、生活擁護のため、国民的統一の一環として、対象とする人々と共にねばり強く運動しよう」、六一年五月にはその具体化の一つとして「青年部活動を推し進めていこう」との呼びかけがなされていた。これを受けて、一月一四日に開催された第一八回総会の方針案に本格的な青年部としての基盤、条件を準備することなど、労働部の三つの具体的課題が掲げられていたことは既にふれたとおりである。

青年部は、先の労働部の課題とされた三点の具体化を図るための組織として、まずは準備会の形で六二年二月、児童部中学生班セツラーを中心として結成された。青年部準備会は、六二年二月一八日、文京区立第一中学校の卒業生たちが組織した地元のサークルである青空のつどい、氷川下うたう会、日本民主青年同盟文京地区委員会などとともに氷川下わかもの会準備会を発足させた。わかもの会準備会は社会教育関係団体として申請することとし、そのための規約も作成した。

わかもの会準備会は三月二五日と四月八日に小規模な「うたとフォークダンスのつどい」を開いたのち、案内ビラ五百枚を配布し、文京一中の体育館を会場として四月二二日、「氷川下わかもの会　第一回うたとフォークダンスのつどい」を開催、これには地域の青年労働者三五名をはじめ、中学生班卒業生一〇名、中学生班勉強会参加者五名、氷川下うたう会のメンバー一一名、青空のつどいメンバー七名、青年部準備会や児童部のセツラー二六名など、あわせて約百名の参加を得た。

一方、青年部準備会は、六二年七月八日の第一九回総会で正式に氷川下セツルの組織として承認され、青年部として出発した。セツラー数は男子一〇名、女子八名、教育大一三名、栄大三名、医科歯科大一名、保母学院一名の計一八名であった。

（二）青年部とわかもの会の高揚

以後、「わかもの会」(注2)は月二回のペースで「うたとフォークダンスのつどい」を開催する一方、その中から派生した読書部、コーラス部、フォークダンス部、スポーツ部、演劇部（カッパ劇団）、美術部、また幾つかの学習サークルが頻繁に会合を開き、近隣の戸崎町や林町、あるいは大垣、柏崎、鳥取など他地域のわかもの会との交流を交えながら、ダベリングの会、ピクニック、天覧山へのハイキング、丹沢や真鶴岬でのキャンピング、稲毛海岸への海水浴、松原湖へのスケート旅行、参加者一五〇名を数えたクリスマス・パーティー、おしるこ会、「氷川下わかもの夜のメーデー」、七〇名の参加した「焼きそば歌って歌を食べる会」などこの年七〇回を越える会合・行事を企画・実行した。それらが行われる会場は、ハウス、セツルメント病院ホール、文京区立第一中学校の体育館・グランド、文京区立窪町小学校講堂、小石川植物園、銭湯「五光湯」の二階、会員の自宅、地域内にある幾つかの公園などが主なところであった。

この頃歌われた歌は、「かあさんの歌」、「心はいつも夜明けだ」、「ノナマニス」など「うたごえ運動」によって各地に生まれた歌声喫茶で歌われているものが多く、ほぼ毎回踊られるフォークダンスは、「コロプチカ」、「オクラホマ・ミキサー」、「マイムマイム」の三曲、時に阿波踊りなどの新しいものが加わるといったところであった(注3)。

六二年八月一五日にはわかもの会文集『てのひら』を、九月九日には謄写版刷りA５判九九頁立て、「俺たちゃ若者」にはじまり「フィンランディア」におわる全九七曲を収めたわかもの会歌集『てのひら』を、一〇月八日には「わかもの会ニュース」創刊号を発行している。これらの印刷出版には青年部セツラーの果たした役割が小さくないとは思えるものの、中小の印刷・製本工場に働くわかもの会会員たちにとっては文字通りお手の物であったに違いない。なお、歌集『てのひら』は第一集とある。が、第二集が刊行されることはなかった。

こうして参加した青年達は未知の歌を一生懸命覚えて大声で歌い、未知のフォークダンスを楽しみ、ソフトボールやハイキング、スケートなどで身体を動かし、話し合いの中で日頃のストレスを発散させ、信頼と友情を深めて行ったと言える(注4)。

青年部セツラーは、毎日のように、昼休みそして夕方、わかもの会の会員と共にポスターやステッカーを貼り、街のわかものたちにビラを手渡し、声を掛け、新会員の勧誘に努めた。地元のわかもの会会員の家族が地方出身のわかもの会会員を暖かく迎えたことは言うまでもない。

(三) わかもの会の停滞と青年部の在りよう

しかし、わかもの会は、発足半年足らずで新しい展開を求められることになる。わかもの会は、これまで急速に伸びてきた新入会員数が次第に頭打ちになった。また、読書部、コーラス部、フォークダンス部、スポーツ部、演劇部(カッパ劇団)、美術部、学習サークルなど幾多のサークルの発生は、わかもの会にとっては当然の流れでもあり、活動の中心がサークル活動に移っていくのは、わかもの会の発展した姿と言って良かったが、会員がそれぞれのサークルの中で固まる傾向が見られるようになったのである。なお、わかもの会の運営は、各サークルの代表に機関紙係、ゲーム研究会の代表を加えた運営委員会によってなされていた。

一方、青年部は、わかもの会の目的は何か、青年部の役割は何かといった問題、また部独自の課題とした青年センター建設運動、地域調査、他部との提携と言った問題を依然として抱えていた。このことから、六二年一〇月には主としてわかもの会会員を対象とした労働条件、日々の生活実態、意識などの地域調査を始め、中学生班に来ている生徒達との交流も開始した。一一月からは、岩波「現代教育学　青年の問題」や岩波新書「社会主義入門」の読書会も始めることとなる。

一〇〇〇人のわかもの会をと意気込んだわかもの会は、翌六三年六月二日には、セツルメント病院ホールで第二回総会を、そしてその夜、一周年記念祭を一二〇名の参加の下文京区立第一中学校の体育館で行った。総会で採択されたスローガンは、「月一回、歌とフォークダンスをやろう」、「おとうちゃん、おかあちゃんとがっちり手をつなごう」、「氷川下に青年センターを建てよう」、「女は度胸、男は愛嬌」、「今年中に五〇〇名の仲間を作ろう」の五つであった。これは、歌とフォークダンスが新会員の獲得とサークルの孤立化・停滞を避けることに大きな役割を果たすであろう事、また、わかもの会の影響力の拡大に伴って強くなったわかもの会への参加忌避やアカ攻撃を跳ね返すために、大人達の協力を必要としたこと、氷川下わかもの会同様、会場難で悩む労組や地域サークルが多いことなどから掲げられたスローガンであった。

青年部セツラーはわかもの会の中で、ビラ・ポスター作り、ビラ撒き・ポスター貼り、集会での司会進行役など少なくない活動に従事した。そして、うたやフォークダンス等の諸行事を自ら楽しみながら、地域の青年達と深く知り合い、その実状を把握し、学んでいったし、青年のしあわせとは何か、セツルメントの目的である地域の生活と文化を向上させるとは具体的にどうすることかなどの様々な問題を思考した。

しかし、わかもの会の諸行事の多くは日曜・祝日に行われ、平日の場合は夕刻以降にはじまることが多いことから、家を空けがちになり、且つ帰宅が深夜に及ぶことからくる家族との軋轢の問題は、女子セツラーにとっては勿論のこと、自宅通学の男子セツラーにとっても深刻な問題であり、後々まで解決困難な課題となった。

当初、部会のみであった青年部の運営は、全員の出席のもとに開かれる部会、連協議員、事務局員、運営委員、学習係、計四名の役員に青年部の独自活動を進めるために設置された臨時小委員会の委員長を加えた常任委員会、わかもの会の各サークルに入っているセツラーの会合としてのパート会議によってなされるようになり、春夏の二度に亘る合宿、年二回以上のコンパ、一年セツラーの会、二年セツラーの会などがこれを助けた。

わかもの会は、六三年六月二日の一周年記念祭以降も、文京一中や植物園を会場とした「歌とフォークダンスの集い」を中心に、鷹取山ハイキング、横浜三ツ沢競技場での「全国青年スポーツ祭典」への参加、一泊二日で七五名が参加した五日市でのキャンプ、多いときには六五名もの参加者があったハウスでの「作って食べる会」、病院ホールでの「社交ダンスの会」、「劇団カッパ」の窪町小講堂での「三年寝太郎」の公演、窪町小でのクリスマス・パーティー、軽井沢へのスケートなど多彩な行事を企画実行する一方、教育大の運動会、文京区民文化祭、近隣わかもの会との共催による映画会や「文京わかものまつり」などに取り組み、「氷川下わかもの会ニュース」も大凡三ヶ月に一度の間隔をおいて発行された。しかし、区や学校当局の忌避反応また警察の干渉等もあって、月一回を目標にした「歌とフォークダンスの集い」は会場難で開催できない月があり、依然としてサークル中心の活動から抜け出せないといったこともあって、「作って食べる会」や「社交ダンスの会」では少なくない新入会員があったものの全体としての新入会員は五〇名ほどに止まって、低迷状況を脱することは出来なかった。

一方、青年部では、六三年七月には、教育大一三名、栄大九名、お茶大七名、男子一〇名、女子一九名、の計二九名、その後も入部者は増え、セツラー数は三十数名となり、セツラーの大幅増により経験の多寡、意識の差異が随所に現れ、部運営の円滑を欠くようになった。そのため、部会・常任委員会における議題設定から部会のありようの検討、学習の進め方や各学年セツラーの会、各大学のセツラー集会、文集『あしのうら』や「青年部ニュース」の発行などさまざまな工夫がこらされた(注5)。なお、文集『あしのうら』第一号は六三年一一月一日の発行、投稿者は九名、第五号は六六年七月一七日発行、投稿者は一五名であった。

青年部は、六三年九月から一〇月にかけ、青年部発足当時から課題とされた地域調査を行った。毎昼休みを利用して商店・製本・印刷・各種工業所などを廻り、従業員数・男女構成・年齢、労働者の出身地、残業時間を含む労働時間、休日、余暇の過ごし方、友人・恋人の有無などを含む生活意識、居住形態、わかものの会の認知度などを調査、一一月のお茶大学園祭「徽音祭」で中間発表を行った。

わかもの会は、六四年四月二六日、九〇名余の参加を得、文京一中体育館で、わかもの会二周年記念・第一六回「歌とフォークダンスの集い」を開催、以後、ほぼ月一回のペースで「歌とフォークダンスの集い」、天覧山や野菜峠、弘法山へのハイキング、中津川渓谷でのキャンプ、「社交ダンス・ゲームの会」、「作って食べる会」、葉山海岸での海水浴、「ダベリングの会」、中津川渓谷でのキャンプ、映画「チョンリマ」鑑賞会、クリスマス・パーティー、スケート旅行などを企画実行する一方、「東京わかものの秋まつり」や「文京わかもの祭り」、「全国わかもの読者のつどい」、「東京わかもの春まつり、丹沢集中登山」、「文京スポーツ祭典」などに参加した。「歌とフォークダンスの集い」には三〇名から百名、ハイキングやキャンプには四・五〇名、海水浴には七〇名、三ヶ月ないし四ヶ月おきに開かれた「作って食べる会」には三〇名から四〇名、「社交ダンス」には二、三〇名が参加しており、バス二台を借り切って一二一名が参加したスケート旅行など、低迷状態にあるとはいえ地域に大きな風をまき起こしていたであろうことは想像に難くない(注6)。わかもの会に対抗する青年団を組織する動きも地域にはあったものの、窪町小講堂で結成大会をひらいたのみで消滅した。

（四）労文サークル「火曜会」と高校生勉強会のはじまり、そして青年部組織の鼎立

青年部セツラーは、ビラ・ポスター作り、ビラまき、署名活動、会場交渉、ニュース発行などの作業や「歌とフォークダンスの集い」、「作って食べる会」、ハイキングなど、わかもの会の計画・実行にあって大きな役割を果たしていた。しかし、セツラーの意識と態度が大きく係わり、また、わかもの会にとってのセツラーの存在と役割が曖昧なこともあって、時として地域の青年労働者からは冷たい目で見られ、あるいは疎んじられる場面もあった。こうして青年部はわかもの会の中での活動を続ける一方、青年部発足時の目的の一つであった中学生班卒業生、なかんずく高校生の組織化に乗り出すことになる。青年部準備会発足以来既に二年の歳月が経過していた。

六四年二月以降、青年部セツラーは中学生班の勉強会や卒業式に参加し、四月以降は家庭訪問をしながらわかもの会への勧誘を行ったが、高校生がわかもの会への関心をあまり示さないところから、六月以降、全日制高校生と定時制高校生、それぞれを対象とする勉強会を始めることとした。こうして青年部はわかものパート、六月に発足したわかもの会内の学習サークルに係わる労文パート、そして高校生パートの三パートに分かれることになる(注7)。

この頃、一五名を数える新入セツラーを迎えた青年部は、改めて部運営の苦労を味わうことになった。「新

入生講座」の設定、「水曜会」「木曜会」などの部内サークルの設定、殆どのセツラーが参加した野辺山での合宿における学習会と親睦行事、夏期休暇中の在京者による帰省者への寄せ書き送りなど様々な工夫がこらされた。

こうして、わかもの会の運営と諸行事の企画・運営、わかもの会々員の学習会、高校生勉強会、そのための部運営の改善に取り組みながら、青年部は他セツル青年部との交流や氷川下地域における共闘組織の結成準備、原水爆禁止世界大会への参加などにも精力的に取り組んだ。

六五年四月現在の青年部セツラーは、わかものパートが教育大六、栄大五、東大二、お茶大一の計一四、高校生パートが教育大四、お茶大二、東大一、栄大一の計八、労文パートは教育大三、栄大二、お茶大一、千葉大一の計七、合計二九名となっており(注8)、その後の新入生対策総括によれば、五月初旬までに一六名の新入生が入部している(注9)。

わかもの会では、創立三周年記念の「歌とフォークダンスの集い」が六五年五月一五日におこなわれたが、これには地域のジャズバンドも入り、一三〇名が参加するというかつてない「集い」となった。前後して、運営委員会では新たに役員制を採用、正副会長・会計・記録・情宣の計一一名の役員を決め、少なくない数の活動家がここで交代した。一方、年会費百円で会員証を発行する会員制も導入された。また古参のわかもの会員が参加者の多数を占めていた「社交ダンス」サークルの活動では、ゲームを入れ、指導者が赤いリボンをつけるなどの工夫が行われた結果、五月九日の会には八十数名の参加があった。こうしてわかもの会は長い停滞を脱するかに見えた。

一方、青年部の高校生勉強会は、週一回、日曜日の午後、六月以降は土曜日の夜、計一三名の高校生を対象に行われていた。セツラーは勉強会を中心に、三泊四日の伊豆キャンプ、石神井へのハイキング、クリスマス会と様々な行事と取り組みながら、遊び・仲間作り、核作り、生徒数拡大など多くの問題と格闘しながら活動した。中学生班中三パートとの連携問題もあり(注10)、高校生パートは依然として試行錯誤の日々であった。

また、主としてわかもの会々員を対象とした学習サークル「火曜会」、「木曜会」は、文京労働者学習協議会と提携しつつ、『学習の友』を主たる教材として学習を続けていた。ただし、『学習の友』の難易度が多少高いこともあって、「戦争はなぜ起こるんだろう」(「学習の友」五月号から)、「女性史の話」(「家族・私有財産・国家の起源」から)、「猿はどうして人間になったか」(「自然弁証法」から)、「生き方についての参考文献」(「中国の青年の修養十二章」から)など、セツラーが工夫したプリントを使っての学習が続けられた(注11)。

この時期の青年部セツラーは、六五年度後期では、わかものパート二十数名、高校生パート十数名、労文パート数名であった。三つのパートの連携は必ずしも十分とは言えない状態にあったが、それぞれのパート毎に、またそれぞれのセツラーは地域の青年労働者や高校生と深く接する中で、その労働や学習実態・生活実態を掴み自らのものにしていっている様子がうかがえる。

六六年、青年部には、わかものパート一四名、高校生パート九名、労文パート一名という多数の新入セツラーが加わっている。六六年七月一七日発行の青年部誌『あしのうら』第五号の自己紹介欄には、教育大一一名(文学部六、理学部四、教育学部一)、東大四名(文Ⅰ一、文Ⅲ一、理Ⅰ二)、お茶大二名(理学部二)が名を連ねている。

(五) 青年部の地域社会運動、平和運動への参加

青年部はその準備会段階からわかもの会活動のための会場を確保する必要性もあって、青年スポーツセン

ター建設運動に取り組んだ。一九六二年一一月下旬、文京区青年婦人協議会の呼びかけによる青年センター設立実行委員会に参加。以後四回の会合が開かれ、署名運動の展開と議会への請願が決定された。が、翌年二月八日に予定されていた会合が流れて以来活動が停滞し、請願が「地域住民が参画するのは適当ではない」として不採択になったこともあって実行委員会も立ち消えとなり、いわば自然消滅状態となった。以後、六六年一二月一一日の第二八回総会「総会資料」で、「今期連協の活動のまとめと問題点」中、方針三「民主団体との提携について」では「(C) 青年会館設立運動」として、「実行委員会に参加していましたが現在動いていません」、あるいは、七〇年の第三五回総会への代表委員会報告の中でも「青年館 or 児童館など我々が自由に使える会館をたてる運動を見通して、文京区の予算を調べたりする小委員会を設置する。委員は公募。」とあって、この問題については意識され続け、運動がなされなかったわけではないものの、結果として実現することはなかった。

青年部は連協の呼びかけに呼応し、原水禁運動にも積極的に取り組んだ。六三年の原水禁世界大会には青年部から二名のセツラーが派遣された。しかし、同年一二月の二二回総会における青年部総括では「大会の意義が一人一人に本当に理解されなかったことは反省されなければならないし、平和運動と我々の活動とがどういう風に結びついているのかもセツラー諸氏一人一人がはっきりとつかまなければならないだろう」と述べられており、このことは、恐らく以後も変わることなく続いたのではないかと推測される。六四年三月一日の三・一ビキニデー焼津集会には三名が、同年八月の原水禁世界大会にも三名が青年部から派遣されている。

青年部は基地反対運動にも取り組んだ。六二年一〇月二一日の一〇・二一集会には青年部からはセツラーの半数が参加し、六四年一月二六日に行われた横田基地集会には七名のセツラーが参加している。

（六）青年部とわかもの会の衰亡、労文サークルと高校生勉強会の消滅

六六年以降、わかもの会についても青年部についても、その足跡はしだいに辿りにくくなる。六六年五月の第二七回総会における青年部総括は、なぜか、仲間作り、組織体制、そしてわかものパート、高校生パート、労文パートの活動報告という順で行われている。このことからもこの時期の青年部の状態が窺い知れよう。

わかものパートの総括は、わかもの会に参加している三名の青年労働者の生活とその意識変化を述べ、高校生パートの総括では高校生の自主性の進展と核の育成が述べられる。最も具体性に富む労文パートの総括では一青年労働者の切実な学習要求に応えた地理、歴史、英語、数学などの学習の様子、おしゃべりの内容、労文パートセツラーの不足を補うべくわかものパートから移ったセツラーのレース編みの取り組みが述べられ、学習会を進めるに当たっては、①中卒程度の学力（基礎学力）及び高い教養を、②働いている人の立場にたった、生活にねざした、③生活の問題を自分の目で掘り起こし解決する、④みんなでやろう、⑤苦しいときには原因を考えるの五点に重きをおいているとしている。

六六年六月の四日から六日にかけ、教育大を主たる会場として開催された第一三回全国セツルメント連合大会の第一三分科会「高校生の要求をどうとりあげるか」には氷川下の高校生三名が参加し発言しているが、彼等の堂々たる発言内容は他セツルの者にとっては勿論、氷川下のセツラーをも驚かせた。一方、七月二三日・二四日に行われたわかもの会主催の盆踊りは、児童部の夏休み勉強会とも重なって、参加者延べ八〇〇名という大きな集いとなった(注12)。

六六年一二月一一日の第二八回総会を最後に青年部の総括文は、栄養部、児童部、保健部に先だって総会資料から姿を消す。その後の青年部あるいはわかもの会等の動向は、僅かに残されている『らしんばん』、「連

協ニュース」、地域向け情報宣伝紙「わたしたちの町」、「青年部ニュース」等の記事によって断片的に知ることが出来るのみである。

六七年六月一八日の第二九回総会の事務局資料によれば、青年部のセツラー数は二四、教育大一一、東大九、お茶大二、中央大一、早稲田大一、一年一三、二年八、三年二、四年一という構成である。また、六七年一二月三日に青年部総会が行われているが、六八年には事務局員を出していない。青年部からの事務局員については、六九年には、わかものパートからは出ているようだが、高校生パートからは出ていない。

なお、労文パートについては、六六年一〇月一〇日発行の「連協ニュース」の記事、そして六六年一二月の第二八回総会資料における青年部総括文中以降全くその形跡がなくなることを考えると、労文パートは六六年度中に消滅したものと思われる。第二八回総会向け労文パートの総括では、セツラーは一年から四年まで各学年一名ずつ、六月以降「火曜会」では「やさしい部落の歴史」を学んだり、誕生会を行ったりしてきたが、「火曜会」に参加してくる者は毎回二、三人でゼロということもあって、「独立してやっていくべきか、発展的に再びわかものパートと一体となっていくべきかはさらに考えていきたい」としているところからしても、六六年度中に消滅したとしても良いだろう。

高校生パート勉強会の記事も、六七年四月二二日発行の「連協ニュース」が氷川下の資料としてその様子を知ることのできる最後のものとなる。そこでは、高校生一〇人程に対して七、八人のセツラーが参加、セツラーが多すぎる、新入セツラーのぎこちなさからかあんな連中とは話したくないという高校生の声が紹介されている。六八年一二月、名古屋で開かれた全セツ連第一八回大会の討論資料には、氷川下からの報告として、(高校生が)「長い間つづけてきた勉強会を解散しようと言いだした」が、一方、「学校のはなしや、ベトナム戦争のことについて」話し合い、「勉強会に来て、いくらやってもできないからいやになったと言ってしまいには勉強道具を持って来なくなってしまった高校生が、アンケートに書かれた要求にそって行われたソフトボールを契機に勉強にも熱を入れだした」、あるいは、「私たちとセツラーは人種が違うのよ」と言った言葉がはねかえってきたり、「私たちだけがポンポン言っているのにセツラーは返してくれない」、「セツラーは、冗談でも真面目に受け止めてしまって話が通じない。高校生は高校生で集まり好きなことをやれば良いんだ」、「昔のセツラーは年の差はあったけれども、心の中まで入ってきた」、「今のセツラーは迫力がない。昔のセツラーはもっと恐かった。勉強会で帰ろうとしてもなかなか帰してくれなかったもの。でも温かいものを感じた」とあって、セツラーの悩みが窺える。

六六年一〇月三一日発行の「わたしたちの町」には、毎週水曜日、昼休み時間帯の、東窪町公園でのうたう会の呼びかけが載っている。わかもの会と教育大の歌声サークル「あらぐさ」との共催とある。わかもの会の新しい動きだろうか。六八年一二月、名古屋で開かれた全セツ連第一八回大会の討論資料では、三日間で千五百人が参加し五万円以上のカンパのあった三回目の盆踊りの様子と一六歳の若者の成長ぶりが紹介され、また、一一月のみかん狩りには二〇人の母親と子どもの参加もあって、地域ぐるみの行事をやるだけの基盤が出来、文集発行の企画もあると報告されている。

六九年四月発行の『らしんばん』九五号にはわかものパートの報告があり、わかもの会が三月はじめに六〇余名でスケート旅行を行ったこと、三月三〇日には、久しぶりに借りることの出来た文京一中のグランドでスポーツ大会を開催したこと、一方執拗にアカ攻撃が行われておりその対応に苦慮していることなどが記されている。六九年六月発行の『らしんばん』九九号では、子供達の要求をどう捉えるかの部分で高校生パートとわかものパートでの例が取り上げられており、また、わかもの会と児童部、高校生とわかもの会、わかもの会と法相部との交流等が報告されている。

『らしんばん』九九号にはハウス閉鎖事件なる記事がある。六九年一月四日、一五、六歳の男女四名が窓からハウス内に入り、シンナーを吸引しながら性行為をしているのを病院が発見、ハウスを閉鎖したという事件である。この四名がわかもの会の関係者であったかどうかについては報告されていないが、この問題処理のためにセツル、病院、わかもの会の三者がハウス管理について話し合うことになる。

六九年七月に第一回氷川下祭典が開催されるが、この氷川下祭典は、わかもの会が過去三年にわたり続けてきた盆踊りに、児童部の夏休み勉強会、展示会を加えたものであった。実行委員会には高校生パートも加わっている。七〇年の第二回氷川下祭典の際、セツル側の窓口にわかものパートのセツラーがなっており、三五回総会資料には祭典についての「わかものパートの総括から」という文が掲載されている。とはいえ、「盆踊りのとりくみを通じて、セツラーは、自分たちにも、これだけできるんだ、という確信をもち、また、おたがいのつながりも以前に比べて強くなってきた。そして、その確信をよりどころに、なんとか、日常の活動を充実したものにしたい、と思うようになっていった。しかし、具体的に、日常活動を発展させる展望は出ていない」となっており、悩みは深い。

七〇年度前期の事務局財政報告から推定される青年部セツラー数は、六九年度後期が三、四名、七〇年四月以降十数名の新入セツラーを迎えるものの、同年七月段階では一〇名前後に減少している。その後の青年部やわかもの会の動きを窺い知ることの出来る具体的な資料は、残念ながら、極めて少ない。

（七）青年部とわかもの会の消滅

七一年度のわかものパートセツラーは二名、この年の八月、北大で開催された全セツ連第二三回大会の報告書の「青年部活動のさらなる発展のために」の項では、氷川下からの報告として「旧態依然のままで新しい会長を育てる気《ママ》がない。これでは若者会は発展するわけがない」とあって、その停滞を克服できていない状況が見える。七二年段階でも活動らしい活動はないものの、わかもの会が存在し、青年部わかものパートも存在していた。

七二年には中高生班の名が見える。が、この中高生班は、「班」とあることから児童部中学生班が発展したものと考えられる。青年部高校生パートは七二年段階では既に消滅していたということであろう。なお、八一年九月、東大駒場で開催された関セツ連基調報告の高校生部の項には、氷川下の高一パートのお茶大学生会館で行った「麻雀教室」の実践とパート集団を否定しセツラーも高校生も個別に接している高三パートのことが載っている。高一パート報告の冒頭には「この日の実践は中パーとの発展的分裂後第三回目のものです」とあって、この時期の中高生班とその実践の様子が窺える。

七三年の第二六回全セツ連大会「討論資料」には、わかもの会の中に生まれた歌声サークル「スクラム」の映画制作実践が報告され、七四年の第二七回全セツ連大会「討論資料」の「青年労働者を対象とした活動」の中にも氷川下の名が上がっている。少なくとも七四年には青年部わかものパートは存在した。

また、同じく第二七回全セツ連大会「討論資料」の「青年部」の「(イ)高校生を対象とした活動」の部分にもうまく行かなかったとは言えスポーツ大会実施の実践やセツラーが高校の学園祭の際に学校を訪問して教員に話を聞いたり、八千代町セツル・坂下セツルと共に、七一年に創立された文京教育懇談会と連絡をとって活動しているという報告がなされている。が、この「高校生パート」は、状況からして中高生班高校生パートであろう。

七六年三月、名古屋大学で開催された全セツ連第三一回大会討論資料の青年部の項には氷川下からの報告として「残業を毎日のようにやらないと仕事がこなせずサークルにもこれ《ママ》ない印刷会社に勤める青年がいる一方、仕事がなく昼間からブラブラしている青年もいる」という記述がある。わかものパートの報告であろう。七八年、最後の教育大生が卒業する。七八年四月三〇日の第四九回総会の資料に収録されている七八年一月期から三月期の代表委員会報告には「青年部はＳｒがいなくなり、事実上つぶれてしまいました」との記述がある。その後青年部が再建された形跡はない。従って、その最後にどの様な事情があったか定かではないものの、七八年三月をもって青年部はその一六年にわたる歴史の幕を閉じたと考えられる。

なお、八三年三月に開かれた全セツ連第三八回大会討論資料の青年部の項には、青年部そのものの活動ではないが、東大教養学部と東京外語大の氷川下セツラー会が、学園祭に向けた氷川下地域青年労働者の三交代制の実態調査を行ったことが報告されている。

青年部では、その発足直後から、わかもの会内でのセツラーの役割はなにかの議論がなされてきた。対象が同年代であること、また、その活動が専門的知識・技術を駆使する他部の活動とは明らかに異なるものであることに由来する相応の難しさがあったのである。青年部は、わかものパート、高校生パート、労文パートの順で作られ、その活動に急速な広がりと深まりを見せた。「歌う会」、「労働部」の伝統と青年部発足時における理念に合致し得る活動となったと言える。しかし、青年部は、労文パート、高校生パート、わかものパートの順で姿を消した。地域社会に劇的とも言える大きな変化があり、また、学生が取り組み得る活動の質的問題もあるが、セツル活動に何を求め何を期待したかという、学生の意識変化とも係わるのだろう。

七六年の病院改築に伴い、これまでのいわば独立した建物としてのハウスが病院内の一室となったことなどもあり、保健部以外のセツラーの活動拠点は、法相部が白山南寿会館、他はお茶大の学生会館に移った。名実共にセツルメント活動の拠点としての役割を果たしてきたハウスを病院内の一室に移したことは、ハウス管理上の諸問題を考えれば止むを得ない処置であったろうが、セツルメント活動にとっては勿論のこと、わかもの会をはじめとする地域諸組織に対して少なからぬ影響を与えたことは否定できないものと思われる。

地域の著しい変化に伴い、これまでの活動家の少なくない部分が郊外や隣接県への転居を余儀なくされたことなどもあって、わかもの会の活動もまた一貫して下降線を辿っていったのではないかと推測される。

七六年、七七年頃から集団就職もなくなる。一方、これまでわかもの会に参加していた地元のわかもの達が少しずつ郊外に散っていき、街にはわかものの姿が少なくなった。このため、わかもの会を存続させようと秀工社の労働者がわかもの会に入り、わかもの会はセツラーと秀工社の労働者によって運営されるようになり、会長も秀工社の労働者だったという証言もある。戸崎町地域のわかもの会である「みどりの会」が係わったらしいとも言うが定かではない。

八一年の七月一八日から二〇日にかけて行われた第一五回氷川下祭典の主催者は、野草の会と氷川下学生セツルメントとある。野草の会はわかもの会を継ぐ、わかもの会の名を変えたものだったのだろうか。しかし、八三年七月に行われた第一八回氷川下祭典に係わる氷川下、久堅両子ども会で構成された実行委員会の総括文には野草の会の名はない。野草の会もまた消えたのであろう。複数の元わかもの会会員の言に、わかもの会はハウスが無くなって集まるところが無くなり、自然消滅したように思うとある。セツルメント病院の増改築が開始され、これまでのハウスが解体されたのは七四年、新しくなった病院の地下にハウスが移ったのは七六年であり、青年部が事実上消滅したのは七七年度中と考えられるところから、氷川下わかもの会が消えたのは七六年から七七年としてよいものと思われる。

下って、八七年に行われたわかもの会同窓会に現役セツラー男女一名ずつの参加があったという記録がある。が、この段階では、既に栄養部・児童部・青年部・法律相談部・保健部等の名は消えており、この二名のセツラーが青年部わかものパートに所属していたとは考え難い。先の氷川下祭典が夏祭りと名を変え子ども会によって継続されていることから、恐らくは、その夏祭りに係わっていた久堅子ども会、あるいは氷川下子ども会のセツラーが、旧わかもの会のメンバーから連絡を受け参加したのではないかと思われる。なお、わかもの会同窓会は、その後、九六年八月にも開催されている。

二〇一二年現在、氷川下地域には、町内会青年部を含め、青年組織はない。

（注1）当時の氷川下地域における青年労働者の実態は、青年部発足時のセツラー、石間資生氏の卒業論文「中小零細企業における労働青年の学習意欲の喚起とその条件―氷川下わかもの会の事例を中心として―」（石間資生遺稿集編集委員会『ストンチョ通信・最終号』所収　二〇〇一年一〇月）に詳しい。

（注2）『総会資料』、機関誌『らしんばん』等では、「わかもの会」、「若もの会」、「若者会」など幾つもの表記がなされるが、ここではそのうちで最も多い「わかもの会」とした。

（注3）この頃、ぬやまひろし主宰の「グラフわかもの」の読書会を中心とする、あるいはその影響を受けたわかもの会が全国的な拡がりを見せていたが、氷川下わかもの会はそれらのわかもの会とは一線を画し独自のサークル活動を目指していたように考えられる。

（注4）全国セツルメント連合第一〇回大会に向けての氷川下セツルメント青年部活動報告

（注5）（注6）全国セツルメント連合第一一回大会に向けての氷川下セツルメント青年部活動報告

（注7）全国セツルメント連合第一五回拡大連合委員会に向けての氷川下セツルメント青年部活動報告「わかものと高校生のサークル作り」

（注8）同右

（注9）六五年四月　青年部学習係発行　新入生向け宣伝パンフレット「こんにちは青年部です」

（注10）全国セツルメント連合第一六回拡大連合委員会に向けての氷川下セツルメント青年部高校生パート活動報告

（注11）全国セツルメント連合第一六回拡大連合委員会に向けての氷川下セツルメント青年部労文パート活動報告「氷川下の未来」

（注12）六六年一一月一九日発行　青年部誌『あしのうら』第六号「徽音祭に向けて」

（執筆・担当　増田　克彦）

第四章

法律相談部

一　法律相談部の発足（一九五三年六月～一二月）

氷川下セツルメントにおいて法律相談の活動が始まったのは、一九五三年六月のことである。この活動は、東京大学セツルメント法律相談部（以下、原則として「東大セツル法相」と略記）が、その活動を拡げる中で、メンバーを氷川下セツルメントに派遣する形をとってスタートしたものであった。

その発足を告げる掲示が当時の氷川下セツルメント診療所（セツルハウス設立前のいわゆる毎日診療所）に貼り出されたが、そこには次のように書かれていた。

氷川下セツルで法律相談を ― 地元のみなさんへ

「家主から追い立てをくっている」「貧しくて生活が続けられない」「工場でケガをしたけれど、会社では何もしてくれない」「離婚したい」等、その他いろいろの法律問題で苦しんでおられる方がたくさんいるのではないでしょうか。

少しでもそんな方々のお役に立てたらと思って、毎日新聞紙上でおなじみの東大セツルメント法律相談部が、活動を拡げて氷川下セツルメントに参加することになりました。

氷川下セツルの日医大、お茶大、教育大等のセツラーと手を組み合って、私達はみなさんと一緒に考え、法律問題を解いて行きたいと思います。

先生も指導して下さいますから、安心なさってどしどし相談にいらして下さい。

とき：毎週火曜日　午後五時〜七時

ところ：文京区立久堅保育園内ホール

もし、お忙しくていらっしゃれない方は、氷川下セツル診療所や子ども会などのセツラーに連絡して下さい。こちらからうかがいます。

昭和二八年六月三〇日

氷川下セツルメント内　東大セツル法律相談部

東大セツル法相がこうして氷川下セツルの活動に参加することとなった具体的な経緯は詳らかでないが、氷川下地域ですでに活動を開始していた日医大、お茶大等のセツラーとの交流の中からその進出が具体化したものと考えて間違いないであろう。

この法律相談は、当時セツルメント活動の拠点となるべきハウスが設立されていなかったため、とりあえず、文京区立久堅保育園内のホールを借りて行う形で発足したが、同年九月七日にセツルハウスが氷川下町四番地に設立されると、法律相談もこの新しいハウスで行われるようになった（日時については、毎週火曜日の午後四時から七時まで）。

また、発足当初は、このように、東大セツル法相が氷川下地域で行う活動であったが、同年七月の氷川下セツル結成準備のための会合（いわゆる結成総会）を経て、同年九月一二日に開催された第一回氷川下セツル総会において、氷川下セツルの正規の組織として法律相談部（以下、原則として「法相部」と略記）が置かれることになったため、法律相談はこの法相部による活動として行われるものとなり、東大セツル法相はそこにメンバーを派遣することとなった。このため当初の法相部は専ら東大法学部の学生セツラーをそのメンバーとしていたが、五三年九月二四日に教育大セツルメントが結成されると、そのメンバーの中からも法相部に参加するセツラーが見られるようになった（注1）。

こうして発足した法相部であるが、その具体的な活動はどのようなものだったであろうか。

まず法律相談の件数についてみると、五三年七月から九月一二日の第一回総会までが五件、その後一二月二〇日の第二回総会までが一三件といったまずまずの滑り出しで、内容的には、借地借家、売買契約、金銭貸借などが多かった（注2）。しかし、そうした活動の中から、一つの相談が次から次へと新しい問題へ発展し、最初に相談を受けたセツラーがこれを個人的に請け負ってしまって個人的な負担が増大する一方、相談者に過度の慈善事業的な依頼心を与えてしまうといった問題点や、セツラー相互間や他の部との連携が不十分ではないか、特に生活保護の問題は法相部だけで解決できる問題ではなく、生協、診療所、文化部などとの協力が不可欠ではないか、といった問題点が明らかとなってきたため、五三年一二月一五日法相部としての総会を開き、これらの問題点を討議し、①相談日は従来どおり毎週火曜日午後四時から七時までとする、②バイトが過剰になることを防ぐため三班に編成し、担当の週は責任をもって出る、③毎月一回全員が集まって一か月の総決算をすると共に相互の連絡事項を打ち合わせる、④記録ノートを作ってハウス二階にかけておき、他の部のセツラーの法相部に対する要望や連絡事項及び相談日以外に見えた相談者についてはこのノートに記入する、などの方針を決定し、以後これに従って活動を強化することとした。

二　活動の通年化・定着（一九五四年・五五年）

五三年一二月の第二回総会以後の法相部の活動は、前記の方針を踏まえおおむね順調に推移し、相談件数も増加を示したが、翌五四年春活動の中心となっていたセツラーが卒業すると、部員は実質的に二名に減少し、一時その活動は低調を極めることとなった。このため、教育大セツル顧問の磯野助教授（戦前の帝大セツルメントのセツラー）や東大セツル法相ＯＳの東大法学部院生などの協力を得てこの急場をしのいだが、間もなく六名の新入セツラー（東大五名、教育大一名）が加わってようやく態勢を建て直すことができた。

この過程で新たな問題点として浮かび上がったのは、セツラーの相談に応じる態度が消極的過ぎるのではないか、もっと積極的に地元に根を下ろし、問題がこじれる前に何でも気軽に相談して貰えるようにしなければならないのではないか、そのためにも他の部との緊密な連携が必要なのではないか、ということであった。

五四年六月の第三回総会では以上のような反省が行われ、この反省の上に立って以後の活動が行われることになったが、七月に入ると部員の半数が夏休みで帰省し、非常に手薄な状態となる一方、相談は一件もなく、宣伝不足が痛感された。このため診療所待合室に発足当時と同趣旨の宣伝ビラを貼り出し、氷川下セツルの法律相談は、東大、教育大の教授、学生や弁護士、司法修習生その他が担当するものであること、相談は無料であるが、無料であっても、秘密を固く守り、親切、正確に対応するものであること、を力説して、少しでも多くの人に来て貰いたい旨を訴えた。この宣伝ビラの効果もあってか、八月に入ると相談件数は急増（八件）、中には失業保険や労働法の問題もあって、四名の在京セツラーでは対応しきれない状態となった。

夏休みが終わった九月には八名のセツラー全員での活動が再開されることが期待されたが、このうち三名が活動に加わらないようになって、五名態勢での活動を余儀なくされた。相談も一件に止まったため、法相部の存在をもっとアッピールすることが必要ではないかとの考えから、診療所の入口に「セツルメント無料法律相談」の看板を取り付けて貰うことにした。

一〇月、教育大、東大と相次いで試験が行われたが、部員の編成を工夫して相談活動には支障を来さなかったものの月末まで相談はなかった。看板を出しても駄目か、と懸念されたが、月末になって一挙に三件の相談があり、翌一一月にはこれがさらに増加して八件となって、部員をてんてこ舞いさせるに至った。

この間の相談内容を見ると、借地借家関係がもっとも多く、金銭貸借の問題も増加している一方、あらゆる方面にわたる相談も持ち込まれるようになってきたと言えよう。

五四年一二月の第四回総会では、こうした活動の実態を踏まえ、次のような問題が指摘され、これらの問題点の克服がその後の課題となった。

① 部員の浅はかな知識をもってしては実際の複雑な法律問題は手に負えないこともあり、この点では専門家に到底かなうものではないし、それを要求されても無理であるが、地元の人々と着実に結びつき、法相部を皆のものとしてゆくためには、地元の人々の友人になり、あそこなら何でも気軽に相談できるという信頼関係を築かなければならない。

② 自分の勉強と相談活動の両立がなかなか難しいうえ、学校での勉強は法律相談でぶつかる問題とは直

接関係ないことが多いため、活動に消極的になりがちであるが、法律相談の看板を掲げる以上もっと実際の法律を勉強し、相談者の期待にこたえられるようにしなければならない。

③　他部との連携の必要性は繰り返し強調されてきたが、個人的な交流については相当な成果を上げているものの、活動を通じての連携にはいまだに至っていない。

④　ハウスに置かれている法相部ノートは割合良く利用され、部員相互の連絡に役立っているが、部員の絶対数の不足や個人的な条件の相違などから、月一回の会議も持てないことが多く、内部の連携は余りうまくいっていない。

以上の問題点のうち①については、その後大きな展開があった。

まず、セツラーが「ハウスの二階から降りて、おじさん、おばさんとひざを交え、お茶をすすり、菓子を食べながら、生活の中から、生活を守る立場から、また国民の権利を守る立場から、法律の問題をとらえ、そしてその立場の上で解決の方向と打開の方向」を探るという形での相談活動が積極的に行われ、地元の人々の生活の場に触れるようになった。また、セツラーに一つの相談を系統的に、継続的に解決していく力がついてきて、相談者から信頼と感謝を勝ち取ることができるようになった。

従来問題となっていた地域への宣伝については、セツラーがガリを刷って地域の人々に撒いて歩くことも行った。

さらに、活動の範囲については、法律問題に限定せず、生活の場で問題となることは広く取り上げる一方、実際に契約書を書いたり、登記所や税務署、役場に行ったりして、地元の人たちに行動の面で法相部の仕事を示して結びつきの強化を図ったほか、憲法「改正」について、その意味と「改正」反対のアピールを記載したガリを刷って配布するなどの活動も行った。

こうした活動の活発化に伴い、相談件数も目立って増加したが、これらの活動を数少ないセツラーで満足に行うことは不可能なので、五五年四月には新入セツラーの獲得に全力で取り組み、一五名の部員を新たに迎えることになった。

このとき議論されたのは、四年生の出席問題であった。法相部では、その中心となっている東大法学部のセツラーが実際に活動を開始するのは三年に進学し本郷キャンパスに通い出す四月からで、四年生になると就職活動や司法試験の関係で引退同様になるセツラーが多く、いきおい活動の中心は三年生が担うことになるが、活動の発展のためには、知識・経験を積んだ四年生が引き続き参加し新入部員を指導することが不可欠である。こうした観点から、四年生には少なくとも月に一度は法律相談への参加が求められることになり、出席表を作ってこれを確保することになった。

こうして五月には相談日に毎回四、五名のセツラーが集まり、楽しく、にぎやかな雰囲気の中で相談が行われるようになったが、この状態は長続きせず、六月に入ると四年生の出席が悪くなり、七月に入ると、新入セツラーの一人が家庭の事情で辞めたのを皮切りに、次第に出席セツラーが少なくなった。このような状態で夏休みを迎えることとなったため、夏休み中の相談については東大セツル法相の他のハウスから臨時に応援に来て貰ってどうやら乗り切ったが、九月になってもセツラーの出席は悪く、結局初志に反して相談はハウスで受けるだけという状況が一〇月まで続くことになった。地元との結びつきがないことが改めて反省され、積極的な活動の必要性が痛感されたため、一一月六日の教育大の学園祭に参加して出張相談所を開くなどの取組みを行った。

一方、この頃から東大セツル法相ＯＳの一人が一回おきくらいに顔を出してくれるようになり、一〇月に入ると、東大の四年生セツラーも再び顔を出すようになって、相談に責任が持てるようになった。

一一月に入ると相談件数も増え、一日二件平均となった。東大から司法試験合格者が新入セツラーとして加わって、ようやく常時三人体制での相談活動ができるようになった。活動も受け身だけではなくなり、訴状を書いたり、口頭弁論を傍聴したり、相談者に代わって役所に調べに行ったりした。相談内容も、それまで大部分を占めていた借地借家の問題のほかに金銭貸借、慰謝料請求、親族関係等の問題も加わるようになって、勉強の必要性が痛感された。

以上、活動が平年化した一九五四年・五五年の法相部の状況をやや詳しくみてきたが、爾後毎年のように話題となる法相部特有の問題のほとんどがこの段階ですでに顕在化していたことが分かる。

すなわち、①法律相談活動の主体は四月に本郷キャンパスに進学した東大法学部の三年生で、法学部の専門教育が始まったばかりの段階にあり、相談者の期待に十分に応えるには力量不足であったこと、②夏休みや期末試験の時期には活動できるセツラーが大幅に減少し、しばしば相談活動に支障をきたしたこと、③一年間活動に従事して経験を積んだ三年生は、四年生になると、就職活動や司法試験などの準備のため、余り法律相談に加わったり新三年生を指導したりする余裕がなく、またOSとなった司法修習生や大学院生の恒常的な指導・協力は期待できなかったこと、などがそれであるが、こうした問題点は、法相部の活動の主体が東大法学部三年生であり、その実質的な活動期間が一年間であることに必然的に伴うもので、以後の法相部の活動は、こうした大きな制約の中で少しでも前向きの成果をあげようとして毎年繰り返されるセツラーたちの努力の足跡としてとらえることができる。

三　相談活動の充実と理論化、地元との結びつきを求めて(一九五六年〜五八年)

五六年の春になると、三年生が一〇数名新たに加わったのに加え、司法試験合格者で大学院に進んだセツラーが引き続きハウスに顔を出し、毎回六名程度集まる新入生の指導に当たったので、活動はかなり活発になった。相談件数も着実に増え、一晩に四〜五件ということもそう珍しくないまでになった。相談内容も、従来の借地借家や生活保護といった問題ばかりでなく、商法や労働法の分野にも広がったが、事実関係がはっきりしないときや実際に手助けを必要とするときは、相談者の家に出向いたり調査したりして、最後まで相談に乗ることに努めた。中には、訴訟事件に発展して高利貸を相手に勝訴を得させた事件(院生セツラーが特別代理人をつとめた。)もあった。

こうした活動の広がりの中から、地域の生活と健康を守る会(今晩会)を通じて地域の人々との結びつきを深めようとの問題意識が生まれ、この年六月から毎月五の日の夜開かれることになった同会の集まりに法相部も出席し、そこで出される問題をともに考え、密接に協力してやっていくことになった。今晩会は会報として毎月「こんばんかいニュース」を発行していたが、法相部では八月(第一一号)からこれに「やさしい法律の話」を寄稿し、法律知識の普及と権利意識の向上に努めることにした(注3)。この今晩会との結びつきの延長線上で大塚診療所を中心とする「だるま会」との交流も始まり、一一月からはその会合にも初めて出席し相談を受けるようになった。

五六年の秋になって、それまで三年生を指導し活動の中心を担ってきた院生セツラーが病に倒れ一時リタイアしたが、一人残った四年生セツラーが跡を引き継ぎ、活動は引き続き活発に行われた。相談件数はかなり増加し、多い日には五、六名の相談者が来ることもあったが、セツラーのレベルも上がって大抵の事件は独りで引き受けられるようになった。相談内容は従来とほぼ同様で、借地借家、高利貸、生活保護、相隣関係、損害賠償、相続など種々雑多であった。

こうして活動は比較的順調に行われているように見えたが、法相部の内部では、毎週火曜日にただ漫然とハウスに出向いて法律問題の相談を受け解決するだけでいいのか、もっと地元に積極的に入っていかなければいけないのではないか、目的意識（何のためにセツル活動をするのか）が欠けているのではないか、といったセツラーの主体性の問題が、従来からの学業とセツル活動の両立をどう図っていくか、の問題と並んで盛んに話し合われた。その結果、五六年一二月の総会では、相談を受けた事件が、その後どのように発展しどのように解決されたか、を最後まで見届け、少しでも力になる、というのがセツルメントの法律相談のあるべき姿である、との考え方に立って、これまで全く不十分だったアフターケア活動に力を入れることになり、具体的には、次のような方針で以後の相談活動に取り組むことになった。

① 三人一チームの当番制を敷き、新しい事件はその三人が担当する。
② 当番以外の者は、アフターケア（未決あるいは相談後連絡の途絶えている人の家を回る。）に当たる。
③ そのために必要となるカルテを整理する。
④ 地元と結びつくために重要な宣伝活動の一環として、学校の先生にも今晩会などに出てきてくれるよう働きかける。

このような状況の中で五七年の春を迎えたが、この年は新入部員が当初二名しかいなかったため、四年生が毎週一人は確実に出席することで対応するとともに、卒業したばかりのOSも毎回のように出席して相談活動に支障のないように努めた。相談者の数は、この年二月のハウスの改築で場所がわかりにくくなったためか一時減少したが、年の後半には毎週平均三～四件の相談があるようになり、これを実働五名の三年生が担当して相談者の期待に応えるよう懸命に取り組んだ。こうした中で印象的だったのは、ある工場の排出する煙が付近の住民に害を与えている、これを何とかして貰いたい、ということで付近のおばさんたちが結束して立ち上がった事件で、それが法律相談に持ち込まれたことであった。これは、地元の人々の権利意識を高めようとする法相部の活動が少しずつ地元の人々に浸透してきた現れとみることができるものとして、セツラーを勇気づけるものであった。

また、この時期、現地からの東大セツル法相への相談をきっかけに亀有セツルと東大セツル法相が取り組んだ三重県下の同盟休校事件（「鳥羽の分校問題」、「今浦問題」などと呼ばれる。）では、これを応援するため、一〇月中旬に解決にこぎつけるまで、東大セツル法相からも約三か月にわたり一〇数名のセツラーを現地に送り込み、氷川下セツル法相からも二、三名がこれに加わったが、この事件は、これに参加したセツラーを通じて、多くのセツラーに法律相談の新しい活動形態を模索させ、セツルメントの法律相談は何を目標として行われるべきかという活動の理論化の問題を考えさせる契機となった（注4）。

五七年一二月の第一〇回総会における法相部の報告を見ると、こうした活動を振り返って、法律相談についての理論の統一を新たな課題として掲げるとともに、従前からの課題であるアフターケアの分野の拡大と地元との結びつきの強化が改めて掲げられていて、これらの課題が依然として十分に取り組まれていないことが反省されている。

この活動の理論化の問題は、その後東大セツル法相全体の問題として活発に討議されたが、各人のセツルに入った動機には、大別して、①法律の勉強のため、②社会運動に関心を持って、の二つがあり、そのどちらに重点を置くかによって考え方に大きな違いを生ずるため、「法律学を民衆の手に」という大筋では一致できてもそれ以上の理論化にはなかなか到達できなかった。しかし、この討議を通じて、「セツルは単に個人の問題あるいは啓蒙運動（慈善運動）に終始するのであろうか。いやしくも今日の社会問題に何らかの解決を見出そうとする運動ならば、政治に対してどのような考え方を取り、どのような基本的態度をとるかという問題は不可避となる」のではないか、という問題意識が少なからぬセツラーに共有されるようになったことは否定できず、これが後に生産点論争における法相部の見解に発展して行くことになった。

もう一つの課題である地元との結びつきの強化は、事実上毎年セツラーが交替し、人間関係の蓄積が難しい法相部にとって、極めてハードルの高い問題であるが、この問題に対処すべく考えられたのが、今晩会、生協からの要望を把握するための懇談会の開催であった。懇談会は五八年一月末に持たれたが、その際最も強く要望されたのは、まず氷川下セツルの内部組織の確立・強化、具体的には、セツルに関係のある問題を相談しようとした場合、誰のところにその話を持って行けばいいのかがはっきりしておらず、困ることが多い、という問題であった。さらに、地元の人々と個人的にもっと親しくなって欲しい、もっと親身になって個々の問題に取り組んで欲しい、といった要望も出された。

法相部はこうした経緯も踏まえ、五八年六月の第一回総会において、地元との結びつきの強化を図るため、毎月五の日に行われる今晩会の活動に地域活動の中心を置き、毎回これに出席して実用的な法律問題の解説、社会的政治的問題を中心とした話合い、会の当面する諸問題に対する協力などを通じて、地元の人々との結びつきを強めるとともに、この会の組織としての拡大・発展に協力するとの方針を示した。また、児童部と協力して地域の「母の会」の会員の拡充を図るとの方針も示された。しかし、肝心の今晩会は、このころ活動が足踏み状態となり、「こんばんかいニュース」廃刊の動きも見られるなど、厳しい事態が続いたため、法相部としては、「こんばんかいニュース」の記事についての協力を一層強化するとともに、カンパを行って、その発行の継続について応援した。

ところで五八年は、勤評闘争、警職法改悪反対闘争などの政治的な運動が活発に行われた年であった。このうち勤評闘争については、法相部も他部と連携して地元における共闘会議などに加わって活動を進めたが、運動の盛り上がりの時期が夏休みとその後の試験時期と重なったため、一部のセツラーの活動に終始し、この点は大いに悔やまれるところであった。一方、警職法改悪問題については、東大法学部内で東大セツル法相による抗議集会の呼びかけや反対声明文の発表、貼出し、署名運動、警職法の条文研究会の開催などの運動が活発に行われるとともに、東大法学部の自治会に当たる緑会（以下、単に「緑会」と略記。この緑会には氷川下セツル法相からも委員が出ていた。）が教授も交えた警職法シンポジウムや学生大会を開催するなど活発な反対運動が行われ、セツラーはこうした学内の運動の中心となって活動した。このため、法相部は地元における積極的、主体的な活動を行う余裕がなく、この点は大きな反省点となった。

四　セツルにおける平和と民主主義を守る運動の位置づけをめぐる論争（一九五八年・五九年）

五八年の夏から秋にかけて行われた勤評闘争、警職法改悪反対闘争への取組みを通じて、氷川下セツルの内部に平和と民主主義を守る運動をセツル活動の中にどう位置づけるかをめぐっての深刻な意見の対立が表面化した。これは全セツ連レベルで表面化していた対立を反映したものでもあったが、氷川下セツル内部の具体的な問題としては、勉強会の基盤がなければ勤評闘争は行えないとする児童部とこれに反対する保健部、法相部との意見の対立が表面化したのであった。

この意見の対立を象徴的に示したのが五八年九月の機関紙『らしんばん』三四号に掲載された法相部の一セツラーの「『セツルの基本的課題』について思うこと」と題する論稿であった。この論稿の中で、筆者は、「セツルは政治性の磁場の希薄な『地元』で、地元民に『話しかける』ことを主たる任務とし」、その「目標は、『政治の被害者』としての生得的運命に支配されてなすことを知らない人々に『政治は旱魃や大水のような天災ではない、政治による災禍は人間の手で防ぎ止めることができるのだ。そのためには、自分たち自身が力を尽くさなくてはならない』ということを説くことによって、単なる受動的客体でない政治における生産者としての責任を自覚させることであ」り、「この任務を果たし得るためには、セツラー各人がまず『社会の権利のための生きながらの闘士』たることが必要である」、と主張した。

この論稿に対しては、同年一一月の『らしんばん』三五号に、児童部を擁護する立場から、「この論文にあらわれているような考え方が支配する場合には、セツルは若さや柔軟さ誠実さを失い、鼻持ちならない『生きながらの闘士』の集団になり、自滅するだろう」との厳しい批判が寄せられたが、法相部は、同年一二月の第一二回総会における活動報告の中で、先の論稿について非難されるべき点は、しからばセツルとして現実に可能な行動はいかなるものか、という問題に論及しなかったことであるが、論旨の大筋については同じ立場をとる旨を明らかにした。こうした法相部の考え方に対してはさらに翌五九年一月の『らしんばん』三六号で、「セツルに対する余りにも粗雑な理解、というよりは全く主観的な無知に近い評価をもっている」

もので、「ハウスや診療所などの施設を足場にした学生や知識人のサークルが、生産点における労働者と結合し、労働者の意識を高めて、矛盾の根本原因に対処するためにはゼネストでもぶたせようというのであろうか」、法相部や保健部はセツラーの主観的な善意をナンセンスの一言で踏みにじろうとしているのではないか、との批判が加えられ、セツル活動についての抜き差しならぬ考え方の対立が一層明瞭になった。

こうした対立は、当時の日米安保条約改定問題をめぐる緊迫した社会情勢と高揚しつつあった学生運動を背景として、全セツ連を中心に盛んに論議されていた「生産点論」をめぐる論争を反映したものであったが、以上の経緯から明らかなように、当時の法相部では「生産点論」を支持する立場がとられ、同様の立場をとる保健部とともに「生産点における労働者との結合」をめざす労働部の設立に取り組むことになった。

五

政治の季節の中で（一九五九年・六〇年）

セツル活動のあり方をめぐる厳しい意見対立の中ではあったが、法律相談自体は五八年一二月の第一二回総会以後も平常どおり続けられた。しかし、三月までは、活動の主体となるべき三年生が四人だけで、しかもその中の二人は緑会の委員をしていたため、二月の試験が近づくにつれ相談日に出席できるセツラーは極めて少なくなり、現役は一人も来ずＯＳ一人だけあるいはセツラーは誰も来ず相談者三人が待ちぼうけ、といった日もあるほど人手が極度に不足し、従来からの課題であるアフターケアはほとんど実行不能であった。（この問題は三月になって新三年生七名が加わることによって解決した。）

四月上旬、新三年生七名（のち八名。秋以降再び七名となる。）の加わった法相部は、地元との結びつきの一環として間近に控えた地方選挙に際しセツラーも何らかの行動をとるべきだ、との提案を連協の場で行ったが、他の部の賛成が得られなかったので、各候補者に種々の問題に関するアンケートを送り、その回答を印刷して地元の人々に配る、という活動を法相部だけで行うこととし、具体的には都議選を選んで八名のセツラーが手分けして七名の候補者にアンケートへの回答を求めたが、再三のアプローチにもかかわらず共産党の候補者以外からは結局協力を得られず、この初めての試みは失敗に終わった。

五月三日〜五日、生産点論が最大の論点になった全セツ連大会が早大で行われ、法相部からも一〇名近いセツラーがこれに参加した。法相部では、生産点論の熱心な主張者であった四年生の二人のセツラーが緑会委員としての活動に忙殺されてハウスに余り顔を見せなくなり、一方新セツラーの中では、生産点論も所詮セツル活動理論化の一つの試みに過ぎず、その主張はそれなりに評価しうるもののわれわれはそれを各セツラーの責任において主体的に受け止めるべきである、との考えが支配的であった。このため、生産点論の立場からその設置が強く求められていた労働部がこの年六月の第一三回総会で認められても、法相部のセツラー全員が労働部に加入するという事態には至らなかった。（労働部に加わった法相部のセツラーは、一二名中七名であった。）また、労働部に加わっても日常活動としての法律相談を全く行わないというセツラーはおらず、逆に労働部に加入しなかったセツラーも、労働者に対する法律相談には協力する、ということであって、法相部としては、各セツラーが今までどおりの日常活動を続けて行く一方、労働部に参加した一部のメンバーが他のパートから参加した人達とともに労働部の活動をやって行く、ということに落ち着いた（注5）。

法律相談は、こうした状況の中で従来どおり行われたが、セツラー数の増加に伴いこれまで課題となっていたアフターケアにも取り組めるようになり、ハウスまで来られない人のために代わって税務署や区役所、法務局などに行く機会も比較的多くなってきた。問題は法律相談の質であったが、この点については七月まで時折法相部ＯＳの三名の司法修習生に来て貰って指導を受け、その三名が実習のため地方の裁判所に配属になると、八月からは青年法律家協会の会員である在京の修習生に毎週来て貰って、何とか相談のレベルを落とさないで済んだ。

この頃法相部では、生産点論争などを契機に巻き起こされた他の部との感情的な対立は好ましくないとの考えから、他の部との交流を深めて、セツラー間の仲間意識を強め、お互いの活動に理解を持ち、お互いの立場を認め合うことの大切さが自覚された。こうして五月には栄養部との間で「新聞を読む会」が持たれる一方、夏休み中の氷川下における安保改定反対運動には三年生全員が参加したほか、児童部御殿町班・久堅班合同の合宿（七月尾瀬・九月赤城）に二、三の部員が個人的に参加したりした。

この年、地域活動において新たな展開があった。氷川下の地域は製本の街であるが、これに伴って街中に高く積まれた紙の山には当然のように南京虫が出没し、五月から一〇月にかけては人肌にとりついて人々を不眠症に追い込んだ。このため、この年の春、今晩会が他の地域の生活と健康を守る会と協力してこの問題に取り組むことになり、まずそのための実態調査が六月の生活保護費の支給日に区役所の出張所で行われることになった。今晩会からの要請を受けてこの調査に参加した法相部は、この調査を通じて被害の実態を知り、その駆除に協力することになり、七月二日にこの問題で氷川下セツルの臨時総会が開かれると、法相部が中心になって氷川下セツルとしてこの問題に協力することが決められた。駆除剤の購入には区の補助を受けられることになり、一〇月中旬に行われた薬剤散布には児童部、法相部の一部のセツラーも参加した。（この運動は翌年以降文京区全体に広がる一方、氷川下セツルの中では、生産点論争の過程で解散した保健部の再建後の重要な活動としても取り組まれ、セツルと地域の結びつきを考える上で大きな影響をセツラーに与えた。）

この南京虫退治の運動に見られるように、法相部では今晩会を中心にその地域活動に取り組んできたが、この年一二月にはこれまでの協力関係をさらに深めるため、今晩会の財政を支援するための組織として新たに法相部OSを中心とする「今晩会後援会」を発足させた。

翌一九六〇年の前半は、東大セツル法相も氷川下セツルも安保闘争の大きなうねりの中にあったが、毎週火曜日の法律相談は新入セツラー八名（うち二名は教育大、一名は早大法学部）が加わって従来どおり続けられ、平均して毎回三件ほどの相談があった。そのうち約三分の一が借地借家関係であった。アフターケアについては、四年生セツラーが力をそそいだこともあって、かなりの成果があった。

安保闘争そのものについては、連協を中心に氷川下セツル全体としての取組みが強く求められていたが、法相部においては、日常の法律相談を安保闘争と結びつけるのは困難で、他の部や今晩会との連携を通じて安保条約の違憲性などについて研究・討議する機会をつくってはどうか、といった問題が真剣に話し合われたものの、具体的な行動には結びつかなかった。安保闘争の期間中、法相部のメンバーはほとんど緑会の一員として行動し、セツラーとして独自の行動をとることはなかった。当時、法相部の中心を担っていた三年生セツラーの多くは、「セツルメント活動を一種の奉仕と見てはならないし、自己満足に終わらせてはならない」、「あくまでもその根底には階級的基盤があることは否めない」、「平和と民主主義という漠然とした包括的なもの」をその目的とすることは困難である、としながら、そのことから直ちに「労働部にすべてのセツラーは結集せよ」と言うのは論理の飛躍であり、学生セツラーとしては、表に出た問題に一つ一つ取り組み解決することを通じて、問題の根底に横たわる目標に近づいてゆくということで良いのではないか、という考えであった。

六月、改定安保条約が自然承認となり、安保闘争が事実上終息すると、法相部も沈滞ムードに包まれたが、法律相談は平常どおり行われた。

今晩会との関係では、この年も引き続き「こんばんかいニュース」に「やさしい法律の話」を掲載する一方、前年に始まった夏の南京虫退治の運動に協力するなど、緊密な連携につとめた。この年一月池袋の七色温泉で開かれた今晩会の新年会には、招かれて法相部から何名もセツラーが参加し、飲みかつ歌って大いに親睦の実をあげた。

なお、五九年七月に児童部御殿町班の一年生セツラーを中心として始まった東青柳町での「夏休み勉強会」は、その後発展して六〇年四月には児童部坂下班として独立し、日本女子大や教育大の新セツラーを迎えて活発な活動を展開していたが、法相部からも、坂下班セツラーからの要請に応えて、読書会などにセツラーを派遣してその活動に協力する一方、だるま会からの要請を受けて同年五月から大塚診療所の二階で月一回の法律相談を行った。(この法律相談は、セツラー側の条件の悪化と診療所、だるま会側の受入れ態勢の不備などが原因で、一〇か月程度続いただけで断絶した。)

六

所得倍増政策の時代の中で(一九六一年・六二年)

一九六〇年七月の池田内閣の登場によって「経済政治の時代」への移行が言われたこの時期、法相部ではさまざまな新しい動きが見られた。

六一年春には、少数の部員をOSの弁護士一名がサポートする態勢での法律相談が行われるようになり、その関連で相談の日時も従来の毎週火曜日から毎週金曜日（午後六時半から八時半まで）に変更された。しかし、部員の絶対数が不足していたため、毎週の法律相談と「こんばんかいニュース」への「やさしい法律の話」の連載を続けるのがやっとという状態であった。

当時氷川下セツルでは、総合セツルとしての発展を目指すための第一段階として、各部それぞれがその問題点を探り、検討する、ということが課題となっていたが、この問題をめぐって法相部の中で討議された際明らかになったのは次のような点であった。

① なるべく多くの部員を加入させるため、部員を募集するときにセツルメントのことを詳しく説明しないので、部員の間に統一的な明確な活動の指標がなく、漫然と法律相談が行われている。

② たとえ加入するときに意見の不一致があったとしても、活動を通して相互の意志を統一することができたはずであるのに、コミュニケーション不足でそれができなかった。

③ 部員の数が少ないうえ、それぞれ極めて多忙で、セツル活動に割ける時間が少なく、現在の活動以上のことをするのは当面不可能である。

④ したがって、他のパートとの協力も、現段階では日常活動を通じて行うのが限度であるが、その場合でも他のパートの活動に対する十分な理解がなければ、いかなる協力も不可能である。

⑤ このように考えると、今一番必要なのは、「各部の間でもっと盛んにコミュニケーションを行うこと」であり、「セツル全体で一番欠けているもの—それは、話合いではなかろうか」。

こうした反省の上に立って他のパートとの交流が模索されたが、実行できたのは、この年大きな問題となっていた「政治的暴力行為防止法案」に反対する立場から、小石川安保反対の会でこの法案についての法律上の問題点について説明したこと、労働部の機関紙「ひかわ」に「やさしい労働法」を掲載した（三回）ことくらいで、なかなか思うような活動にはつながらなかった。

以上のような法相部の現状に対しては、連協の場で、法相部が地域の人々の権利意識の向上を目指すのであれば、個人的利害に関係する問題を扱う法律相談よりも、他の部のカンパニア活動に協力するなり、「母の会」等に参加する中でその目的を達成していく方が建設的ではないか、との指摘が行われた。

翌六二年の春になると、新入生多数（一五名）が加わってセツラー不足の問題はいったん解決したが、皮肉にもこの時期に行われたハウスの工事に伴い相談場所が病院の四階に移動したことが大きく影響して、相談者が激減した。原因は、この点についての広報活動が不十分であったこと、また、仮にそれを知っていたとしても、相談のため立派な病院の四階まで来るのを躊躇する人が多かったことによるのではないかと推察された。このため、六月はじめに相当数のポスターを作って、質屋、銭湯、電柱などに貼り歩き宣伝に努めたが、この宣伝に当たって問題とされたのは、地域の人々の中にセツルメントに対するイデオロギー面での根強い誤解と偏見があり、それが活動の妨げになっていることで、これは長期にわたる地道な努力によって克服すべき重要な課題であることが強く意識された。

一方、この法律相談と並んで、地域の人々への法律知識の普及も法相部の重要な課題であった。この点については従来から今晩会の活動への協力の一環として「こんばんかいニュース」に「やさしい法律の話」を掲載してきたが、これだけでは不十分なので、新たに『生活の泉』という冊子を月一回程度発行、配布して、法律のやさしい解説を中心に経済問題、食生活の問題点その他種々の生活問題についての知識の普及啓蒙を図ることにした（注6）。その創刊号は、栄養部の協力を得て六二年九月に発行され、一二月に第二号が発行される際にはさらに保健部の協力も得た。また、これらの配布に当たっては、各部のセツラーの協力を得た。

このほか、この時期法相部の今後の課題として討議された事項には、交通事故の増大に対処するための専門の係の設置、活動の前提として必要な地域調査への取組み、他の部の行う活動（家庭訪問、母の会、料理講習会、乳児検診など）に同行または参加しての地域の家庭の実情の把握、青年部準備会が推進している「わかもの会」が発足した場合の協力（「法律講座」の開設）などがあり、『生活の泉』の発行を含む法相部のこうした取組みは、「いままでに見られない法相部の積極的な芽」として他の部から大きな期待を寄せられた。

なお、この六二年には東大の学制改革の一環として教養学部前期課程の科類の再編が行われ（四科類から六科類へ）、文科一類は法学部進学コースとなって、二年生の前半から後期課程の講義が行われるようになった。このため、一年生から東大セツル法相に加わることができるようになり、新一年生の中からセツラーの誕生することが期待されたが、そうした動きはなおしばらく現実化することはなかった。

七　活動の一層の拡がりを求めて（一九六三年・六四年）

六三年は、新入セツラーが活動の中心となる四月までは相談件数も比較的少なく、その場で答えることのできる問題が多かった。親族相続関係、借地借家の事件が多かったが、交通事故関係の相談が増えてきたことが注目された。

しかし、この間、相当数の部員を抱えているにもかかわらず、部員相互の意思疎通を図るべき場が確保されなかったため、活動が個人プレーとなり勝ちで、地域との接触も円滑に行えなかった。

四月、新しい三年生セツラーが活動の中心を担うようになると、定期的に部会が持たれ、地域活動を重視するというこれまでの課題を引き継いで、まず今晩会との連携を一層強めることとし、具体的には、①今晩会の区役所への陳情に同行して、法律的なバックアップを行うとともに、記録係として陳情の状況を記録する、②今晩会の定例集会に連絡員（当面一名）を派遣し、連絡の緊密化を図る、③「こんばんかいニュース」の配布先の拡大について今晩会側と話し合う、こととした。また、南京虫対策協議会を中心に行われてきた南京虫退治の活動については、区役所側が従来の経緯を一方的に無視して独自に駆除を行う方針を打ち出したのに対抗して、引き続き協議会が薬剤散布を行うことを予定していたので、法相部はこれに協力してアンケートの回収と薬剤散布に参加することとした。さらに、前年に創刊された『生活の泉』については、児童部、青年部の協力を得てその継続発行に取り組むこととしたが、その第三号がようやく発行されたのは六四年三月であった。（ただし、その内容・体裁はまことに貧弱であった。）

また、法律相談活動自体については、アフターケアを徹底して区役所の法律相談とは異なるセツル活動の特色を示そう、との方針のもとに、相談の多い借地借家事件については、登記調べ、相手方との直接交渉、簡易裁判所に出掛けて行う訴訟手続きの調査などに積極的に取り組むことにした。なお、これらの相談を担当する三年生セツラーは、法律家としてはほとんど駆け出しであるため、過去のカルテを整理し、相談の多い事件について月一回の勉強会を持ち、一日も早く独り立ちできるように努めた。

今晩会は、この頃毎月二回の集会（八日夜の大原町出張所、一一日昼の大塚診療所）、毎月二回のバザー（病院ホール。実際は古着屋に委託。売上げの一部が今晩会の資金となる。）、生活相談、それに「こんばんかいニュース」の発行などを行い、法相部はこのニュースに寄稿するなどによりその活動に協力してきたが、生活保護費が銀行振込みになり、会員相互の連絡が途絶えがちになったことなどから組織が弱体化し、会員は五〇名程度、これを一〇名ほどの世話人が献身的な活動によって支えているという状況であった。また、会の性格上常に活動資金の不足に悩み、資金の大部分をバザーからの収入と法相部OSのカンパに頼っていた。「こんばんかいニュース」も、中心になるメンバーが多忙で月一回の発行が遅れ気味であった。(六三年一月の第八六号のあと二か月休刊、さらに四月の第八七号のあと五か月休刊し、一〇月に復刊した。)法相部は、今晩会に青年部として参加しバックアップするなど、地域活動の中心を今晩会に置いてきただけに、その組織をいかにして強化してゆくかは緊急の課題であった。

この六三年の特徴的な事件として、氷川下町七一番地と丸山町二一番地の路上の空地(六〇坪余り)を幼児の遊園地にしようという地元の運動があった。法相部は、関東財務局や都の下水道局に行って土地の所有関係を調べたうえ、遊園地を所管する文京区の担当部署に出向いて事情を話し、さらに地元からの働きかけが必要なことを説いて、氷川下町の町会長や区生連、全日自労などに関係方面への陳情を行って貰い、必要な工事の予算化に成功した。これは、地域との結びつきの強化という氷川下セツルの基本的な考え方に基づく活動であったが、実際に遊園地ができて利益を受ける人々が積極的に運動に参加した形跡がなく、地域に入って地域の人々と一緒に活動したという実感の湧かない極めて消化不良の運動で、地域との結びつきということの難しさを痛感させられた事件であった。

六四年に入ると、教育大からも三名が加わってセツラー数はかなり充実したが、個人プレーに陥らないよう全体をまとめるための活動体制の確立が課題とされるようになり、法律相談の日である金曜日の午後四時~六時に新たに定例の部会が持たれることになって、連協・事務局の報告、当面の問題の討議、法律相談の内容の説明などが行われるようになった。さらに、それだけでは相互の連絡も保たれないことから、毎週水曜日の昼休みに本郷キャンパスのセツル図書室で小部会を開くことにしたほか、昼食時には食堂で、授業終了時には教室で、随時会合を持ち、緊密な連絡が図られた。また七月には、一九日から三日間の夏休み合宿を東大山中寮で行い、四月からの活動の総括と九月以降についての活動方針を決定した。

法律相談活動のＰＲについては、これまでも相談件数の減少がみられるたびにその必要性が指摘されていたが、六四年の東大の五月祭で東大セツル法相として社会保障の問題を取り上げることになり、その企画展示の一環として生活保護家庭を対象とする地域調査が計画されたため、これとからませて各家庭を回りながら法律相談のＰＲが行われた。（その際、他のパートとの連携の一環として、わかもの会の会場獲得・青年センター設立などについての署名集めも同時に行われた。）法相部が各家庭を回ってそのＰＲを行ったのは、これが初めてであった。

地域活動については、三月に『生活の泉』三号を発行したほか、「こんばんかいニュース」に「やさしい法律の話」の連載を続けたが、弱体化した今晩会の立直しに法相部としてどう取り組むべきかについては明確な方針を決められなかった。法相部が今晩会を積極的に引っ張って行くべきだ、との意見もあったが、組織の強化は会員自らが主体となって取り組むべき問題で、法相部としては、他の部の協力も得ながら、それをバックアップして行く、というのが正しい態度ではないか、と考えられた。

地域活動の一環としても位置づけられる地域調査は、最初は法相部のＰＲなど他の活動とからめて行われ、家族構成、健康状態、家計の状況、生活保護を受けるに至った経緯などを聞き出すという方法がとられたが、二回目、三回目には、栄養部の協力も得て、栄養調査や南京虫対策協議会のＰＲも兼ねて行われ、これらを通じてある程度地域の実態が把握できたのは、従来地域との結びつきが弱く、その実態を知る機会に乏しかった法相部にとっては、大きな成果であった。

また、六年前に始まった南京虫退治の活動はこの年も行われ、法相部も五月から七月にかけて、申込用紙の配布、回収や薬剤散布に引き続き協力した。この薬剤散布については、今晩会の弱体化に伴い、セツラーが請負主義に陥る危険性が強いことが懸念され、協力に当たっては、特にその点に留意することにした。この年は、栄養部、保健部の協力も得られた画期的な年で、セツラーが薬剤散布に取り組んだのは四五〇世帯（前年四〇世帯）、実際に噴霧器を肩にして家の中まで入り隅々まで撒いて回ることによって、住宅難の実態、生活状況など地域の実情を知ることができたが、セツラーを区役所側の人間と勘違いしている家があったり、散布することができる人がいるのにセツラーに任せきりの家があったりと、運動の趣旨が理解されておらず、地域の自覚的、主体的取組みに欠けていると思わざるを得ない場面がしばしばあって、セツラーを失望させ、この点の改善が次の大きな課題となった。

この年の四月二九日、メーデーの前夜祭を兼ねて文京区民ホールで生活保護受給者と日雇労働者を対象とする慰安会（主催は区生連と全日自労飯田橋分会）が行われたが、法相部は、その予算を獲得するため、世話人の人たちと区役所へ陳情に行ったり、寄付金集めを手伝って文京区内を自転車で走り回ったりした。その過程で全日自労の人たちと接触でき、彼らが借地借家に関し深刻な問題を抱えていて、セツルの法律相談の中で協力できる余地があることが判明したことは大きな収穫であった。なお、この慰安会にはセツラーも派手な衣装で出演し、踊りを披露して拍手喝采を受けた。

また他の部との連携、協力では、栄養部と月一回の交流会が継続的に行われ、七月にはサンドイッチを作って食べる会が開かれ、九月には尾瀬旅行があった。保健部とは、南京虫退治の運動を一緒に行う中で交流が深まった。しかし、氷川下セツル最大の人員とエネルギーを擁する児童部、青年部とは余り交流がなく、わずかに児童部の集団指導に一名が参加したに過ぎなかった。

なお、この年全セツ連に初めて法相部の分科会が設けられた。名古屋（第一五回全セツ連拡大連合委員会）での最初の分科会は、「生活と健康を守る運動」分科会の中の四つの小分科会の一つとして発足した（翌六五年正規の分科会となる。）ものであるが、これに参加したのは氷川下セツルと亀有セツルだけであった。しかし、氷川下セツル法相から参加したセツラーにとっては、全国各地のセツルで活動するさまざまなパートのセツラーと交流することができ、総合セツルとしての氷川下セツルのあり方を考える上で極めて示唆に富んだ大会であった。

八

「法相ニュース」の発刊（一九六五年・六六年）

六五年六月、法相部は三〇名近くの部員を抱えていた。

前年一〇月東大駒場キャンパスで行われた東大セツル法相のオリエンテーションにおいて氷川下セツルに加入した二年生五名については、総合セツルとしての氷川下セツルにおいて活動して貰うためには初めはできるだけ児童部、青年部に入って貰う方がよい、との考えから、一月末四名の新入セツラーに児童部氷川下班、久堅班、中学生班及び青年部へ参加して貰った。これを含め四月には一四名の新入部員を迎え、さらに六月には教育大からも二名が加わった。

法律相談は引き続き毎週金曜日に行われたが、相談者が来るまでの時間はハウスで過ごす貴重な時間なので、できるだけ他の部のセツラーや若者たちとの話合いに充て、部会は学校で行うことにした。

相談件数は、この年初めから週平均二件と増え、一晩に五人もの相談者があって満員の大盛況になったこともあった。その要因の一つに、情宣活動の強化、特に五月から新たに開始した「法相ニュース」の発行が挙げられる。相談内容で一番多いのは、これまで同様借地借家関係であった。秋以降は相談件数はやや減少気味で、毎週一～二件であった。

「法相ニュース」は、法律相談の存在を広く地域の人々に知って貰おうと、新たに発行することとしたものであった。第一号（六五年五月）、第二号（七月上旬）及び第三号（七月下旬）は、セツルの法律相談の内容紹介を主にしたもので、住宅調査（後述）、南京虫駆除剤の申込み勧誘、あるいは原水禁の署名集め、カンパ活動及び児童部の集団指導の家庭訪問などの機会に、法相部セツラーが家々に配布したり、児童部の助けを借りて、子供たち経由で各家庭に配ったりした。しかし、この「法相ニュース」の配布は単なる配布に止まって、地域の人たちとの直接の対話＝家庭訪問に結びつかなかったため、「法相ニュース」発行の意義、課題について改めて論議され、その結果、「法相ニュース」の発行は、①地域の人に法相セツルを認識して貰うこと、②地域から法律問題を汲み上げること、③地域の人に事実を知って貰い、地域の人と一緒に考えていくこと、の三点を課題とするものであり、そうした観点からその配布のための「家庭訪問」は大きな意味を持つことが改めて確認された。こうした反省の上に立って、九月発行の第四号では当時の東都政下の水道料金値上げ問題が、一〇月発行の第五号では日韓条約問題が取り上げられ、これまで児童部の集団指導や南京虫退治の運動などで訪問したことのある家庭を中心に配布が行われ、不十分ながらかなり活発な話合いがもたれた。

この「法相ニュース」に対しては、政治的課題を取り上げる方向に重点がかかりすぎているのではないか、との指摘もあったが、その後も一二月に第六号（借金と利息制限法、日韓問題）、翌六六年一月に第七号（借家の立退き問題、都の水道料金値上げ問題）が発行された。

法相部の地域活動としては、恒例の南京虫退治の活動がこの年も行われた。前年の反省に基づき、法相部、保健部、栄養部と氷川下セツル病院、生協が一緒に集まって何回か会議を持ち、「南京虫ニュース」を出したりして地域への情宣活動を行い、この運動の趣旨の徹底を図った。法相部では当初この運動と自分たちの日常活動との関係への理解が十分でない部員が多く、五月、六月は参加者が少数に止まったが、七月に入って参加者も増え、他の部のセツラーと一緒になって薬剤散布を行い交流を深めた。（この南京虫退治の運動も含め法相部が地域活動を進める際の重要なパートナーであった今晩会は、その一層の弱体化によってこの年その活動を停止、自然消滅の道をたどったものと推測される。）

この年、東大セツル法相は、五月祭のテーマとして住宅問題を取り上げ、氷川下セツル法相はその企画展示の一環として地域の借地借家の実態調査を分担した。この実態調査は、四月末にアンケート形式で行われ、セツラーは、二、三日かけて一〇〇枚余りのアンケート用紙を氷川下地域の家々に配布した（同時に「法相ニュース」も配布）。こうした形で法相部が地域に入るのは前年の生活保護家庭の実態調査に続き二度目であった。アンケート用紙の一部は児童部セツラーと一緒に家庭訪問をする形で配布され、法相部セツラーとしては他の部のセツラーと一緒に行動するという貴重な経験となった。こうして配布されたアンケート用紙は約八〇枚が回収でき、地域調査としては成功であったが、その結果判明した氷川下地域の住宅事情は想像どおり貧弱であった。

他のパートとの交流については、住宅調査の際の児童部のセツラーとの家庭訪問、南京虫退治の際の保健部、栄養部との協力以外にも、六月六日の母と子の集いへの参加、六月九日のベトナム侵略反対国民共同行動日に向けての栄養部との学習会、共同行動日当日の氷川下セツルとしての行動への法相部員大多数の参加、保健部、栄養部との合同ハイキング（六月二七日）、五月の第一二回全セツ連大会への参加（法相部から延べ六名）、夏休みの児童部の集団指導への参加や原水禁署名カンパ、秋の保健部、栄養部とのピクニック、栄養展援助、日韓問題などの全体学習会への参加など多岐にわたった。このような交流の活発化を促したのは、法相部は単なる「法律相談部」ではなく「総合セツルとしての氷川下セツルの法律相談部」である、という法相部員の意識の変化であった。

一方、法相部内の仲間作りについては、数年前から法相部の中で司法試験を目指すセツラーが増えてきていたが、この年はセツラーの大部分が司法試験を目指していて、一緒に法律の勉強をやっていこうという機運が盛り上がり、六月から毎週水曜日の午後五時から九時ころまで教育大の教室を借りて勉強会を開始した。また、九月には赤城で合宿を行い、セツラーの結束を高めることに努めた。

翌六六年に入っても、学年末試験、五月祭、夏休みなどの時期を除き、「法相ニュース」の発行は続けられた。その配布にあたっては、前回配布し話し合った家には必ず配布し、活動の定着につとめることとしたが、セツラーはそうした活動を通じて、共同印刷などの下請けの実態、氷川下地域における借金の利息の実態（利息制限法の制限をはるかに超える月四～五分）、御殿町の一角にある都有地上に家を建て生活している三〇数世帯に対する都の立退き請求問題などさまざまな地域の実情に触れる貴重な機会をもつことになった。

しかし、セツラーが実際に「法相ニュース」を持って入り込めるのはわずか三〇世帯足らずであり、その拡充、定着が大きな課題であったにもかかわらず、この課題が新三年生に引き継がれず、五月祭以降に発行された「法相ニュース」（夏休みまでに五回）の配布は児童部任せになってしまった。この点は夏の合宿（後出）で厳しく反省され、一〇月からは法相部員が自ら配布するよう改められた。

この六六年は、前年一一月に東大駒場キャンパスで行われたオリエンテーションの参加者が少なく新セツラーが余り獲得できなかったものの、四月一九日に本郷キャンパスで行われた戦前の帝大セツルOSの川島、戒能両教授の講演会が成功裡に終わったこともあって多くの新三年生(『らしんばん』七九号によれば一五名。うち一名は児童部からの移籍者）が加わることとなった。法律相談は従来どおり金曜日の夕方からハウスで行われていたが、ハウスには活動の都合で他のパートの関係者が入り込んでくることが多く、騒音がひどくて落ち着いて相談を受けられる雰囲気ではなかったので、病院側と交渉し、ようやくハウスの外の部屋を確保できるようになった。

この年の五月祭における東大セツル法相の企画展示では、三月に検見川で行われた全体合宿での検討を経て、婦人労働に焦点を合わせた家族の問題を取り上げることとなったが、氷川下セツル法相ではこれに向けて共稼ぎに関する詳細なアンケート調査を行うこととし、児童部の協力を得て各セツラーが児童部セツラーとともに家庭訪問を行った。調査件数は余り多くなかったが、調査対象となった家庭の家族構成はきわめて似通っていて、夫の収入と共稼ぎの関係についてかなりはっきりした傾向をつかむことができ、地域の実情を知り、地域との結びつきについて考える良い機会となった。

法相部は、この六六年も南京虫対策協議会に保健部とともに参加（ただし、保健部との連絡が円滑に行われなかった。）したほか、栄養部との合同学習会（小選挙区制）を持ったり、児童部の夏休み勉強会に参加したりして、他のパートとの連携に努めた。また、全セツ連の第一三回大会（六月・教育大）、第一四回大会（一二月・都立大）に参加し、法相分科会に出席した。

法相部内で前年から始まった司法試験のための勉強会については、この年も四年生の間で行われ、セツル活動と専門の学習を統一する場を確保するものとして積極的な意義づけが行われれが、これに対しては、全セツ連の場で「セツルの専門化はセツル活動の弱体化をもたらすのではないか」との指摘があり、また、これに関連して、この年一二月に行われた法相部の活動の総括では、司法試験等の資格試験の果たすマイナス作用（官僚的思考の助長）をいかにして克服するかが討議されるとともに、セツラーの間に政治的な課題を回避する傾向が見られることへの懸念が表明された。

なお、この年は東大セツル法相の全体合宿が七月中旬にも行われ（東大戸田寮）、氷川下セツル法相からも多数のセツラーが参加したほか、八月下旬には小諸で氷川下セツル法相単独の合宿も行われた。

九

一九六七年・六八年の法律相談部

この時期の法律相談活動自体については特別に取り上げることは余りない。部員数はある程度確保されていたものの、毎週金曜日に行われる法律相談は、さまざまなＰＲへの取組みの効果もあまり上がらず、件数は少なく、相談活動は概して低調であった。

こうした中で、法律相談活動のあり方についてしばしば真剣な討議が行われた。すなわち、六七年には氷川下セツル法相の一週間にわたる夏季合宿（九月・長野）に四年生一名を含む一〇名が参加して、活動日や法相部会のあり方、相談の受け方、カルテの取扱い、情宣活動、「法相ニュース」の意義などについての突っ込んだ議論が行われ、また六八年には、①毎週金曜日には全員で法律相談や家庭訪問に取り組み、毎回約一時間をその日の総括に充てる、②そうした金曜日における実践を火曜日に行われる部会で検証し反省する、という「実践と部会を活動の二大支柱にする」旨の中間総括が行われた。

六五年にスタートした「法相ニュース」については、上記の夏季合宿における討議を踏まえ、六七年九月からは名称も「法律相談」と改め、月刊として発行されることになり、生協と病院に常置されたほか、あゆみ保育園を通じて配布されることになった。この「法律相談」は、年内にさらに三回発行され、翌六八年にも数回発行された。

五月祭については、これまでも東大セツル法相としての企画展示のテーマに即して、氷川下セツル法相の立場から必要な地域調査を行ってきたが、六七年は三月に埼玉県の高麗清流園で行われた東大セツル法相の全体合宿において借地借家問題をテーマとすることが決定された。このため法相部は、氷川下地域においてこの問題に関するアンケート調査を行うこととした。調査は、セツラーが家庭訪問して行った面接調査(九二世帯)と文京区立林町小学校の協力を得て同校児童の父母にアンケート用紙を配布して行った調査(約五〇〇世帯中三三二世帯から回収)の二本立てであったが、中心となったのは面接調査であった。調査結果は五月祭当日「氷川下の借地借家問題」として発表され、調査に協力して貰った各家庭には、後日借地借家法の解説書が配布された。この面接調査を通じ、法相部の多くのセツラーは、自らの勉強不足を痛感する一方、地域との結びつきの意義を考える貴重な時間を持つことができた。

また、六八年の五月祭では、同年三月に検見川で行われた東大セツル法相の全体合宿で住宅問題をテーマとすることが合意されていたが、氷川下セツル法相としての具体的な取組みはその後の戸田合宿で大筋が決められ、四月から五月にかけて、一軒ごとの家庭訪問によるアンケート調査が行われた。この調査において期待されたのは、地域の住宅問題を総合的に明らかにするとともに、そのことを通じて今後のセツル活動の基盤を作り上げて行くことであった。

この六八年の五月祭での取組みを通じ、セツラーは、住宅問題が法律的な問題である以上に政治的な問題であると次第に考えるようになった。そして、氷川下地域の住宅問題を解決してゆくためには、地域の借地人・借家人が一つの組織に団結することが必要だと考えるに至った。この結論は同年九月に入って具体化され、地域の区議を通じて「文京区借地借家人組合」の存在を知り、氷川下地域にその支部を作る運動へと発展した。この運動はセツラーの力不足もあってなかなか軌道に乗らなかったが、ようやく一一月になって氷川下支部の第一回法律相談が行われることになった。

なお、この時期の法相部と他のパートとの連携については、六七年一〇月に、法相部が中心になって、二回にわたる小選挙区制に関する学習会（第一回は選挙制度について、第二回は小選挙区制が持ち出された理由について。会場はお茶大の学生会館）が開催され、各回とも約二〇名のセツラーの参加があった、とされている以外には具体的な情報がない。

ところで、この六八年は、六月に東大本郷キャンパスの安田講堂を占拠した学生たちを排除するために機動隊が導入されたことを契機にいわゆる東大闘争が始まった年である。この東大闘争は東大セツル法相のメンバーたちの学生生活にも大きな影響を与えたはずであり、氷川下セツル法相の活動にも大きな影響があったものと思われるが、この問題について具体的な資料がほとんどないのは大変残念である(注7)。

一〇　東大闘争後の法律相談部（一九六九年〜七三年）

一九六九年以後数年間の法相部の活動については、残念ながら関係資料が散逸していて、具体的なことはほとんど明らかでない。わずかに入手し得た資料及び七〇年代中期に活動したＯＳ数名からの聞き取りによって明らかになった事実に若干の推測を交えて整理すると、以下のとおりである。

六九年一月、前年に始まった東大闘争が一八日・一九日の安田講堂事件を頂点に収束に向かい、二〇日には政府がその年の東大の入学試験の中止を決定した。この入学試験の中止により、六九年四月の東大入学者はいなくなったが、法相部の活動は新三年生を中心に続けられた。しかし、部員数、相談件数は減少し、相談活動は低迷した。（この後数年間、部員数は毎年平均して四～五名で、相談件数も年間三〇件程度に止まった。）

この年の法相部の活動で注目されるのは、鉛中毒問題への取組みである。これは、少しくらい法律の問題から外れていても、法相部として継続的に地域に入れる問題はないかとの考えから、印刷工場の多い氷川下地域における鉛中毒の問題を取り上げることにしたもので、それにはまず実態を知る必要があるため、三月頃から、法律相談の日である毎週金曜日の昼休みに、部員がいくつかのグループに分かれて五つの印刷工場に出向き、労働者からの聞込み調査を開始した。この調査は氷川下セツル全体に大きな刺激を与え、保健部ではこの問題に医学的な見地から取り組もうと学習活動を始めた。調査を進めるうち労働者の健康診断の問題が浮上し、健康保険の対象にならない健康診断を労働者が進んで受け、その健康に自ら注意するようにするにはどうしたら良いか、そうした問題までセツラーに考えさせる大きな意義のある調査となった。

この年、法相部では、わかもの会との交流が図られ、野球の試合が行われている。

翌七〇年春、前年に中止となった東大の入学試験が再開された。一九六二年に行われた教養課程前期の科類再編以来、文科一類入学の新入生が直ちに東大セツル法相に参加する道は開かれていたものの実際にはそれが現実化したことはなかったが、前年の入学試験中止による二年生不在が活動に与える影響を懸念し新一年生への勧誘が積極的に行われたものか、入学したばかりの一年生四名がセツラーとなり、先輩の指導を受けながら法律相談に取り組むようになった。(この流れはその後も変わらず、次第に法相部の主体は一・二年生となり、三年生になると司法試験の準備等のため事実上引退するという傾向が顕著になっていった。)

五月祭は、東大闘争の影響で前年は中止となったが、この七〇年に再開された。この五月祭で東大セツル法相は『繁栄』のかげに―地域から訴える」と題する企画展示を行ったが、その中心となったのは氷川下セツル法相で、前年から取り組んでいる印刷労働者の鉛中毒問題を取り上げ発表した。

この年も法相部は他のパートとの連携に努め、七月の氷川下祭典では児童部とともに教科書裁判問題に取り組んだほか、セツル病院が中心になって行われている南京虫退治の運動に保健部とともに参加し、噴霧器を担いで薬剤散布に活躍した。

翌七一年は新三年生不在の年であったが、一・二年生セツラーが中心になって活動が続けられた。

この年の動きとして注目されるのは、前年二月に全国的な事件として報道された生活保護費の「不正受給」事件を、生活保護受給者に対する弾圧として糾弾する動きがこの夏頃から活発になり、これを受けてセツラーの間でも、こうした事件は裁判闘争のみによるのではなく、弾圧の対象者である受給者自らが立ち上がることによって解決すべきである、とのかなり気負った主張が唱えられるようになり、そのためにはまず氷川下地域の生活保護受給者の現実を見つめよう、という機運が表面化したことである。

こうした取組みは、同年七月になって、法相部のセツラーに児童部や青年部のセツラーも加わった自主的なパートによる活動として具体化された。当時のセツラーは、数年前まで氷川下地域に今晩会という名前で活動していた生活保護受給者の自主的組織があったことを全く知らなかったが、間もなくその事実を知るやまずその頃活動していた人々の家庭訪問から始めることにしたのであった。セツラーは、こうして始まった地域の生活保護世帯の家庭訪問を通じて、氷川下地域におけるその人たちの自主的組織の再建に精力的に取り組み、八月以降三回の準備会を経て、同年一〇月二二日にその名も「みのり会」という組織の結成に漕ぎつけた。みのり会はしばらく順調に活動を拡げ、他の団体と連帯して行政に対する要求闘争を行う等、主体的に活動できるようになった。

しかし、みのり会の結成という輝かしい成果をあげたこの自主パートの活動も、これに参加したセツラーの人員不足から次第に行き詰まるようになり、辞めていったセツラーからの引継ぎがないまま、翌七二年春には一世帯を除きほとんどの生活保護家庭との交流も途絶え、みのり会の会長宅へ月に一回家庭訪問に出掛けるのが精一杯といった状態になった。さらにこの会長宅への家庭訪問も七三年秋を最後にほとんど行われなくなった(注8)。

ところでこの七一年については、法相部としての正規の活動に関する情報はほとんどない。わずかに知られているのは、七月の氷川下祭典において他のパートと協力して司法の問題を取り上げ、裁判官への任官を拒否された人を招いてシンポジウムを行ったことくらいである。

次の七二年、法相部には、東大文科一類の新入生二名を含む三名が加わったほか、上智大と青山学院大からもそれぞれ一名のセツラーが加わった。先輩として活動していたのは七〇年入学の三年生セツラー一名のみであった。それまでは法相部員はほとんどが東大生であったが、この頃から早大や中央大など他の大学のセツラーも次第に加わるようになっていった。部員数は相変わらず少なかったが、相談活動では、この頃から、一つ一つのケースを大切にしていこう、と家庭訪問やアフターケアに力がそそがれるようになった。

この年の法相部の活動として関係者の記憶にあるのは、南京虫の防除(保健部に協力)、鉛公害問題への取組み、氷川下祭典での盆踊りなどである。五月祭では、東大セツル法相として「街は生きている—実践と調査研究より―」をテーマにした企画展示が行われたが、この年もその中心になったのは氷川下セツル法相であった。

七三年は、法相部の活動について大きな変化があった年である。法律相談は、それまで、毎週金曜日の夕方、ハウスで行われてきたが、前年にハウスが老朽化によって閉鎖されたため、相談は近くの「白山南寿会館」(注9)の一室を借りて行うこととなり、相談の日時も毎週木曜日の午後六時～九時に変更された。この頃、毎週ではないが、弁護士二人が相談日に来て、セツラーを指導してくれた。

相談内容では借地借家関係が多かった。当時白山二丁目に借地人組合(白山借地人協力会)が結成されており、時々セツラーがその月例総会に出席したりして関係を深めていった。また、数年前から地域の印刷・製本工場で働く聾唖者からの相談が増えてきていたが、この年の秋以降その件数が常に三～四件という状況が続いて、相談活動の中で大きなウェイトを占めるようになり、それを契機にセツラーの間に聾唖者の受けている深刻な差別(遺産が貰えない、同じ仕事をしても給料が安い、教育も満足に受けられない、周囲の目が気になって子供も生めない、結婚すらできないなど)に対する関心が高まっていった。

この七三年は、一九二三年の帝大セツルメントの発足から数えて五〇周年に当たる年であった。そのため、この年八月の全セツ連大会は東大の本郷キャンパスで行われ、大会行事の一環として記念講演会も行われた(詳細は不明)。一一月の駒場祭では、東大セツルメント五〇周年記念と銘打って氷川下セツル駒場セツラー会によるオリジナル劇「太陽のない街は今…」が上演された。(この年の五月祭でも、氷川下セツル法相が中心になって「生活の地から訴える―地域における法律相談から―」をテーマに企画展示を行っている。)

また、この七三年は、一〇年前から教育大内の大きな闘争の種となっていた筑波移転問題が、筑波大学の開学(同年一〇月一日)という形で決着することになった年でもあった。これにより氷川下セツルはその主力メンバーである教育大セツラーを近い将来に失うこととなったため、この年から、法相部は他のパートと協力して、早稲田、中央、東洋、青山学院などの大学での新入生勧誘活動を積極的に行うこととした。当時東大セツル法相はほとんど名目的な組織となっていて、実際に活動しているセツラーはその多くが氷川下セツル法相のメンバーであった（注10）ため、他大学での新入生勧誘も東大セツル法相としてではなく氷川下セツル法相として行われた。

二

聾唖者班・生活保護班の発足、法律相談部の消滅（一九七四年〜八〇年）

七三年に始まった他大学での新入生勧誘活動の成果は早くも翌七四年に実を結び、この年から法相部のセツラー数は急増した。その結果、相談日に相談に与れないセツラーが多数生じることとなった。このため、法相部では、活動休止中だった菊坂セツルの法相部を復活させることとし、そちらにもセツラーを回すようにした。

この七四年、法相部内に聾唖者班（当初は「ろうあ者パート」と呼ばれた。）が生まれた（注11）。すでに述べたとおり、前年から聾唖者からの法律相談が増加していたが、その相談活動に取り組む中でセツラーが直面したのは、聾唖者とセツラーの間に直接のコミュニケーション手段がなく（相談活動は手話通訳者を介して行っていた。）、この点が活動を進める上での最大の障害となっている、ということであった。このため、この年の六月頃、セツラーは単に法律相談を受けるということにとどまらず、みずから手話を覚え、もっと聾唖者と分かり合って行くべきではないか、との声が上がり、氷川下に住む聾唖者の人たちを先生にして手話サークル「食べよう会」が発足するに至った。この手話サークルに参加したセツラー（その中心となったのは中大のセツラーであった。）が、法相部内のろうあ者パートとして活動することになったのであった。

この年の五月祭では、従来東大セツル法相として行ってきた企画展示を氷川下セツル法相が行ったが、そのテーマを「ろうあ者の権利は守られているか」としたのも、前年以来の法相部の聾唖者問題への取組みを反映したものであった。（なお、この五月祭では、氷川下法相部ＯＳの法学部教授を含む五人の東大セツル法相ＯＳをパネラーとするパネルディスカッションも行われた。）

翌七五年、法相部はさらにもう一つの内部組織を抱えることになった。生活保護班の発足である。

生活保護班は、法律相談活動を通じて生活保護の受給者が権利意識を持てずに孤立していることを知ったセツラーがその組織化を目指して立ち上げたものであるが、これは三年半前に当時のセツラーの自主的なパートとして生活保護受給者の組織化に取り組み、その組織としての「みのり会」の結成に成功しながら一〇か月足らずで挫折した先輩たちの試みを知ったセツラーが、その志を継ぐ形で発足させたものである。

前年から増加し始めた法相部員は、この七五年にピークを迎えた。同年七月に清里の教育大の寮で行われた法相部の合宿には三五名ものセツラーが参加した。当時法相部に参加していたセツラーの所属大学は、東大、早大、中大、東洋大、日大、明大、教育大、お茶大などであるが、そのほかに生活保護班や聾唖者班の活動に興味を抱いた看護学校生（日医大、慶応大）の参加もあった。

生活保護班の中心となったのは早大のセツラーであった。従来からの法律相談活動は東大セツラーが中心になって行われていたが、生活保護班に加わったのは、早大のほか、東洋大、看護学校、家政大などのセツラーであった。生活保護班は、生活と健康を守る会（みのり会）のメンバーとともに生活保護家庭を回り、さまざまな相談を受けていた。

法相部は、七三年のハウスの閉鎖により固定的な活動拠点を失い、白山南寿会館でその相談活動を続けたものの、地域でのプレゼンスの低下は避けられなかった。そのため、定期的に法律相談記事を含むビラを配布するなどの宣伝活動に取り組んだが、相談件数の低迷が続いた。前年の聾唖者班に続く生活保護班の発足は、こうした事情を背景とした法相部の積極的な取組みの一つと見ることができる。

この年の法相部の活動で注目されるのは、一年半ほど前から接触を深めてきていた白山借地人協力会の活動に対する具体的な支援として、会の新聞作りに協力するといった取組みが行われたことである。これは、地域運動への法相部の新しい係わり方として全セツ連の場でも注目を集めた。

この七五年の五月祭では、セツルメント法律相談部の名前で氷川下セツル法相が前年に引き続き聾唖者の問題を取り上げた（「続・ろうあ者の権利は守られているか—教育問題を中心として—」）。これは、具体的事例を通じて、当時の聴覚障害者教育の問題点をさぐり、そのあるべき姿を考えようとするものであった。

一方駒場キャンパスでは、数年前から新入生でセツラーになる者が増え、その所属も法相部以外の児童部、青年部などに拡がったことから、セツラーの間に共通の話し合いの場を持ちたいとの機運が高まり、これまでも氷川下セツル駒場セツラー会として活動した年があった（上述のように七三年には駒場祭でオリジナル劇を上演している。）が、この年も五月に二〇名ほどのセツラーによる氷川下セツル駒場セツラー会が立ち上げられ、七月には合宿を行ったうえ、秋の駒場祭では、氷川下地域でのセツル活動の実践を踏まえ「仲間」をテーマとする自作の演劇を上演するとともに、「太陽の街から」と題する企画展示を行った。

七六年春、法相部はその内部にケースワーク班（A班・B班）、生活保護班及び聾唖者班を抱える大きなパートであった(注12)が、お茶大の学生会館に活動の拠点を置く生活保護班・聾唖者班と白山南寿会館で法律相談を行うケースワーク班（本来の法相部）とはほとんど交流が無くなっていた（ケースワーク班では、この点を懸念し、他の部班との交流をはかるため、班会はお茶大の学生会館で行うこととしていたが）。このため、当時生活保護班に加わったセツラーには法相部の中の生活保護班に入ったという意識が希薄で、単に氷川下セツルの生活保護班に入ったと思っているセツラーがほとんどとなっていた。（事情は聾唖者班においても同様であった。）

この生活保護班は、この年の秋には「ひまわりの会」と名前を改め、翌七七年には聾唖者班とともに法相部から組織的にも独立した存在となった(注13)。生活保護班がひまわりの会と名前を変え、法相部からも独立すると、看護学校セツラーが増えたことも手伝って、次第にその当初の理念（生活保護家庭の組織化）から離れた運営が行われる傾向が強まった。その活動は、二人一組で、週に一回程度独り暮らしの老人や母子家庭を訪問し、話し相手になったり、いろいろな手助けをしたりするというもので、保健部の活動と余り違わないものとなっていった。

一方、ひまわりの会と聾唖者班が独立したあとの法相部に残ったのは、東大セツラーを中心とする一〇名足らずのセツラーのみとなった。

七七年三月、教育大は最後の学部学生が卒業（教育学部・農学部は一年遅れ）して閉学となり、氷川下セツルから教育大セツラーは姿を消し、翌年三月には青年部が事実上消滅した。同じ頃看護学校セツラーを中心にして存続していた保健部も、「氷川下セツルの一員」という意識が薄れたものか、代表委員会に部員を出さなくなった。

これに対して法相部は、少なくとも七八年春までは活発に活動し(注14)、代表委員会にも部員が出席していたが、当時の関係者の証言によると、その後法相部プロパーのメンバーも次第に氷川下セツルへの帰属意識を失っていったためか、「一九八〇年頃までには法相部も代表委員会に結集しなくなった」。『氷川下セツルメント―「太陽のない街」の青春群像―』（三九五頁）によれば、氷川下セツル法相は遅くとも一九八一年春までには姿を消していたことになる(注15)が、以上にその足跡をたどってきて明らかなように、七八年四月の総会時点でもなお間違いなく法相部は存続していたのであり、それから一〜二年の間に消滅するとはいかにも唐突である。その間に如何なる問題が生じ、如何なる経緯を経てその消滅に至ったのか、いまその具体的な事情を明らかにすることができないのは誠に残念であるが、第一部第二章の三で説かれているような氷川下地域の大きな変貌が学生セツラーによる法律相談活動への需要の減退を招き、学生側の意識の変化とあいまって、早晩その活動が衰退せざるを得ない運命にあったことは否定できないものと思われる。

（注1）当時の法相部の人員については確たる資料がない。五三年一二月一五日の法相部の総会において、法律相談は三班編成で対応する旨の方針が決定されているので、一班二〜三名として少なくとも六〜七名のメンバーが活動していたものと思われる。
（注2）『らしんばん』四〇号（一九五九年一一月）には、発足以来約六年間（一九五九年上半期まで）の法律相談の具体的内容が、「事件とセツラー」、「事件の内容」、「相談者その他」の三つの項目に分けて詳しく報告されている。
（注3）「こんばんかいニュース」に掲載された「やさしい法律の話」は、その後も毎号欠かすことなく続けられ、その回数は約八〇回に及んだ。そのテーマは、土地建物の賃貸借や結婚、離婚、相続といった家族法関係のものが多かったが、交通事故についても時代を反映して何回か取り上げられた。
（注4）この事件の経緯については、東京大学法学部『緑会雑誌』復刊第二号に詳細な報告がある。
（注5）法相部と労働部の双方に加わったセツラーは、経験と能力の不足、法律相談活動、地域活動における負担の過重、緑会活動の負担などが原因で、夏休みを境に労働部活動から脱落していった。

（注6）『生活の泉』は、「紙上法律相談」、「やさしい法律の話」、「時事問題解説」（以上法相部）、「紙上料理講習」（栄養部）、「衛生相談」（保健部）などを内容としていた。

（注7）中間総括で示された部会の活用については、東大闘争に多くのエネルギーを割かざるを得ないため実践討論について十分な時間をとることができなかったこと、秋に二回行われたオリエンテーションも、東大闘争が切迫した時期に重なって事前に十分な活動総括が行えなかったため、二年生に満足な説明と展望を与えることができなかったこと、などの影響が出たとの報告がある。

（注8）この間の経緯は、『この現実～氷川下地域に於る生活保護者の実態と実践の記録～』と題する小冊子（一九七二年。七五年九月に増補版を作成）にまとめられている。

（注9）白山南寿会館（白山三丁目六‐六）は、文京区が老人福祉施設として設置した一七か所の寿会館の一つとして一九七〇年に建設された木造二階建の施設（延面積一八八㎡）であるが、二〇〇四年に策定された文京区の新行政改革推進計画により廃止されることになった。建物は二〇〇八年度に解体撤去され、その跡地は白山三丁目児童遊園の拡張整備に充てられた。

（注10）当時東大セツル法相の部屋は本郷キャンパスの法文一号館の二階にあったが、利用しているのはほとんど氷川下のセツラーのみであった。

（注11）当時の資料では「ろうあ者班」の表記も使われている（その方が多い。）が、ここでは「聾唖者班」で統一した。

（注12）この当時の法相部各班のセツラー数を見ると、ケースワーク班はA班・B班とも一一名でいずれも新入生セツラー五名、経験セツラー（全員二年生）六名（A班の場合、その大学別の内訳は、東大六、早大二、駒大一、東洋大一、家政大一）、生活保護班は一三名（新入セツラー七名、経験セツラー六名）、聾唖者班は一〇名（新入生セツラー五名、経験セツラー五名）であった。合計では四五名になる。

（注13）生活保護班が、なぜ「ひまわりの会」と名称を改め、聾唖者班とともに法相部から独立するに至ったのか、具体的な事情は明らかでない。

（注14）七八年四月の第四九回総会資料によると、当時ケースワーク班は、白山地区でのマンション建設に係わる日照権闘争、国際結婚に端を発した韓国人差別問題、ネズミ講加入金返還請求事件などに取り組んでいた。

（注15）八三年八月に開催された全セツ連連合委員会の資料によると、氷川下セツル法相は「昨年秋に（中略）活動を停止し

ていましたが、今年度に入って（中略）教育懇談会活動を中心として担うパートとして活動を再開」したものとされている。（翌年三月に開催された全セツ連大会の資料でもこの教育懇談会について触れられている。）この資料によると、法相部は八二年秋まで存続していたことになるが、その事実関係については確認できる情報がない。なお、ここで紹介されている教育懇談会活動は、本来の法律相談活動とは性格の異なるものであり、仮にこの活動を開始したパートがあったとしても、それを法相部と呼ぶことができるか疑問である。

（執筆・担当　井上　誠一／岡田　克彦）

第五章

診療部・保健部

セツルメントはその活動地域における住民の要求を知ることを抜きにして活動は始まらない。保健医療の分野はその要求の柱となることが多い。学生セツルメントの嚆矢として、関東大震災後にはじまった東京帝国大学の柳島セツルメントでも多くの医系学生が活動に参加している。もともと氷川下の地域は第二次大戦以前からその地理的環境や、労働や貧困を通しての住宅環境、社会保障の未発達に依る医療環境などにより衛生面で劣悪な状況に置かれていた。第二次大戦後も戦後の絶対的貧困のもと、劣悪な生活環境面から、保健医療にかかわる分野の活動が求められていた。

一九四五年八月日中戦争と太平洋戦争が日本の敗戦で終わると、それまでの絶対天皇制と軍国主義体制は崩壊し、当時の旧制高校や大学の中で様々な学生の運動が起こってきた。主に学内の民主化闘争としてすすめられたが、また学外においても戦前に中断させられた学生セツルメントの復活もはじまった。ところが一九五〇年朝鮮戦争の勃発とともに「逆コース」がはじまり、学内での学生運動に種々の制限が加えられるようになると、学生が活動の場を広く学外へも求めるようになりセツルメント活動に参加する学生もふえていった。また当時の社会が戦後の極貧状況下にあり、医療、教育、福祉、生活全般において、専門的な教育を受けた学生が社会に入って果たす役割も多くあった。地域も社会生活の民主化を求めるなかで、様々なものを受け入れ連帯する素地をもっていた。

一九四九年東大セツルメントが結成され、以後、葛西、大井、川崎、亀有、菊坂等で順次診療活動が開始された。亀有では慈恵医大の学生もセツルメントに参加してきた。その東大と慈恵医大のセツラーから日本医科大学（日医大）の学生に声がかかり、また東大セツルメントからも正式に要請があり、一九五一年一〇月日医大セツルメントが結成された。日医大社会医学研究会（社医研）をはじめ、ＹＭＣＡ、新聞部、自治会役員等から四六名の参加があったという。慈恵医大セツルメントは水上生活者へのセツルメントなどへ活動の場を移していくことになり（後に鉄砲洲診療所設立へつながる）、日医大セツルメントの一部は慈恵医大セツルメント（愛宕セツルメント）を引き継ぐかたちで上野の葵部落（通称バタヤ部落、廃品回収業者の作業場兼居住地）で診療活動をはじめた。

民主主義科学者協会（民科）の市民講座から発展した「本郷健康文化会」が主催する集団検診や医療活動などが、文京区の根津地域と菊坂地域で行われていた。日医大の先輩医師の田辺正忠氏は根津地域を中心に活動を行っていたが、本郷菊坂地域は離れており二つの地域で同時に活動を進めることは困難であり、そこでの活動の引き受け手をさがしていた。日医大セツルメントの設立に参加した学生のうちこの呼びかけに応えたグループは、上野での活動から分かれて、東大セツルメントとともに本郷菊坂地域で活動をはじめた。この集団検診や法律相談などの活動を本郷健康文化会から引き次ぐかたちではじまった菊坂セツルメントは、後に本郷診療所およびセツルメント菊坂診療所となっていく。

二　氷川下におけるセツルメント活動のはじまり

菊坂地域で活動を始めたグループは、ここで知り合った地域住民から、氷川下地域の方が生活状況が劣悪であり診療活動が求められているという話をきいた。そこは白山台と小日向台の谷間で、そこを流れていた谷端川（千川上水分水）は一九三四年までに暗渠化されていたが、大雨による出水などに悩まされるところでもあった。久堅町への共同印刷の移転以来、氷川下地域は三大印刷会社の一つとされた共同印刷の企業城下町として、労働者の住いとその下請け関連の零細企業が密集するところであった。医療に関しては戦前には久堅町に東京府医師会の簡易診療所が、氷川下町には済生会小石川診療所が在ったというが、第二次大戦中に廃止された後これらは再建することはなかった。第二次大戦中は空襲を受け、焼野が原となり大塚駅の山手線の高架橋が見えたと、地域住民からセツラーがきいている。久堅町の山田正雄氏の要請を受けた日医大セツラーは、氷川下地域を視察した後こちらの要求度のほうが大きいと判断、その要請を受けいれ菊坂で継続して活動をすすめる東大セツラーと分かれ、一九五二年四月氷川下地域のうち白山御殿町（当時）でセツルメント活動を開始した。インターン生と学生が中心であったため、診療には大学の諸先輩などの協力をあおぎ、地域の協力を申し出てくれたお宅の一部を借りながら医療活動を開始した。

日医大セツルメントの上野に残ったグループは、活動地域であった「葵部落」が間もなく火事で焼失した後、江戸川橋セツルメントとして新宿区東五軒町に活動の場を移し、一九五四年四月診療活動を開始した（後に東京保健生活協同組合江戸川橋診療所となる）。

一九五二年七月同じく氷川下地域で子供会活動を行っていたお茶の水女子大セツルメントと合同し、氷川下セツルメントを結成し診療部を名乗った。これが後に続く氷川下セツルメント保健部の出発である。当時の医療状況はまだ結核が猖獗をきわめ、夏には赤痢、腸チフスなどの法定伝染病に指定された感染症が流行し、感染症が日本人の死亡原因の上位をしめていた。一方医療制度は不十分で、庶民層の大部分は健康保険をもたず、簡単には医療を受けられなかった。当時健康保険に加入できたのは中規模以上の企業の労働者で、本人は十割給付であったが家族は五割の一部負担金を必要とした。中小企業や個人営業の労働者は国民健康保険にも加入できなかった。当時セツラーが聞いた住民のはなしでは、医院に受診することはほとんどなく医師を呼ぶのは臨終の時くらいで、往診した医師も土足のまま部屋に入ってきたという。一九五二年八月にセツラーが出身大学の学生と共同で地域の生活実態調査を行っているが、この時は無保険世帯が四七％とでている。この時の調査が氷川下セツルメントにより何度か行われた生活実態調査のなかで、最大規模のものであった。氷川下セツルメント診療部は地域を巡って検診と診療を行うことが、その役割であった。学生セツラーが四月から始めた地域の医療活動は、大学等に勤務している先輩医師に応援を仰ぐため週三回の夜間診療だけであった。診療する場所も無いため、地域の協力を申し出てくれた住民の家の一部を借り、患者は外で待つほかなかった。器具機材は大学の研究室や診療室からセツルメントの活動に共鳴してくれる教職員から分けてもらったり、実家が医院の学生はそこから調達してくるという状況であった。それでも不足することもあり、七輪にアルミの弁当箱をのせて煮沸消毒器として使うこともあった。医薬品は学内で募った維持会員からのカンパで購入したり、協力を申し出た薬局や薬剤商店からカンパとしてもらったりした。協力を要請した大学内の先輩医師の情況により診療は夜間のみにならざるを得ず、ちいさな家の一部を借りているため夜一〇時一一時と遅くなると、セツラーも遠慮し借りる家を転々とせざるをえなかった。このようなかたちで出発した氷川下セツルメント診療部であったが、当時の医療状況から地域住民の支持も得て患者数は増えていき、毎日診療できないかという声も上がってきた。そのためには診療所としての場所を決め、医療機関の届け出を行い、スタッフを確保しなければならない。この年地域住民により、本郷健康文化会にならい小石川健康文化会が組織されている。

さらに東京医科歯科大学を卒業したばかりの石川雅昭氏が、内田徹夫、辻鉄也両氏の訪問と要請をうけ一〇月に白山三丁目で歯科診療を始めた。辻氏は初代の日医大セツラーの一人で後に江戸川橋セツルメント診療所の所長などを歴任している。

二　診療所とハウスの建設

一九五三年一月最初の「診療所設立趣意書」がだされたが、場所探しは、パチンコ店跡地が候補になったが金額で折り合わないなど、遅々として進まなかった。三月頃先の山田正雄氏から地元出身で大学卒業後間もない足立節男氏に、診療所を設立するから事務をやらないかとの声がかかった。間もなく設立準備会がつくられ、インターンを終えたばかりのセツラーの内田徹夫氏、同じくセツラーで一年早く卒業し大学に残っていた赤沢潔氏、日医大の先輩である田辺正忠氏、大塚診療所長の森清一郎氏（後高知民主医療機関連合会長）、足立節男氏等が参加した。田辺氏は早稲田診療所長で一九五四年のビキニ水爆実験事件では直ちに焼津に駆けつけて調査しており、根津地域の本郷健康文化会での活動もしていた。早稲田診療所は東京での医療生活協同組合形式という診療所の先鞭をつけ、氷川下セツルメント診療所を生協法人にする際に種々参考となった。森氏はレッドパージをうけた後、大塚診療所の所長に就任していた。ここでその後セツルメント診療所から病院へと続く地域医療活動の中心メンバーが出会った。開設場所は山田正雄氏の姉の山田ミツ氏の家の二間のうちの玄関先の三畳間を借りることになった。なかなか開設場所が決まらないため山田正雄氏が氷川下に居住していたお姉さんに頼んだようである。同年一月同じように地域住民と地元労働組合員によって開設したばかりであった大塚診療所長の森氏の快諾を得て、その出張所として開設届けを出した。五月医療機関としてようやく毎日診療を始められるようになった。診療開始は五月一日としたが、当日はメーデーということで休診にし、皆でメーデーに参加した。二日から診療を開始したが、夜間に一人来ただけであった。ところが地域では一日からということで来てみたら休みで、やはり学生さんはあてにならないという噂が流れていたという。受診費用は健康保険のある人は本人負担なし、家族は五割負担。当時健康保険は本人一〇割、家族五割給付であった。保険のない人は医師会の協定料金は高すぎるので健康保険に準じた金額をもらった。当時まだ保険診療はその内容に制約が多く、そのため保険診療を医院が敬遠したり、あるいは保険ではいい薬がでないというような話が出回ったりしていた。保険診療で行う生活保護受給者の医療を受け入れる医療機関も少ないなかで、これを積極的に受け入れていった。診療は毎日午前中内田徹夫氏が行い、午後は休診であった。内田氏が午後は大塚診を手伝うということで月給八〇〇〇円が大塚診療所より支給された。往診があれば午後の時間帯におこなった。夜間は大学に助手として在籍していた赤沢潔氏が無給で診療という体制であった。両氏ともに初代のセツラーである。七月には看護師の森喜代氏が自ら希望して就職された。この頃には午前中だけで三〇人を超す患者が来るようになった。おなじ七月には石川雅昭氏によって白山で診療していたセツルメントの歯科が、地域歯科医師会から開業についての苦情をうけ三畳間診療所に合流したため、ますます手狭になった。当時歯科医療は住民にとって敷居の高いものであり、義歯は贅沢品であった。歯科治療のかたわら、時には悪性腫瘍などを発見し大学へ紹介するということもあった。経済的に困難をかかえた大学への紹介患者にたいしては学内の担当医と連携し、当時あった大学病院の「学用患者」制度を利用して自己負担の免除をおこなったこともある。セツルメントには学生時代にセツラーとして活動はしていなくても、その運動を理解し診療や手術のためにアルバイトをかねて診療所に手伝いに来たり、大学内で患者を受け入れたりする多くの医師、歯科医師がいて、その後も長く診療所を支えてくれた。

またセツルメントから発展した医療機関で歯科を持つのはめずらしい存在であった。

出発した診療所では学生セツラーが医療検査の手伝いをし、医師や看護師、患者とで室内は立錐の余地もない状態となった。家主は壁一枚隣で生活しているという場所であり、トイレはその部屋を抜けていかなければならなかった。待合室は畳一枚分、患者は外で待つほかはなく、季節は夏でみな炎天下で立っていた。診療室内も人が一杯で、消毒用の煮沸器がかけられており、蒸し風呂のようであったという。見かねた山田ミツ氏が時には生活の場である六畳間を使うように申し出てくれた。

当初患者が来るだろうか、経済的にやっていけるだろうかという心配があったが、そのような不安はなくなった。診療所が期待されていたこともあっただろうが、子供会等を行っていたお茶大セツラーの活動もおおきかった。「子供会と同じセツルメントの診療所ならば安心だ。」という母親の声もあったという。日医大とお茶の水女子大によってはじまっていた氷川下セツルメントも翌年教育大（当時）、東大、跡見短大が参加して、診療部、文化部、のほかに法律相談部もできた。これらの学生が地域で活動することで診療所と地域との関係も広がっていった。製本内職の折工組合との協同や、東大生協が地域生協作りで調査にはいったことなども、診療所が地域に受け入れられる要因であったという。

しかしこのような診療所の設備環境は当然地域住民からもセツラーからも何とかしなくてはという声が上がってくる。六月には教育大のセツルメントの顧問であった磯野誠一氏に責任者になってもらい、「診療所設立委員会」が結成された。これは診療所とともにセツルメントハウスをつくることでもあり、住民とセツラー、大学内の協力者等が一丸となって運動が始まった。土地の確保と資金の調達が最大の課題であった。セツラーは出身大学で募金を募り、八月の暑い盛りに土地をさがして地域中を歩いた。いくつもの候補があがったが、金額的に折り合いがつかず見送りになった。夏休み東京に残ったセツラーがたまたま通りがかった大塚駅前の不動産屋で建坪一〇坪の二階家付きの土地三〇坪で四二万円という物件を見つけた。そのセツラーは不動産屋に他への売却を待ってもらい、セツラーに相談をかけた。顧問教授やセツラー家族からのカンパや資金提供で四万円、学生や教官の募金等で四万円、地域住民の募金が二万円、診療所の職員の父親から一万円のカンパをもらったりそれに診療所の貯金を加えて一六万円が資金では到底足らなかった。その時地域でセツルメント活動に協力してくれていた住民から地域に訴えてハウスを買うための相談会を開こうといわれた。八月末会場の森綿店の二階には磯野氏や学生セツラーを含めて五〇人以上が集まった。地域の五〇歳代の女性は「セツルはアカだと言う人も居るが、診療所も勉強会も親切でとてもいい。セツルの診療所のためなら私は奉加帳をつくって一軒一軒まわる。」という発言がでたりして、熱気につつまれた会合であった。集会の提案者がつれてきた地元の信用組合理事を通じて、手持ち金を預金して城北信用組合から融資を受けることができ、九月念願のハウスと一緒に診療所ができた。当時診療所建設運動の事務方の中心として奔走し、後に事務長となり、医療生協の専務も務めた足立節男氏は以下のことを述懐している。大学を出て数年でこの役をやるように言われ、一緒に活動するのも医学生や大学を卒業したばかりの医師でほとんどが二十代の若者ばかり。その後周辺の土地を少しずつ買い足していったが、金融機関や不動産会社がよく相手をしてくれたものだと。交渉の前にまずセツルメントの説明から入っていかなくてはならなかった。その説明をすると多くは趣旨に賛同してくれたり、知り合いがセツルメント活動をしていた等という話がでたりして、信用をしてもらえたという。開設者としてそれまで本郷真砂町の実費診療所の所長で、セツルメント活動を援助してもらっていた中村英彦氏が就任した。中村氏によると学生セツラーが診療所へ何人か訪ねてきて直接頼まれたこと、地域でのセツルメント活動の評判をきいていたこと、メーデー事件等の時代の状況のなかでこれしかないとの気持ちの中で決意したとのことである。学生セツラーは当時氷川下地域で住民活動をしていた作家の野間宏氏から、氏の文学仲間であった中村英彦氏を紹介され訪ねるようにいわれていた。こうして大塚診療所の出張所から名実共に診療機関として独立し、地域に責任をもった診療ができることになった。学生セツラーの活動拠点もできて、初めて地域にセツルメントすることが出来た。この時診療所の事務長であった足立氏は、開設にあたり小石川医師会に会長を訪ねたところ、医師会長の親族が戦前にセツルメント活動を行っていたとのことで開設を快く受け入れてくれたという。一方で歯科開設について地元の開業医から歯科医師会に苦情が持ち込まれるというようなこともあった。一階が診療所、二階がセツルメントハウスとなった。これに先立ち七月に氷川下セツルメントの組織をつくる会議がもたれ、その後組織運営の中心となる中央委員会が結成され、そのもとにセツルメントを構成する各部がおかれた。

九月の第一回氷川下セツルメント総会では診療所はセツルメントの診療部の一部と位置付けられており、これは診療所の職員が自分たちはあくまでもセツラーであり、診療はセツルメント活動の一環であるという認識を強くもっていたことによる。セツルメント活動とは学生のものだけではないという意識である。一二月の第二回総会では、学生による診療部と診療所に分かれ独立した部としてセツルメントを構成し、診療所も学生セツルメントと同等に代表を選出し、それぞれ活動報告を行っている。

一九五四年の活動を見ると診療所の方は、念願の診療所が確立したことにより、医療活動が拡大して行く。一日患者数が百人を超し、往診も増え、臨床検査設備も拡充し、歯科用機械も整備された。この体制を支えるため、医師四、インターン三、看護師四と人員も増えた。また診療所はみずからの医療活動のための綱領をつくった。この年七月日医大セツルメントが中心の診療部に医科歯科大学からも学生が活動に参加するようになり、翌年には女子医大の学生も参加してきた。一方診療部の学生セツラーは活動が診療の助手的な役割が増え、臨床検査などを手伝うようになったが、地域に出ることが少なくなった。地域に誰でもかかれる医療機関を作るということの第一歩はできたが、学生の役割は何かということが打ち出せずにいた。地域にとって重要性を増し、患者が増えていく診療所の医療活動を手伝うということは、それとして意義がある。診療以外にも日雇い労働者の健康調査、伝染病についてのポスター作り、産児調節講演会、黄変米問題、小児まひ生ワクチン闘争などへ、診療所と共同しながら取り組みを行っている。学園祭にも参加しセツルメント活動の報告を行い、結核患者のケースワークなども取り組み始めたが、単発的な取り組みという感覚が残り、学生セツラーの継続した活動をしたいという気持ちが残ったようである。

一九五五年一月以降恩方村（八王子市）や埼玉県秩父での医療工作隊への参加、労働組合での歯科検診や地域での集団検診などを行っている。恩方村へは医師の他に四人のセツラーが参加し、都市部とは異なる農村部の医療、衛生状態を目の当たりにし、在宅結核患者や、出産前日まで畑仕事をしていた妊婦などの報告を行っている。セツラーも中心を担ってきた日医大の他に東医歯大医学部、歯学部、付属看護学校の他に開設間もないまだ一年制の東医歯大歯科衛生士学校などからの参加があり、一〇月の医学生ゼミナールへも氷川下セツルメントとして参加している。この年一月には氷川下セツルメント発足に大きな役割を果たした本郷健康文化会が本郷診療所を開設し、一〇月には菊坂セツルメントが診療所を開設している。

一九五五年一二月の総会で氷川下セツルメントの中心であった中央委員会が解散した。一九五六年六月の総会後これに替わり連絡協議会（連協）がつくられた。五五年五月の規約では、氷川下セツルメントを構成する部として、診療所、診療部、児童部、生活部、歌う会、法律相談部となっている。その後一九五七年九月の「らしんばん」に、保健部の活動目標について、保健部の理論について、集検についてという保健部からの文章が出されている。ここで初めて保健部の名称が出てくる。保健部への名称変更の理由は詳らかでないが、診療所の職員はその後もセツラーとして連絡協議会へ出席している。学生は診療の手伝いでなく、もっと自立した地域活動をしたいということで、保健部としたのではないだろうか。この頃保健（診療）部のセツラーも少なくなっており、活動も集団検診だけであると他部から指摘されている。これが保健部名で出された最初の文章のようである。五八年六月の規約では、栄養部、児童部、法律相談部、保健部、診療所となっていて規約上で明記された最初である。

この当時地域に根づいてきた診療所は一日あたり百二十人（一九五五年）をこす患者が来るようになっていた。これらの地域からの信頼と要求に応えるために、どのような診療所にしていくか今後の方向が論議されていた。一九五四年一〇月に厚生省等により健康都市協議会がつくられ、対象の地域として幡ヶ谷（渋谷区）、赤羽（北区）とともに氷川下がえらばれた。これに関わっていこうという話もでた。五五年四月に輝峻義等氏を招き、地域住民とともに講演会をおこなった。そこで同氏は縦割りになっている臨床医学や、医療に対し、横断的に地域に入る衛生学の役割を強調した。入院設備がなければ、地域の家庭を病床と考えればよいという話に、我が意を得た職員もいた。五六年六月の総会の診療所報告では、これからの方向として、病院化するか地域の健康センター的なものにするか、二つの道があると述べている。

三　保健部としての出発と中断

一九五六年四月に診療規模の拡大で設備的に限界に来ていた診療所は、拡張建設実行委員会を作り趣意書をだした。九月の児童部総会でセツルメントに正式に申し入れされた。前年の改築は土地が見つからず中断したが、今回は隣接地を買収できたことから、旧ハウスを牽引して移築し、空いた土地に診療所を新築することになった。

一九五七年三月新築され有床化（ベッド七床）した診療所で外科も開設することができた。旧ハウスは一、二階とも学生セツラーが使用できるようになった。この開設前一月に診療所から学生セツラーとの関係について、話し合いが提起された。人格なき法人として出発してきた診療所であったが、セツルメントの中では一つの部となっており、中央委員会やその後の連絡協議会に診療所の代表が学生と同等に出席していた。しかし診療所が拡大し職員も増えてくると、診療所の所有のあり方や維持管理、経営などについても検討が必要になる。事業体としての氷川下セツルメント診療所と、運動体としての学生セツルメントとを一体的に運用できるかということもいろいろ検討された。診療所の職員は自分たちは専従セツラーであるという認識の一方、学生セツルメントの経験が無い職員も多くなっていた。診療所から連絡協議会への代表の選任にあたり、管理者から選ぶか労働組合から選ぶかで決まらないこともあった。さらに診療所にはその規模が拡大するなかで、土地、建物の所有のあり方についても人格なき法人では対応しきれなくなっており、どのような法人形態が望ましいのかということもあった。一九五七年一月新診療所の工事に関連して、再度ハウスの移動を要請された学生セツラーは、ハウスの存続に危機感を抱いたことで、診療所と学生の間でオールドセツラーを含めて協議がもたれた。そこでセツルメント全体を法人化し、その理事会に学生セツラーが入るという提案がなされたりしたが、この段階ではさらに法人化の研究をするということに留まっている。

一九五八年五月全セツ連大会で「生産点論」につながっていく「藤岡テーゼ」が出された。これは後に保健部の存在に大きな影響をあたえる。一九五八年一〇月それまでなかった児童部との合同合宿が山中湖で行われ、両部で四七名が参加している。また地域での活動は社会の動きとつながっており、セツラーも様々な政治課題や平和運動に取り組んでいる。セツラーは地域や社会に対し種々の働きかけを行っているが、同時にまわりの状況から多くの影響を受けている。地域生協や診療所、その他の諸団体とともに学生セツラーも社会的運動に取り組んできた。しかしこれらの課題では政治的な行動が必然的に要求される。そのたびにセツラーの間ではもっと社会に関わっていかなくてはならないというグループと、地域活動に専念すべきだというグループに分かれた。時にはセツルメントをやめる原因になったり、大学からの干渉を受けることもあった。当時全国で問題になった事件のいくつかに、氷川下セツルメントがどう関わったか、別項で触れてみたい。

一九五八年一二月文京セツルメント労働部が、菊坂セツルメント、八千代町セツルメントを含めて結成され、氷川下セツルメントから四名が参加している。一九五九年一月連絡協議会のなかで保健部内で氷川下の総会決定と異なる労働部の活動があることが報告された。連協では労働部と保健部の関係は、これは保健部内部の問題であるとされ、労働部とは別に氷川下保健部は従来通り活動を続けるということになった。一九五九年五月全セツ連大会で「藤川テーゼ」(生産点論)が提案された。労働部に参加したセツラーも皆が「生産点論」に賛同したという訳でなく、当時の記録でも労働部のなかから「生産点論」への批判もだされたりしていた。

同じ五月地域の「今晩会」や法相部がすすめていた運動から、南京虫対策協議会(南対協)が発足している。この地域は印刷の町として紙を大量に扱うことから、南京虫の発生に悩まされてきた。南対協のなかで学生セツラーも一定の役割を担うことになる。また医科歯科大医動物学教室の協力を得て、南京虫の生態を調べたり、効果的な殺虫剤を選ぶ実験を行ったり、大学から講師をよび住民向け講習会をおこなったりしている。

六月連絡協議会に保健部より氷川下セツルメント労働部新設の提案がされた。ここでは一応論議はされたが、つくりたい人がつくるという雰囲気のもとで提案は認められた。保健部のセツラーがおもに労働部に移り法相部、児童部からの参加もあった。保健部としての活動も続けるということになっていたが、その活動は行われず保健部の機能は停止した。この動きの中心となっていた、元セツラーの浦田祐吉氏が板橋区の労働セツルメントに移動、日医大の学生セツラーもこれに同調して移動した。板橋セツルメントはその後全セツ連に加盟している。東医歯大からのセツラーもいたが氷川下での活動を引き継ぐということもなく、氷川下セツルメント保健部は六月に一旦活動を停止する。氷川下の他に江戸川橋などでも活動していた日医大セツルメントは、大学からの制約を受け学内のセツルメントとしては活動を停止する。以後日医大からの学内セツルメントとしての組織的なセツラーの参加はなくなった。

四

保健部の再建

一九五九年医科歯科大の学生であった北原暢乃氏は、公衆衛生学教室が中心に行っていた水上生活者の調査活動に参加していたが、単なる調査に物足りなさを感じていた。賀川豊彦のセツルメント活動を知り、戦前の東大セツラーであった生理学教室の勝木保次教授や内科学講師であった藤森岳夫氏にセツルメントの話をききにいった。藤森氏の学生時代は既にセツルメント活動は解散させられていたが、詳しいセツルメント活動の話を聞くことができ、近くのセツルメントとして氷川下の紹介を受けた。藤森氏はその後医科歯科大の学生セツルメントの顧問になっている。一一月に北原氏は一年先輩の榎本稔氏らと氷川下を訪ね、内田徹夫氏から氷川下の歴史や活動についてきくことができた。この時内田氏が連協の議長と連絡をとり、一二月の第一四回総会に参加し傍聴することができた。女子医大でも全国医学生ゼミナールへ参加した学生からセツルメント活動に参加したいという声があがっていた。一九六〇年一月に内田氏らの仲介で須田朱実枝氏を中心とした女子医大生に呼びかけて、東医歯大で氷川下セツルメントに参加するための話し合いがされ、両大学および東医歯大付属看学の三〇人近い学生が集まった。セツルメント側からは内田氏の他に他部の現役セツラー、全セツ連事務局、生活と健康を守る会会員等が参加し、学生セツルメントや保健部のありかたなどについて論議した。一月末に他部との交歓会（新保健部をかこむ会）をもちいったん中断した氷川下セツルメント保健部は東医歯大とその付属看護学校、および女子医大の学生約三〇人のセツラーをえて、六月の総会で承認されて再建された。再建保健部は集団検診グループと乳児検診グループに分かれ、九月には環境衛生グループをつくった。一一月には神戸での医学生ゼミナールで「南京虫駆除についての公衆衛生学的研究」と「都市における保健活動の進め方」を発表している。

一九六一年四月再建保健部は各大学で新入生へのオリエンテーションへ積極的な参加を行い、多数の新人セツラーを迎えた。この再建保健部では三つのグループに分かれて活動をしている。集団検診グループは月一回の集団検診を住民向けに診療所の援助のもとに行い、学習会や結核のケースワークを行っている。また地域で東医歯大の教授に結核の健康管理の話をしてもらったりしている。当時自治体による集団検診は行われておらず、集団検診と言えば学校検診か、ある程度以上の規模の企業でしか行われていなかった。地域住民への検診は多くの受診者があった。後には生協組合員やセツラー、わかもの会向けなどの集団検診もおこなっている。乳児検診パートは以前の保健部でも一九五九年から検診を行っていた。保健所の乳幼児検診などども十分でなく、地域で行う乳児検診でも受診者がおおくいた。場所は安閑寺（江戸時代から続く古刹）で、ここの住職にはセツルメント初期からさまざまな協力をうけた。保健部再建後は地域のあゆみ保育園とも連携し、栄養部も参加し乳幼児の栄養相談も行うようになった。環境衛生グループは南対協にも参加し、東医歯大医動物学教室の協力のもと、南京虫についての学習会や殺虫剤の選定のための実験などを行っている。南京虫駆除が南対協中心になり区より補助を受けるようになるに従い、環境衛生パートはその活動を終了していく。ただし南京虫駆除は以後も氷川下地域では重要な活動として区の補助を受けながら、八〇年代まで続いて行き保健部以外のセツラーも参加している。

五　医療生協の出発

一九五三年五月に地域の協力者の民家の一隅で、大塚診療所の出張所として診療開始をした氷川下セツルメント診療所は、九月に念願の診療所をとなることができた。この時は「人格なき法人」として出発したが、これは法的には個人所有と変わりのない診療所であった。地域住民の支持を得、その要求に応えるとともに、診療所への希望や要求が広がってくると、患者数が増え診療規模を拡大する必要がでてくる。医療従事者も増えてくると、土地建物の所有形態や運営方法、地域住民との関係などでどのような運営方式がよいのか検討が必要になった。設立の経過と診療所の職員にセツラー出身者が多くいたことなどから、地域には自分たちの診療所という気持ちが強かった。これは地域に根付く医療機関として医療を共同ですすめるということではおおいに望ましいことであるが、その運営への注文も強いといえる。常に患者があふれており手狭な診療所は増築、改築を繰り返してきた。地域の中核医療機関として役割が高まってくると、医療内容への期待も高まり、より高度な検査機器なども必要になってくる。そのようなおりに増改築をおこなう資金をめぐって収益を隠しているのではとか、地域に十分還元していないのではという声がでたりした。ある時管理運営についての話し合いの場で診療所長が地域住民に、セツルは本当に地域を信用しているのか、本当ならば診療所の実印を預けることぐらいできるだろうと言われ、預けてしまうということがおきた。それを聞いて内田徹夫氏があわてて取り返しにいったところ、地域とは全く関係のない本郷の人物が持っていたということがあった。五六年一二月の総会では診療所から一日約百三十人の患者で、二年前に較べると二百六十％増と報告されている。学生セツルメントからはじまった診療所であったが、一九五七年三月入院設備（七床）を持つ診療所となると職員も増えて、外来患者は二〇〇人が受診するようになった。この改築前、既に小石川医師会（個人開業医の団体）のなかで保険請求数が一番多くなっている。学生セツルメントとの関係についてもその役割分担をどのようにするか明確にする必要が生じてきた。税法上の「人格なき法人」では結局のところ個人所有ということになる。当初学生も理事となりセツルメントとして公益法人なることを目指したが、医療法人制度が出来て以降、公益法人では医療事業が行えないことが分かり、別の経営形態をさがすことになった。とりあえず一九六〇年六月開設当初行っていた労働組合管理方式を再びとり、労組は就業規則とともに労働協約を制定した。法人化研究会をつくり種々検討の結果医療生活協同組合をめざすことになった。当時都内には戦前の産業組合法にもとづく中野総合病院（中野区）と多摩相互病院（八王子市）を除くと、戦後の生協法のもとでの医療生協は小さな無床診療所しかなかった。前例の少ない医療生活協同組合の病院として認可を得るまで時間がかかったが、一九六一年一一月医療生協創立総会を行い（八九一名参加）、地域の診療所として確立された。経営形態が協同組合であるため、地域住民は希望して比較的少額の出資金をだせば組合員となれた。組合員は班を作り、議決機関である総代会へ意見を反映させることができる。医療生協理事会へも住民代表となる理事が選ばれている。かっては氷川下セツルメントの運営機関である中央委員会や連絡協議会へ診療所の代表が専従セツラーとして参加していた。医療生協の創立総会の名簿には学生セツラーの名前は無かったが、ハウスや診療所の建設に際し、学生セツラーからの資金や運動は大きな役割を果たしていた。医療生協設立を進めてきたオールドセツラーには、セツルメント活動の意義のためにも学生セツラーを管理運営の場に参加してもらいたいとの意向が強くあった。第一期の理事には北原暢乃氏（第二期には監事）、第三期には西納瑞枝氏（お茶の水女子大、五期まで）が理事として参加しているが、理事会への参加はあまりなかったようである。恒常的な参加が求められる組織に、入学しやがて卒業するという学生の立場からの参加は難しかったとおもわれる。しかし診療所の歴史を知る職員は、自分たちはあくまでも現役セツラーでありセツルメント活動は学生だけが行うものではない、という認識をもっていた。卒業後大学等に身分をおきながら診療所で診療や手術をしに来る医師なども、広くセツラーとして遇してきた。五三年地域の住民運動や労働運動から出発した医療機関の多くが六月に全日本民主医療機関連合会（民医連）を結成した。氷川下セツルメント診療所は自分たちは全セツ連に結集しているという認識のもとで、民医連には加盟していなかった。医療生協創立総会で民医連参加の議案が提案、承認され民医連結成八年目でこれに参加している。

出資金を一口以上払って組合員になることは誰でも可能である。セツルメントの学生によってはじまった診療所は、その後も多くの診療部、保健部の学生が卒業後そこの職員になっている。しかし診療所が医療機関として経営基盤を確立するに従い、学生セツルメントに対し独立性が強まっていった。一九六二年六月には診療所が改築増床し氷川下セツルメント病院（三六床）となる。保健部は保健部出身の元セツラーが医師や職員におおくおり、地域検診やケースワーク活動などで物心両面の援助を得ていたため、病院との関係は強く残っていたが、他の部はハウスを通じての関係以外接点は少なくなっていった。

六　再建後の保健部

一九六二年四月、前年に続き、各大学で積極的に新入学生へのオリエンテーションに参加した保健部は、多くの新人セツラーを迎えた。この夏休みに保健部単独でオールドセツラーも参加して合宿がもたれた。場所は東医歯大霞ヶ浦分院（旧医科歯科専門学校予科校舎）で、参加した学生は東医歯大医学部、歯学部、付属看護学校、東京女子医大である。

一九六三年五月には地域の保育園から乳児検診と健康管理の要請があり、園児の月一回の検診を行うことになるが、地域の乳検は行われなくなり、乳検パートは終了する。

一九六四年以降、地域の集団検診活動だけとなり、セツラーが減少していく。集団検診も一九五〇年代には多くの地域中小企業が参加していたが、セツラーが組織するものは徐々に減っていった。学生セツルメントとしての活動について、何をするべきか分からなくなっていた。医療面では病院があり、セツルメント草創期のような要求は学生に対して無かった。「医療とは」ということで地域から学ぶということは一貫してあり、また地域での様々な運動の一翼をになう役割はあったが、保健部として地域に何をするかが見つからなかった。

六五年氷川下病院のオールドセツラー医師からのアドバイスをうけ、高血圧疾患のケースワーク活動を始める。産業構造や経済そして国民生活の変化は疾病構造も変化させていった。それまでの結核や伝染病のような感染症で亡くなることは少なくなり、いわゆる脳卒中、がん、心臓病が三大死亡原因と言われるようになってきた。このうち脳卒中、心臓病は内科的慢性疾患管理が重要とされ、これらと密接な関係のある高血圧患者の定期的健康管理が注目されるようになった。そのためには健康を生活の場で追跡していくことが重要であった。病院の高血圧患者には地域でセツルメント草創期からかかわってきたひとたちもいた。学生セツラーが継続して地域に入るためにはうってつけであった。セツラーは病院から紹介を受け、血圧計とノートをもって地域に入り血圧測定や健康状態を記録するとともに、住民のたどった生活歴を聞くことも多かった。ケースワーク活動は以後保健部の活動スタイルとして最後までおこなわれている。この時期それまでの大学のほかに、東大医学部、女子医大付属看護学校からの参加があった。この年から毎年夏休みに保健部合宿を行うようになった。

六六年氷川下セツルメント全体で多くの新入セツラーがあり、保健部も多くのセツラーを迎えた。活動は高血圧のケースワークに集団検診、南京虫駆除の手伝いなどで、この時期はパート別には分かれなかった。集検は年二回となる。地域活動以外に各種学習会、合宿、全セツ連大会への参加や、学園祭、平和運動、学生運動への課題に取り組んでいった。ケースワーク活動では対象者ではじめから独居であったり、配偶者を亡くして独居となった住民が施設へ入居していくケースもあった。これは介護福祉について学習をおこなったり、多摩地区の老人ホームへの見学のきっかけになったりした。

六七年以降学生運動の高揚とともに多数の新入セツラーを迎え入れ、参加する学校も多種にわたるようになった。地域での保健部の活動は、氷川下セツルメント病院の名前を出すことで住民に受けいれてもらえやすいが、学生にとって病院のお手伝い感覚がつきまとった。学生は何をすべきか。大学あるいは専門学校の教育では知識と技術習得がほとんどということから、地域が学校であるといわれた。そして住民と交流しながら、将来の医療従事者として生活を見る目を養う、医療制度、医療政策を学習をするということが強調された。氷川下セツルメント病院に残ったオールドセツラーの職員からは多くの協力を仰ぎ、医療現場の生の声を聞くことができた。すでにセツルメント草創期の話は伝説になっていた。

六八年六月第一七回全セツ連大会が教育大でおこなわれた。主管セツルとしてまた都内唯一の保健部であった氷川下保健部は分科会の議長となったが、全国の保健部との事前討議もほとんどできず、分科会の運営のために夜遅くまで議事の調整に走り回るということもあった。この年以降保健部機関紙「あしぶえ」は途絶えている。

ここで東京および近県の全セツ連に加盟していたセツルメント保健部についてふれておきたい。冒頭にふれたように第二次大戦後の学生セツルメントは東京大学セツルメントから出発した。その後の保健部のあるセツルメントは関東では群馬、寒川（千葉）、古市場（川崎）、清水ヶ丘（横浜）があげられる。東京大セツルメントの医学生は一九五〇年には亀有、大井、葛西、川崎、菊坂で診療活動を行うが、活動の場が広がりすぎたため一九五二年大井、葛西でのセツルメント活動を中止し残りの地域に集中することになった。六五年頃に菊坂セツルメントでは診療所と学生の間で活動方針をめぐって対立が生じ、学生の活動は終了する。亀有セツルメントでは東大セツルメントの医学生の参加がやがてなくなり保健部としては終了するが、法相部等はその後も活動を継続している。古市場セツルメントは八〇年代まで活動を継続している。三カ所とも診療所としては現在もセツルメントを名乗って診療活動を行っている。東大セツルメントへの医学部生の参加は六〇年代中頃で終了するが、氷川下セツルメント保健部には六〇年代中頃より散発的に一九八〇年代まで参加がみられた。

六九年第一回氷川下祭典実行委員会に参加する。六五年末より東大医学部から始まったインターン反対闘争は、全国の大学や他学部に広がり「大学闘争」と呼ばれるようになる。いわゆる「全共闘」方式がひろがり、大学封鎖が行われ始めた。東医歯大でも六八年から翌年にかけて「全学封鎖」が行われ様々な実験や貴重な研究が中止されたり、破壊された。東医歯大学生自治会室の保健部ロッカーに保存されていた資料や機関誌も行方不明になったままである。

学生運動の高揚とともに保健部に参加する学校も多岐にわたるようになった。それまでの東医歯大医学部、歯学部、付属看護学校、女子医大、東大医学部、の他に栄養大、文京女学院（当時）、都立公衆衛生学院、聖母病院付属看護学校、都立豊島病院付属看護学校、日医大などが単発的に参加している。

六九年に始まった氷川下セツルメント病院の鉛中毒に対する検診活動には、保健部の他に法相部も参加して、学習会や印刷工場へ検診のおさそいなどを行っている。

病院から紹介された高血圧の患者さんを中心に、ケースワーク活動を行っていたが、七一年にはフロンティアパートと工場パートに分けた。前者は地域の零細な印刷関連工場を対照にケースワークを行い、後者が集団検診活動を主に行っていった。ナンキン虫駆除も行われており、工場パートが参加した。

六五年に鉄筋四階建てを増築し四七床の病院となっていた氷川下セツルメント病院は早くも設備規模が限界に達していた。特に新人の医師の研修を行うためには決定的に設備がたりなかった。そこでセンター病院構想が六九年にだされ、移転するための土地探しが行われたがなかなかみつからなかった。七三年には「センター病院建設計画案」を発表する。七四年には東京民医連の、所属するブロックのセンター病院となり、研修機能は必須となる。そのための土地探しは結局見つからず、現地での拡大方式をとらざるを得なくなった。一九七四年末工事開始により旧診療所の木造部分とハウスが取り壊されて、独立したセツルメントハウスは終了した。

七六年狭い土地での工事や近隣からの反対運動、工事妨害などもあり病院の増改築はかなり遅れたが、一〇四床の新しい病院ができた。これに伴い病院地下の入院食のための厨房と、職員のための食堂のスペースの半分ほどがハウスとされたが、保健部の学生が時に使うこともあったが、他部のセツラーはほとんど使わなくなった。

八一年四月関セツ連代表者会議に保健部として参加する。

八二年東京健生病院の完成により、氷川下セツルメント病院は一部の慢性疾患の病棟となり、その後中断していた歯科も開設された。セツルハウスとして空いていた二階の部屋を提供することになったが、学生セツルメント側では借り入れ契約を行うまでには至らなかった。

八四年全セツ連では分野別連絡協議会（連協）が組織され、保健部連協が出発する。この年開かれた関東交流集会では他セツルメントの保健部と交流を持ちたいとのことから、九月に合宿がもたれている。この時は氷川下の他に清水ヶ丘、川崎（古市場）、群馬が参加している。ここで各保健部のかかえる問題の共通性と、対応の違いなどが討議され、月に一度の幹事会をつくり、半期ごとの保健部連協開催などが話し合われている。氷川下セツルメント保健部では、保健部ひまわり班として定期的な高齢者へのケースワークを行っている。他に医療生協の住民検診に参加したり、地域でのお花見や、夏の祭典に参加している。

八六年最後の保健部セツラーが卒業した。日医大の学生であった。

氷川下セツルメント保健部の卒業生はその後どうしているか。セツルメント診療所や東京保健生活協同組合の医療機関に多くが入職している。東京保健生協が加盟している、全日本民主医療機関連合会の医療機関にも多く入職している。その他大学教員、病院勤務、個人開業、保健所勤務、福祉施設等様々な分野で活躍している。

保健部には医療系以外にも、お茶の水女子大、栄養短大などからのセツラーがいたことも付記しておく。

七　地域、診療所（病院）、セツラーの運動

セツラーは地域に入ってその専門分野を中心に、地域要求を実現するためのさまざまな活動を行っていく訳であるが、全国的に展開される運動にも地域から参加していった。そのうち医療や健康に関するものについて代表的なものにふれてみたい。

（一）黄変米事件

戦後の食糧難の時期に大量の米が輸入されたが、一九五一年一二月輸入のビルマ米から三分の一がカビに汚染された有害な米（黄変米）が見つかり配給停止になった。厚生省（当時）は黄変米混入率基準を一％以下とし、それ以上のものを移動禁止とした。その後も輸入米から次々と黄変米が見つかり、その在庫をかかえていた農林省（当時）は一九五四年規制基準を三％にゆるめて、一部地域で配給した。氷川下でも黄変米が配給されたことが判明した。この時厚生省の担当者は基準緩和に反対した。朝日新聞がそれをスクープして全国的な反対運動がおきた。政府は基準を緩めるにあたり、黄変米の危険性は化学的に解明されていない

からといった。当時診療所では反対運動すすめるとともに、実際にマウスにそのカビを与えてその影響を調べたりした。この実験をめぐり一診療所のこのようなデータが信用できるのかと、日医大新聞が書いたり、既に配給されて食べられているものだから、経過をみればいいなどとセツラーのあいだでも様々な反応があった。この事件はその後に繰り返される食品添加物や薬害などの事件に驚くほど似ているところがある。

(二) 小児まひ(ポリオ)生ワクチン闘争

ポリオは日本では年間一五〇〇〜三〇〇〇人ほどの罹患者を出して流行をくりかえし、後遺症として四肢の麻痺をのこし、死亡することもあった。ポリオは有効な治療法がなくワクチンによる予防がきめてとなる。すでにアメリカ、カナダ、ソ連(当時)等はワクチンを開発投与して流行をくいとめていたが日本では麻疹や赤痢、日本脳炎などの方が発生率が高く、あまり関心をあつめず研究者も少なかった。日本にはほとんどワクチンもなかった。五九年青森県八戸市で局所的な集団発生があった。この時現地の岩渕謙一医師が住民の要請を受け、初めてソ連からの生ワクチンの寄贈を受け青森県ではその流行をくいとめた。当初厚生省はワクチンの検査ができないとしてその使用を認めず、住民の強い要請を受け青森県も予算を組んだことからその使用をようやく認めた。しかし翌六〇年北海道から全国に五六〇〇人をこす大流行となり、死亡者や多くの後遺症を残した。患者の大部分は五才未満の子供である。全国的流行に母親を中心として医療人などと「小児マヒから子供を守る中央協議会」がつくられ、六〇年一二月文京医療生協(当時)もこれに参加した。氷川下地域の母親たちはこれらの運動に積極的に参加していった。六一年六月一〇日この日も何度目かの厚生省交渉に行くことになった。学生セツラーであった北原氏は同行し、一〇数人の母親たちは子供連れで行きなれた大臣室にゆき陳情をくりかえした。当時は入り口で大きな制約は受けなかったという。担当官は今日は大臣は留守で帰って来ないという。母親たちは夜明かししてでもここで待つということになり、北原氏は後を母親たちに任せて帰ってきたが、その翌日生ワクチンの緊急輸入が決定された。これは早速効果をあらわし、それ以降ポリオの流行は途絶えた。このような運動の一方で、ある国立大学の小児科学教授はポリオで生じるマヒよりも交通事故原因のマヒの方が多いのに何を騒ぐのか、という発言をしている。後年都立児童相談センターに赴任した北原氏は厚生省の薬事担当者から、薬の使用は本来治験をおこなって承認されなければならないのに、あの運動は薬事行政を混乱させたといわれたという。その担当者はみずからポリオの後遺症をもっていた。緊急時にどのような決断をするか、いわゆる政治的判断が必要という時に、数字や法的条文だけで個々人の生活が見えないということは悲惨な結果を招くことがある。

二〇一二年わずかであるが生ワクチンによる発症があるため、改良された静菌ワクチンに切り替えられた。

(三) 老人医療費無料化運動

一九六七年文京医療生協(当時)が加盟している東京民主医療機関連合会(東京民医連)が、制度があったがあまり活用されていなかった老人健診に積極的に取り組んだ。医療生協はその健診後の追跡調査を行ったところ、要治療や要精検者の受診が少ないことが判明した。当時は五五歳定年がおおく、定年後の勤労者や自営業者はほとんどが国民保険で医療費は五割負担であった。医療費が受診の壁になっていた。すでに岩手県沢内村(当時)の経験もあり、東京でも老人医療費の無料化運動がはじまり、医療生協もその先頭に立った。革新自治体の成立もあり、一九六九年東京でまず七〇歳以上の自己負担無料化が実現し、大阪、京都などの革新自治体を中心に全国に老人医療費無料化がひろがった。これにおされ七三年国の施策として無料化が確定した。その後東京では六五才まで無料化年齢が下げられた。

八三年老人保健法が施行され、老人医療費無料化はくずされ年々改悪されている。

（四）鉛中毒、排ガス規制運動

印刷の町氷川下ではまだ活版印刷が多い当時、鉛中毒の危険性が常にあった。一九六九年その検査のため原子分光吸光度計を病院で購入した。地域の労働者の健康診断に血中鉛の項目を入れる予定であったが、異常が見つかった場合の対応を考え、中小零細な印刷工場の経営者からはむしろ敬遠されていた。

おなじその時期に自動車エンジンアンチノッキング剤としてガソリンに添加するため輸入されていた四アルキル鉛による中毒事故が発生した。四アルキル鉛を運んで来た船の船倉を清掃していた労働者四名が中毒により死亡した。排気ガス中にこのような有害物質が含まれていることが判明し、自動車排気ガスによる大気汚染がクローズアップされた。氷川下セツルメント病院は原子分光吸光度計を使って排気ガス中の有機鉛の検出を行い、大気汚染反対運動の中心となり全国的に注目を集めた。それまでの主として工場などの廃棄物から生じた大気汚染とは異なり、予期しない汚染源であった。自動車排ガスによる大気汚染は生活排水などによる環境汚染などと共通するものがある。この排ガス規制に対応した日本の自動車メーカーは技術的な優位性を持つようになる。その検出を最初におこなった牛込柳町は当時排気ガス汚染のシンボル的な存在になった。


（執筆・担当　会沢　智也）

第六章　全セツ連と氷川下セツルメント

一　セツルメント運動の再開と全国セツルメント連合の結成

第二次世界大戦後のセツルメント運動は、東大（川崎、亀有、菊坂、北町）、氷川下、愛宕（＝水天宮）、江戸川、上野、九大（のち福岡と改称）、大阪、京都、名古屋、信州、横浜、宇都宮、仙台総合、有朋寮（のち鹿野と改称）、札幌など各地のセツルメントによって全国的に展開されていった。

そうした中でセツルメント連合結成への機運が高まって行った。一九五四年一〇月六日に東大セツルの呼びかけで第一回の関東セツルメント連合（以下「関セツ連」と略記）準備会が開かれた。結成に向けて事務局（東大セツル、氷川下セツル等四セツルによる）等が設置され、その結成総会は、一九五四年一一月一四日、東京教育大において一五〇名のセツラーの参加のもとに開催された。結成総会には九州大学や各種民主団体・個人から祝辞、祝電、便り等が寄せられるなど、大きな期待が寄せられた[注1]。一九五五年六月一九日の第二回関セツ連総会において、関セツ連の結成が各セツルに多くの力を与えたことが確認され、更に地方セツルからも全国連合への強い要望も出された。翌二〇日、全一五セツルの代表二七名が参加した全国セツルメント代表者会議において、全国セツルメント連合（以下「全セツ連」と略記）結成への完全な意志統一がされた。

一九五五年一一月二七日、全国二六団体一五〇名が参加して全セツ連結成大会が東京教育大で開催され、ここに全セツ連が結成された[注2]。関セツ連は発展的に解消した。全セツ連は全国のセツルメント（及びこれに準ずる団体）の連合体であり、加盟団体の経験、資料の交換をなす機関である、と位置づけられた。なお地方セツルからは、政治活動的なものに引っ張っていくのではないかとか、関セツ連が引っ張っていくような形になるのではないか、といった危惧が出されたという。全セツ連書記局は各分野の実践をまとめた『同じ喜びと悲しみの中で』（一九五七年刊・三一書房）を刊行するなど活発な活動を展開した。また五六年一一月には、川崎、亀有、氷川下、寒川、清水ヶ丘の各セツルが参加して関東ブロック栄養部会が結成された。

氷川下セツルは関セツ連、全セツ連結成の中心的存在として大きな役割を果たした。ことに児童部においては「最重要な立場」にあった。それは、地域的な結びつきが他セツルより強く、セツルとしての力が強いという評価がなされていたこと、ウィーンアピールにもとづく署名運動等の活動を通して、さらに全国のセツルとのつながりを通して、当面の困難さを打開しようとしたとも考えられること、地理的な位置、等による。しかし当時の氷川下セツルは活動の困難さに直面しており、セツラーの全セツ連に対する関心はそう高くはなかったようである。

（注1）「一九五四年五月には全日本学生平和会議においてセツルメント連合結成が呼びかけられている。第二次大戦後の学生セツルメント運動は、学生運動と結びついて展開されていった。」（三村正弘「学生セツルメント運動の理念と課題」愛知県学生セツルメント連合書記局『季刊せつるめんと』創刊号一九六九年四月　一二頁）

（注2）第一回と第二回の全セツ連大会の様子は、西内潔「現代学生セツルメント運動の特性と傾向」（『社会事業』三九―八　一九五六年八月）には次のように記されている。第二回全セツ連大会は一九五六年五月二七日に東大で開かれ、三四団体約二三〇名が参加した。第一回大会では、勉強会、子供会、法律相談、生活改善、保健衛生、レジの六部会が、第二回大会では、勉強会、子供会、法律相談、栄養、保健衛生の五つの部会がもたれ、実践報告や検討、セツルメント運動の性格や方向についての論議、学業との両立等の悩み、等について話し合われた。（生活改善部会は栄養部の部会―引用者注）また同論文は、「現在わが国の学生セツルは六〇施設といわれている」と記している。

二

生産点論争と氷川下セツルメント

(一) 平和をめぐる問題

第二次世界大戦で日本は世界各国に甚大な被害を及ぼしたが、日本国民自身も大きな犠牲を払うことになった。戦後の日本にとって平和を守ることは国民の生活を保障する最大の担保であり、セツルメント活動においても重要なテーマであった。一九五一年の東大五月祭に出版された『同じ喜びと悲しみの中に』の冒頭文は、セツルメント運動は「単なる社会事業、慈善行為ではない。何故なら吾々は大学にとじ込められた生活を生きた社会に開き、その現実に入って吾々が果さなくてはならぬ問題を正しくとらえ、それを行動にうつすことであるから(ママ)、その問題とは明らかに『平和を守ること』である。戦争がいかに吾々の生活を破壊するかは、つぶさに体験した所である。再び吾々は『わだつみの悲劇』をくり返してはならない。この故にこそ、平和を守ることにセツルメントの意義と課題がかかっている。そこで吾々は真に人間として平和を愛し、苦しむ人の為に献身的につくす人々と、その主義にとらわれず共に仕事を続けて行くであろう。おそいかかる生活の苦難打開の為の吾々の活動が明るい社会建設に資することを念願とするものである。」(『一〇年史』二五・二六頁)とした。

日本は一九五二年のサンフランシスコ講和で沖縄等を除いて独立を回復したものの、日米安全保障条約の締結によって東西対立の中で一方の陣営に組み込まれることとなり、再軍備や戦争に巻き込まれるかもしれない危険が大きな問題となった。一九五四年の第五福竜丸事件を機に原水爆禁止運動がおこり、五六、五七年の砂川闘争、五七、五八年の勤評闘争や、安保改定問題など、平和をめぐる闘いが展開されていった。

(二) 学生運動の変質とセツルの状況

一九五五年の日本共産党第六回全国協議会や五六年のソ連共産党におけるスターリン批判等は、学生運動に大きな影響を及ぼした。全学連(全日本学生自治会総連合)指導部は「層としての学生運動論」を唱え、「学生が国民各層と提携して運動を進める中で、先駆的役割を果たすことが学生運動の任務である。」と主張し、さらには学生運動を革命運動に変質させようとしていった。こうした動きはセツルメント運動にどのような影響を及ぼしたのであろうか。『一〇年史』は「学生運動の影響は、その運動に参加した多くのセツラーによってセツルの理論化を推し進めるものとして反映された。」(一六五頁)としている。この時期は多くのセツルで停滞、マンネリ化が問題になっていていた(注1)。その打開の道を探ろうとして理論化の試みもなされた。こうした状況の下で五七年から五九年にかけて全セツ連書記局から「藤岡テーゼを」初めとする一連の提案がなされていった。

(三) 「藤岡テーゼ」(注2)

五七年春の第三回全セツ連大会(以後大会名からは「全セツ連」の文字は省略)は平和運動の問題を論議し、原水禁運動推進の呼びかけを出した。同年九月、書記局は「平和擁護はセツル運動の本質的な課題である。」という主張を提起、「我々は単に子供会、料理の会をやった、大衆に触れた、というだけでは『人集め屋』が生まれるだけである。・・・組織化の目標の次元は、自分たちの生活は自分たちで守るという、民主主義の理念、政治との対決、戦争勢力への抵抗という軸がなければ成立しない。・・・平和を守る仕事は日々の各部活動と同様にセツルに於ては抜くことのできない重要な仕事であって・・・平和の観点からどの様に各部活動を展開していくかが問題である。」とした。

その上に立って、五八年五月の第四回大会で「藤岡テーゼ」が出された。「藤岡テーゼ」は「セツルの基本的目標についての思想的政治的態度について統一を進めていかねばならない。（中略）セツルが歴史的に担ってきた反体制運動の側面は単に日常活動の延長や、その結果や日常活動の余暇の問題ではなく、全く本質的なものであることにもう一度目を向けなおし、日常活動を組みたてなおしてみよう。」として「原水禁運動を成功させよう。」「社会勉強を通じてセツルの課題を探ろう。」の二つの方針案を提示する。「藤岡テーゼ」は、平和への希求をもっているセツラーが行うからといって、日常活動は平和運動ではない。それは「平和への地固めの運動」であり「いうなれば平和的運動」である、とし、平和問題への組織化として平和グループや平和委員会の結成を呼びかけた。『一〇年史』は「藤岡テーゼ」を、日常活動への批判は正しいとしても平和運動第一主義の傾向もみられ、また客観情勢偏重と受け取られて、平和運動具体化の過程で多くの混乱を生む原因となった、としている。

（四）「浦田テーゼ」と「藤川テーゼ」（生産点論）

五八年一一月の連合委員会に出された書記局の呼びかけ（「浦田テーゼ」）は、平和運動を進めるためにはセツルメント活動の名のもとに日常活動のそのままの形での継続を絶対視してはならない。それは地域転換の問題であり、働きかける対象の拡大である、さらに組織化及組織の強化を行う方向が必要である、と主張した。そして闘う力になる組織として労働者の生産点での組織、そこでの活動として労働者を対象として生産点において共闘組織、サークル、読書会等を通じて労働者の組織の強化と理論的強化をはかることが提起された。さらに診療、栄養、児童、文化等の活動もそれらの活動形態のもつ独自的な役割は考慮しなければならないが、地元という狭い固定的な概念を捨てて、より広い地域を視野に入れ、その中で考えてみなければならない、とした(注3)。

五八年には警職法闘争、勤評闘争、安保改定問題等が大きな問題となり、また一二月から翌年春にかけて、革命運動を学生運動に持ち込もうとする革命的共産主義者同盟、共産主義者同盟などが全学連指導部の主導権を握った。こうした中で開かれた五九年五月の第五回大会に提出された書記局の呼びかけ(「藤川テーゼ」)は、今後の平和運動は労働者階級の生産点での闘いを常に中心として組まなければならないとして、真に革命的な労働者の「本質的にいって闘う組織」の育成の為の下部青年労働者との結合を主張し、次のように活動形態論を展開した。

①労働者対策部は、単に労働者に接するとか、共に学ぶとかいったものではなく、下部の青年労働者との結合こそが中心点であり、青年婦人部での活動や青年労働者との共同、学習等を目指す。②地域対策部は、地域共闘組織を強力に押し進め、大衆の啓発や組織化により彼等のエネルギーを同一方向に結集させていくことである。青年婦人労働者協議会との接触、その他民主的平和団体等を地域的に結合していくこと等を目指す。③各セツルの特殊事情により労対(労働者対策部)、地対への動きが直ちにない場合には日常活動は、(イ)勉強会は労働者子弟の教育を守り労働組合内に子弟の教育部門を作る。(ロ)子供会は働く婦人の幼児を保育する。将来は労働組合内に保育部門を作るように働きかける。(ハ)栄養部・保健部は働く人々の健

康を守るという観点、やがては労働者の健康を守る会へと発展させる。（三）法相部は労組の一パートとして確立される。要はセツルメント活動をいくらかでも労働者階級に有利な方向に持って行く事によって学生運動の労働運動への接近を守り、階級闘争の中での学生運動の成長を助けることにある、とした。『一〇年史』は、「このテーゼが「浦田テーゼ」と同じ理念に立つことは明らかであるが、民同指導部及び前衛党（注4―引用者）への批判をあらわにした点、激しい（異常な）エリート意識に貫かれている点が注目される。（中略）この「藤川テーゼ」が以後一年余り、学生セツルメント運動の代表的理論として、各セツルに大きな影響を与えたのである。」としている。なお、「藤川テーゼ」は氷川下セツルや川崎セツルを、古い伝統という特殊な条件にあるが故に経験から理念を生み出し、地域の要求ということが我々主体の要求よりも重くみられているように思える、などと批判した。

（五）生産点論の特徴と問題点

セツルの活動対象を生産点における労働者と主張した「浦田テーゼ」、「藤川テーゼ」などの一連の問題提起は生産点論とよばれた。その特徴と問題点は次のとおりであった。

第一に、「藤岡テーゼ」は平和運動への取り組みと日常活動の見直しを提起したが、生産点論は、そこへ、それまでのセツルメント運動の実践と無関係に、全学連指導部の主導権を握り学生運動に革命運動を持ち込もうとした革命的共産主義者同盟や共産主義者同盟などの労学提携路線の影響を受けた理論を持ち込み、セツルメント運動の目的は労働者の政治的運動の発展を図ることであるとして、労働者の生産点での活動を中心とするべきであると主張した。

第二に、それは、地域での地域住民の要求にもとづく勉強会などの日常活動を否定した（注5）。第三に、それは、セツル活動が短期の学生生活における活動であり、能力の面から定められた限界、責任の面から自ら定めねばならない限界の存することを無視し、学生セツラーに過大な責務を求めた。

このような生産点論が一年半にわたってセツルメント運動に影響を及ぼしたのはなぜか。その理由・背景として、『一〇年史』と「三村論文」によれば、①日常活動がマンネリ化しつつあり、その正しい整理と理論化がなされていなかった状況下で、新しい運動論が求められていたこと。②「藤岡テーゼ」に続く、一面的ではあるが、その限りでは整然とした、一見うけいれられやすい理論の展開であったこと。③階級闘争や革命運動を目指そうとする学生運動の影響。④全セツ連書記局から出されたこと。しかし全セツ連書記局には各セツルの実践の集約と理論化がなされていなかったこと。また全セツ連の方針が「藤岡テーゼ」、「浦田テーゼ」、「藤川テーゼ」など委員長名でよばれているように、書記局が個人指導であったこと、などがあげられている。

（六）氷川下セツルは生産点論をどう受け止めたか

氷川下セツルを含め全国のセツルでは一九五五年頃から停滞、マンネリが問題となり、それを打開すべく理論化の試みもなされていた。氷川下セツルの児童部では、『らしんばん』への論文掲載や合宿での討議などが行われた。特に、五六年の『セツル児童部に関する論文』と『勉強会について―成立と展開――母の会の論理―　概要』の二つの長文の論考は、勉強会や母の会について詳細に分析し、以後の勉強会活動の理論的基礎となった。五八年一〇月には前記二論文の他、実践を踏まえた論文を掲載した「らしんばん別冊理論化のために」という特集号を出している。『一〇年史』は「氷川下セツルでは過去何年か、勉強会活動の理論化が試みられ、いくつかのみるべき成果もあげてきた。そして教育系大学により構成され、個々のセツラーも「教育」理論を何らかの形で有していたと考えられる児童部が生産点論からの批判に耐え、勉強会活動の独自性を主張しえた」（一七九頁）と指摘している。

また、平和運動については、氷川下セツルは、各部活動と結びついた取り組みを重視しながら、原水禁運動、砂川闘争、勤評闘争などに取り組んでいった。五七年一〇月には平和運動推進のための臨時総会が四五名のセツラーの参加のもとに開催され、平和委員会が設置された。こうした取り組みを通じて、五八年秋頃には、「氷川下の歴史、地域を重視しながらも、『平和を守る運動』をセツルの基本的課題とする点で大体一致」した。（『一〇年史』一七二頁）一九五九年六月の氷川下セツル第一三回総会は「各部活動を深め、地域に浸透し地域の人達とともに平和と民主主義を守る運動を進めよう。」という方針を決定、それは七月の臨時総会で具体化され、地域での安保闘争と生活を守る運動（後述）への取り組みが進められていった。こうした流れを『一〇年史』は、生産点論に対して展開された批判と地域を基盤とした活動（生活点路線）の「発展であり、六〇年後半以降、全セツ連書記局及び氷川下セツルで主張された統一戦線論の前哨又はその基盤となった実践として位置づけられているものでもあった。」（一八二頁）としている。

では、氷川下セツルでは生産点論をめぐってどのような動きがあったのだろうか。五八年秋頃から法相部有志と保健部のセツラーが生産点論に基づく主張を展開した。文京区内の労働者との接触の中から労働部の結成に至り、五九年六月の第一三回総会で承認されたものの、ほどなく活動を停止した（注6）。

一方、児童部の大勢は生産点論を批判した。セツルを、地域の大衆と学生達の主として文化的、或は経済的要求に基盤をおき、その要求を根本的に見出しうるようにするため、地域活動を通じて平和と民主主義を守る力をつちかっていくことを任務とする大衆団体で、政治的なものは第二義的な位置にあるが、時には大胆に政治的な問題も地域の中に持ち込まねばならないであろう、と規定した。そして「浦田テーゼ」を、①国内外の情勢だけでセツルの任務を決めており、地域とセツラーの意志、要求を全然考慮していない。②セツルに政治的な任務を主要なものとして課すこと、また活動の重点を政治的な任務をもって生産点に置くことは、セツルの性格を全く無視するものであり、地域での活動は衰えていくであろうし、又生産点での仕事も少数者の活動になるおそれがある、などと批判した。「藤川テーゼ」に対しては、書記局方針案が全国のセツルの現状を踏まえていないことを批判した。次に、全ての国民大衆がその種々な要求の上に、民主的権利を守り、要求する不断の闘いを続けることが必要で、それがあって初めて組織労働者が力強い闘いを展開することが出来る、そして反動勢力を一歩一歩後退させ、新しい社会を目指す人々にとっても目的に一歩近づくことになすのではないか、このような全国民の「闘い」の一環としても、セツルメントは地域の人々の日常的な要求をくみあげ民主的権利を獲得していくのであり、平和を守り民主主義を守る運動の一翼を担っていかねばならない、などとする。また、セツルは様々な考えや要求を持つ学生が、地域の生活と文化の向上、平和と民主主義を守るために活動していく中でお互いに高め合って成長していく場である、とする。ここには「六〇年テーゼ」の萌芽が芽生えている。氷川下セツルは全セツ連大会において「浦田テーゼ」、「藤川テーゼ」批判を展開した(注7)。

氷川下セツルの実践とそれにもとづく全セツ連における理論活動は、生産点論の克服と「六〇年テーゼ」の成立において大きな役割を果たした。

(注1) 氷川下セツルでは五四年秋から五五年にかけてセツル活動の停滞が大きな問題とされていた。中央委員会が解散され、政治活動へのしこり、セツル活動への疑問などが生じていた。福岡セツルの場合は、一九五五年から五六年頃「しだ

いに活動はマンネリ化に陥り、沈滞の時期が訪れた。」（『苦悩する若者達の記録―福岡セツルメント一〇年史』五一頁）という。

（注2）「藤岡テーゼ」、「浦田テーゼ」、「藤川テーゼ」の内容については、大会資料、全セツ連ニュース等の原資料が手元にないので、『一〇年史』に拠った。なお、当時の書記局の提案は、担当者の個人名をつけ、テーゼとよばれた。

（注3）「これからの日常活動は『大衆の支援する団体』を作っていくための手段として使う。」（委員長発言）とされた。（一九五八年一一月『らしんばん』三五号連合委員会報告

（注4）民同は民主化同盟の略称で、労働運動における共産党の影響力の排除を目的として一九四七年に結成され、のちに総評（日本労働組合総評議会の略称）の主流派を形成した。前衛党は日本共産党をさす。

（注5）『一〇年史』は次のように指摘している。「仮に『生産点論』の説くところが完全に実行されて、その時のセツラーが全て、『地域』を見すてていったとしても、それにかわって誰かが、『地域』で『日常活動』『地域活動』に従事することとなろう。そして恐らくその活動こそが『セツルメント』と呼ばれるのである。」（一七七～一七八頁）

（注6）第三章「うたう会・労働部・青年部」、第四章「法律相談部」、第五章「診療部・保健部」参照

（注7）氷川下セツルの批判の内容と全セツ連に対する行動は『一〇年史』及び第一三回～第一六回『総会資料』、『らしんばん』三五号の「連合委員会報告」、『らしんばん』三八号の「全セツ連大会をふり返って」等に拠った。

三　安保闘争と「六〇年テーゼ」

（一）安保改定と反対運動の高揚

日米安保条約は改定され一九六〇年一月に新条約が調印された。新条約の日本の軍事力の増強義務や日米

共同作戦等の内容に対して、戦争に巻き込まれる危険が危惧されるとして改定反対運動が展開された。政党、労働者、農民や国民各層の諸団体一三四団体を結集した安保改定反対国民会議のもと、全国各地域には二千を超える地域共闘が作られ、広範な国民が参加した運動が、約一年半にわたって展開された。そして安保闘争が、生活や平和など日本国民が抱える問題の解決の道筋として、国民諸階層の広範な統一の可能性と展望を明らかにした。多くのセツラーが安保闘争に取り組んだ。セツルとしての地域における取り組みは、氷川下、八千代町が地域共闘（小石川安保反対の会）に参加して活動、仙台、若葉も地域での活動を行った。

（二）「六〇年テーゼ」（注1）

安保闘争の最中に開かれた一九六〇年六月の第六回大会は、書記局の生産点論にもとづく提案が多くのセツルから批判され、採決は秋の連合委員会に持ち越された。生産点論派で独占されていた前書記局に代わって選出された新書記局（川崎、若葉、新宿、八千代町、氷川下、福岡）は生産点論批判派が多数を占めた。

一九六〇年一一月に開催された臨時大会は、生産点論争を総括するとともに、安保闘争への取り組みの経験を踏まえてセツルメント運動の新たな方針を打ち立てた。この方針はまず生産点論に対して、「労働者階級の闘争への何らかのアプローチが必要」とした点は評価しながらも、生産点における活動のみが「唯一の正しい活動であるとすることによって、学生大衆に基盤をおくサークルとしての側面を持つセツルメントに不当に『高度な』任務を要求」することとなり、「多くのセツラーに『頭の中では』支持を受けながらも、実践活動の上で具体的にそれを取入れる基盤を持たず、多くの混乱を生み出した」とし、現実に生産点活動に踏み出したいくつかのセツルが、「活動の組織的基盤を失うという『行きづまり』に当面している」とした。

次に、半年間のセツルメント活動の第一の特徴として、地域活動の発展をあげ、地域活動を中心とするセツルメントの新しい活動理念が生まれてきていることを指摘している。氷川下、八千代町、寒川、清水ヶ丘、青山などの地域活動を中心に活動してきたセツルの新たな発展、一度生産点に踏み切った若葉、浦和等が再び地域活動中心に戻ったこと、最近新たに生まれた或は再建された中野、尾久、大阪女子大、ヤジエ、札幌などが地域の活動でぐんぐん成長しつつある、ことなどである。そして、このようなセツルは、安保闘争の経験を何らかの形で汲み上げて運動を展開していると指摘している。若葉セツルは「平和、民主主義、生活向上のため国民的結集をはかる力の一つになろう」という位置づけのもとに日常活動を展開している。氷川下、八千代町両セツルでは安保闘争に地域共闘の一メンバーとして取り組むとともに、国民年金、小児ワクチン、母親大会、原水禁などの運動に取り組んでいる。こうした取り組みを通じて、独占資本と国家権力による国民への圧迫は国民生活の隅々まで及んでおり国民各層の生活向上の要求は政治の問題に繋がっていくこと、このような状況は生活向上にための広範な大衆運動の成立を可能にし、大衆自らの手によって要求を獲得していく可能性と必要性がうまれていること、等を明らかにし、セツルメント活動は日常的な諸活動を通じて地域住民自らの立ち上がりを求め、国民戦線へのアプローチを行うことが必要であるとした。

こうした分析にもとづき、書記局は全国のセツルメントに「平和・民主主義・生活擁護のための国民的統一の一環として、対象とする人々とともにねばりづよい運動を進めよう」との呼びかけを行なった。そして、セツルメント運動を「(中略)―現在にあっては学ぶものとして、(中略)将来にあっては生活の各々の場所でよりよい社会の建設をめざす(中略)―そういう願いを持った学生の一サークルである」と位置づけた。

この臨時大会での呼びかけに示されたセツルメント運動の新たな方針は以後「六〇年テーゼ」(注2)と呼ばれ、学生セツルメント運動の基本的理念の確立と運動の発展に極めて大きな影響を及ぼした。セツルメント運動が、平和・民主主義・生活擁護のための国民的統一の一環として位置づけられたことによって、日常活動の中でぶつかった地域住民の生活や健康、教育、文化等に関する問題の解決の展望が明らかにされた。さらに、「セツルメント活動が学生大衆に基盤をおくサークルとしての側面を持つ。」と位置づけたことも重要である。これはその後の実践を経て、一九六三年に「セツルメント活動の二つの側面」として深められていった。

「六〇年テーゼ」の成立に、氷川下セツルの実践とそれに裏付けられた全セツ連における種々の提起は極めて大きな役割を果したといえる(注3)。

(注1) この項の「　」内は、すべて臨時大会討論資料からの引用である。

(注2) 「六〇年テーゼ」という呼び方について、「氷川下セツルメント全セツラー集会討論資料」(一九六〇年一一月二〇日)の中で、この年六月の第六回全セツ連大会における書記局提案を「一九六〇年六月テーゼ」、一一月の臨時大会における書記局提案を「一九六〇年一一月テーゼ」としていることから、臨時大会で採択されたものを「六〇年テーゼ」とよぶようになったのであろうか。

(注3) 氷川下セツル選出の全セツ連書記局員として新方針作成に当った志村毅一氏によれば、書記局のメンバーが集団討議を重ね、地方セツルと連絡を取って状況を把握する中で新方針を作成したという。それまでの個人名を冠した、前述のような個人指導で作られた方針とは異なる、全国のセツル活動の実践を踏まえた方針がここに生まれたのである。また志村氏は、生産点論をめぐる混乱で全セツ連は壊滅状態に陥り、その再建を期して新方針の作成に取り組んだこと、国民的統一＝統一戦線の考え方は、さまざまな考えを持つセツラーが協力して取り組んできた氷川下セツルの実践活動のあり方と一致するものであったこと、等を回顧している。(参照「セツルメント留年四五年目の私」(『氷川下セツルメント―「太陽のない街」の青春群像―』エイデル研究所刊　一〇七頁)

四

セツルメント運動の発展と「二つの側面」

(一)「セツルメント運動の二つの側面」

安保闘争以後一九六〇年代から七〇年代にかけては、労働運動、農民運動を初め国民各層の要求を取り上げた様々な運動が展開され、更には、地方自治体で革新統一の首長が次々と誕生するなど、運動は新たな発展をしていった。こうした状況のもと、「六〇年テーゼ」により運動の方向を確立したセツルメント運動も大きく発展した。一九六一年五月の第八回大会では「六〇年テーゼ」の具体化が図られ、①地域の課題を把握し、運動の方向と全国的展望をあきらかにすること、②セツル活動の内容と形態の再検討、他団体との提携の必要、③青年部活動の推進、等が提起された。六二年一月の第一二回拡大連合委員会(以下「拡連委」と略記)は、二九セツル百余名が参加、「具体的問題が討論され、今後の方向に具体的イメージ」、「今までは中央偏重だったが、今度は私達に大きな成果」(「全セツ連ニュース」第八―一号)等の感想が寄せられた。さらにセツラー間、セツラーと子ども、父母、労働者等との間にどのような相互作用が行なわれ、その中で学生はどのような自己変化を遂げていったか、セツラーの独自的任務と主体的条件がどう発展しているのか、そうしたセツラーの仲間作り、人間変革の問題を重視すべきであること、等が指摘された(第一三回大会討議資料より)。六二年六月の第九回大会は三三セツル四〇〇名が参加した。分科会は運動別、問題別に五つの分科会が設けられた中に、セツラーについての分科会が初めて登場、これ以後セツラーの問題がセツルメント活動の中に本格的に位置づけられていった。六二年一二月の第一三回拡連委は、数年ぶりに地方(名古屋）で開催され、二〇〇名以上が参加、合計二一の分科会が設けられた。氷川下セツルからは三〇名を上回る参加者があった。また拡連委のあと、全セツ連委員長が川崎セツルから氷川下セツルに移り、七〇年代の前半までその職責を担った。

六三年一二月に仙台で開催された第一四回拡連委は、六〇年以来の量的質的発展を踏まえて、「六〇年テーゼをさらに深める、次のような提起をした。「私たちのセツルメント運動には二つの側面が含まれています。一つの側面は、私たちのセツルメント運動は、地域の父母大衆、青年、子供の、生活の要求、文化的要求、健康の要求、教育の要求等々、具体的要求を出発点として、サンフランシスコ体制を打破する、独立、平和、民主主義、生活向上のための国民的統一の一翼を担う、人民大衆の運動であるということです。そして、学生のセツルメント活動を側面の援助として行なわれる、この地域運動の主体は、あくまでも地域の父母大衆、青年であるということです。しかし、この事によって、地域運動の構成部分たる学生セツラーの役割は軽視される事は決してなく、しかも、ある問題、ある運動を進めていく上で、学生セツラーが、ある一定の段階、過程で、ある一定の範囲で、極めて重要な役割を担うということは認められねばなりません。」（第一四回拡連委討議資料より）

「私たちのセツルメント運動の第二の側面は、セツル活動が学生の様々な要求を基礎としたサークル運動であり、しかも全体を含む重要側面として、学生セツラーは、セツル活動を通して、民主主義的にも政治的にも覚醒され、教育されるべきであるという事です。学生セツラーにとってセツル活動が、様々の面で（民主主義的なもの、政治的なもの、人間観、社会科学的、etc）で学習の場であるという事は、大きな魅力であり、セツル運動の上でも、極めて重要な意義を持っています。又、学生が青年であるという側面も、サークル運動で軽視する事も間違いです。」（同前）

この提起は第一の側面として、セツルメント運動が国民的統一の一翼を担うものであることに加えて、地域活動における学生セツラーの役割と位置づけを明確にした。さらに第二の側面として、セツルが活動を通して学生が学び、自らを成長させるサークルであることを確認し、二つの側面を有機的、統一的に把握しようとした。この提起は、以後「二つの側面」とよばれ、「六〇年テーゼ」と合せてセツルメント運動の理論的基礎となり、活動をより発展させていく大きな力となった。また、この拡連委で分科会の新たな設定が行なわれ、この設定は六〇年代を通じて基本的に受け継がれていった。

(二) 各分野の運動の発展

六〇年代前半のセツルメント運動は、第一に、六〇年一一月の臨時大会以降書記局が機能を回復して全セツ連を中心に全国のセツルメント運動が展開されるようになっていった。全セツ連の事務局が確立し、全セツ連ニュースの発行回数の増加などを通じ、書記局の活動を支えた。地方のセツルの発展も目覚ましく、書記局にも名古屋、仙台、大阪などのセツルが加わった。六五年には北海道セツルメント連合が結成された。第二に、大会と拡連委が大きな役割を果たしていった。半年間の総括と方針が出され活動の指針が示された。さらにそこは、各セツルの代表だけではなく沢山のセツラーが参加し、分科会の場で実践に基づくレポートと論議、経験交流が行なわれる場であった。参加したセツラーはそこで多くのものを学び、また全国のセツラーと交流する事で連帯感と励ましを得て帰って行った。これはセツル活動発展の大きな力となった。氷川下セツルでは大会や拡連委に多数のセツラーが参加し、またその豊富な実践とそれを報告した沢山のレポートは全国のセツルの実践の発展に多大の貢献をした。氷川下のセツラーも大会や拡連委で多くのことを学び、自分たちの実践にさらに確信を持つことができた。全セツ連に対する各セツルの信頼も高まっていった。

こうした中で、各分野の活動も大きく発展して行った。

①児童部においては、活動が日教組を中心とする「国民教育運動」の一環として位置づけられ、量的にも質的にも豊富で優れた実践が行なわれていった。氷川下セツルでは勉強会において科学的な認識を育てる教育内容の追求が目指された。

②生産点論が崩壊した後、労働者等の中での活動として、新たに発展してきたわかもの会の活動への取り組みがセツルにおいても広がっていった。六二年に始まった氷川下青年部の活動は先進的な役割を果たした。労働者の学習活動は、学習サークル協議会との提携や、わかもの会と繋がるなどしながら、川崎、亀有、氷川下等のセツルで進められた。高校生を対象とする活動も児童部を「卒業」した高校生を組織するなどして発展していった。

③婦人運動に関しては、児童部の母の会や栄養部の料理講習会等の取り組みがなされてきたが、六三年の第一四回拡連委の頃から、女性独自の問題や要求を取り上げた運動の必要性が提起され、実践が始まっていった。

④生活と健康を守る運動は、栄養部の料理講習会、法相部の法律相談、保健部の検診活動等が日常活動として取り組まれたが、その上で地域の生活と健康を守る会を中心にした生活と健康を守る運動との連携が追求された。しかし日常活動がカンパニア的になりがちで、地域との結びつきも弱い等の問題を抱えていた。

⑤平和運動や政治的問題への取り組みは積極的に追求された。政暴法（政治的暴力行為防止法）案、大学管理法案、基地反対闘争、日韓会談、原水禁運動等に対して、セツラー自身の問題意識からの取り組みも行なわれたが、地域での日常活動との結びつき、地域への働きかけが重視され、追求された。氷川下セツル

では、毎年原水禁大会に対して地域で勉強会の子供の家をまわるなどして署名とカンパ活動に取り組み、代表を派遣した(注1)。

⑥セツラーの問題については、前述のように六二年の第九回大会以来分科会が設置され、多数の参加者による熱心な討論が行なわれ、セツラーの成長に大きな役割を果たした。そして、六三年の第一四回拡連委で「二つの側面」として定式化された。

⑦四分五裂状態だった学生運動は、平民学連（安保反対平和と民主主義を守る全国学生連絡会議、のち全国学生自治会連合）による学生の様々の要求に基づく運動の推進を通じて再統一が進み、六四年一二月には全学連が再建された。全セツ連と多くのセツルは六三年の平民学連の七月集会に協力し、六四年の第一五回拡連委において全学連の再建を支持する決議を採択した。また、「学生の一割をセツラーに」と提起した。全学連の再建はセツルとセツラーの拡大の新たな可能性を生み出した。セツラーの地道でねばり強く誠実な活動ぶりは氷川下セツルだけでなく全国のセツルで自治会や学内の諸活動において注目され、自治会や学内の諸活動に移っていくセツラーも多くでるなど、学生運動の発展にも一定の貢献をした。ただ一方では、セツルに未練を残しながら移っていったセツラーも多かったことにも、触れておかない訳にはいかないであろう。

⑧学生運動分裂の影響は、生産点論の崩壊後、六〇年代前半には川崎セツル代表権問題(注2)や、大会や拡連委における、日常活動を否定するなどして、全体会や分科会を混乱させようとする議論が一部残存したが、圧倒的なセツラーの厳しい批判を受け、孤立していった。

（注1）『らしんばん』六三号（六四年一二月）の、第一〇回原水爆禁止世界大会特集には、「今度の氷川下セツルのとりくみ

は、セツルに日常活動と原水禁のとりくみがガッチリとむすびついて行なわれた点にその成功、すばらしさの原因があると思う。」等々、日常活動と結びついた優れた実践が報告されている。ここにはセツルの日常活動と結びついた平和運動の典型があり、セツル運動の到達点の一つといえるものがある。

（注2）川崎セツルが生産点論に基づく活動を主張するセツラーとそれを批判するセツラーとに分裂、代表権をめぐって対立した。

五

「基本的性格」（注1）と運動の新たな展開

（一）セツルを取りまく新たな状況

六〇年代後半には、再建された全学連のもとでの学生の要求にもとづく諸活動が発展し、セツルメント運動にも大きな影響を及ぼした。全国的にセツルやセツラーが増加したこと、セツラーが大学闘争の勃発もあって学内の活動に、より積極的に取りくんだこと、等である。セツルメント運動は「学生運動の一環としての、学生の要求にもとづく学生を主体とする運動」という位置づけを、より明確に掲げていった。また、東京を初めとして革新首長が次々と誕生して住民の生活を重視する政治が展開され、公害反対運動や保育所設置運動等々多様な住民運動が発展し、地域で地域住民の生活や要求に基づく活動をしていたセツル活動にも大きな影響を及ぼした。こうした中で全国のセツルメント運動は新たな展開をみせた。

（二）「二つの側面」の再検討へ

六五年一一月の第一六回拡連委は、セツルとセツラーが増加し、活動が着実な発展を遂げてきている中で、実践の総括や、地域への入り方が弱くなってきている事を指摘し、国民教育運動、青年運動、生活と健康を守る運動、母親運動という各分野の実践をまとめ、現在の課題を明らかにし、「六〇年テーゼ」、六三年の「二つの側面」の成果の上に立った新しい方針を作る事を提起した。六六年六月の第一三回大会は、六〇年以降の活動を、六三年五月の第一〇回大会までと、同年一二月の第一四回拡連委以降の二期に分けて全面的な総括を行なった。そしてこの大会から分科会設定が、国民教育運動、青年運動、生活と健康を守る運動等に代わって、児童部活動、青年部活動等各部野活動という形に変更された。さらに、セツルのサークル運動の側面について、「セツル活動が自己変革の運動であることが、しだいに多くのセツラー達に理解されるようになったことに私たちは注目する必要があります。」とし、「自己変革の運動としての側面を、もっと実践的に明確にし」「セツラーが当初の要求をどのように実現し」さらに「発展させたかを明らかに」する段階に来ている、とした。同時に、活動内容を一層豊かにし、「何よりも実践を」という姿勢をさらに強めることを訴えている。また、以後秋の大会を本大会とし、春の大会は中間総括と新入生歓迎を主な任務にすることになった（注2）。

（三）「基本的性格」（注3）

一九六六年一二月の第一四回大会は、基調報告でそれまでの運動を振り返り、「この間のセツル活動の発展は何よりも、一貫して、主体である学生の変革の問題が重視されるようになった点に」あるとした。六二年の第一二回拡連について、セツル活動を「学生を主体にするという点では前進の方向を示して」いるが、「まず学生の要求から出発するのではなく、地域の一般的要求から出発するという弱点が含まれています。」とした。さらに六三年の「二つの側面」について、「重要な内容を含んでおり、その後、六〇年テーゼと二つの側面が、セツル活動の原則のように言われてきました。しかし、この二つの側面は、セツル活動が学生の要求に基づいたものであり、その主体があくまで学生であるという点であいまいさを残しています。」とした。そして第一三回大会における前述の「セツル活動が自己変革の運動である云々」という問題提起を踏まえて、「セツルメント活動の基本的な性格は、学生の、真の友情を得たい・子供と遊びたい・働く人々と話して何かを得たい・専門の勉強と結びついた活動がしたい・社会活動をやってみたい等の要求を具体的出発点にし、第二に、これらの要求を、仲間と共に実際に地域に働きかけるなかで実現する活動であり、第三に、そのことを通して社会の現実にふれ、働く人々の生き方から学び、私たちの生き方を追求する学生のサークル活動である」とするセツル活動の新たな定義を行なった。

また、注意を払うべき傾向として、一つは、「実践活動が軽視される事を心配するあまり地域の要求をどれだけ取り上げ組織できたかという面のみを重視する傾向」をあげ、学生の役割には一定の限界があり、地域の矛盾を解決していく主体は地域の人々で、セツル活動を地域の矛盾を解決するための活動と規定するならば、一部の意識の高い学生の活動にセクト化するか、逆に単なる奉仕活動に矮小化する道を開くことになる、とした。もう一つは、「自己変革を実践活動と切り離して重視する傾向」で、セツラーは地域の人々の要求について真剣に考え、その実現のために一緒に活動する中で実践的に学ぶのであり、抽象的な自己変革はないとし、さらに、地域の人々の気持や感情がわかり、一緒に考えられるような学生になっていくことは、私たちが誰のために勉強するのかを明確につかむことでもある、とした（注4）。

そして、現在の課題として、六点が提起された。①「基本的性格」をしっかりおさえること。セツル活動がどういう時に生き生きとして前進したか、いいかえれば活動の中での数ある成果のうち、何を最も大事な成果として評価するかということ。②今後のセツル活動を、地域の要求をどれだけとりあげることが出来たかという点のみの一面的総括でなく、地域実践、チューター会議、パート会議、班会、部会等のセツラー会議をふくめた「丸ごとの」総括が必要で、活動を進めるときもセツラー会議の重視が大切。総括の重点は、「私たちが何を学び、どう変ったのかという点であること。（③以下は省略）

「基本的性格」が、前述したような学生運動の新たな状況のもとで、「学生運動の一環としての、学生の要求にもとづく学生を主体とする運動」とあらためて位置づけたことは、セツルとセツラーの拡大へとつながっていき(注5)、以後のセツルメント運動の指針とされていった。

「六〇年テーゼ」と六三年の「二つの側面」でセツル運動を「地域の人々の要求を出発点とする国民的統一の運動の一環」と位置づけたことは、セツルの日常活動で関わる課題の解決の方向と展望を開き、セツル活動に大きな確信をもたらした。しかし「基本的性格」においては、基調報告にこのことについて触れている箇所はあるが、明確には定式化されていない。また「二つの側面」は、地域に対する活動の側面と学生セツラーの成長を目指すという側面を、統一的有機的に結合して把握し、また地域での活動は地域住民が主体であるが、「学生セツラーがある一定の段階、過程で、ある一定の範囲で、極めて重要な役割を担うということはみとめられねばならない。」としたが、「基本的性格」は、後者をセツル活動の主要な側面と位置づけ、地域での活動は学生セツラーの学ぶ場である事が強調されている。しかし、学生セツラーの果たす役割と負うべき一定の責任については触れていない。この点は、セツラーが勉強会や子ども会で果たす役割が大きい児童部では、当初「基本的性格」に対して賛否両論がおこり、一部に戸惑いも生じた(注6)。

(四) 運動の新たな展開

セツルメント運動はその後、「基本的性格」を重視し、これを基軸として、また「二つの傾向（偏向）」も繰り返し指摘されながら進められていった。一九六八年の第一八回大会の基調報告は、一年間の活動の特徴として、①「一四回大会以来一貫して言われてきた、地域の人々に働きかけることが豊かになり定着」、②「セツル活動が、地域全体に働きかけ、地域全体のものになりつつある」、③「学習調査活動、研究活動、セツラー会が前進し、又学内での学生としての活動にも目が向いてき、総合的科学的な活動へと一歩ふみだした」、④「大学の問題にセツル、セツラーが積極的にとりくみ、セツル活動を学生運動の一翼として位置づけ、「学生運動が発展する中でこそ、セツル活動の発展もあるんだ、ということが明らかにされてきている」とした。さらに「二つの傾向（偏向）」の問題を取り上げ、これを克服し、「基本的性格」をさらに深める段階に来ている、とした。

具体的には以下のような活動が展開された。

①地域実践の発展。栄養部、児童部、青年部（六三年に亀有で始まった高校生パートは六八年には一四セツルに広がる）、保健部、法相部、幼児部、農村部僻地での活動など、各分野の活動が着実に進められ、数多くの優れた実践がうまれた。生活と健康を守る活動の進展の中で、栄養部、保健部、法相部の提携も進んできた。特徴的なことは、地域全体に働きかけ地域全体を巻き込む活動が進んだことである。（中野セツルの夏休み子供会と地域運動会、氷川下のわかもの会の盆踊り等々）。またそうした中で地域の民主的な団体との提携も進んだ。第一八回大会では新たに地域民主化の分科会が設置された。

②セツラー会議を地域での実践をより深め、かつセツラーの成長の重要な場として一貫して重視した。第

一四回大会以降分科会も設置された。また、大会の討論資料が活版で印刷され、六〇年以降のセツル活動の発展段階をおさえ、また前述のように個々の説明が懇切丁寧に行なわれていることも、セツラーの成長に寄与したと思われる。

③総合的科学的なセツルメント運動が提起され、集団主義教育の学習や教材研究など学習活動が前進した。さらに学生本来の課題として、地域での活動と結びついた学問研究への取り組みも提起され、地域調査等の取りくみも行なわれた。

④セツルとセツラーの拡大、全セツ連の強化。この期間も六〇年代前半に引き続いてセツル数とセツラー数、大会参加者数は大きく増加した。地方セツルの増加・発展も目覚ましかった(注7)。セツラー拡大のための学内への働きかけも積極的に行なわれた。「基本的性格」とそれに基づく活動が展開されたこと、また全学連再建による多面的な学生運動の発展もその大きな要因だったと思われる。全セツ連書記局の体制も強化され、ニュースや機関紙による実践の交流、実践報告集の作成、六〇年代のセツルメント運動の総括、新セツラーの獲得、全学連を初めとする民主団体との提携や共闘などに書記局が指導力を発揮した。地方セツルの連携・交流も活発化し、道セツ連、仙台セツ連、関児連、愛セツ連、京セツ連、阪セツ連等の地方セツ連が次々と結成された。

⑤学生運動の一翼としてのセツル。一九六四年に全学連が再建されると、全セツ連はいち早くそれを支持し、連携を強めていった。六六年の第一四回大会はセツルメント運動をあらためて学生運動の中に位置づけ「学生の要求にもとづくサークル活動」と位置づけた。学内での活動への取り組みを一層強めていき、セツラー拡大にも結びつけていった。大学民主化の課題に対しても積極的に取り組んだ。政治的課題への取組みも重視され積極的に進められた。

（五）大学闘争とセツルメント運動

一九六八、六九年を中心に大学闘争が全国的に展開され、セツルとセツラーもこれに積極的に取り組んでいった。またそれはセツルメント運動に様々な影響を及ぼしていった。各セツル、セツラーの大学民主化の闘いの中で、全セツ連は六九年一月には全学連、学生諸団体と共に全国学生統一行動に立ち上がった。六九年春の東大と教育大の入試が中止されるなど、緊迫した情勢のもとで六九年八月に東大駒場キャンパスを会場に開かれた第一九回大会は、「広範な学生の要求にもとづく自主的民主的サークル活動である学生セツルメントが自治会に結集し、学生運動の一翼、一分野として闘う方針を明らかにすること」（第一九回大会討論資料より）を提起した。多くのセツルで、学生運動と地域でのセツル活動を結びつけてとらえる努力がなされた。大学の民主化闘争への取り組みが行われるとともに、地域への訴えや地域で学んだことをもとに学問研究の民主化を追求し、自主ゼミを実施する等の活動が進められ、またその中で学生にセツル活動に対する興味や理解を拡げていくことも行なわれた。

しかし一方では、セツル活動と学内での活動の両立はなかなか難しく、どちらかがおろそかになるという問題も当然のことながら生じた。また、「全国学園闘争の高揚の中で『地域で学べるよりも学園で学べるものが多いような気がする。』といってセツルを去っていったセツラーも沢山いるようです。」（同前）という状況も起きた。大学闘争がセツルメント運動（特に教育大の筑波移転問題は氷川下セツルにとって深刻な問題だった。）と個々のセツラーに及ぼした影響は極めて大きかったであろうと推測されるが、この点は今後の検証に待たれる。

大学闘争の中で大きな影響力を持った全共闘運動はセツルメント運動にも持ち込まれた。「地区党創設論」、

「地域の生活館の封鎖・自主管理論」、「全セツ連解体論」等が第一七回〜二一回大会にかけて、一部のセツル又はセツラーから主張された。しかし、生産点論を克服した歴史をもつセツルメント運動はきびしくこれを批判し、孤立した彼らは大会をボイコットし、その後「セツル解体宣言」をしたり、地域活動を放棄したりしていった。

（注1）一九六六年一二月の第一四回大会の基調報告は。セツルメント運動の基本的性格についての新たな提起をおこなった。以後この提起は「基本的性格」とよばれていった。
（注2）第一三回大会に関する部分は『一九六六年前期全国セツルメント連合大会討論資料』より
（注3）基本的性格の説明についての「　　」の引用は『第一四回全国セツルメント連合大会討論資料』より。
（注4）この二つの指摘はその後の大会討論資料にしばしば、「二つの傾向（偏向）」として出て来る。
（注5）大会資料は、第一三回大会から活版印刷で数十頁から百頁を超える大部のものとなり、説明も具体的実践例を取り上げ、また丁寧である。例えば「日常の実践の中でぶつかった様々な問題（たとえば夕食でインスタントラーメンをすっている母子家庭の子を見た時、とか、左手の爪は切れてるけど右手のは切れてない子を見て母親がいないのだと感じた事、とか）をセツラー会議の中で話し合い、セツラーはどんな生き方、考え方をし、どんな学生になっていけばよいのか、等について話し合う必要がある。そして「このように児童部活動を大きな点でとらえてこそ、また子供やお母さんの気持が本当にわかるからこそ、子供会活動をより内容のあるものにしていかなければならないし、それ自身が理論化になるという事です。したがって、総括の観点としても『運動』としていかにとりくめたか、とか、子供会がいかに発展したかという観点だけでは不十分である。」（『第一四回大会討論資料』一四頁の一部を要約）のように、記述は極めて具体的で丁寧であり、より広い範囲の学生にセツルを広めようとしていることが感じられる。こうしたことはその後も一貫している。
（注6）この点に関して、氷川下セツルの児童部では、次のような指摘がある。
①「大会に参加したセツラーの感想には、特徴的に二つの傾向がある。一つは、『基調報告が自分のやってきた事が整理されるようでピッタリした、討論も自分のやってきたことをそのまま出せた、どうしても話したくなった、実践へ

の意欲がわいた、全体的に良かった、元気が出た。』という傾向のもので、もう一方は、『基調報告の述べていることが物足りない、分科会が物足りない。』という傾向のものである。そして興味のあることには、前者には一年生が多く、後者には古いセツラーが多いことである。（中略）今大会は、例の六〇年テーゼと二つの側面を更に発展させたらしい基調報告（簡単に言えば、第一の側面『地域の要求をどれだけとりあげ組織できたか、地域の民主運動にどれだけの実践を影響することができたか』よりも第二の側面『セツラーの多様な要求に基づくサークル運動の側面』がグーッと強調されたもの）に沿って行なわれた…（以下略）」（「第一四回全セツ連大会児童部総括」『らしんばん』八四号一九六七・二・一五）

②「全セツ連第一四回大会で今の基調が出され、氷川下セツル（その中の児童部）はそのとらえ方についてかなりの動ようを示しました。セツラーはまず学ぶんだ、地域で実践する中で学ぶんだ、ということが、どうしても理解できず、では地域に働きかけるという面はどうなったんだとか、疑問が生じてきました。」（「児童部の現在の問題点について」一九六七・一・一児童部全体総会より）

（注7）（巻末資料「セツル数・セツラー数等」参照）

六　「第二四回大会基調」（注1）と七〇年代のセツルメント運動

（一）高度成長と社会の変化

一九六〇年代を通じて経済の高度成長が進んだが、その反面公害などの環境破壊、都市の生活基盤の整備の遅れに伴う住宅、交通、教育、保育、老人福祉等々の諸問題、農村の過疎化など、生活を圧迫する問題が続出し、それらは地域住民の生活を直撃した。また産業構造の変化とそれにともなう就業形態の変化は学歴重視の風潮を強め、受験競争を激化させ、子供達に大きな影響を及ぼして行った。こうした中で、公害反対闘争をはじめ、生活を守るための住民運動が各地で展開され、自治体に対する働きかけも活発化した。そして、六六年の東京の革新都知事の出現は大きな流れを生み出し、首都圏、東海、関西圏を中心に全国に多数の革新自治体が続々と出現した。こうした運動がセツル活動の基盤である「地域」を中心に進められたことは重要で、セツル活動に大きな影響を及ぼした。更に地方政治での革新統一戦線の発展は、国政レベルでの政治革新への期待も高めた。一九七〇年六月、日米安保条約は一〇年間の期限を経て自動延長期間に入り、安保をめぐる情勢は新たな段階に入った。こうした情勢のもとで、七〇年代のセツルメント運動はどのように展開されたのだろうか。

（二）第二〇～二二回大会（七〇～七一年）

第二〇回大会は「日常的な地域実践こそ、セツルメント運動の『生命』」（基調報告）であることを確認、以後の地域実践の飛躍的発展の契機になった。第二二回大会（七一年六月）の基調報告は、この一年間「七〇年」にふさわしい活動を展開し、地域ぐるみの実践がかってない規模で取り組まれ、地域の民主運動に少なからぬ役割を果たした、と総括した。この間に作成された実践記録集『夜明けにむかって』（全セツ連機関誌№2一九七一年三月）には優れた実践報告が記載され、実践の発展を裏付けている。また、七〇年安保闘争や京都、東京の革新知事再選を目指す闘い等の政治的課題への民主勢力の闘いの中で、全セツ連も積極的な取り組みを行なった。

しかし一方ではいくつかの問題点も指摘されている。「運動が進んでもセツラーが学べない」、「消耗」、「停滞」、「最近はセツラー集団に真剣さがないような気がする」、「セツラーが減少しているセツル」、「各セツルの実践の総括や大会準備が二〇回大会に比べて不充分で、分科会討論が深まらない」、「地域の必要のみから運動展開するのではなく、学生であるセツラーの要求をしっかり分析し、それと結びついてこそ学生セツルメント運動は発展する」、「セツラーの要求や疑問が大切にされ、セツラー全員の力での方針作りが行なわれていない」、「協力、励ましあい、批判しあいながら団結した取り組みが必要」等が第二一回、第二二回大会の基調報告で指摘されている。こうしたことの背景の一つに、大学闘争などの影響で経験セツラーが少ない等の事情もあったものと思われる。

(三)「第二四回大会基調」

一九七二年三月の第二四回大会の基調報告(注2)はそれまでのセツルメント運動をふり返り、まず、第一四回大会で出された「基本的性格」は、セツルメント運動の主体は学生で、セツルメントは学生が生き方を学ぶサークルであると規定し、これによりセツルが専門的能力を持ったあるいは社会変革を望む一部の学生のものではなく、全ての学生に開かれたものへと発展を遂げ、活動は広がった、とした。また、第一八回大会は、総合的科学的全面的セツルメント運動の提起をはじめて行なったものであるとし、第二〇回大会は、日常的な地域実践こそ、セツルメント運動の「生命」と確認、以後の地域実践の飛躍的発展の契機になった、と分析した。そして、こうした分析に基づき、「①一九七二年という時代の歴史的意味、②セツルメント運動の到達段階、③地域の変容の可能性、④セツルメント運動の伝統の継承」という四つの視点から、七〇年代のセツルメント運動の新たな方針を提起した。またそれまでの実践の発展を踏まえて、セツルメント運動の理論化を押し進めて行った。同年八月の第二五回大会は更にそれを深めた。

新方針は、第一に、「基本的性格」は「狭く、『学生主体の確認』、『学生自身が学ぶサークル活動と規定』ととらえられがち」、「地域変革の主体は住民自身である」、「学生であるセツラーは『学』べばいいのだ、という、学生のもつ積極的な役割をつかみきれない、学ぶ内容そのものを貧弱にする受け身的傾向」があったと分析し、地域実践の重要性を改めて明確にした。現在の日本ではどの地域のどんな問題もが、一部の支配的地位にある人を除いては本質的には全地域と全国民に共通する課題を持っており、地域の問題と学生の問題は相対的に独自な問題を持っているが、共通の根源を持つものであり、学生セツルメント運動の社会的基盤はここにあること、地域の問題を解決する事なしには学生の問題も解決できない、とした。そして学生運動としての側面と地域運動としての側面を組織的に統一させることを基本としたセツルメント運動の確立を提起した。「学生の要求と地域の要求が共通の根源を持つ。」としたことは、一九六三年の「二つの側面」を統一して把握し、その有機的関連を理論的に明らかにした画期的な提起であった。

第二に、セツルメント運動は地域のどのような要求を解決するために活動するのか、その「社会的基盤」を明らかにした。

〈児童部〉働く国民の子どもへの願いにもとづいて日本の未来をになうあとつぎを育てるという大きな意味をもつ、地域の父母と協力して行う教育運動としての性格を持つ。

〈青年部〉現代日本の中枢を支え、またそれだけに最も厳しい状況の下で生きている青年労働者の現実にこそ立脚している。

〈専門部〉私達が専門の領域からとらえる部分的な問題に立脚しているのではなく、地域の人々の全生活領域にわたるあらゆる問題と、それを克服しようとする力強い要求にこそその立脚基盤をもつ、として栄養部、法律相談部、保健部の活動をこうした観点から新たに位置づけた。

さらに、地域をめぐる急激な変貌に抗して地域ぐるみの運動が大きく発展して来た状況に対して、それらに積極的に関わって行くこと、そしてそうした中で地域のあらゆる問題と要求を実現していく地域に於ける統一戦線を築き上げ、全国民的な統一戦線運動の中に合流させていくことを提起した。

第三に、「学ぶ」ことを基本に据えたセツルメント運動の確立を提起した。セツルメント運動は学生の多様な要求、不断に発展する学ぶ要求を地域活動をベースに実現することを目標とする、一定特殊な学生運動であり、「学ぶ」ということについて、前述のように、地域運動への積極的な貢献を目ざすということと、学生が地域に学び、それをつうじて自覚的に自己変革していくということを不可分のものとして、一つの運動のもつ二つの側面として構造的に確立することが必要だとし、そうした「学ぶこと」を中心にしたセツルメント運動の確立を提唱した。そして、「学ぶ」活動の強化に最も重要な役割を果たすのはセツラー会議で、実践の総括と学習・調査を結合したセツラー会議の確立、サークル全体で「学ぶ」活動を保障する必要があるとした。

第四に、大学民主化に対する取り組みの強化を提起した。大学の任務は国民のための科学の創造と、そうした科学を身につけた勤労者を社会に送り出すことであり、セツルメント運動も国民のための大学づくりを目ざし、当然大学自身が担わなければならない課題を様々な面で担っているとした。具体的には新セツル建設、新入セツラー拡大等、学生の要求を実現する運動、部室獲得闘争、入構制限撤廃闘争（氷川下セツル）等、学生の要求を阻むものに対する闘い、学園祭や日常的な活動を通じて大学と学生にセツラーが学んだものを返して行く活動、地域の諸問題を分析し、学友の中に日常的に学問的レベルで返して行く努力をする活動、大学の闘いをセツルの課題、とりわけ地域との関連でとらえ、学友に返し闘いを国民的な支援の中ですすめていくこと、様々な学生との交流の強化等を提起した。そしてそのためには、サークルとして組織的に取り組むことが必要で、日常的な学習・教育研究機能を持ち合わせた大学セツラーの会を全てのセツラーのいる大学に確立することを提起した。

第五に、以上のような活動を全面的に進めて行く総合的科学的セツルメント運動の発展を改めて提起した。これは前述のように第一八回大会で初めて提起されたものであり、学習・調査活動を強化し科学性に裏付けられた活動の追求を強調している。

そして、これらの問題を理論的に深く解明しようとしたことも「二四回基調」の大きな特徴といえ、第二五回、第二六回大会で更に深められ、以後のセツルメント運動の指針となり、七〇年代のセツルメント運動に大きな影響を及ぼして行った（注3）。

(四)「二四回基調」に基づく活動の展開

第二四回大会以降の活動は、「二四回基調」に基づいて展開された。「二四回基調」にもとづいた実践を進めたセツルもあったが、「二四回基調」と実践とのギャップによる理論的な混乱を起こしたセツルも多かったようで、この間の各大会で「二四回基調」の解説と、これを更に理論的に深めていく試みがなされていき、理解が深まって行った。第二八回大会基調報告は、第二四回大会以後の二年間を、「総合的科学的セツルメント運動の理念と課題を鮮明にしながら、運動具体化への多様な試行と多くの教訓により、かってない前進を克ちとった。」と総括した。この間、対象の社会的位置や要求、実践課題の学習、調査、科学的分析、理解が前進した。そして地域の人々の要求をとらえた実践が進むとともに、父母や地域の諸団体と提携した地域ぐるみの活動が引き続き各地で発展し、中には町内会との提携を実現させた実践も生まれた。学内の活動では、大学セツラー会が設立され、学内での活動が飛躍的に発展し、七三、七四年度と二千人近くの新セツラーを獲得した。四つの新セツルの誕生も見た。地方セツ連の活動が活発となり、関セツ連の活動も強化された。第二五回大会には千百余名が参加した。全セツ連加盟セツルは七七年には六六セツルに達した。

しかし一方ではこの間、各部活動の社会的基盤が解釈で終わっている、つかみきれない、要求がわからない、何を問題とし、何に繋げて行けばいいのかわからず、実践に確信が持てない、子供と遊んでいればいいとあきらめてしまう、具体的実践のなかでどう学んで行けばいいのか(注4)、大学での日常的な活動が定着していない、政治的課題への取り組みに消極的、やることが多過ぎて何をやっていいのかわからない、忙し過ぎてセツラーの負担が大きい、全セツ連費の滞納総額が一八〇万円に及んだ(七四年)、等々の問題点も出されている。「二四回基調」の理論と方針の実践化に苦労している面も窺われる。なお、第三〇回大会で、以後大会は年一回とすることが決定された。

第三一回大会(一九七六年)は、「だれでもどこからでも参加できる」、「だれもが日々の実践で感動し、確信をつかんでいける」、「ひとりひとりが現在と将来の生き方までを考えられる」、そのようなセツルメントをめざすと問題提起をした。そこでは、「社会的意識も高く、特別に強い人が、生活の大半をかけてやってきたセツルから、女子大生、短大生、看学生、理工系学生、そして自宅通学の学生も参加できるセツルへと、飛躍的に参加する学生の層を広げてきました。」、「目的論から方法論の時代」、「具体化の時代」、「理念的なところでセツルを語ることではなく運動の到達点から運動に巻き込むことであり、実践のなかでみつけたものを大切に」するなどの課題が掲げられている。一方、セツルとセツラーを取り巻く情勢に対しては、「今、暗黒の歴史が再び繰り返されようとしています。」と危機感を募らせている。

第三二回大会第二回定期連合委員会は、「第二四回大会は、学生運動としての面と地域運動としての面を統一してとらえ、『学ぶ』機能の定着を大原則として位置づけ、セツルメント運動の二本の柱を提示した。」と位置付け、第三二回大会は「学ぶ要求の回復に見合ったセツルメント運動が探求され、学習調査活動の飛躍的前進、大学セツラー会の位置付けを抜本的に高めることなどが叫ばれました」とした。定期連合委は今基本に据えるべきこととして「学生の学び成長することを全面的組織的に保障していくこと」「学び成長する要求をセツルメント運動のあらゆる場で貫くために何が必要なのか」など、学生が学ぶことにセツルメント運動の重点を大きく置いている。そして、その背景として、セツラーが地域に行っても問題や課題を見据えきれないことや(注5)、第一四回大会以後、非常に幅広い層の多様な要求を持ったセツラーが参加してきていること、等をあげている。第三三回大会は千人の参加者を数えた(氷川下セツルメント第四九回総会資料より)。

七〇年代後半から八〇年代には関セツ連の活動も活発に行なわれた。独自に書記局を持ち、毎年書記局報告を発行、年一、二回関東交流集会を開催し、分科会等を持ち、多くのセツラーが参加した。また各分野ごとに分野連絡協議会(分野連協)が作られ交流を深めた(注6)。

氷川下セツルは、一九七七年には全セツ連や関セツ連の大会や集会に四〇名から五〇名が参加し、また各分野で分科会にレポートを出した。更に全セツ連、関セツ連にそれぞれ書記局員を出した(氷川下セツルメント第四九回総会資料より)。

(注1) 第二四回大会の基調報告のことで、大会以降「第二四回大会基調」と呼ばれていった。
(注2) 二四回基調報告の大要は、「第二四回大会~第二六回大会の『討論資料』及び全セツ連書記局刊『第八回全国学生学

術文化集会全国理論会議討議資料』（一九七二年一二月）に基づいてまとめた。

（注3）当時の全セツ連委員長佐藤学氏は、二四回基調報告とその結果について、「一九六九年の学生運動以来、多分に政治主義化していた活動を具体的な地域活動を基本とする運動へと是正する意図もあった。その結果、四月時点の活動実数で全国四千名というピークを達成することができた。」としている。（所収の『太陽のない街』でまなんだこと―氷川下セツルメントの思い出」（前出『氷川下セツルメント―「太陽のない街」の青春群像―』三三七頁）

（注4）この頃のセツラーの考え方について、氷川下セツル第四六回総会（一九七六年一〇月）に向けての代表委員会報告には、セツラーの中の「子どもと遊ぶだけでいい。」、「中・高生と友だちになれれば・・・」といった考え方が紹介され、それに対して、「課題設定（今自分がやるべきこと）を考えることが必要」と問題提起をしている。

（注5）関セツ連の『関東代表者会議討論資料』（一九七六年九月）にも同様の指摘がある。

（注6）氷川下セツルの総会等の文書の一部ではないかと思われる「全セツ連、関セツ連について」（一九七七年のものと推定される）によれば、関セツ連加盟は二二セツル、全セツ連は六七セツルとある。

七

八〇年代以降のセツルメント運動

一九八〇年代には、社会情勢はその後の新自由主義政策に繋がって行く臨調・行革路線の推進、革新統一戦線の解体等、大きく変化していった。地域の人々の生活も「豊かな」消費生活の広がりのなかで「現代的貧困」が進み、人々の意識や価値観も変化した（私生活中心主義など）。また、学生数が大幅に増加（私大生二二〇万人）、高度成長期の六〇年代に生まれた世代が大学生となった。社会情勢の変化のなかで、労働運動や平和・民主主義運動も、大きな転機を迎えて行く。人々の社会や政治への関心も以前に比べて低下して行った。

こうした状況はセツルメント運動にも影響を及ぼしていった。

この時期の大会基調報告は、能力主義教育のもとで、学生が人格形成上必要な知識の習得や社会的行為・行動の経験が不十分であること、仲間関係の破壊、欲望や金銭重視の価値観、政治嫌い、組織嫌い、集団嫌い、等々が生み出されていることをあげている。

地域実践では、住民運動が単なる反対や要求中心の運動から住民の自治能力を高めた地域づくりを目指す運動に変化していったことを背景に、全国のセツルで地域ぐるみの運動が旺盛に展開された。日常の実践では宮城野セツルの中学生のキャンプの取り組み等、優れた実践も生まれた。

全セツ連における部の改変では保健部が老人部と障害児者部に分離（八三年・第三八回大会）し、法律相談部が消滅した（八五年・第四〇回大会）。

一方、子供や親の要求がつかめない、引き出せない、実践の見通しを立てられない、個人実践的になってしまい民主的なセツラー集団づくりが出来ない、執行部の力量低下・不要論、学ぶことを中心とするセツル活動というが具体的に学ぶ中味がわからない、政治への関心低下、（セツル活動の意義をつかめず）楽しければいいというセツラーの増加、学習活動の停滞、等々の問題が各大会で出された。地域実践を発展させてきている社会福祉・教育系大学セツルと、総合大学を基盤とするセツルの「お遊びサークル化」もしくは人員減少、というようなセツルの分化も指摘されている。全セツ連加盟セツル数は、八四年の六〇から八五年の五五へと減少した。また、八五年には全セツ連書記局の三役不在という事態も起きた。こうしたなかで、第四一回大会（八六年）は、第一四回大会以降打ち出されていったセツルメント運動の理念の原点に戻り、広範な学生が学ぶことの出来るセツルメント像とその中で学ぶ中味を明らかにすることの重要性を提起した。

この時期の氷川下セツルと全セツ連、関セツ連の関係は、だんだん疎遠になっていったようである（注1）（注2）。

その後全セツ連はどうなっていったのか。現在のところ、これ以降の全セツ連、関セツ連や全国のセツルに関する確かな資料は手に入っていない（注3）。

七〇年代後半以降については僅かな資料しか手元になく、極めて不十分な内容である。今後の解明を期待したい。

（注1）一九八一年度の関セツ連書記局に二年ぶりに氷川下セツルから入った。四月の関セツ連代表者会議には氷川下セツルから数多くの参加者があった。（関セツ連機関紙『旅立ち』第一号（一九八一・五・一〇））

（注2）大会に数名が参加する程度で、また役員を送り出すこともあったが、個人的な形で、セツル全体の支え等はなかった様子だった、という指摘もされている。（当時のセツラーからの聞き取り）

（注3）九〇年代から二〇〇〇年代にかけて、インターネットに載った記事によれば、現在も全国各地で、セツルメントを名乗り（あるいは継承し）、セツラーという呼称を使った子供会などの活動が展開されているようである。また、一九九〇年前後に「全国学生セツルメントの会集会」が結成され、二〇〇五年頃まで続いたという。

このなかで、二〇〇三年から二〇〇五年にかけての開催状況は次のとおりである。

（時期）	（開催場所）	（主催セツル）
二〇〇三年春	北海道	The セツルメント
二〇〇三年夏	福島	保健部・おいまわしセツルメント
二〇〇四年春	埼玉	保健部・おいまわしセツルメント
二〇〇四年夏	大阪	夕陽ケ丘セツルメント
二〇〇五年春	埼玉	The セツルメント

二〇〇五年春について、「この時の参加者は一一名で、次回の主催者が決まらず、全セツはその長い歴史を終えることになりました。」とある。

八　全セツ連への氷川下セツルメントの関わり

最後に、これまで各章でふれてきたが、氷川下セツルの全セツ連との関わりについて再度ふれたい。

氷川下セツルは全セツ連において大きな役割を果たした。第一に、セツルメント運動の発展を土台で支えるのは各セツルの実践であるが、氷川下セツルの実践は全国のセツルに大きな影響を及ぼした。第二に、それを基盤に生産点論批判や、「六〇年テーゼ」、「二つの側面」、「基本的性格」、「二四回基調」などのセツルメント運動に大きな影響を及ぼした運動方針の作成においても大きな役割を果たした。第三に、六〇年代から七〇年代において、氷川下セツルは書記局に加わり全セツ連委員長等の重責を担い、氷川下セツルに書記局、事務局がおかれ、全セツ連を支えた。これらは氷川下セツルの輝かしい伝統の一つである。

一方、全セツ連の諸活動に積極的に参加する中で氷川下セツルが得たことも多かった。全国のセツルの実践から多くのものを学び、大会や拡連委での全国の仲間との交流と連帯は大きな支えとなった。全セツ連なしに氷川下セツルの発展はなかったと言ってもよいと思う。

〔担当者注〕全セツ連の結成前後から、一九五九年頃までの時期の全セツ連関係の原資料は殆ど存在していないため、一と二の記述の多くは『一〇年史』に拠った。詳しくは『一〇年史』を参照されたい。

〔全セツ連関係の巻末掲載資料〕「六〇年テーゼ」、「二つの側面」、「基本的性格」、「二四回大会基調」(以上は一部抜粋)、大会分科会一覧、加盟セツル一覧、全セツ連規約　「六〇年テーゼ」、「二つの側面」、「基本的性格」、「二四回大会基調」(以上は一部抜粋)、大会分科会一覧、加盟セツル一覧、全セツ連規約

(執筆・担当　薄井　敬)

補説

地域住民にとっての学生セツルメント

（一）勉強会、「わかもの会」、そして今

小池　國晴氏
滝澤　完美氏
滝澤　松枝氏

共に一九四二年生まれ、六〇年代から七〇年代はじめにかけての「わかもの会」会員である。

小池國晴氏は「わかもの会」創立当初からの会員で初代会長であるが、滝澤完美氏と滝澤松枝氏はやや遅れて「わかもの会」に参加した。

なお、小池國晴氏と滝澤完美氏は小・中学校の同級生で二人共セツルメント児童部の勉強会に参加していた。

滝澤松枝氏は近隣の学校出身であるが、「わかもの会」で滝澤完美氏と知り合い結婚した。また、小池氏は既に氷川下を離れているが、滝澤ご夫妻は、住居は離れているものの、会社はそのまま氷川下に置いている。

——勉強会のことで覚えていることがあれば。

・勉強会は新築の亀田さんの家で、長机を並べてやっていた。よくは覚えていないが、子ども会ではなく勉強会と言っていたと思う。勉強会には学校から帰るとすぐに行った。勉強には多分なったんだろうと思う。でも、どちらかと言えば遊びに行っていたようなものだし、遊んで貰っていたように思う。中学生になったら行かなくなった。小学校を卒業する時にセツラーから手書きの修了証書を貰ったことを覚えている。

当時のセツラーは、あだ名で呼んでたから本名は覚えてないが、みんなまめに教えてくれたし、熱心だった。ただ同然で良くやってくれたと思う。今、あのような学生がいるのだろうか。

もう少し後の勉強会のことは、田中カズ子さんの娘のイク子やスガさんに聞けばわかるのではないか。もう五〇歳代だろうと思う。生協をやってた村上ヒサエさんも詳しいと思う。

一九七二年ころまで御殿町の勉強会はあったと思う。へえ、今、「氷川下子ども会」なんてあるんですか。何にも知らない。

——「わかもの会」はどういうふうにはじまったのか。

・「わかもの会」がどうして出来たかは知らない。「わかもの会」に入ったいきさつか。中学を出た後、中学の先生（文京一中・三上満先生）の呼びかけで作った同級生の勉強会があって、満さんが教えてくれていたけれど勉強なんかしないで遊んでばかりいた。女の子は入ってきてもすぐ辞めてしまうから男ばかりの「青空の会」というのがあった。会長のイトナガのところに診療所からの誘いがあって「青空の会」が「わかもの会」に合流することになったからだ。

――「わかもの会」に参加していた学生セツラーをどう思っていたか。

・「わかもの会」ではよく遊んだ。「わかもの会」に来ていた学生セツラーに対しては、邪魔だと思ったこともないし、喧嘩をしたこともない。偏見はなかったが、話をしてもかみ合わず、別世界の人間という思いは最後まで抜けなかった。でも、地元のことしか知らない俺達にとっては、学生セツラーはいろんな地方から来ていたし、その意味でも別世界の話は新鮮だった。学生セツラーは勉強に来ていたのだろうし、俺達は遊びたかったのだから、指導する者もいないと言う感じだった。

・え、入江さん死んじゃったの。卒業してからも勉強会に来てくれていた。診療所の人たちとロシア語の勉強なんかもしていた。下宿に遊びに行ったこともある。石間さんも死んじゃったの。いい人だったよな。

――その後の「わかもの会」はどうなっていったのか。

・氷川下祭典での盆踊りは初め小池が櫓を組んでたが、小池の都合がつかなくなって地元の業者に頼むと金がかかったから、櫓を組まずに平場で太鼓を叩いていた。町内会から借りた太鼓の皮を両面ともを破いてしまったことがあって、来年からは盆踊りをやめるかなどと言った話をしたこともあった。

氷川下祭典の一〇回目過ぎくらい、一九七六・七年のころからだろうか、集団就職が無くなって街にわかものが入ってこなくなり、一方、これまで「わかもの会」に参加してきていた地元のわかものたちが少しずつ郊外に散っていって街にわかものが少なくなってしまったため、何とか「わかもの会」を存続させようとしたのだろうか、秀工社の人たちが「わかもの会」に入り、それ以降は学生セツラーと秀工社の人たちとで「わかもの会」を運営していたように思う。終わりの方の会長は秀工社の人だった。

「野草の会」についてはどういうものかも知らない。やっぱりシロちゃん（間瀬士郎氏のこと）に聞いた方がいい。

——今、氷川下の町はどうなっているか。

・今、この町にはわかものの組織はない。組織に所属したくないという傾向が強くて年寄りもバラバラだ。町内会も婦人部が無くなり次いで青年部が無くなった。町内会も良くないだが、町内会は俺達のような社長連中がやってるから会社勤めの人たちには入りにくいんだろう。

——「勉強会」に参加し、また「わかもの会」でいろいろと活動したことを今どう思っているか。

・今仕事をしながらさまざまな地域活動をしているが、いろんな行事をしたりピクニックに行ったりと、勉強会や「わかもの会」で覚え、身につけ培われたものが、年をとってから役に立っているように思える。

・あのころの人たちはみんな街を出て行ってしまった。この街を第二第三の故郷と思ってくれている人たちが、あそこにいけばまだあいつがいると言って訪ねてきてくれるような、止まり木のような家にここをしたい。そのためにもここで仕事を続けたいと思っている。

（聞き手　増田　克彦）

（二）街と「わかもの会」の中で

間瀬士郎氏
間瀬ひさえ氏

士郎氏は一九四二年生まれ、セツルメント児童部の勉強会に参加したこともある。先の小池國春・滝沢完美両氏とは文京区立第一中学校での一年上級にあたる。ひさえ氏は一九五八年生まれ、宮城県出身。共に当初より「わかもの会」に参加した。

士郎氏は「わかもの会」の創立に係わり、その後も中心メンバーの一人として活躍したが、数年して仕事の多忙から「わかもの会」の活動とは距離を置くことになったとか。ひさえ氏は「わかもの会」第二代会長である。

お二人は「わかもの会」で知り合い結婚した。二〇〇〇年頃氷川下を離れたが、ひさえ氏は現在も健生病院で働いている。


――「わかもの会」のはじまりについて覚えていることがあれば。

・小池たちの「青空の会」がハイキングを呼びかけ、帰ってきた後、「わかもの会」が出来た。「わかもの会」で何をするかということになり、フォークダンスでもやったらということで「歌とフォークダンスのつどい」になった。

・氷川下の「わかもの会」は、人に頼らず自分達で作る、みんなが自分の頭で考え、みんなが愉快にやりたいことをやればということで、ぬやまひろしの「わかもの会」運動とは一線を画した独自のものを目指していた。

・参加したわかもののフォローはダッコ（小池國晴氏のこと）がすごかった。一人一人訪ねていってインタビューと称してその後につなげた。

――クリちゃん（ひさえ氏のこと）が「わかもの会」に入った理由は。

・田舎から出て来て小さな町工場で働いていたから友達もいず、サークルのようなものを探していた。「わかもの会」のハイキングの呼びかけビラを見て参加した。そのあと、ダッコに話しかけられたように思う。セツルメントハウスやシロちゃん（士郎氏のこと）の家などでの集まりに参加するようになった。

――「わかもの会」はどうなっていったか。

・議論はあったが、たくさんのサークルを作れば「わかもの会」も発展するという考えからサークルがいくつも出来た。が、その結果としてそれぞれが趣味に集中し、大きなつどいが出来なくなってしまった。何年か経てば会員も成長するし考え方も変わってくる、致し方のない部分もあるのだろうが、そんな中で全体としてはしぼんでいくことになった。

――盆踊りは「わかもの会」にとって転機だったようだが。

・一九六七・六八年のころ、盆踊りをやろうとしたが太鼓がないのでどうしようかと考えていたら、ある人が樽を買ってくれれば良いというので買ってきて叩いていたら、町の人が、いくらなんでも樽は格好が悪い、太鼓は町内会にあるから借りればというので久堅に行ったら快く貸してくれた。リヤカーにつんで運んだ。以来借りて叩くことになった。会場は何年か経って久堅が使えなくなり大塚公園に移った。

――「わかもの会」に参加していた学生セツラーについて。

・ストンチョ（石間資生氏のこと）には、学生風を吹かすな、わかものの中にどっぷり入れるようにしろと言った。ストンチョは随分と意識していたと思う。「わかもの会」に集まってくるわかものの多くは中卒のため、大学生が傍に来るとびびってしまうので、学生であることを表に出すな、みんなの中に混ざってしまうような付き合いをするようにと言うことはかなりしつこく学生に言ってきた。小難しいことは言わずにワハハワハハと笑っているような所でないとみんな来なくなっちゃうよと言っていたと思う。

・セツラーが頑張っているのは良くわかっていたし、集まれる場所がなかなか無く、学校の体育館などは簡単には貸してくれなかったから、セツルメントハウスを自由に使わせてもらえたことはありがたかった。

・定時制に入りたかったが残業残業で無理だった。そんなことをセツラーに話したら、ハウスで、夜、オタマ（入江勇治氏のこと）や江崎さんが勉強を教えてくれた。料理は栄大の人に教わった。結婚してからは行かなくなってしまったけれど。

――氷川下地域の変化や「わかもの会」が無くなる頃のことについて何か思っていること、わかっていることがあれば。

・「わかもの会」がしぼんでしまったのは、結局、芯が無くなったからだろうか。中心でやっていた者も仕事が忙しくなったり町を離れたりとバラバラになってしまったし、学生セツラーも少なくなった。時代の流れで遊び方も変わり、歌って踊っての時代ではなくなったと言うこともある。生活レベルも変わった。食生活も変わった。発想の仕方も変わった。一九七〇・七一年頃からだろうか。世の中は目まぐるしく変化した。

・印刷・製本業も一九六四年頃から徐々に機械化されて、人手がいらなくなり、そのうち集団就職による金の卵も町に入ってこなくなった。

・ハウスが無くなったのも「わかもの会」にとっては大きい。

・「野草の会」についてはわからない。秀工社の人間が大挙してというのはあまり考えられないが、「わかもの会」の中心メンバーになった者もいるようだから、秀工社云々という話はそこから来るのかも知れない。戸崎町の個人加盟の労働組合を基礎とする「みどりの会」というのも係わっていたようだがそれも良くわからない。

・あのころの人は町を離れたり、認知症になってしまったり、亡くなったりと寂しくなってしまった。

・生協でセコハン（井上弘美氏のこと）と一緒に働いていた田中のおばちゃん（日医大生が氷川下での診療活動を開始した際、会場を提供して下さった方）のお嬢さん、イクちゃんだとまた違ったイメージで話をしてくれるのではないか。

（聞き手　薄井　敬／増田　克彦）

二　卒業後の学生たち―その進路と活動、並びにＯＳ会とＯＳのつどい

一九五二年五月から九一年三月までの三八年と一〇ヶ月、この間氷川下地域におけるセツルメント活動に係わった学生総数については残念ながら明確にできない。記録されているそれぞれの年のセツラー数やセツラー費納入状況からして五〇〇〇名を下ることはない、としてしまうのはあまりにも粗雑だろうか。

活動期間の長短、活動形態、活動への想い、セツラー個々によってそれは千差万別であったろう。そして様々な思いを胸に氷川下を巣立っていったに違いない。その進路は多様である。知られているセツラーのみを考えても、教育・保育、司法・法曹、医療・保健・衛生、社会・福祉、行政、出版・メディア、学術・研究、政治など枚挙に暇はない。恐らくは、それぞれの大学・短大あるいは専門学校で学んだ専門領域を社会で生かすべく、あらゆる職種・職業にその進路を取ったと考えて間違い無かろう。東京に留まる者、出身地に戻る者などといろいろであり、北海道から沖縄までほぼ全ての都道府県に氷川下セツルメントのセツラーは散っている。

卒業後の活動ぶりについては、寄稿したＯＳは六〇名余に過ぎないものの、回顧録集『氷川下セツルメント―「太陽のない街」の青春群像―』の中で生き生きと語られるその姿で明らかであろう。卒業後、急激に変化した政治・経済・社会状況の中にあっては、様々な矛盾・軋轢を、そして労苦を経験したに違いない。その職種・地位等を考えれば、時として自己矛盾・自家撞着に陥りかねない場面に直面するような者も少なくはなかったろう。しかし、彼等は、回顧録の中で共通して語られている「セツルメント大学」における学びを基盤として、生き、働き、「セツラー」としての生涯を送っている。

卒業生の組織化については、すでに一九五四年一月の第一回中央委員会で議論されているが、ＯＳ会としては五七年六月改訂の新規約第三章第五条で「大学卒業その他の事由により本会を退会した会員はＯＳ会に入ることができる。ＯＳ会は別にこれを定める」とあるのが初見である。しかし、ＯＳ会規定は現存せず、「セツル大学卒業式」をはじめとする各種会合や現役の主催する「ＯＳとの交流会」等にＯＳが顔を見せ、あるいは機関誌『らしんばん』に投稿することはあってもＯＳを網羅した組織的な活動を行うには到っていない。また、主として経済的な課題解決を目指して、ＯＳをも念頭に置いた維持会員制度や後援会制度の新設が中央委員会や連絡協議会で度々話題に上り、総会の席上論議もされた。短期間設置されたことはあったものの確立しないままに終わっている。セツラーにとってその組織化と維持は困難をともなうものであったに違いないし、ＯＳはＯＳでそれぞれ多忙を極め、自ら手を染める余裕は無かったに違いない。六二年三月、歴史小委員会が『ひかわしたセツルメント一〇ねんし』を編むに当たり、四一名のＯＳに執筆を依頼したが、単なる「思い出」では困るとして執筆テーマをＯＳ毎に特定したものの、これが抽象的であったことも一因となり、寄稿したＯＳは五名に過ぎなかったという実態もある。

五七年三月発行の『らしんばん』二四号でＯＳ会の組織について、一三項目からなる私的提案がなされ、これが新規約に反映されたと思われるが、五八年四月に発行された『らしんばん』三一号には「ＯＳ会の現状」なる一文があり、五八年三月末の会合では世話人を選出し、年会費を一五〇円とすること、年一回の総会開催や名簿作成などの組織確立への動きがなされている。そして、五九年八月には一六名が参加したＯＳのつどいが開かれる。が、継続して集うようになったのは八〇年八月からである。草創期のセツラー四〇名程が出席、八四年には組織としても確立され、以後草創期セツラーのＯＳのつどいは隔年で開催されるようになる。一方、ホラヒの会、さんごの会、かいなの会、蕾の会といった、主として五〇年代末から六〇年代前半の入学年度を同じくするOSの会が存在し、八七年八月、合同して開催したつどいには六一名が出席している。九〇年一〇月から九五年一月にかけて文京教育懇談会機関紙「文京の教育」に連載された、八〇年代後半の久堅子ども会OS二名の編集による主に草創期と終焉期のOSの回顧録によって綴られた「氷川下セツルメントのあゆみ」も、結果として少なくないOSを結集させた。

その後、〇二年五月、草創期のOS会の呼びかけに九〇余名が協賛した氷川下セツル創立五〇周年を記念した「氷川下セツルメント草創の地」碑が最初のハウス所在地に設置され、翌〇三年八月には六〇年代前半のOSによって「氷川下学生セツルメント史編纂委員会」が組織された。〇四年一一月の編纂委員会主催のOSのつどい、〇五年五月の草創期のOS会主催による「磯野誠一先生を偲ぶ会」を経て、草創期のOS会と六〇年代のOS会が一つになり、五〇年代から八〇年代まで、会員数五〇〇のOS会として現在に至っている。

なお、氷川下学生セツルメント史編纂委員会は、〇七年八月、六六名の回顧文の収録を中心としたA5判総頁数四二〇の回顧録集『氷川下セツルメント—「太陽のない街」の青春群像—』を上梓してその出版記念会を兼ねたOSのつどいを開催、続いて〇八年九月に氷川下セツルメント史史料集として、B5判全二冊総頁数七五〇の『総会資料』集、全三冊総頁数一七二八の機関紙『らしんばん』集、加えて、六二年一一月に発行されたB5判三三五頁からなる『ひかわしたセツルメント一〇ねんし』の影印本を出版、一〇年一〇月には、新たに発見された三冊の『らしんばん』をまとめた計六六頁の機関紙『らしんばん』補遺をOSのつどい一〇にあわせ刊行している。

(執筆・担当　増田　克彦)

三

氷川下セツルメント診療所の沿革

子供会と診療活動で始まった氷川下セツルメントは、医療機関としての診療所の存在は不可欠であり、二本柱のひとつであった。ハウスの建設と診療所の建設が一体となって進められたことからも、それはうかがえる。診療所がどのような変遷をたどったか振り返ってみると、日本の医療の変化の歴史を反映していることがわかる。文京医療生活協同組合として法人化後も新たな診療所開設、病院化の後大塚診療所等との合併、鬼子母神保健生活協同組合との合併、東京中央医療生協、台東保健生協との合併などを行い、現在は文京区のほかに新宿、豊島、中央、台東、練馬の各区に支部を持つ東京保健生活協同組合となっている。ここでは氷川下セツルメント診療所に限ってその変遷を述べておく。

一九五二年　四月　軒先診療活動
地域協力者の部屋を借りて、週三回夜間のみ検診、診療。部屋を転々としながら、日医大の大学内の協力をあおげる医師に診療を依頼。
五月　小石川健康文化会結成

一九五三年　五月　三畳間診療所
山田みつ氏宅三畳間を借り、大塚診療所出張所として医療機関の届け出を行い、毎日の午前と夜間診療を開始。インターンを終えたセツラー医師が診療を行う。
六月　診療所設立委員会設置

八月　歯科併設

一九五三年　九月　セツルメント診療所建設

氷川下町四番地に土地、建物を購入。氷川下セツルメント診療所として独立。中村英彦氏院長に就任。一階診療所、二階ハウス。その後の氷川下セツルメント活動の拠点の地となる。

一〇月　氷川下セツルメント診療所として届け出を行い、健康保険医療機関として診療開始。形態は人格なき法人。

一二月　小型レントゲン購入、地域へ検診活動。

一九五四年　四月　五坪増築、歯科移転。

診療所綱領決定（労働協約的内容）。

一二月　原町健康を守る会発足

一九五五年　一月　隣家購入（土地一五坪）

五月　労働組合管理方式（第一次）。

七月　診療所改造委員会発足

一九五六年　二月　隣地二〇坪購入

七月　隣地六五坪購入

一九五七年　三月　診療所新築

（木造二階建て、ベッド七床、延べ八〇坪）。

有床診療所として入院可能となり外科を開設。裏通りへ面し入り口を北側へ移動。内科、外科、歯科を標榜。
一九五九年　六月　日医大セツルメント板橋へ移る。
一九六〇年　三月　隣地三二坪購入、千川通りへ面する。
六月　労働組合管理方式採用（第二次）。病院化への方針決定。
一二月　生協世話人会発足。病院建設委員会設置。
一九六一年　四月　病院設立趣意書作成。
一一月　創立総会、文京医療生活協同組合発足。全日本民主医療機関連合会に加盟。
一九六二年　六月　氷川下セツルメント病院完成（鉄筋コンクリート四階建て、旧診療所と接続し三六床）。
産婦人科、整形外科開設。千川通りへ入り口移動。
一九六三年　三月　生協組合員健康診断開始
一一月　歯科分院開設。
一九六五年　八月　病院増築（旧木造部分、四七床）。
一九六六年一一月　歯科分院閉鎖
一九六八年　四月　産婦人科閉鎖
一一月　耳鼻咽喉科開設
一九六九年　二月　センター病院建設計画の概要発表。原子吸光分光度計購入、血中鉛検診開始
四月　東京民医連研修病院指定。
一一月　耳鼻咽喉科閉鎖
一九七〇年　五月　第九回総代会、新規診療所の設立や合併等により組合員の居住区が広がり、定款地域を

拡げて東京保健生活協同組合へ改称。
一九七一年　六月　鉛中毒患者会結成
一九七二年　七月　隣地二〇坪購入
一九七三年　二月　センター病院建設計画案発表
四月　隣地四三坪購入
一九七四年一二月　センター病院工事開始
一九七六年　三月　東京民医連中央ブロックのセンター病院としての氷川下セツルメント病院完成（一〇四床）。
一九七七年　五月　皮膚科開設
九月　ベトナム生協代表団訪問
一九八〇年　六月　眼科開設
八月　臨時総代会、新病院建設計画発表。
一〇月　泌尿器科開設
一九八二年　三月　東京健生病院完成（一八三床）。
四月　氷川下セツルメント病院一時閉鎖
一〇月　氷川下セツルメント病院病棟再開（糖尿病・心療内科）。歯科開設。
一九八五年　四月　歯科訪問診療開始。
一九八六年一〇月　人工透析開始
一九九五年一〇月　デイケア開始

一九九七年　六月　病棟閉鎖
二〇〇〇年　四月　ありがとう氷川下セツルメントの集い。
　　　　　一二月　氷川下セツルメント診療所歯科を大塚三丁目へ移転
二〇〇二年　三月　介護老人保健施設「ひかわした」開設。

氷川下セツルメントハウス、診療所発祥の地は入所可能な老健「ひかわした」が建っており、玄関先には「氷川下セツルメント発祥の地」の碑が立てられている。

（執筆・担当　会沢　智也）

あとがきにかえて

（一）

二〇〇二年の夏八月、氷川下セツルメント青年部の設立に携わり、卒業後社会教育主事として活躍、五九歳の若さで喉頭癌に倒れた元氷川下セツルメント青年部セツラー石間資生氏の一周忌、墓参に集まった元青年部セツラー、わかもの会々員、児童部中学生班セツラーの間で氷川下セツルメント史編纂の必要性が話題とされたのがことの始まりである。

翌〇三年八月に史編纂委員会を立ち上げて既に一〇年、この間、氷川下セツルメントのオールド・セツラー（以下、戦前からの慣例に従い「ＯＳ」と表記する）のつどいを〇四年一一月、〇七年八月、一〇年一〇月に開催しつつ、〇七年八月には回顧録集『氷川下セツルメント――「太陽のない街」の青春群像――』を刊行したが、その後、委員会は、多くの方のご協力のもと、〇八年八月には史編纂委員会が入手し得た氷川下セツルメントの基本的資料である「総会資料」と機関誌「らしんばん」を網羅した、恐らくは、それぞれ発行されたものの五割から六割程度に過ぎないと思われるが、Ｂ５判二分冊の『総会資料』とＢ５判三分冊の機関誌『らしんばん』、加うるに一九六二年一一月に上梓された『ひかわしたせつるめんと一〇ねんし』影印版を史料集三部作として刊行、更に、〇九年以降、『ひかわしたせつるめんと一〇ねんし』刊行当時の歴史小委員会委員を含めた新たな陣容で編纂作業を継続、一〇年一〇月には〇八年八月以降入手した「らしんばん」を『らしんばん』補遺として刊行、今般、ようやく『史』そのものの刊行に辿り着いた。氷川下セツルメント創立六〇周年の年に作業を終えることが出来たことを共に喜びたいと思う。

とはいえ、この一〇年の間に、氷川下セツルメント診療部、氷川下セツルメント病院、健生病院、老健ひかわしたの設立と経営、何よりも保健医療を中心に地域住民の生活と健康を守り、平和と民主主義確立のために尽力された赤澤潔氏、氷川下セツルメントの顧問として長期に亘り物心両面から学生セツルメント活動を支えて下さった東京教育大学の磯野誠一先生、氷川下セツルメントを含め東京大学の各セツルメントの顧問として常に暖かく見守って下さっていた山下肇先生はじめ、少なくないセツルメント関係者が鬼籍に入られた。我々編纂委員が存じ上げている氷川下ＯＳの方々だけを考えても二〇名を下らない。遅きに失した刊行を恥じると共に深くお詫びしたいと思う。

（二）

実に多くの方々の手を患わせた。この氷川下セツルメント史を編むに当たって、我々は氷川下セツルメントＯＳ、わかもの会会員、児童部勉強会参加者、また他セツルメントのＯＳなど五〇〇名になんなんとする方々と連絡を取り、保管されている「総会資料」、「らしんばん」をはじめとする様々な資料の提供と、当時の状況についての証言をお願いした。

史料集刊行のためのパソコン入力にご尽力頂いた二一名の方々、草創期また終焉期の事情や現在活動中の氷川下子ども会について、あるいは補説のためのお話を頂いた凡そ七〇名にもなろうかと思われる方々、資料発掘のためにご尽力頂いた法律相談部のＯＳに繋がる法曹界や大学関係者の方々、また、八千代町セツルメント、鹿浜セツルメント、医療法人財団ひこばえ会（亀有セツルメント診療所）など他セツルの方々をも含め直接ご協力頂いた方は一〇〇名を下らない。『回顧録集』にその回顧をお寄せ下さった六六名のＯＳや三上満先生、『回顧録集』『史料集』の出版・印刷・刊行に際し様々な形で御協力いただいた多くのＯＳ、文京教育懇談会や印刷・出版関係の方々、御協力いただきながら協力者としてお名前を載せることが出来なかった方々はあわせて二六〇名以上にも及ぶ。特に、初代わかもの会会長小池國晴氏はじめ、元わかもの会会員の方々にはお礼の申し上げようもない。改めてその全ての方々に対し厚く御礼申し上げたい。

(三)

『ひかわしたせつるめんと一〇ねんし』の編集後記で、著作者たる氷川下セツルメント歴史小委員会は、『一〇ねんし』編集の反省点として、「第一にまとめの章を欠いてしまったこと。最終章としてセツル十年の歩みを総括し、今後への活動の指針とするべく展望の試みがなされる筈であった」「第二に、歴史をまとめる方法論の貧困」「第三に歴史編纂が最後まで、ほとんど大衆的な討議を経ぬままに終ってしまったこと」の三点を挙げ、「最後に、極めて短期間でのメンバーの交替が不可避の学生セツルにとっては活動の積み重ねは資料ぬきでは考えられない。資料の整理はそれ自体重要な活動の一つであることを考え、その蒐集、整理には万全の保障がなされるべきこと、及び、本書に対する多くの批判や討議の結果、近い将来、各部史、更に充実した綜合セツル史が編纂されること、を心から要請、希望」したいとした。

本書の編纂作業において、この『一〇ねんし』を編纂した歴史小委員会の反省と将来への希望が果たし得たかと言えば残念ながら否である。事情は異なるものの、三つの反省点は克服できていない。「資料の蒐集・整理」は結果としてなされてはこなかった。「批判や討議」は『一〇ねんし』刊行後何回か試みられたもののその記録はない。本書編纂に当たってもそのことはなされなかった。本書にあって、序説、第一部、第二部、補説、それぞれ執筆者が異なっている。本来、委員会において十分にその内容が検討され、表記等の整理も当然なされるべきではあったが、様々な制約から未整理のまま刊行することになる。当編纂委員会は、当時の歴史小委員会の方々には恥じ入るばかりである。

なお、『氷川下せつるめんと一〇ねんし』が編年体風の記述であるのに対し、本書は紀伝体風に記されている。歴史小委員会委員の方々のご意向にささやかながら沿ったつもりではある。

（四）

現在、氷川下セツルメントOSの会事務局が把握し連絡の取れるOSは、東京教育大学、お茶の水女子大学、東京大学、女子栄養大学、日本医科大学、東京医科歯科大学、東京女子医科大学、東洋大学、早稲田大学を中心として氷川下地域に於けるセツルメント活動に係わった在籍大学三五以上、五〇〇〇名を優に超えるであろう学生総数の一割程度かと考えている。この出版を機にOSの輪が大きく広がることを期待している。これをお読みになったOSはOSの会事務局までぜひご連絡頂きたい。特に、『史』との係わりで申し上げれば、おわかりのとおり、各部・各班・各パートの終焉についてはその殆どが残念なことに推測の域を出なかった。それぞれの終焉についてご存じのOSにはぜひともご連絡頂きたいものである。

（五）

甚だ僭越な物の言いようになるが、我々の編んだこの『史』を契機として、恐らくは歴史的にはほんの一瞬のものであるだろう学生セツルメント運動ではあるものの、全国セツルメント連合に結集しなかったセツルメントを含め最大時七〇を越えるであろう地域で活動した各セツルメント、そして全国セツルメント連合の軌跡が明らかにされ『史』として編まれることを期待したいと思う。

なお、氷川下セツルが、一時期全セツ連の事務局を担っていたこともあって、当委員会の手元には数量としては多くないものの他セツルの資料も存在する。その殆どは一九六〇年代のものであるが、仙台連合、寒川、戸田、中野、坂下、堀の内、亀有、若葉、王子、八千代町、北町、川崎、中江、ヤジエ、鹿野、愛宕、東住吉、岡大、福岡、熊本大などの名が見える。それぞれにおけるOSの方々の『史』編纂作業のお手伝いも可能であろう。

（六）

当編纂委員会に残された課題は資料の保管・保存である。いずれは消える運命にあるとは思うものの、願わくば半永久的に保存できればと考えるのは贅沢というものだろうか。今回の刊行に係わっては、OS会保管の資料、何人ものOSが保存なさっていた資料など、氷川下セツルメント四〇年の間に出された印刷物等の量からすればほんの一部に過ぎないものではあろうが、膨大な資料が委員会の元に集められた。これらの資料を今後どう保管・保存するかは委員会結成当初から問題とされてきた。幾つかの研究所や大学にも問い合わせてみた。ある意味当然の事ながら、色よい返事は無かった。お返ししなければならない資料は多くない。どうすればよいか。難問である。

（七）

一九七〇年代まで見られた絶対的貧困にあえぐ地域は日本から影を潜めた。が、本当にこの日本から貧困は姿を消したのだろうか。八〇年代を中心として確かに貧困はこの日本においては見えにくくなった。しかし二一世紀に入って一〇年余を経た現在、様々な統計・調査を見るまでもなくそれは明らかに否である。一時期見えにくくなった貧困はまた個々の問題としても地域的にもはっきりと見え始めている。激増する生活保護世帯、生活保護受給を下回る年金のみの生活者、ネット難民、マンガ喫茶難民、家族を造れない若者達、家庭崩壊・

児童虐待・子殺し、いじめ、街中に溢れる行き場のない老人、減ることのないホームレス、老人虐待・親殺し・心中、限界集落・限界住宅地、そして三万人を越える自死と多発する孤立死。貧困から来るであろう、あるいは貧困そのものの問題・社会現象は枚挙に暇が無い。そしてまた貧困とは必ずしも経済的貧困とは限らない。

そのような状況が現在この日本に蔓延している。現在、学生の手によって子ども会活動や高齢者対象のボランティア活動など様々な活動が各地で精力的に取り組まれている。現在そして将来に亘って、より多くの学生が集団として、子ども会活動をはじめとし、個々バラバラにされている人々の結びつきを図り、地域における広義の生活改善のために多種多様な活動を展開することがあっても何ら不思議はなかろう。様々な法整備がなされている現在、学生が医療活動や法律相談活動に参画することには極めて難しい問題がある。しかし、それは、その志において、まさに我々の追究したセツルメント活動そのものである。その際その活動を敢えて「セツルメント」の名で呼ぶ必要はない。セツルメントの名を冠することがなくとも、この世に貧困が存在する限り、セツルメントの志が生かされた学生の活動が何らかの形で継承されることを望んでいる。

(八)

最後に、二〇〇四年八月の第四回以降七〇回を超える委員会の会場として会議室をお借りし、御面倒またご御迷惑をお掛けし続けた、草創期のOSでもある内田徹夫名誉施設長をはじめとする介護老人保健施設ひかわしたの職員や入所者の方々、また、東京保健生活協同組合本部の方々、そしてこの面倒な書物の発行を受けてくださった株式会社エイデル研究所の山添路子氏、兒島博文氏に改めて厚く御礼申し上げる。

二〇一三年秋　氷川下セツルメント史編纂委員会

編纂委員

会沢　智也（一九六六年～七二年　保 健 部）
新井　孝男（一九六三年～六四年　青 年 部）
井上　誠一（一九五九年～六〇年　法律相談部）
薄井　　敬（一九六二年～六五年　青 年 部）
岡田　克彦（一九六四年～六六年　法律相談部）
河野　幸枝（一九六六年～六九年　児 童 部）
東郷久仁子（一九六三年～六六年　児 童 部）
堀内　信明（一九五九年～六一年　法律相談部）
増田　克彦（一九六二年～六五年　青 年 部）
山田　　明（一九六六年～六九年　児 童 部）
油谷　敬一（一九六四年～六七年　青 年 部）

氷川下セツルメント史

半世紀にわたる活動の記録

2014年3月16日　初刷発行

編者　氷川下セツルメント史編纂委員会

発行者　大塚智孝

発行所　株式会社エイデル研究所
〒102-0073
東京都千代田区九段北4-1-9
TEL. 03-3234-4641
FAX. 03-3234-4644

装幀　大友淳史（デザインコンビビア）

本文デザイン
大友淳史（デザインコンビビア）

本文DTP　株式会社エイデル研究所

印刷・製本　シナノ印刷株式会社

ISBN 978-4-87168-538-2　Printed in Japan

巻末資料

（担当　東郷　久仁子）

氷川下セツルメント年表

年月	セツルメント	地域・社会
1897.3		1 片山潜、神田三崎町にキングスレー館を設立。
1912.8		1 友愛会（後の日本労働総同盟）結成。
1922.7		15 日本共産党結成。
1923.9	東京帝大学生らによる罹災者救護の活動はじまる。	1 関東大震災、死者・行方不明者計134,059（142,807）。
1923.10	東京帝大の学生らによるセツルメント創立の準備はじまる。	
1923.12	14 東京帝大セツルメント創立総会（代表者末弘厳太郎）。	
1924.6	10 東京帝大セツルメント、本所柳島に開設。	
1925.4		22 治安維持法公布。
1925.5		5 普通選挙法公布。 24 日本労働総同盟の左派、日本労働組合評議会結成（総同盟第一次分裂）
1926.1		20〜3/18 共同印刷争議（日本労働組合評議会の指導）。
1927.3		15 金融恐慌はじまる。
1927.8	1 東京帝大セツルメント事業の発展として柳島消費組合発足（開業）。	
1928.3		25 全日本無産者芸術連盟結成。
1928.5		全日本無産者芸術連盟機関誌『戦旗』発刊。
1928.6		29 改正治安維持法公布、即日施行。
1928.12		〜1929.3 徳永直「太陽のない街」執筆。
1928		〜1934 谷端川（千川上水）暗渠化。
1929.5		〜6 小林多喜二「蟹工船」、『戦旗』に掲載。
1929.6		〜11 徳永直「太陽のない街」、『戦旗』に掲載。
1930		世界大恐慌、日本に波及。
1931.9		18 柳条湖事件。
1932.1		28 上海事件。
1932.5		15 5·15事件。
1934.2	東京帝大セツルメント児童部に附属の「児童問題研究会」が独立。	

1936. 2		26 2･26事件。
1937. 2	東京帝大セツルメント「東京帝国大学セツルメント十二年史」を刊行。	
1937. 3		御殿町小学校焼失。
1937. 7		7 盧溝橋事件。
1937.12		13 日本軍、南京入場。
1938. 4	東京帝大セツルメント閉鎖（整理終了、代表者穂積重遠）。	1 国家総動員法公布。
1940. 9		27 日獨伊三国軍事同盟条約調印。
1941.12		8 日本軍、真珠湾奇襲攻撃。
1943. 2		1 日本軍、ガダルカナル島撤退。
1945. 8		15 ポツダム宣言受諾、降伏。
1945.10		4 治安維持法廃止。
1945.11		2 日本社会党結成。 9 日本自由党結成。 16 日本進歩党結成。
1945.12		1〜4 日本共産党第4回大会。
1946. 5	東京大学などで学生によるセツルメント復活の動き。	1 メーデー復活。
1946.11		3 日本国憲法公布。
1948. 7		消費生活協同組合法制定。
1948. 9		18 全日本学生自治会総連合結成。
1949. 1		レッドパージの動き急。
1949. 7		5 下山事件。 15 三鷹事件。
1949. 8	31〜9.2 キティ台風関東を襲う　死者・行方不明160、家屋全壊3,027、半壊13,470、これを機に東大セツルメント再建、当初葛西と大井、次いで、亀有と川崎にも進出（その後、葛西・大井は撤退）。	17 松川事件（東北本線松川駅付近で列車転覆、3人死亡）以降、国鉄・東芝労組員・共産党員ら逮捕　12.1までに20人起訴。
1949. 9	16 東大セツルメント設立準備会。	
1949. 10		1 中華人民共和国成立。
1950. 4	東京大学学生セツルメント結成。	
1950. 5		全学連、反イールズ闘争。
1950. 6		25 朝鮮戦争勃発。
1950. 7		11 日本労働組合総評議会結成。
1950. 8	お茶大生、東大セツル（亀有）の子ども会活動に参加。	10 警察予備隊設置。
1950. 9		1 レッドパージ、閣議決定。
1951. 2		23〜27 共産党第４回全国協議会（山村工作隊の方針）。
1951. 5	東大セツル、従来の診療・健康相談活動に加え、勉強会・子ども会活動を行う文化部設置。	5 児童憲章制定宣言。
1951. 6	東大セツル第1回総会、法律相談部の設置決まる。 8 お茶大生10数名、東大セツルに参加。	21 ILO総会、日本の加盟を承認。

1951. 9	9月以降　6名程のお茶大生、東大セツル（亀有・大井）の子ども会・勉強会・調査活動に参加。	**8** サンフランシスコ講和条約・日米安全保障条約締結。
1951. 12	セツル活動に従事してきたお茶大生、学内で展示会を開催、セツル活動への勧誘活動を行う。応募したもの14･5名か。	
1951	日本医科大学セツルメント結成　参加者46　メンバーの多くはYMCAと社会医学研究会。	全国各地で民主診療所建設運動始まる。 日教組、「教え子を戦場に送るな」運動開始を決定。
1952. 1	**4** 日医大セツルの社会医学研究会グループ、拠点を菊坂から御殿町に移し活動開始　週3回、個人宅を転々としながらの診療活動。お茶大生、東大セツルから離れ、お茶大セツル設立に動く。	農林省神戸検疫所で輸入ビルマ米より黄変米多量発見。
1952. 3	**10** 氷川下で調査活動。	**〜7** 破壊活動防止法反対闘争。
1952. 4	**24** お茶の水女子大学セツルメント結成　参加者45　維持会員87　顧問周郷博　実際の活動に参加した者は20名弱か。	**28** サンフランシスコ講和条約・日米安全保障条約発効。
1952. 5	**10** 第1回子ども会開催　於御殿町の空き地　参加者3歳から12・3歳、約40名　紙芝居等. 14日医大生とお茶大生の会合.健康面（診療活動）を日医大が、文化面（子ども会・勉強会）をお茶大生が担当することとした。このころから教育大の学生も活動に参加してくる。この頃、栄大生、亀有セツルに参加。	**1** メーデー事件。 全学連第5回大会。労働者農民の中へ。
1952. 7	小石川健康文化会結成。	**21** 破壊活動防止法公布、施行。
1952. 8	**6〜30** 第1回夏休み勉強会（毎週水・土）於教育大K105教室　参加子供数一日平均30　お茶大セツラー・教育大教育学科の学生・日医大生が参加。 **9** お茶大セツル、総選挙にあたり6つのスローガンで地域に働きかけることを決定　このことから児童科の学生一斉に脱退。	**8** 義務教育費国庫負担法公布。
1952. 9		診療所設立準備会発足。
1952.11		**1** 第25回総選挙。自由党240　改進党85　右派社会党57　左派社会党54　共産党0。なお、共産党の議席は前回49年36、得票数49年298万、52年89万。
1952.12	診療場所を固定するためハウス獲得の話題が出る　子ども会・勉強会の会場として文化部からもハウスの要求が出ていた。ハウス建設資金獲得等を目的とした人形劇団プークの公演開催。東大セツルを中心とした東京都セツルメント連合結成.程なく消滅か。	**12〜20** 諸国民平和大会、ウイーンで開催（85カ国1880人が参加）朝鮮戦争即時停戦・5大国の平和条約締結などの要求を決議。
1953. 1	**18** 氷川下診療所設立趣意書配布。 **31** 産児調節座談会（御殿町）。	**20** アイゼンハウアー、アメリカ大統領に就任。 大塚診療所開設。
1953. 2	**27** 機関紙「めばえ」1号発行。	
1953. 3	**9** ハウス設立のためのカンパ活動　募金額約3,000円。 **18** ハウス建設懇談会　於大塚診療所。この頃の診療活動、週3日から毎日へ。患者数一日平均30。	**14** 衆議院、吉田内閣不信任案を可決。衆議院解散（いわゆるバカヤロー解散）。 菊坂セツルメント活動開始。

1953. 4	**14** 診療所を山田さん宅に移転。「めばえ」2号発行。 この頃、教育大歴史学研究会の学生、お茶大生と活動を共にする。	
1953. 5	**2** 大塚診療所の出張所として、氷川下セツルメント診療所開設　山田氏宅の三畳間で診療活動開始. 跡見学園短期大学生、教育大生、勉強会に参加　勉強会は月曜から土曜　参加児童約10名。	東大・教育大・東女大の歴研・社研、氷川下での地域調査結果を東大五月祭で展示（調査は52年の夏休みと53年の春休み）。 東京民医連結成。
1953. 6	**上旬** 学年別勉強会始まる。 **13** 石母田正・磯野誠一両氏を囲んで氷川下セツルメントについての座談会。 **14** 磯野助教授、セツラーズと公式的会見。中旬、教育大磯野誠一助教授、顧問として迎えられる。 **20** ハウス設立委員会設置。趣意書、寄附申込書作成、募金活動開始　責任者磯野誠一。 **27**「健康文化会ニュース」発行。 **下旬** 東大セツル法相部の学生参加、法律相談部の設置。	**2** 第1回世界婦人大会をコペンハーゲンで開催。 **11〜14** 全学連第6回大会. 帰郷運動。 **18** 広島市、原爆死没者数推定20数万と発表。 全日本民医連結成。 診療所設立委員会設置。
1953. 7	**11** 氷川下総合セツルメント結成　総会準備　組織並びに人事確定　4部5大学制。 **21〜30**［文］第2回夏休み勉強会（前期）於教育大K105教室　参加セツラー20名余。 **25・26**［中央］日本子どもを守る会全国大会参加。 **31** ハウス建設のため土地実状調査。お茶大・教育大・跡見大でハウス設立の学内募金運動　目標5万円。	**25・26** 日本子どもを守る会全国大会　文化、教育、社会環境、保健衛生の各分科会　於神田・一橋中学。 **27** 朝鮮戦争休戦協定調印。
1953. 8	**3〜5** 土地調査に奔走。 **21〜30**［文］夏休み勉強会（後期）20日間の参加児童200名。 **24** ハウス獲得のための地域懇談会. 参加者50余。 **25** 地域住民とセツル懇談会　地元25人セツル20人。 **下旬**［中央］「セツルの友」特報発行。［中央］ハイキング　浅間牧場。この頃、日医大セツラー数10数名。後楽園バタヤ部落へ行く。	**7** 三井鉱山、6,739人の人員整理案を発表。炭労支援の闘争に発展、11月27日会社側が解雇撤回。 **28** 日本テレビ、本放送を開始（民放初のテレビ放送）。
1953. 9	**1** 久堅町の子どもに勉強会の通知。 **6**［中央］カンパ68,998円、個人と信用金庫からの借入金を加え、氷川下4番地の土地31坪余付きの家屋購入。 **7**［中央］診療所並びにハウス設立。建坪10.5坪。1階が診療所2階にハウス　診療開始　中村医師、専任として赴任　この日の患者2名（なお、54年から56年にかけ、隣接する80坪あるいは100坪の土地を購入し、57年3月には改築、7床80坪の診療所となり、ここが基本的には61年5月の医療生協への改組に伴う改築まで用いられた）。 **9**［中央］ハウスを拠点とする活動開始。 **11**［中央］簸川神社の祭りの演芸会にセツラー参加。 **12**［中央］第1回総会　出席者30余。 **13**［中央］「セツルニュース」1号発行（1部3円）。 **14**［中央］中央委員会成立　事務局体制一財政・情宣・記録・調査。 **14**［中央］ハウス設立資金会計報告書作成。 **16**［中央］中央委員会。 **17**［中央］ハウス2階の畳替え。 **18**［中央］亀有セツル代表来訪。 **19**［中央］折工たちとのお茶会。	**1** 独占禁止法公布。 **9〜11** 簸川神社祭礼。 **11** 子供図書館開設。 氷川下診療所開設（10.5坪）。 氷川下生協（消費）設立準備の活動開始。

	20［中央］「セツルの友」1号発行（「セツル友の会」は、セツルメントが働きかけて作ろうとした地域組織 それぞれの町に組織されている）。 **21**［文］新しい勉強会はじまる。 **23**［中央］慰労会開催。 **24**［中央］東京教育大学セツルメント結成　於教育大S107教室　出席者は歴研会員を中心とする約30名　加入した学生は、文化部あるいは法相部へ。 **26**［文］地域住民と共に、池袋人生座で「蟹工船」を鑑賞。［中央］「セツルメント半年のあゆみ」発行。［中央］この頃、日医大セツラー5名。勉強会会場2ヶ所に。	
1953.10	**2**［中央］共同印刷労組役員来訪。 **2**［診］診療所来院患者数72。 **2**［中央］「児童問題研究会」「子供会研究会」「氷川下の歴史をつくる会」「交楽会研究会」の4研究会発足。 **3**［中央］「蟹工船」合評会。中原早苗氏らを囲み数十名参加。 **3**［中央］共立学園高等部より子供達に贈り物。 **6**［中央］中央委員会。 **7**［診］看護師3名に増員。 **8** 磯野先生、跡見大訪問。京都大学セツラー来訪。 **10**［中央］日医大セツル総会。 **14**［中央］ラジオ東京で紹介さる。 **16**［中央］「セツラーニュース」2号発行（1部3円）。 **半ば**［中央］中央委員会　ハウス増築計画。 **24**［中央］簸川神社境内で映画会　参加者約500名。［中央］この頃「ほのぼの論」盛ん。	**2** 池田・ロバートソン会談開始。 **3** 跡見問題おこる。 **8** 跡見問題一応の解決を見る。 **12** 日朝親善大運動会。 **26** 広津和郎、志賀直哉、宇野浩二ら著名作家9人が松川事件の公正判決要求書を仙台高裁裁判長に提出。
1953.11	**8**［中央］ハイキング　奥多摩。 **16**［中央］アコーディオン購入。 **21〜23**［中央］教育大学園祭　展示並びに「瓜子姫とアマンジャク」上演。 **28**［文］地域住民40名余と前進座の公演鑑賞。 ［文］勉強会会場3ヶ所に拡大。［中央］セツルの政治性について議論起こる。	**21〜23** 教育大学園祭。 **28・29** お茶大学園祭。 **29** 第1回日本のうたごえ大会を東京で開催。 **29** 三木武吉ら日本自由党を結成。
1953.12	**2**［中央］第2回総会準備。 **11**［中央］警視庁捜査一課員来る。 **12**［文］文化部を子供会班、勉強会班、うたう会班、生活班に再編成。 **15**［法］法相部総会　この頃の相談日は週1回、火曜日16:00から19:00。 **18**［中央］中央委員会。 **20**［中央］第2回総会　於教育大 論議の中心は、セツル活動はどうあるべきか並びに組織整備、組織改編一文化部は勉強会班、子供会班、生活班、うたう会班の4班となる　勉強会にくる子供30名強　子ども会は窪町東公園で毎日曜　診療所への来所患者数　一日平均50（9月前は30）歯科の常設（東京医科歯科大が参加）歯科への来所患者数10から17〜8。法律相談　9月から12月までの相談件数13。10・11月の収支　文化部　収入　3,403円　支出2,315円　診療部　収入　468,692円　支出　354,291円　レジデント制開始　初代レジデント　教育大　青山崇氏　セツラー数　教育大52　跡見7 **21**［中央］事務局会議。	**9** 国連総会で、日本の国際司法裁判所加盟申請、全会一致で承認。 **23** 最高裁、農地改革に合憲判決。 **24** 奄美群島返還日米協定調印。 **24** ダレス米国務長官、沖縄と小笠原の管轄権は当分の間保有すると言明.

	22［診］幻灯会。 **25**［文］クリスマス子ども会。 **30**［診］レントゲン購入。	
1954. 1	**4**［文］在京セツラー新年会。 **4**［診］新年会。 **5**［中央］東京療養所へ見舞い。 **8**［文］生活班・生協2班、新年会（おしるこ会）会費35円。 **12**［文］勉強会班、再出発のための話し合い。 **15**［文］子ども会新年会。 **16**［文］生活班・生協１班、新年会。 **16**［文］うたう会、映画鑑賞会「唐人お吉」「にごりえ」。 **20**［中央］「セツルメントニュース」3号発行（1部3円）。日医大セツル総会。 **23**［中央］第1回中央委員会　議題　今後の方針について、維持会員について、卒業セツラーについて。 **23**［中央］「唐人お吉」「にごりえ」映画鑑賞会合評会　若杉監督、出演者北林、下元氏参加　参加者約40。 **24**［文］子ども会新年会。	**7**　アイゼンハウアー大統領、沖縄米軍基地無期限保持を表明。 **15**　憲法擁護国民連合結成（議長片山哲）。 **18**　中教審、教育の中立性維持に関し、答申（教師の政治活動制限をはかる〈教育二法〉の立法本格化）。 **21**　世界初の米原子力潜水艦ノーチラス号浸水。
1954. 2	**5**［文］生活班・生協2班、手芸洋裁研究会。 **5**［中央］林町集団検診。 **6**［中央］第3回教研集会報告会　於教育大　参加者約50　報告者日教組執行部、梅根、磯野両教授　セツラー2名。 **7**［診］林町第2回集団検診。 **7**［中央］「おしるこ会」。 **8**［中央］跡見短大にてセツル展。 **11**［中央］雑誌「いづみ」にセツル記事掲載。 **13**［中央］教育大セツル、教育二法案に対し反対決議。 **20**［中央］日医大セツル、上野から江戸川橋に移る。 **末**　国分一太郎「新しい綴り方教室」読書会。	**2**「太陽のない街」映画化具体化。 **6**　山本薩夫、「太陽のない街」映画化のため来訪。 **7**　文京区ひなまつり子ども会。 **11**　米軍が九十九里浜沖で漁船40隻実弾威嚇射撃。 各地で日教組などによる教育二法反対運動起こる。
1954. 3	**4**［文］生活班・生協2班、おしるこ会。 **4**［中央］卒業セツラー送別会　参加者30名余。 **15**［中央］日医大セツル総会。 **16**［文］生活班会議。 **23**［中央］「セツルメントニュース」4号発行　活動の反省、ハウスの拡張が必要等。 **24**［文］生活班・生協1班、幻灯と懇談の会　「混血児」「山びこ学校」。 **25～30**［文］勉強会班、春休み新入学児童集団指導　6日間　参加児童42　参加　氷川下　就学児童70のうち32　御殿町40のうち6　久堅54のうち1。 **26**［中央］朝日新聞社後援による生活保護調査打ち合わせ。 **30**［中央］勉強会班、母の会　42名中22名出席。［中央］この月、中央委員会、召集あるも成立せず。	**1**　米のビキニ水爆実験で「第5福竜丸」被災　16　乗組員全員が原爆症と判明　9.23久保山愛吉氏没。 **8**　アメリカとMSA協定（相互防衛援助協定）および関連3協定調印。 **17**（ヴェトナム）ホー・チミン指揮の人民軍、ディエンビエンフー作戦を開始。
1954. 4	**4**［中央］セツルと生協、地域住民と共に花見、狭山湖へ。 **4**［中央］幻灯会「原爆の子」。 **4**［文］文化部への新入セツラー40数名　教育・化学・農学関係からの参加も。 **16**［文］生活班・生協2班、栄養研究会　民主栄養協会員とセツラーとでおかずを作る会　地域からの参加13名　原爆まぐろが話題となり、原水爆禁止署名運動に取り組むことになる。	**23**　氷川下生協「お知らせ」4号発行。加入世帯　御殿町56　氷川下11. **23**　日本学術会議、核兵器研究の拒否と原子力研究三原則（公開・民主・自主）を声明。 氷川下診療所、5坪増築、歯科開設。

	19［診］診療所一部改造。［文］子供会班、週2回窪町東公園で子ども会　参加児童数40〜80　日曜日の子ども会終了後研究会実施。 ［中央］日医大セツル総会　参加者40余。	診療所綱領決定。 江戸川橋診療所開設。
1954. 5	**5**［文］こどもの日子ども会（約100人）。 **5〜20頃**［中央］生活実態調査。 **8**［文］勉強会へのお誘いのビラ100枚程配布。 **12**［文］親と子供とセツラーの会。 **12**［文］勉強会の会場5ヶ所　週2回水土の午後　申し込み90のうち来ている者約50　会費1か月40円。 **13**［中央］「セツルの友」3号発行　「診療所を広くしましょう」他。 **15**［中央］第2回中央委員会　議題　組織問題―規約作成委員会設置　ハウス改造の件。 **15**［文］会議。 **16**［文］勉強会班主催　都内学習会指導者懇談会　於教育大E201　参加　7団体、矢川徳光。 **16**［文］第1回氷川下うたう会　参加者　セツラー4を含む大人7、子供20余。 **20**［中央］規約起草委員会発足。 **22**［文］生活班、保育園問題の打ち合わせ。 **23**［文］第2回氷川下うたう会。 **27**［文］生活班　水爆問題の勉強会　講演と幻灯　地域からの参加40余。 **29**［中央］第3回（臨時）中央委員会　議題　新協劇団の件、ハウス改造の件―ハウス改造委員会発足、水爆禁止署名の件. **29**［文］第2回母の会　教育大ホール。 **30**［中央］ハイキング。	**9** 原水爆禁止署名運動杉並協議会発足。10.4署名1,000万突破。 **16** 全国で放射能雨騒ぎ。
1954. 5	［診］医師4、インターン3、看護師4の体制となる　歯科：医歯大のOS石川医師。［全セ］全日本学生平和会議の席上、セツルメント連合の呼びかけ。［中央］この頃、セツラー数約80。	
1954. 6	**1**［中央］「セツルメントニュース」5号発行（1部3円）新入セツラーの感想他。 **1**［中央］『続歴史と民俗の発見』読書会。 **1或いは7**［診］会議並びに勉強会。 **6**［中央］映画会「煙突の見える場所」「セロ弾きゴーシュ」他。 **7**［中央］水爆禁止署名実行委員会　参加20余名。 **7**［診］勉強会　注射一般。 **9**［中央］水爆禁止署名実行委員会　参加30余名。 **11**［中央］セツル規約草案完成。 **12**［中央］第4回中央委員会　規約草案討議。 **13**［文］うたう会主催映画鑑賞会　「カルメン純情す」、ニュース他　於教育大K館前広場　参加者約500。 **14**［中央］大阪社会事業短期大学生9名来訪。 **14**［中央］水爆の話を聞く会。 **15**［中央］水爆の話と幻灯の会。 **15**［法］部会。 **16**［文］勉強会綱領草案作成。 **16**［文］勉強会班会議。 **16**［中央］水爆禁止署名実行委員会。	**2** 防衛庁設置法・自衛隊法成立。 **3** 教育二法公布。 **7** 警察法改正案成立。 **13〜17** 全学連第7回大会「生活と平和のために」。 **28** 周恩来・ネルー会談で平和五原則を声明。

14［中央］水爆の話を聞く会。
15［中央］水爆の話と幻灯の会。
15［法］部会。
16［文］勉強会綱領草案作成。
16［文］勉強会班会議。
16［中央］水爆禁止署名実行委員会。
17［文］うたう会会議。
18［文］生活班会議。
19［文］勉強会綱領決定。
20［文］第4回うたう会。
20［中央］原水爆禁止のための映画と講演の会　於窪町小。
22［中央］日医大セツル総会。
24［文］「勉強会の方針」出来る。
26［中央］中央委員会　規約草案討議。［中央］東大セツル、連合化。
27［中央］第3回総会　於お茶大　出席者50余　OS3　文化部を解消、児童部、生活部、うたう会部とする　綱領案提示　総会決議　1.地元に組織的に結びつこう　1.青年層との結びつきを強めよう　1.セツラーの話し合いを進めよう　1.各部間の連絡を緊密にしよう　1月から5月の収支　事務局　収入　7,575円 支出　6,813円　セツラー数　文化部勉強会班37名（お茶大6　跡見大6　教育大25）新入セツラー数26（文化部生活班5名 文化部うたう会班4名　法相部8名）子ども会　週1回土曜日　窪町東公園にて紙芝居、歌、遊び、童話など　子供数40～80　地域向け情宣紙「セツルの友」の発行は生活班 診療所への来所患者数一日平均100名　往診一日平均15軒、地域も林町、原町、指谷町と広がる　診療所のスローガン「医療に恵まれぬ人に医療を」→「惜しみない医療を平等に」→「みんなの健康を守ろう」　12月から5月の収支　収入　2,138,703円　支出　1,453,693円 レジ交代　レジデントに2,000円支給。
29［中央］旺文社来訪。
30［中央」文化部解消、児童部、生活部、うたう会部となる。
［全セ］関東セツルメント連合成立？［文］この頃、勉強会に来る子供71名。［診］診療所から綱領（案）学生セツラーが看護師と交代して夜間診療の責任を負う。第1回集団検診。

1954. 7
1［中央］氷川下セツルメント規約発効。
2［生］栄養研究会。
3［児］第1回児童部会議。
3［全セ］セツル地域代表委員会開催　於東大。
4［う］氷川下うたう会発足　うたう会部、地域青年との懇談会。
4［中央］新旧合同中央委員会。
5［児］氷川下子供の家開園式に協力。
5［生］栄養研究会。
6［生］生活部会議。
7［児］七夕子ども会。
7［う］青年と懇談会。
9［児］矢島作文集作成。
9［診］診療部会。

	10 柳町中島先生来訪。 12［児］夏休み勉強会準備開始。 14［児］勉強会　母の会。 17［生］幻灯会　於御殿町。 17［う］「なかまたち」1号発行。 20［法］法相部会。 21［中央］レジ室決定。 22［中央］「セツルメントニュース」6号発行（1部3円）。 23〜31［児］前期夏休み勉強会　参加児童数145　氷川下58、久堅25、柳町、音羽、志村からの参加もあり。 23［中央］江戸川セツル、勉強会見学。 23［中央］名古屋セツル来訪。セツルメント連合準備会ニュース並びにアンケート送付する。 26［児］夏休み勉強会遠足　低学年—六義園、高学年—上野動物園。	
1954. 7	27［法］診療所待合室にポスター貼付 毎週火曜日　久堅保育園にて。 27［診］日雇い労働者との懇談会　自労幹部と労働者10、学生5　日雇労働者の健康調査に取り掛かる．この頃、診療部に医歯大生7名参加。 29［児］第2回代表者会議　綱領について。 31［児］夏休み勉強会 学芸会。	21 ジュネーヴ会議修了．カンボジア・ラオス独立、ヴェトナムは南北を分離するインドシナ休戦協定調印される.米はジュネーヴ協定調印に不参加。 30 政府、黄変米の配給強行決定、主婦連などの反対運動激化。
1954. 8	1［中央］中央委員会　議題　綱領、財政等。 1［児］勉強会ハイキング。 4［診］診療部会、待合室のポスターについて。 5［診］日雇い労働者との懇談会。 7〜9［う］会員5名、近江絹糸へ。 8［う］「ともしび」創刊。 10［診］保健医大会に医師出席。 10［児］地域巡回子ども会開始。 10［中央］幻灯会「山びこ学校」他。 10［中央］「中央委員会ニュース」No.1発行。 14［中央］ハウス設立1周年記念祝賀会地元世話人会。 15［児］舞台芸術学院主催の子ども会「子供劇場」に児童部セツラー参加。 16［診］産児調節講演会　於久堅保育園　参加者120。 18［う］うたう会会合。 18［診］診療部会。 18［児］後期夏休み勉強会準備はじまる。 19［中央］［診］黄変米についてのビラ、セツルメントと診療所連名で発行。 20［児］代表者会議　後期夏休み勉強会打ち合わせ。 20［生］生活部会。 21［う］ストックホルム平和使節団歓迎国民大会参加　うたう会会員約40。 22［中央］臨時中央委員会　綱領草案作成委員選出　黄変米問題に積極的に取り組むことを決議。ハウス設立1周年記念祝賀会をセツル全体として取り組むことを決定、実行委員選出。 22［う］由比ヶ浜へ海水浴　参加者約20。 22［中央］「セツルメントニュース」7号発行。 23〜28［児］後期夏休み勉強会。	3 映画「太陽のない街」試写会。 8 原水爆禁止署名運動全国協議会結成。 10 参院厚生委員会、黄変米配給中止を決議。 16 黄変米、久堅で発覚. 17 黄変米について訴え　約60名の地域の人々が久堅町配給所へ米の取り替えに。 19･20 黄変米について区に抗議　地元の主婦・東大生協・文京区労協など30余名。 21 文京区黄変米反対対策委員会。 23 御殿町で黄変米懇談会。 23 黄変米問題で都の食糧課・食品衛生課に赴く。 24〜9.6 映画「太陽のない街」池袋・人生座で上映。 25 御殿町で黄変米懇談会。 30 氷川下で黄変米懇談会。

	28［中央］ハウス設立1周年記念祝賀会第2回地元世話人会。 **29**［う］東京大平和祭に参加・出演　於多摩川台公園　約70名で構成詩「太陽を求めて」。 **30**［児］第3回夏休み勉強会　学芸会と母の会。	
1954. 9	**3**［児］勉強会、氷川下母の会。 **4**［中央］第8回中央委員会　学園祭の件、スライド作成の件。 **4** ハウス設立1周年記念祝賀会会場の件で、大塚警察より集会届けの要ありとの通告あり。 **5** 教育大補導課長、セツルメントに協力。 **5**［中央］ハウス設立1周年記念祝賀会　於教育大　参加者約800（内診療部セツラー4）。 **8**［児］勉強会、久堅母の会・御殿町母の会。 **10**［児］代表者会議。 **11**［児］コンパ。 **11**［う］簸川神社祭礼に出演。 **12**［う］「関東のうたごえ」に参加　17名　国慶節に招かれた関鑑子氏に寄せ書きを託す。 **15**［児］勉強会、8か所ではじまる。 **17**［児］子ども会打ち合わせ **19**［中央］「太陽のない街」合評会。 **22**［中央］「セツルメントニュース」8号発行。この頃、セツラー数200以上、セツル活動華やかな時期。 **28**［日］日医大学園祭に向け幻灯の制作に取りかかる。 ［児］「ニコニコぼくらの作文集」発行。［法］8月中の法律相談8件。	**2** 黄変米問題で食糧研究所の角田博士を訪ねる。 **8** 東南アジア条約機構（SEATO）条約調印。 **9・10** 簸川神社祭礼。 **11** 文京区黄変米対策協議会主催　角田博士の黄変米問題講演会　於教育大。 **14** 生協、氷川下母の会。 **16** 黄変米菌の培養実験。 **17** 地元の60人程が黄変米を取り替えに米屋へ。 **19** 映画「太陽のない街」合評会　於教育大学生ホール　参加者150俳優原保美　原作者徳永直出席。 根津診療所設立準備会結成。
1954.10	**3〜8**［う］うたう会に潜入した警察スパイ摘発。 **5**［生］栄養講習会　サンマの柳川。この頃、生活部、栄養・幻灯・保育園・読書会の4部門にわかれる。 **6**［全セ］東大セツルの呼びかけによる第1回関東セツルメント連合準備会　準備会事務局ー東大、氷川下等4セツル　規約作成委員会、大会運営委員会設置。 **10**［う］平和印刷主催の小河内ダムハイキング　うたう会会員23名参加。 **13**［う］うたう会会員など6名、警察に逮捕さる。 **13**［全セ］第2回関東セツルメント連合準備会　参加6団体（準備会は前後6回開催さる）。 **16**［生］地元の人達と共に「日本女性史」読書会はじまる。 **30**［中央］セツル遠足。 ［中央］セツラー感想文「ダム」発行。	**2・3** 日医大学園祭。 **4** 東京都教委、都立朝鮮人学校に対し55年3月以降廃止を通告。55.3.23各種学校（学校法人東京朝鮮学園）として認可。 **12** 全国漁民大会、原水爆実験反対決議。 **15** 氷川下生協店舗を構える。
1954.11	**3**［全セ］「関東セツルメント連合準備会ニュース」No.3発行。 **7**［う］10月革命記念祭に参加　於東京都体育館。 **11**［診］歯科検診　対象ー日雇い労働者（20代〜60代、61名）。 **14**［全セ］関東セツルメント連合結成大会　於教育大　参加者150　傍聴ー名古屋セツル、仙台総合セツル、二子玉川子供会、桐花寮子供会等　祝辞・祝電ー松川事件被告団、新日本医師会、九州大学セツル、日鋼室蘭労組。 **20・21**［児］「子供を守る会」全国大会に参加。 **25**［診］日雇い労働者との懇談会（セツラー約10、医師5、労働者約10）。 **29**［う］「日本のうたごえ」に参加。	**4〜6** 教育大学園祭。 **20・21**「日本子供を守る会」全国大会。 **24** 日本民主党結成、総裁鳩山一郎。 **27・28** お茶大学園祭。 全国医師大会。 後楽園バタヤ部落立ち退き反対闘争。

1954.12	**5**［う」子供うたう会。 **19**［中央］第4回総会　於教育大E205　総会スローガン「これから6ヶ月の活動方針を決めるために、自分の思っていることは何でも話そう セツラー数　法相部5　生活部8　診療部12（日医大5、医歯大7）。 **19**［中央］「セツルニュース」9号発行（1部3円）。跡見短大生の参加はこの頃が最後となる。生活部の料理講習会も行われなくなる。セツル活動は下降に向かい、セツラー間での恋愛談義盛んとなる。 **23**［中央］新旧合同中央委員会。 **25**［児］クリスマス子ども会。 **27**［診］日雇い労働者の集団検診　於教育大。日雇い労働者との懇談会　於ハウス。 **27**［中央］日鋼室蘭労組との座談会。 **29**［中央］全学連機関紙「祖国と学問のために」編集部との座談会。 **30**［中央］在京セツラー会議。	**7** 吉田内閣総辞職。 **10** 第1次鳩山内閣成立。 原町健康を守る会発足。 鉄砲洲診療所開設。
1955.1	**2**［児］子ども会新年会（小・中）。 **3・4**［中央］医労連の誘いにより恩方村への山村工作隊に参加　診療部セツラー4を含むセツラー15。 **5**［児］子ども会新年会（中）。 **6**［児］おしるこ会　於保育園。 **6**［児］子ども会新年会（小）。 **7**［児］母の会　氷川下。 **9**［う］新年会　於窪町小。 **9**［児・久］母の会。 **12**［児］子ども会新年会。 **12**［児・氷］勉強会開始。 **14**［児］子ども会、幻灯会。 **14**［児］白鳩子ども会誕生。 **14**［診］診療部会。 **15**［全セ］「関セツ連ニュース」2号発行。 **15**［児・御］総合おしるこ会。 **21**［生］幻灯会「山は俺達のものだ」　参加者10名余。 **23**［全セ］関セツ連児童部会。 **下旬**［診］施設拡張のための患者との懇談会。［中央］機関紙名を「セツルニュース」から「らしんばん」と改名、「らしんばん」10号発行。［診］この頃、診療部セツラー数40　参加校一日医大医学部、医歯大歯学部、看護学校、歯科衛生士学校。	**4** ビキニ被災補償で日米公文交換。 **19** 世界平和評議会、ウイーン・アピールで原子力戦争準備反対を訴える。 **27** 小石川郵便局でうたう会成立　うたう会から指導。 **28** 炭労など民間6単産が春季賃上げ共闘会議総決起大会（春闘方式のスタート）。 **30** 世界民青連代表歓迎集会。世界民主青年連盟代表訪日歓迎運動進む。 本郷健康分科会が本郷診療所開設。 氷川下診療所、隣家（土地15坪）購入。
1955.2	**1**［中央］「らしんばん」11号発行。 **27**［中央］卒業生送別会。	**27** 第27回衆議院議員総選挙、民主185・自由112・左社89・右社67。
1955.3	**6**［中央］中央委員会　議題　新入生受け入れ、セツル拡張・土地払い下げ、学習運動について、機関紙の「主張」の件、ハイキングの件、セツルの歴史出版について。 **6**［全セ］関セツ連連合委員会、全国セツルメント連合結成へ動く。 **20〜23**［中央］大島文化工作隊　セツラー5名参加。 **22**［中央］「らしんばん」12号発行。 **25**［児］新入学児童集団指導。 **下旬**［診］林町でレントゲン検診。［中央］火事で焼け出された世田谷郷の人達への救援カンパ。［児］母の会。	**1** 英チャーチル首相、水爆製造開始と言明。 **16** 仏フォール首相、原爆製造計画発表。 **11** 豊島郵便局でうたう会成立　うたう会から指導。

1955.4	**3**［中央］中央委員会。 **17**［う］「うたって、くって、踊ろうかい」　於小石川植物園　参加者約100。 **27**［児］大塚小学校の先生4人との懇談会。 **30**［う］メーデーのための指導練習　参加者約30。 ［法］新入セツラー15名。	**18〜24** バンドンでアジア・アフリカ会議開催（バンドン会議）。平和10原則・集団自衛権についての共同宣言発表。 『新女性』4月号に「氷川下の子供たち」掲載。
1955.5	**2〜5**［全セ］名古屋セツル来訪。 **6**［生］幻灯会「二十四の瞳」「ここに泉あり」参加者10。 **8**［中央］ハイキング　深大寺　参加者約150。 **8**［う］「春の大音楽祭」に参加 **中旬**［診］療友会（結核患者の集い）成立。 **15**［診］氷川下診療所労働組合結成大会。 **15**［中央］中央委員会。 **19**［中央］「らしんばん」13号発行。　会費一人月額10円、診療所から毎月1,000円の援助を得ている　診療所はレジ費としての月額2,000円とあわせ計3,000円を出費。　支出は一回の「らしんばん」発行に800円程、法相部に交通費として月額200円。 **28**［中央］保留されていた綱領案、中央委員会で決定。	**1** メーデー。 **8** 東京・砂川町で立川基地拡張反対総決起大会。 **14** ソ連と東欧7カ国の参加のもと、ワルシャワ条約が成立。 **20** 日本生産性本部、第1回生産性連絡会議を開催（生産性向上運動３原則の決定）。 **21** 氷川下生活と健康を守る会（今晩会）成立。
1955.6	**12**［中央］第5回総会　方針案　1.率直に話し合おう 1.創意性を生かした活動をしよう 1.活動に科学性を持たせよう 1.活動に責任を持とう　1.国民のための学問とは何か、街の人々と一緒に考えていこう　会費　月額20円　中央委員、事務局員選出されず　セツル活動、次第に盛り返してくる。 **18**［生］栄大生9名参加　栄養部成立へ。 **19**［全セ］第2回関東セツルメント連合総会。 **20**［全セ］全国セツルメント代表者会議　出席15セツル27名。	**7** 東京・豊島公会堂で第1回母親大会開催。 **26** 在日朝鮮人総連合会結成。
1955.7	**2**［中央］中央委員会。 **7**［生］七夕映画会（文京青年婦人の集いの一環としても）「ともしび」「無限の瞳」参加者約400。 **9**［児］七夕子ども会　参加約130。 **9･10**［法］山の平和祭に参加　於河口湖。 **10**［う］文京青年婦人の集い　うたう会の呼びかけにより、共同印刷労組、都教組文京支部、ハトの会など数十団体が参加。 **12**［児］夏休み児童集団指導案内のビラ・ポスター配布400枚。 **15**［中央］「らしんばん」14号発行。 **17**［中央］ハウス改造委員会発足。 **24〜8-4**［児］夏休み児童集団指導　会費一人100円。 ［診］この頃、診療所職員、専任医師5名を含め計14名、患者数一日130〜140。	**22** 中部地区平和友好祭。 **24** 砂川町民大会、基地拡張反対決議。 **27** 日本共産党第6回全国協議会。 **31〜8-3** 日本青年学生平和友好祭。 診療所改造委員会発足。
1955.8	**1**［児］日本青年学生平和友好祭の一環としての少年少女の集いに参加　於豊島園　参加費40円。 **4**［児］夏休み児童集団指導 学芸会。 **5**［児］チューター慰労会。 **6〜8**［中央］［全セ］第１回原水爆禁止世界大会開催　セツラー2名文京区代表として参加 関セツ連代表４名参加。 **29**［児］児童部総会。　［う］海の祭典に参加　於鎌倉。 ［中央］ハウスで盗難、被害額616円。	**6〜8** 第1回原水爆禁止世界大会開催。 **8** 長崎平和祈念像（北村西望作）除幕式。 『前衛』8月号に「太陽のない街の伝統の旗」掲載。 森永ヒ素ミルク時件。 砂川闘争始まる。

1955.9	**10** ［中央］平和問題懇談会　8·6大会報告を中心に、今後の平和運動について話し合い。 **17** ［児］児童部総会　子ども会は勉強会に合流. **24** ［中央］各部、現役・OS交歓会。 ［児］活動停止。	**13** 砂川町で強制測量開始（警官隊と地元反対派・支援労組・学生が衝突、流血）。 **19** 原水爆禁止日本協議会結成　理事長安井郁。
1955.10	**7〜9** ［診］医学生ゼミナールに参加　於京都。 **8** ［中央］夏休み感想文集「せみ」発行　一部50円。 **15** ［中央］「らしんばん」15号発行（事務局員は2名のみ）。 ［中央］『前衛』8月号の記事に抗議（抗議文の日付は10月1日）。［う］野猿峠へピクニック。［児］活動再開。	**13** 社会党統一大会。 **22·23** 医歯大学園祭。 **22·23** 日医大学園祭。 「こんばんかいニュース」創刊号発行。 菊坂診療所開設（田町）。
1955.11	**15** ［中央］ハウス設立委員会。 **18** ［全セ］「関セツ連ニュース」№9発行。 **26** ［全セ］全国セツルメント代表者会議　全国セツルメント連合規約検討。 **27** ［全セ］全国セツルメント連合結成大会　於教育大　参加26団体150名。 ［生］この頃、生活部への教育大生の参加なくなる。［法］出張相談所開設。	**4〜6** 教育大学園祭。 **11** 世界平和アピール7人委員会発足（湯川秀樹・茅誠司ら）。 **15** 自由民主党結成。
1955.12	**11** ［中央］中央委員会制度を廃止し、各部各班代表1名による連絡会議を新たに設ける 連絡会議の開催は月1回、総会は年1回、6月に開催する 事務局を解体し、ニュース係、財政係を置く レジを廃止する。 **17** ［中央］「らしんばん」16号発行。 **18** ［中央］第6回総会　中央委員会解散、規約廃棄、連絡協議会設立　うたう会部、セツルから分離　事務局会計　6月〜11月の計　収入16,460円　支出15,429円　セツラー数　児童部28　うたう会部2　法相部5。 **22** ［連］周郷パーティー　於お茶大作法室。 **24** ［児］総合クリスマス子ども会　於教育大K105。 **25** ［全セ］「全セツ連ニュース」№1発行。	**9** 群馬県島小学校第1回公開研究会（63年斎藤喜博校長転任まで毎年開催）。 **20** うたごえ運動の関鑑子、国際スターリン平和賞受賞決定。
1956.1	**1** ［連］新年初顔合わせ。 **15** ［児·御］総合おしるこ会。	『前衛』1月号、『「太陽のない街の伝統の旗」について』掲載（回答の日付は10月20日、及び11月23日。
1956.2		**14〜25** ソ連共産党第20回大会　スターリン批判。 氷川下診療所、隣地20坪購入。
1956.3	**3** ［連］送る会　於教育大日本間 卒業生16　参加者65　OS 8　顧問の池田・磯野先生も。 **6** ［診］「氷川下セツルメント診療所の生い立ちと現在」発行。 **15** ［連］「らしんばん」17号発行。	
1956.4	**29** ［連］新入セツラー歓迎ピクニック　於多摩湖・狭山湖　新入セツラー　児童部30余　栄養部21　法相部10余　診療部10余。 ［栄］栄養講習会。改築募金趣意書。	
1956.5	**3** ［児·氷］三つ峠登山。 **5** ［児］拡張子ども会。 **11** ［児］児童部総会 教育二法、小選挙区制反対声明。 **16** ［児］子ども会中止。 **19** ［児］代表者会議。	**14** 日ソ漁業条約調印。 **16** 教育二法、小選挙区制反対で教育大ストライキ。

	27［全セ］第2回全国セツルメント連合大会　於東大・駒場。	
1956. 6	**2**［児］児童部の呼びかけによる総会準備会、以後、計3回開催。 **4**［児］機関紙「交差点」1号発行。 **17**［連］ハイキング　手賀沼。 **21**［児］機関紙「交差点」2号発行。 **24**［連］第7回総会　参加者50弱　児童部勉強会会場13ヶ所　参加児童数73　診療所患者数一日平均109　セツラー数　児童部49　栄養部22（2年2、1年20）　法相部10　会費　月額20円。 ［児］この頃、児童部の定例木曜会食なくなる。［法］今晩会と連携。	**9〜12** 全学連第9回大会　平和擁護こそ第一の任務。 **30** 新教育委員会法公布（公選制を任命制に）。 小選挙区制法案廃案。
1956. 7	**2**［連］「らしんばん」18号発行　総会特集。 **14〜16**［児］八ヶ岳登山。 **25〜8-4**［児］夏休み勉強会。	**17** 第10回「経済白書」日本経済の成長と近代化発表、『もはや戦後ではない』との表現で有名。 氷川下診療所、隣地65坪購入。
1956. 8	**4**［栄］料理講習会。 **5**［法］「こんばんかいニュース」に「やさしい法律の話」の寄稿を開始。 **6**［連］原水禁大会参加　診療所・診療部の呼びかけによる安井郁氏の講演と映画会「生きていてよかった」　参加者300以上。 **18**［栄］料理講習会。	**25** 総評第7回大会、運動方針案中の共産党との共闘禁止の項を削除。
1956. 9	**2** お茶大2年生コンパ。 **8**［児］1年生コンパ。 **15**［児］総会。 **15**［診］ハウス改築を申し出。 **23**「らしんばん」19号発行。［栄］料理講習会2回　栄養家計簿23部回収。 **〜10下旬**［児］勉強会中止。	**12** 国税庁、55年度民間給与実態調査を発表　平均給与年18万5千円。
1956.10	**15**［児］第5回夏休み勉強会実践記録感想文集「かきら」発行。 **16〜19**［児］合宿　於山中湖　参加者40余。 **22**［連］砂川問題を語る会。 **22頃**［児］勉強会再会。 **27**［連］事務局会議。 ［栄］料理講習会3回。［連］「らしんばん」20号発行。	**4** 第二次砂川町強制測量開始（10.12衝突、10.14測量打ち切り）。 **19** 日ソ国交回復に関する共同宣言。 **23** ハンガリー事件。
1956.11	**1**［栄］「こぶし」1号発行。 **1〜5**［栄］学園祭　展示「セツルメント活動を通して知った地域社会の食生活」。 **4**［全セ］全国セツルメント関東栄養部会結成　於栄大　参加 川崎、亀有、氷川下、寒川、清水ヶ丘。 **8**［児］代表者会議。 **9〜11**［連］教育大学園祭　展示「町の子供達の姿」　講演「セツルメントと学生運動について」山下卓氏　子ども会の人形劇と影絵。 **18**［栄］関東ブロック栄養部会議。 **19**［児］代表者会議。 **21**［児］代表者会議「お知らせ」発行。 **23**［連］「らしんばん」21号発行。	**1〜5** 栄大学園祭。 **9〜11** 教育大学園祭。 **14** 氷川下生活協同組合設立大会　組合員300。 **24･25** お茶大学園祭。 **24･25** 第4回子供を守る文化会議　於日本教育会館　教育、健康、文化の3部会。

	24·25［全セ］全国セツルメント連合委員会　於大阪大学　出席　児童部2　栄養部1　派遣のためのカンパ一人あたり40円。 ［栄］料理講習会2回。　親睦ピクニック。　有料料理講習会。　［法］大塚診療所の「だるま会」に出席、相談を受ける。	
1956.12	**2**［児］総会　於教育大。 **9**［連］第8回総会　於教育大　診療所、患者数一日平均130　栄養部、料理講習会会場7軒　参加者41　セツラー数　栄養部18（2年2、1年16）　法相部10（4年1、3年9）　事務局収支　収入4,730円　支出4,521円　栄養部収支　収入7,689円　支出7,601円。 **17**［連］「らしんばん」22号発行　新事務局メンバー　法相部2　栄養部2　診療部2　児童部3　事務局長　法相部　会計　栄養部。 **20**［連］ハウス改築委員会。　診療所新築とハウス移転のための募金中間集計　目標6万円。 **24**［児］子ども会。 **25**［診］診療所移転　移転費用31,000円。	**18** 国連総会、日本の国連加盟可決。 **23** 石橋湛山内閣成立。 **26** ソ連から最後の集団引揚者1,052人を乗せた興安丸が舞鶴入港。 この年、神武景気。
1957. 1	**7**［児·久］新年会。 **9**［児·氷］班会議　氷川下班セツラー数15　勉強会1月12日から2月9日まで水・土。 **11**［児·久］班会議 久堅班セツラー数13。 **15**［児·御］班会議。 **16**［児·氷］低学年チューター会議　2月9日までに母の会と子供達の作品の家庭回覧を1回行う。 **16**［児·久］班会議。 **18**［児·久］班会議。 **下旬**［診］診療所と学生セツラーの関係についての話し合い　於お茶大部室　出席　診療所4　セツラー6　OS 1　席上、診療所から、セツラーを理事の一員とする医療法人立ち上げの話が出される。 **26**［連］「らしんばん」23号発行　ハウス改築カンパ　1月26日現在、39,589円。 ［連］この頃、お茶大生、毎週月曜日昼休みに会合。［連］ハウスの再移動決定。［連］人形劇と紙芝居—川崎、亀有、氷川下を巡回。	**5** 米アイゼンハウアー大統領、新中東教書で共産主義勢力阻止のため軍隊出動権限・経済援助を要請（アイゼンハウアー・ドクトリン）。 **30** 政府、英政府にクリスマス島での水爆実験中止を要請。
1957. 2	**14**［連］第１回ハウスカンパ委員会。 **〜6月**［連］カンパ委員会のもとでハウス改築資金カンパ活動実施（64,894円集まる）。 ［連］ハウス完成 臨時ハウス管理委員会発足　ハウス管理規定（臨時）作成。［連］人形劇団プーク公演。	**25** 第1次岸内閣成立。
1957. 3	**2**［連］追い出しコンパ。［診］大塚診療所での活動の試み。 ［連］拡大連協、レジ復活を決定。	**9** 政府、ソ連に核実験中止を申し入れ。 **15** 衆議院本会議、原水爆禁止決議。 氷川下診療所新築完成（ベッド7床、延80坪）外科新設。 新築落成式。 健保法改悪（一部負担金）。
1957. 4	**20**［栄］栄養講習会6ヶ所で。 **28**［栄］新入生歓迎ピクニック（金沢八景）。	

	[連] 新たなハウス管理委員会成立（連協、レジ、事務局各1） ハウス使用規定を定める。 [栄] 栄大3セツル（川崎、亀有、氷川下）合同で新入生約30。 [栄] 診療所新築落成祝賀会に協力 展示 「栄養と病気」「一日の食事」。	**22** 社会党訪中団（団長浅沼稲次郎）、二つの中国認めず、核兵器禁止の日中共同コミニュケ発表。 菊坂診療所、柳町に移る。
1957.5	**3〜5** [全セ] 第3回全セツ連大会 原水協加盟承認 30セツル、300人参加 書記局「学生セツルメントの歴史」発行。 **5** [栄] 関東ブロック栄養部会。 **18** [連] カンパ委主催・講演と映画の会（鶴見俊輔「進歩的ということについて」、映画「一人の母の記録」他）。 **19** [栄] 関東ブロック栄養部研究会、東大公衆衛生鈴木氏の話。 [児] 創ろう会結成 色彩スライド「ししの耳」制作 58春消滅。	**15** 英クリスマス島で第1回水爆実験。 文学を楽しむ会 野間宏を囲んで月2回、地元の青年をまじえ、自作の合評、詩の発表等。
1957.6	**2** [児] 児童部総会 八千代町セツルにセツラー派遣決定。 **9** [連] 第9回総会 方針案（1）歴史をまとめよう（2）実践記録を書こう（3）研究会活動各部の交流（4）調査活動を計画的に進めよう（5）原水禁活動をおし進めよう。 **21** [連] 歴史小委員会発足。 [全セ] 全セツ連書記局『同じ喜びと悲しみの中で』（三一書房）出版。 **22** [栄] 料理講習会。 **29** [診] 平和印刷集検25名。 **30** [児] 勉強会研究会に参加。	**12** 文化放送「道徳教育について、氷川下のお母さんの声を聞く」。 **12** 全国で流感猛威、学童だけで50万人と厚生省発表。 **15** 今晩会・国鉄労働者を囲む会30人参加。
1957.7	**3** [栄] 母親たちと「楽しい食事について」講師小谷氏。 **6・7** [連] セツル理論化のための研究会。 **20** [診] 太陽製作所集検25名。 **25〜8-3** [児] 第6回夏休み勉強会。	第二次砂川闘争。
1957.8	**5** [診] 林町集検。 **3〜5** [児] 第3回母親大会に参加 母親4人参加。 [栄] 料理講習会2回。	**3** 平和懇談会主催・講演と映画の夕（窪町小）。 **12〜16** 第3回原水禁世界大会（於・東京）東京宣言採択。 **23** 石川達三『人間の壁』発刊。
1957.9	[法] 東大法相の鳥羽市の学校問題（今浦問題）への取り組みに氷川下法相部も参加。 [全セ] 全セツ連書記局「平和擁護はセツル運動の本質的課題である」主張発表。	**7** 日教組、勤評闘争開始。 **23** 日本、国連に核実験停止決議案を提出。
1957.10	**20** [連] 臨時総会（11・1原水禁国際行動に向けて）。 平和委員会設置（59.1廃止）。 **21** [連] 集団レジ制の実施。 **26** [連]「セツルと平和問題」座談会。 **26** [連] 原水禁文京行動デーに参加。 **30** [連] 街の歴史を研究する会結成（58春歴史小委員会と合体）。 [法]『法律相談』（岩波新書）出版。 [連] 地域で署名活動（976筆）。	**4** ネルー インド首相来日. **4** ソ連、世界最初の人工衛星スプートニク1号打上げに成功。 この頃全学連分裂。 **24** 愛知県教委、勤務評定実施を通知。
1957.11	**1** [連] 国際行動・中央集会 参加セツラー数60名。 **2〜4** [栄] 栄養展「保健所の栄養指導の実際」。 **26** [全セ] 名古屋社会福祉大学1年セツラーが来訪、5人が母子寮で子供会。 [児] お茶大、教育大の学園祭に参加 創設以来のセツル活動の展示と人形劇。 [保] 保健部にお茶大生1名参加。 [全セ] 全セツ連中央委員会 於大阪。	**1** 日本原子力発電設立。 **14** モスクワで社会主義12カ国共産党・労働者党代表者会議開催 11.22「モスクワ宣言」を発表。 **16** モスクワで64カ国共産党・労働者党代表者会議開催 11.23「世界平和宣言」を発表。 **17** 第2回文京区合唱のつどい。

1957.12	1［児］総会。 8［連］第10回総会・事務局から維持会員組織設立、事務局組織についての提案　方針案　①歴史をまとめよう　②調査活動の推進　③原水禁運動の推進　④新入生受入体制の確立　総会出席数延べ50超（セツラー実働数80〜100）。 14［児］「おねえさんと一緒」児童部と生協。 14［連］第1回育児グループの集まり（生協婦人部の活動に保健部、児童部セツラーが参加）。 15［栄］第3回関東ブロック栄養部会に参加。 21［児］人形劇誕生、58秋まで何回か公演。 24［児］一年セツラーの会結成。 ［連］53〜57のセツルメント年表（全4巻）作成、その後設置された資料係が約5か月間に7年間の資料整理を実施。 ［栄］セツラー数25。	6 日ソ通商条約調印。 12 NHK、セツルについての放送。 革共同（革命的共産主義者同盟）結成。 22 日教組、勤評闘争を強化し、非常事態宣言を発表。 26 カイロでアジア・アフリカ人民連帯会議開催　58.1.1連帯宣言（カイロ宣言）を採択。
1958. 1	15［児］新年子供とお母さんとセツラーの会　於教育大合併教室（子ども100、セツラー25）。 19［児］第5回勉強会研究会（於千葉大医学部）に多数参加。 29［連］ハウスで映画会「雪国の生活」「マンガ」他。	15 今晩会で第2回健康相談実施。 30 今晩会、ラジオ東京で録音　今晩会、生協と話し合い。 文学を楽しむ会　2周年記念号『作品集』発刊。
1958. 3	2［連］追い出しコンパ　於教育大食堂、100余名 OS、地域住民、顧問出席。 3［児］四年生の会。 4［連］地域調査委員会発足。 8［連］ハウス使用団体の集まり。 17［児］生協と共催で、人形座公演「影絵を楽しむ会」於教育大合併教室、子供200。 29［OS］OS会組織化。	18 文部省、小中学校道徳教育の実施要項を通達（4月から週1時間実施）。 31 社学同（社会主義学生同盟）結成。
1958. 4	8〜12［保］紙芝居、幻燈会を行って子供のおやつ調査。 19［連］勤評問題についての先生と父母とセツラーの会（セツル、生協共催）。 24［連］勤評問題についてのセツラー集会。 26［連］磯野先生を囲むセツル座談会。 27［連］新入生歓迎ピクニック 狭山湖。	18 衆議院、原水爆禁止決議　4.21参議院でも同趣旨の決議。 23 都教組、勤評反対で10割休暇闘争（5〜6月福岡、和歌山、高知なども）　7.16都教委、284人を処分。
1958. 5	4･5［全セ］第4回全セツ連大会：藤岡テーゼ。　10臨時総会 書記局問題と原水禁運動について。 17［連］全セツ連書記局問題 書記局引受決定。 18［連］お話と映画　於窪町東公園　原水爆反対、勤評反対のために。 21［全セ］全セツ連新書記局準備委員会　書記局—新宿、菊坂、氷川下、外苑（交渉中）。 27〜30［児］児童部分科会。 31［児］人形劇サークルサンボ活動再開。 ［法］東大五月祭で、社会保障の研究展示。［保］生協婦人部の要請により、お茶大生3名による育児グループを組織。　今晩会で季節の健康相談. 新セツラー10名。	1 公立小中学校の学級定員が50人に。63.12.21、45人に改定。 23 防衛庁設置法・自衛隊法各改正公布（定員約2万人増員）。
1958. 6	1［児］総会。 1［保］総会。 5［連］歴史小委員会活動再開。 14［連］セツラー集会。 14［連］講演と映画の会　講師・国分、馬場両氏一民主教育を守るために。	6 日教組第17回大会、勤評闘争方針討議、条件闘争否決。　6.11役員選挙問題で内部対立、無期休会。　7.27東京で再開、柔軟闘争派の宮之原書記長を選出。

	15［連］第11回総会・規約改正案・方針案：(1) 組織化を通じて各部の積極的つながりを　(2) 原水禁運動の推進　(3) セツルの基本的課題を探ろう・全セツ連書記局員保健部より選出。 **11〜21**［保］［診］主催、朝日新聞社更正事業部後援で、御殿町の集団健康診断。 **17**［法］都立大生参加。 **22**［児］第6回勉強会研究会のために 於慶応大学。 **28**［連］「らしんばん」32号合評会。 **28**［連］松川事件の真相を聞く会 講師・中村先生、赤間被告出席。	**17** 日銀政策委、公定歩合の2厘引き下げを決定（戦後初の引下げ）。 **20** 原水爆禁止を訴える1,000キロ平和行進が広島を出発、8.11東京着。
1958. 7	**3**［連］2年セツラーの会：セツラー数、1年時30が2年時20に（児童部）。 **6**［児］七夕子供会 於教育大。 **14·19**［連］平和問題研究会。 **15〜**［法］亀有、氷川下の法相部５名小学校統合問題で鳥羽市今浦に支援に行く（２週間）。 **17**［連］文京区教組4分会に勤評問題の激励メッセージ **24**［連］映画会。［栄］栄養部問題（脱退云々）。 **25〜8-3**［児］集団指導 9日間、子供百数十名、セツラー40数名。 **28**［連］大人の勉強会「夜のPTA」を始める　先生を囲んで、子供の生活と勤評について。 ［児］［保］原水禁カンパと署名　7,400円。	**21〜** 日本共産党第7回大会。 **28** 第１回夜のＰＴＡ（勤評、母親大会も、先生1、父母26、セツラー多数）。 氷川下診療所、松川事件現地調査団に参加。
1958. 8	**2**［連］窪町公園で、平和懇談会を中心として映画会（診療所が企画に参加）200〜300人。 **2**［児］母の会 講師川越すずのさん（文京区議）　幻燈、第3回母親大会。 **8·9**［連］勤評問題で、児童部、法相部、保健部、診療所などが提携して活動展開。 **9**［連］勤評問題で、氷川下町で幻灯会（今晩会、生協と提携、診療所も参加）。 **12**［連］勤評について先生と話し合う会 先生4、父母30弱、セツラー10。 **16**［連］セツラー集会 勤評問題の取り組み方。 ［う］第1、第3日曜日に実施。［連］勤評問題で、氷川下町で3回、久堅町で1回座談会。	**12〜20** 第4回原水禁世界大会。 **15** 総評、和歌山で勤評反対・民主教育を守る国民大会開催.8.16デモで警官と衝突。 **24** 氷川下青年会結成大会、参加者120名。 共同製本スト。
1958. 9	**10**［連］勤評反対文京区共闘会議に加盟を事後承認。 **11**［連］教育大セツルの名で、教育大、お茶大に勤評反対のビラまき。 **26** 総評を中心に「社会保障推進協議会」結成、その集りに足立氏が代表して参加。 **27〜10-1**［連］拡大連協、勤評闘争の総括（児童部と保健部・法相部の意見対立）。	**4·5** 全学連第12回大会、労学同盟路線を打ち出す。 **26** 総評を中心に「社会保障推進協議会」結成。 **29** 共同製本争議を聞く会、セツラー14名。 **30** ソ連、核実験を再開。
1958.10	**7〜11**［栄］栄養調査実施、回収45 栄養調査のまとめを人形劇にして栄養展で発表。 **14〜16**［児］［保］氷川下、八千代町児童部合宿　保健部も参加 山中湖 47名 らしんばん別冊をもとに討論。 **19**［全セ］第7回関セツ連勉強会研究会。 **〜11月**［連］警職法闘争。　各部が連携して活発な闘争展開 学習、地域や学内へのビラまき、統一行動への参加、反対声明、診療所、懇談会や半日休診、文京区の共闘会議への参加、等々。	**4** 安保条約改定交渉開始。 **8** 政府、警察官職務執行法（警職法）改正案を国会提出。 **13** 警職法改悪反対国民会議結成。 **27** 民従連（東京民主医療機関従業員組合連合会）第6回定期大会 診療所から代議員4名参加。

	［連］TV放送。　［連］文集「セツル理論化のために」（らしんばん別冊）完成。	**28** 日教組勤評反対闘争、群馬・高知で10割休暇。
1958.11	**2·3**［栄］栄養展。 **2·3**［児］子供を守る文化会議 セツラー9名 OSも参加。 **2·3**［全セ］第9回全セツ連連合委員会「浦田テーゼ」氷川下、書記局を辞任。 **7**［連「政経新聞」にセツルから編集委員を出すこと、文京区警職法反対共闘会議への参加を決定（政経新聞は、診療所、生協、今晩会共同編集）。 **17**［連］「らしんばん」35号発行。 **19**［連］診療所の組合主催の松川事件の被告を呼んでの懇談会 労組、地域、セツラー等5、60人。 **29**［連］松川事件に関する「講演と映画の夕」に参加、地域に宣伝、100人以上の大人を動員。	**2·3** 子供を守る文化会議。 **15**「戦艦ポチョムキン」上映促進の会結成、各地で自主上映。 **29** 松川事件に関する「講演と映画の夕」。
1958.12	**7**［児］総会　方針1.理論化の推進　2.問題を母親達に提起、共に成長し、その中で平和と民主主義を守る運動を　3.仲間作り。 **14**［連］第12回総会　・スローガン　1.平和と民主主義を守る活動の推進→町の人たちと学習活動（勉強会、映画、講演会など）　2.理論化→実践記録の文集。 **15**［保］文京青婦協準備会に参加「青年婦人労働者」第1号発行。 **末**［連］文京セツルメント労働部結成（氷川下セツルから4、菊坂から8他）。	**5** モスクワ芸術座来日、「桜の園」「どん底」など上演。 **10** 共産同（共産主義者同盟）結成。 **末** 国民健康保険法成立。 この年、なべ底不況。
1959. 1	**9**［連］「らしんばん」36号発行。 **11**［連］新年会、診療所、児童部の有志出席。 **12**［連］連協で労働部の問題：総会決定とは無関係の活動→①保健部内部の動きとして連協へ報告 ②保健部活動の継続、を確認 しかしその後、保健部の活動は行われず。 **12**［連］「労働部速報№1」発行（以後何号か発行）。 **16**［連］平和委員会　メンバー選出できず、設置見合わせに。 **26**［連］平和委員会廃止。 ［栄］1月入部の1年生3人のみで、活動の見通し立たず。	**1** キューバ革命。　カストロ、バティスタ政権を打倒。 **27** ソ連共産党第12回大会開催。フルシチョフ、資本主義諸国との平和共存・経済競争を強調。 住井すゑ「橋のない川」、雑誌『部落』に連載開始。
1959. 2	**2**［連］第1回「各部交換会」10数名 活動の紹介、栄養部の学校からの圧力の問題。　［法］一部が自治会へ→活動困難. **～11月**［診］国保をよくする闘いに取り組む。 ［診］社会保障と最低賃金制の懇談会（区労協中心）。	**16** キューバ　カストロ、首相に就任。
1959. 3	**1**［連］追い出しコンパ。 **9**［連］第2回「各部交換会」　出席少なく流会。 **14**［連］人形劇団プーク観劇会（生協と共催）。 ［法］東大新セツラー40名中7名（のち＋1）が氷川下に配属。	**28** 社会党・総評・原水協などで日米安保改定阻止国民会議結成。 **30** 砂川事件裁判で、米軍駐留は違憲・刑特法は無効とする無罪判決（伊達判決）。
1959. 4	**25**［連］新入生歓迎ピクニック 鷹取山。 **30**［連］拡大連協　40数名　全セツ連大会への意志統一をはかる「前期の総会方針にもとづき地域での活動を中心に、その発展として青年層、労働者層への働きかけ」しかし、一部に日常活動否定の意見、全体での統一見解は出せず。	**15** 東京・日比谷で安保阻止国民会議第1次統一行動。 **15** 最低賃金法公布。 **16** 国民年金法公布。

	［児］新入生獲得：八千代町セツルと準備会、30数名獲得、55名に。　［児］新セツラー27名。　［栄］新セツラー10名ほど。　［児］実践記録発表会。　［法］地方選挙への取り組み 都議選各候補にアンケートを出すも共産以外回答なしで挫折。	
1959. 5	**3〜5**［全セ］全セツ連大会　於早大　氷川下から50名近く　書記局、藤川テーゼ（生産点論）提案 書記局方針反対の氷川下、八千代町対新宿、川崎等で激論　地方の発言少ない 大会で統一した方針確認にいたらず。 **9**［連］OSをかこむ集い セツルの歴史について。 **16**［児］実践記録発表会。 **20**［栄］［法］新聞を読む会。 **29〜31**［児］教育大学園祭に実践記録発表 学園祭では子供会で影絵（機関車物語）。 ［法］東大五月祭：安保の展示。　［法］大塚診療所で相談開始。　［労］東大五月祭、労働者を囲んで春闘総決算を行う。　［保］5月から板橋区に新たなセツルを作る活動を展開。　［児］勉強会　御殿町はブロック別から学年別へ・カリキュラム等に力を入れ、内容の充実化。	**13** 南ヴェトナムと賠償協定・借款協定調印。 **15** 茨城県那珂湊沖合で漁船200隻が米艦を包囲、爆撃訓練を阻止。 **26** IOC総会、64年オリンピック大会を東京に決定。 南京虫駆除運動広がる。　南京虫対策協議会発足。
1959. 6	**1**［連］安保問題セツラー集会。 **7**［児］総会。 **12**［労］文京青婦協結成準備会、9月結成を決定 7組合参加予定。 **14**［連］第13回総会　於栄大　スローガン 1.セツルの理論化　従来の活動の理論化、生産点活動の意義の明確化　2.各部活動を深め、地域の人たちと共に平和と民主主義を守る活動を進める　3.地域活動の上に各部の積極的交流　・保健部、労働部新設の提案（保健部消滅）→採択　・規約改正案（第17条　診療所連協委員に関する件）・診療所、赤川・石川両医師、専従者の組合脱退声明問題　・法相部　今晩会の南京虫退治に協力、OSを中心に「今晩会後援会」の設立準備　早大生の参加。 **30**［児］安保問題研究会。 ［栄］2年生がおらず、6月以降殆ど活動行われず。　日医大セツル、板橋へ移る。　［診］国保と国民年金について聞く会（診療所、生協共済）。　［診］地方選挙と参院選への取り組み。　組合が民従連を解散し都医労へ直接加盟。　［栄］生協からの新生活運動の取り組みに参加決定。	**5〜** 全学連第14回大会。 **15** 厚生省が小児まひを指定伝染病に指定。 **30** 沖縄・宮森小学校に米軍ジェット機墜落、死者21人。 文京区国保をよくする会結成。
1959. 7	**2**［連］臨時総会（安保、原水禁問題、規約一部改正、国保、南京虫）。 **4**［児］母親大会文京区集会に参加。 **5**［児］坂下勉強会始まる。 **5**［児］七夕子供会。 **8**［診］診療所からの報告 規約改正提案撤回、他。 **〜8**［連］安保反対闘争 ビラ入れ・家庭訪問、町の中心で写真展、映画と講演の会、反省会の実施。　国保問題　診療所の先生とセツラーの話し合いの場を持つことを決定、「よい国保を作る会」加入を訴える署名とカンパの家庭訪問実施 多くの署名獲得。 原水禁大会　文京原水協と連絡を取ること、署名とカンパについて等の決定。 **11**［連］安保反対、原水禁のための写真展（〜16日窪町東公園）。 安保反対のビラまき。 **25**［連］安保改定反対第4次統一行動文京集会への参加。	**7** 清水幾太郎・青野季吉らが安保問題研究会を結成。11.9 中島健蔵・亀井勝一郎らが安保批判の会を結成。 **19** 社会党の西尾末広、安保阻止国民会議の改組を要求。 **21** 第13回経済白書「速やかな景気回復と今後の課題」発表。

1959.8	**1**［連］映画と講演の会「柿の木のある家」窪町東公園。 **3**［児］NHK婦人の時間、東青柳町で行われた勉強会（児童部坂下班、のちの坂下セツルのはじめ）について「お兄さん達がやってきた」と題し報道。 **10**［連］松川行進に参加。 **22・23**［OS］第1回OS会 OS16名、現役2名。 **22〜24**［児］母親大会に参加 母親20人、セツラー22人参加。 **27〜30**［児・久］夏休み勉強会（児童部全体の集団指導はこの年実施されず）。	**2** 三井鉱山が三鉱連に4,580人の希望退職第2次案を提示。12.11会社側指名解雇通知（三井三池争議開始）。 **10** 最高裁、松川事件の高裁判決に事実誤認の疑いありとして仙台高裁判決を差戻し。
1959.9	**1**［児］母親大会参加者の集まり 母親13、セツラー10数人。 **5**［栄］栄養講演会 講師・近藤とし子。 **5**［連］国保問題研究会 講師・中村英彦。 **12**［連］セツラー研究会「国保改善運動について」。 **〜11月**［連］新聞代値上反対運動に参加 生協と提携し生協中心に行うこと、署名活動を決定。	**30** フルシチョフ首相訪中、毛沢東と会談。中ソ対立し、共同声明出されず。
1959.10	**7**［栄］栄養問題懇談会。 **10〜13**［連］第1回合同合宿（山中湖）：セツル全体の合宿の必要性が話され、委員会を作って実施。 **17**［連］文京青婦協結成大会に参加。 伊勢湾水害救援活動：生協、診療所、今晩会、共産党地区委員会と共に行うことを決定 ビラ配り、集めた物資の荷造り、新宿、池袋でカンパ活動、水害にあったセツラーへのカンパ 氷川下など4診療所から現地へ救援隊（19〜23日、5名）。 **15**［児］［法］今晩会、自労の南京虫除去活動に、児、法の一部が参加. **21**［連］新聞代値上げ反対文京連絡会に参加。 **24**［連］「らしんばん」39号を読む会―私たちの不安と疑問を中心に。 **25・29**［児］1年セツラーの会、2年セツラーの会。 ［連］安保闘争：再び全体として取り組むことを決定。 安保文集の作成を決定 「地域でどうすすめていくか」で、日中友好協会の和田氏を招き、会を持つ 30名以上のセツラー参加 活発な討論。 ［診］浦田氏を解雇・セツラーから除名。	**13** 石炭大手18社、合理化計画への政府の協力を要請。 **17** 文京青婦協結成大会。 **31** 文部省、初の教育白書「わが国の教育水準」発表。 鬼子母神病院開設。
1959.11	**1〜3**［栄］栄養展。 **7・14・21**［連］セツラー研究会「安保闘争とセツル」。 ［児］安保反対の母の会（各班ごと）。 **14・15**［連］映画会「ある主婦の記録」 **14・15**［児］お茶大徽音祭、影絵「機関車物語」、写真展。 **22・23**［児］子供を守る文化会議に参加。 **28**［連］安保問題研究会 **〜12月** 女子医大と医歯大で氷川下セツルを訪問 12.13セツル総会傍聴。 ［法］1954〜59の法律相談の件数、内容、相談者等のデータのまとめ作成。	**14・15** お茶大徽音祭。 **22・23** 子供を守る文化会議。 **27** 安保阻止第8次統一行動。 デモ隊2万人余、二度にわたり国会構内に入る。 **29** 文京区平和と民主主義を守る区民会議結成。
1959.12	**6**［児］総会。 **8**［連］10周年記念事業委、財政対策委設置。	**16** 最高裁、砂川事件で、駐留米軍は憲法9条の戦力にあたらないとして原判決破棄差戻し。

	13［連］第14回総会　於教育大　活動方針　1.日常活動の分析と問題点の把握　2.組織化の方向に沿って各部の実状に合わせて安保闘争を　3.10周年にあわせて記念行事　4.10周年記念行事準備委員会の設置　5.後援会制度を発足させよう。 **15**［連］安保問題研究会。［診］旧千□宅（32坪）の購入。 **〜2月**［児］久堅班新聞「ひさかた母親新聞」氷川下班新聞「千川通り」御殿町班新聞「ごてんまち」創刊。 ［栄］栄養調査の結果の検討と研究。［診］診療所の組織改革：全員が組合員→労働組合による経営時管理に。	**14** 北朝鮮帰還第1船が在日朝鮮人975人を乗せ新潟港を出る。 生協法人化第1回発起人会。 この年、岩戸景気。 東京都国保施行。
1960. 1	**12・18**［連］安保のためのセツラー集会 安保反対文京デモに参加。 **18**［連］セツラー集会、16日の行動についてなど。 **23**［保］第1回保健部のセツルの集い　医歯大にて　30余名参加　内田先生、菊坂保健部 野口さんにお話を伺う　セツルとは何か、何をするのかを話し合い、役員選出、保健部としての形を整える（医歯大、同付属看護学校、女子医大）。 **30**［児］実践記録発表会「安保闘争を地域でどのように進めるか」その後各班で、署名活動や、母の会、母親新聞の発行などで安保に取り組む。 **30**［保］新保健部を囲む会。 ［児］新聞　12月・「久堅母親新聞」（4月より"さざなみ"）、2月・「千川通り」（氷川下）、「ごてんまち」発刊、以後毎月発行。［栄］児童部と一緒に「お汁粉会」に参加。	**16** 岸首相ら新安保条約調印全権団渡米に反対して羽田空港ロビーに全学連700人が座り込み、警官隊と衝突。 **19** 日米相互協力および安全保障条約（新安保条約）調印。 **24** 民主社会党結成（委員長西尾末広）。 **25** 三井鉱山三池鉱業所、ロックアウト。労組は無期限スト突入。
1960. 2	［栄］栄養改善普及会と一緒に、ママ料理教室の講習会。お母さんたち40名くらい参加 実際的知識を身につける必要性。［連］羽田の逮捕者へのカンパ。	大塚診療所、経営危機。再建委員会発足。
1960. 3	**6**［連］追い出しコンパ。 **6**［保］セツラー集検を実施 受検者15人。 **〜5月**［保］読書会、OS、大学の教師や小児科、識者、保健所、福祉事務所等の話を聞く→活動を、母子保健と一般の保健とに分けることを決定。 ［連］安保反対1千万署名に取り組む。［児・氷］母の会12月（安保について）、3月（勉強会について）。［栄］料理のしおり発行。	**23** 社会党臨時党大会。委員長浅沼稲次郎、書記長江田三郎を選出。 **28** 三井三池炭鉱、就労再開で第1.第2組合員激突。 氷川下診療所、隣地32坪購入。
1960. 4	**4**［栄］30名近く入部。 ［児］御殿町のみから久堅班、御殿町班、氷川下班に分ける。［児］新入生35名　中学生班の独立 久堅班、ブロック別勉強会に切り替え。［児］坂下班4　新セツラー加入現況は教育大3、日女大9　子供は1〜4年9、5〜6年6、中学8、3パートに。中学生問題、ハウスのレジ制強化の問題おこる。新入セツラー歓迎ピクニック　狭山湖.［児］総会　於教育大　方針・日常活動の重視　・地域の組織化をおしすすめる　・10周年記念行事として、セツルの歴史をまとめる。［連］安保の署名、国会請願等の件で4月以降家庭をまわる。［連］今晩会の活動内容等の説明。	**11** コナクリで第2回アジア・アフリカ人民連帯会議、52カ国の代表が参加。 **15** 安保阻止第15次統一行動。 **23** 小石川安保反対の会結成。 **26** 全学連主流派、国会周辺で警官隊と衝突。 **28** 沖縄県祖国復帰協議会結成。
1960. 5	**9**［労］セツラー集会 労働部の具体的方針について 労働者サークル土曜会に中心を.機関誌発行2回。 **20**［診］5・19に対し短時間ストを行い、抗議集会を開く。 **26**［連］統一行動、診療所短時間スト。	**19** 衆議院安保特別委員会で自民党強行採決。警官隊を導入して本会議開会、会期50日延長。

	～6月［連］小石川安保反対の会の決定のもとに地域で安保への取り組み。 ［栄］児童部と提携、三班に分かれる。「子供の健康を守る会」に出席。［児］写真展、子供会を行う。［児］三池へセツラーを送る。［労］労働部発足 「地域の労働者の生活改善」を基本方針とし、セツラー間の読書会、「土曜会」「うたう会」に出席する。［連］診療所増築問題（来年5月頃着工）ハウスについての討論。［連］小石川安保反対の会に加盟。［連］全セツ連に向けての報告書作成（氷川下の見解に基いて一年間の活動報告を行う）。［児・氷］三池に対する援助 氷川下班2名現地へ 三池通信、子供の作品の交流等。	**20** 新安保条約を強行採決。以後、国会周辺で連日抗議行動。 **24** 太平洋岸にチリ地震津波、北海道・三陸で死者139人。 **31** 安保強行採決をめぐり東大で全教官研究集会開催。 東大五月祭。 教育大桐葉祭。
1960.6	**6～11**［全セ］第6回全セツ連大会 於教育大 ・書記局方針案については秋期連合委の決定を待つ。 ・氷川下より書記局員。参加セツル19 氷川下から延べ40名参加。 **18**［児］6・15救援のためのビラまき、犠牲者への救援カンパを集める（4,953円）、署名活動（161）。 ［児］坂下でも勉強会開始 小学生9（東青柳町に勉強会が出来て1年）。［保］抽出家庭の戸別訪問 母子保健では、7月に乳児検診実施を目指す。［連］セツラー集会 ・中学生問題について ・ハウス管理の強化 ・男子全員のレジ制 ・中学班セツラーの補充。［連］小石川安保反対の会のもとにスト支援のビラまき、ちょうちんデモ、バス・都電による国会請願を地域によびかける（4・11・18日）。2,700万署名にとりくむ。［連］中学生問題の対策 レジの費用（30円）女子セツラーより徴収。［連］安保闘争について 批准後、安保不承認、国会解散へと闘争をすすめる。［栄］各班で料理講習会を開催。［労］基本方針に関して討論。［保］乳児集団検診に関しての準備。	**4** 安保阻止第1次実力行動、国労など全国早朝スト。560万人参加。 **10** ハガチー米大統領新聞係秘書来日。羽田でデモ隊に包囲され、ヘリで脱出。 **15** 安保阻止第2次実力行動。全国で580万人参加。全学連主流派、国会構内突入、警官隊と衝突。東大生樺美智子死亡。 **16** 東大茅誠司総長、学生デモの原因は議会制の危機にありと声明。 **18** 33万人のデモ隊、国会を徹夜で包囲。 **19** 午前零時、新安保条約自然承認。 **23** 新安保条約批准書交換、発効。岸首相、辞意を表明。 氷川下診療所、労働組合管理方式をとる。病院化への方針決定。
1960. 7	**3**［連］第15回総会 於教育大 方針案要旨 （一）各部の日常活動の中の調査、記録をもとにして地域と一層深く結びつき、更にその結果を全体のものとし、各部の連携を深めよう（二）従来の安保闘争を基盤として、更に強力に安保不承認の闘いを地域ですすめよう（三）セツル10周年を記念して行事を行う（四）後援会制度を発足させる（五）安保闘争を中心とした民主主義擁護闘争を一層推進するために、セツラーは積極的に帰郷運動に参加しよう。［連］セツラー集会 夏休みの集団指導について。 **25～8-2**［児］第8回夏休み集団指導 於お茶大。 ［保］初回乳検、集団検診行われる。葦笛創刊号発行 奥多摩、久里浜へ合宿［児・久］合宿 山中湖。［連］歴史小委員会 セツル10年間の歴史をまとめる。［連］安保対策小委員会 原水禁へのとりくみは同委に委任。［連］母親大会対策委員 保、生協、栄、児より出し、セツラーと地域へよびかける。［連］新連協へのひきつぎ。［児］七夕子供会 ［栄］料理のしおり発行 料理講習会。	**15** 岸内閣総辞職。 **18** 第14回経済白書「日本経済の成長力と競争力」発表。 **19** 第1次池田内閣成立。 **29** 北富士演習場で、農民が米軍・自衛隊の演習中止を求めて着弾地に座り込む。8.10政府の返還努力表明で中止。

1960. 8	**14**［児］母親大会についてセツラー集会。 **22**［児］［栄］［保］第6回母親大会参加。［児］［診］原水禁大会 署名、カンパ活動。 **夏**［保］100名の集団検診。氷川下町の南京虫駆除への取り組み（35軒、町会と共同で実施）。 ［児］集団指導反省会。［労］「土曜会」機関紙発行。［児］三池文工隊第2陣出発（5名・派遣計6）。	**16** 小石川図書館で母親大会―地域集会、30名参加。 **20** 松谷みよ子、『竜の子太郎』発表。62.9国際アンデルセン賞入賞。 **25** 第17回オリンピック、ローマで開催。
1960. 9	［保］集団検診グループ、乳児検診グループに加え、環境衛生グループ新設。［児・御］合宿。［保］第3回乳児検診［労］読書会「経済原論」。	**5** 自民党、高度成長・所得倍増計画発表。 母親大会報告会（生協主催）話し合い、スライド。
1960.10	**15・16**［保］医歯大お茶の水祭 セツル活動のシンポジウム展示。 **31**［児］坂下班、第1回母の会。 ［栄］料理講習会 氷川下班はハウス、14人 久堅班は共同印刷第三寮、7人。	**12** 浅沼社会党委員長、日比谷の三党首立会演説会の壇上で刺殺される。 **15・16** 医歯大お茶の水祭。 **19** 東京地裁、現行生活保護基準は違憲との判決（朝日訴訟）。
1960.11	**1～3**［栄］栄養展。 **3**［児］実践記録発表会「セツル活動について」。 **5・6**［全セ］全セツ連臨時大会 於慶応大学三田 18セツル参加 内6セツルは未加盟→大坂女子大、中野、ヤジエが新加盟。氷川下から全体会6名、分散会10数名参加。セツル紹介で「勉強会の子ども150名前後」と報告し驚きの声. 書記局提案：一部修正して可決（賛成11、反対2、保留1）。 **8**［栄］［児］中学生とその母親たちと「ドーナツを食べる会」。 **20**［連］全セツラー集会 30余名（セツラーの20%）「セツルの根本的意義」。 **20～23**［保］医学生ゼミで、「南京虫駆除についての研究」「都市における保健活動の進め方」のレポート発表。 **22**［法］セツラー集会「セツルと法相部」。 **29**［児］坂下班、第2回母の会（夜のPTA）。 ［児］浅沼暗殺事件、などについて、ビラや新聞。［栄］料理講習会 久堅8人。	**8** 米民主党のケネディ、大統領選に当選。61.1.20就任。 **11** お茶大徽音祭。 **20** 第29回衆議院議員総選挙（自民296・社会145・民社17・共産3）。
1960.12	**18**［連］第16回総会：方針案 1.近代的モラルをセツルの中に打ちたてよう（時間厳守等）2.平和と民主主義、生活向上獲得をめざし、統一戦線の一環として更に地域活動を追求しよう・安保体制打破の闘い・池田内閣の政策の研究 3.我々は一つのグループの仲間である 4.地域の組織化をおし進めよう 5.セツルメントの理論化を進めよう。 ［児］子供を守る文化会議参加。［児］各班クリスマス会。［児］徽音祭報告会。［児］子供文庫誕生。［栄］料理講習会、久堅、春風荘。	**6** 世界81カ国共産党・労働者党代表者会議「モスクワ声明」で平和共存・反帝国主義を打ち出す。 **14** 西側20カ国、経済協力開発機構（OECD）設立条約に調印。 **20** 南ヴェトナム民族解放戦線結成。 **27** 閣議「所得倍増計画」を決める。 氷川下診療所、病院建設委員会設置。 上り屋敷診療所開設（雑司ヶ谷七丁目）。 小児マヒから子供を守る中央協議会結成。

1961.2		根津地域の診療所設立準備会発足。
1961.3	**8**［連］追い出しコンパ。	**6** 社会党大会。構造改革方針を決め、委員長に河上丈太郎選出。
1961.4	**29**［児］第16回児童部総会　活動方針　一.児童部活動を国民教育運動の一環として推し進めよう　1.教師集団との提携を深めよう　2.生協婦人部、民主主義教育を守る会等の組織との提携を深めよう　3.我々のめざす児童像を確立しよう　二.活動してゆく上でのセツラーの意識の変革を積極的に追及しよう　1.その時々の政治情勢を勉強する機会を作ろう　2.社会科学の勉強をしよう　三.一二の方針を遂行する中で、仲間作りを追求しよう。 **30**［児］［栄］新入生歓迎ピクニック 滝山丘陵。	**12** ソ連宇宙船ヴォストーク1号、世界初の有人飛行に成功（ガガーリン少佐）。 **19** ライシャワー米駐日大使着任。 **28** 那覇で祖国復帰県民総決起大会。 鬼子母神病院、小豆沢病院と合併、医療法人健康分科会に。 氷川下診療所、病院建設趣旨書作成、運動開始。 国民皆保険発足。
1961.5	**2·8**［連］セツラー集会　政暴法反対。 **3〜5**［全セ］第8回全セツ連大会。 **13**［栄］［保］乳児検診。 **22**［労］氷川下セツルメントさつき会「ひかわ」1号発行　10年後に月給は今の2倍 他。 **26〜28**［保］小児マヒ生ワクチン要求署名集め。 **27**［連］セツラー集会　政暴法について関して。 **27**［連］ハウスお別れコンパ。セツルハウス二階へ新築。	**5** 東大五月祭。 **1** キューバ　カストロ首相、社会主義共和国を宣言（ハバナ宣言）。 **13** 自民・民社両党、政治的暴力行為防止法（政暴法）案を国会に共同提出。 **26〜28** 教育大桐葉祭。
1961.6	**8**［連］セツラー集会　政暴法反対。 **10**［連］政暴法粉砕統一行動。 **15**［連］新ハウス（診療所二階）に移転。 **22**［労］氷川下セツルメントさつき会「ひかわ」2号発行　最低賃金制について 他。 **24**［連］セツラー集会　池田訪米、日韓会談、原水禁への取組み。 **24**［連］「らしんばん」45号発行　特集「各部活動の理論化を通しての総合セツルとしての可能性を追求しよう」。［栄］［保］このころ栄養部、保健部と共に乳検に参加し始める。	**6** 小石川安保反対の会で政暴法反対　国会請願。 **12** 農業基本法公布（選択的拡大・構造改善・生産性向上・流通合理化など）。 **21** 小児まひ患者、1月以来1,000人を突破。 小児マヒ生ワク輸入。
1961.7	**2**［連］第17回総会　セツル活動を「平和と民主主義、生活向上をめざす統一運動の一環」として位置づける。 **2**［連］歴史小委員会設置。 **2**［連］坂下班独立。 **15**［連］文京原水協・小石川安保反対の会・氷川下セツル共催「映画と講演の夕べ」原水禁運動の一環として。 **20**［児］実践記録発表会。 **20**［連］原水禁カンパニア集会。 **22**［労］千川通りあすなろ会「ひかわ」3号発行　核兵器に反対しましょう 他。 **30〜**［連］伊那水害地カンパ活動。	**3** 南京虫駆除対策協議会「おはよう」1号発行。駆除薬剤追加100缶分20万円獲得 他。 **8** 小石川安保反対の会　原水禁に関しての集い。 **25** 共産党第8回大会。
1961.8	**11**［連］原水禁大会に参加。 **中旬**［連］5名のセツラー、伊那水害地（四徳部落）を訪問。 **15**［労］千川通りあすなろ会「ひかわ」4号発行　新潟県の印刷労働者 他。 **20·21**［連］第7回母親大会に参加（地域の母親と共に）。 ［連］松川行進に参加。	**8** 仙台高裁、松川事件差戻審で全員無罪を判決。 **9** 第7回原水禁世界大会。ソ連の核実験をめぐり対立。 **30** ソ連、核実験再開を発表。

1961.9	7〜10［児］合宿　山中湖。 22［連］政暴法反対　地域への訴え。 25［児］学力テスト反対の会発足。 28［児］情宣成立 情宣部は、反対の会のカンパニアとして動くことを決定。 ［児］学力テスト問題につき、"子供達と一緒" 特集 「子供達と一緒に」創刊号発行。中学生班「勉強会から家庭へ」第1号発行。	1 ベオグラードで非同盟諸国首脳会議開催。ベオグラード・アピールで植民地主義反対などを訴える。 2 政府、ソ連の核実験に抗議。9.6米にも再開しないよう要請。 根津診療所開設。
1961.10	1［児・氷］「母の会」文京一中三上先生参加。［児・久］反対の会に参加　反対の会資料作成。 11［児・中］文京一中の先生を交えて学習会。 15［児・中］母の会。 17［児・御］母の会。 18［児］セツラー集会、一中の先生参加。 19［児］代表者会議、26日までの活動を計画。 21［連］セツラー集会　政暴法について。 22［連］地域に声明を出す。 22［連］ピクニック　陣場高原。 23［連］区教育長と団交、セツラー10名参加　母親数人。 24［連］政防法・学力テスト反対の集会、デモ行進参加セツラー8名。 25［連］区教育委員会・区教育長との団交にセツラー参加、御殿町の母親数人、一中にテスト反対のビラを撒く。 26［連］早朝職場大会にセツラー8名参加、母親10人参加。	12 炭労の石炭政策転換要求第1次行進団1,000人が東京着。10.23第2次4,000人も。 25 衆議院、核実験禁止決議。10.27参議院も同じく決議。 民医連綱領決定。
1961.11	3［連］「らしんばん」46号発行。 3〜5［栄］栄養展（氷川下・亀有・川崎セツル合同）。 9［連］セツラー集会　核実験問題。 9［連］セツル紹介講演会。 20［連］セツラー集会　核実験問題。 21［連］歴史小委員会　正式発足。 22［連］セツル文庫に関するアンケート。 26［連］セツラー集会　核実験について。 28［診］氷川下セツルメント診療所　医療生協として発足。	23〜26 全国医学生・看護学生ゼミナール開催。医歯大から8名、女子医大から3名参加。 25・26 お茶大徽音祭　学力テスト問題。 この頃より信号燈設置運動。 医療生協創立総会（かねき湯）組合員891名。
1961.12	3［栄］小学生を対象としたドーナツ作り 28名参加 栄養部4名児童部1名。 9［連］セツラー集会　政暴法反対。 10［児］実践記録発表会。 17［連］「らしんばん」47号発行　活動を知ろう 他。 17［連］第18回総会 児童部—①勉強会　週1回ハウスまたは子どもの家にて。②母の会　学力テスト問題中心。③実践記録発表会　・基礎学力　・文化財　・子供の仲間作り　・創造活動 集団作業の4分科会. ④読書会　「社会科学入門」「国民教育運動」「経済学入門」「唯物論の哲学」「山びこ学校」など。学力テスト反対運動。 栄養部—料理講習会　対象地域を御殿町にしぼる。「料理のしおり」発行　10名前後参加。セツラー3名。乳幼児健診。毎月第二土曜日。保健部と提携。乳幼児の栄養相談。 保健部—集団検診パート　7月9日第2回集団検診。乳児検診パート　毎月第二土曜日に乳検実施。松田道雄著の『赤ん坊の科学』の読書会。環境衛生パート　7月以降部員5名で、文京区南対協への協力という形で、御殿町を中心に南京虫駆除運動に取り組む。	8 東京で「1961年日本のうたごえ祭典」に3万人集まる。 11 経済企画庁、今年の実質成長率12.2%と発表。 21 中央公論社、『思想の科学』天皇制特集号（62年1月号）を発売中止。

	法律相談部━現在部員6名。 毎週金曜日午後6:30～8:30活動。 診療所━法人化　氷川下セツルメント診療所は、医療生活協同組合として、正式に発足し、第1回の組合総会開催　11月28日、出席129、委任数506、計635名。参加世帯約900で、地域の人々約400世帯、労働組合関係約400世帯. 労働関係では、共同印刷、共同製本、全逓小石川、飯田橋職安、マミヤ光機、秀工社等。医療生協機関紙として、診療所ニュースが保健部と共同編集で、7月より隔月に発行され、現在3号まで出された. 理事17名、セツルからも1名。病院化　労働金庫より2,000万、中村先生より800万、他200万、計3,000万の借金で、4階建の鉄筋コンクリートの病院を建設中で、昭和37年3月に竣工の予定。社会保障の闘い、小児麻痺の闘い、信号灯設置運動、母親大会、8･6大会、政暴法の闘い等。 連合委員━「我々は、平和、民主主義、生活擁護のため、国民的統一の一環として、対象とする人々と共にねばり強く運動しよう」という呼びかけが行われ、1961年5月大会には、さらに具体化された。①対象とする地域分野の中に存在する課題を分析し、運動の方向と全国的展望を明らかにしよう。㋑対象とする地域・分野を正しく把握しよう ㋺地域、各層の要求・課題を具体的に明らかにしよう ㋩たたかいの方向と労働者階級の役割を明かにしよう ②我々のセツルメント活動の内容と形態を再検討しよう。要求、課題に正しく応えられる態勢を確立しよう。総合セツルの各部との関連の強化、他団体、他民主組織との提携の必要性、活動のスタイルの再編成 ③青年部活動を積極的に推し進めていこう。 連協━方針案「統一戦線の課題、地域共闘への結集と強化をはかろう」　そのための具体的課題として　文京青年婦人協議会へ参加しよう。（イ）地域の分析をしよう。（ロ）組織体制を全面的に再検討しよう。		
1962. 1	**14**［連］第18回総会　方針案　各部の具体的な課題（イ）児童部　学力テストの総括として、次の事を発展させる ①日常の勉強会で、本物の教育をきびしく追求すること ②政治的意識、歴史的課題の認識と日常的実践との正しい統一 ③セツラーの成長と結びつきを強めるため、反省会、チューター会議、読書会などのあり方を検討しよう ④全班の統一母の会のための準備をすすめる（ロ）栄養部　①地域の人たちの生活の実態をくわしくつかむ ②生活の中での、物価値上げなど政治的課題、意識と日常活動を統一して実践していく（ハ）保健部　①集検、乳検、環境衛生の三パートの連携をすすめていくこと ②診療所との提携を深めていくこと （ニ）労働部　①本格的な青年部としての基盤、条件を準備すること ②民主組織（診療所、青婦協、民青、社青同、労働組合青年部等）との提携を深めていく ③児童部（とくに中学生班）との連携を推進する（ホ）法相部　①人数が増えたのは、良い条件なので活動を充実させること ②地域との今の交流（今晩会、南対協等）を推進すること（ヘ）診療所　①セツルの有力な存在として、学生セツラーとの交流、影響性を増大させる　②診療所の課題とセツルの課題（主に交流、提携）を追求すること　方針（Ⅰ）地域とセツルの関係の実態を調査・分析しよう。（Ⅱ）組織体制を再検討しよう。	**9** ガリオア・エロア返済日米協定調印。 **13** 鈴木茂三郎社会党訪中使節団長、共同声明で「米帝国主義は日中共同の敵」の浅沼発言を承認。	

	［全セ］第12回全セツ連拡大連合委員会。	
1962. 2	**1**［連］児童部文庫、セツル文庫に昇格。 **4**［青］氷川下うたう会を発起人として氷川下わかもの会準備会への招請状を各団体宛発送　この頃より青学共闘問題化。 **18**［青］第1回氷川下わかもの会準備会開催　参加団体　氷川下うたう会、氷川下セツル青年部準備会、ハトの会、青空のつどい、民青、他。	**1** 東京都が世界初の1千万都市。 **3** 米ケネディ大統領、対キューバ全面禁輸を指令。 **15** 臨時行政調査会発足。 **23** 日ソ貿易議定書調印。
1962. 3	**3**［連］セツラー集会　青学共闘に関して。 **7**［青］第1回氷川下わかもの会準備会開催。 **14**［連］4年セツラー追い出しコンパ。 **25**［青］氷川下わかもの会準備会「うたとフォークダンスの会」文京一中より体育館使用許可取り消しを受けたため小石川植物園で開催　参加者約20。	**2** 池田首相、ケネディ米大統領に核実験停止要請の親書。3.10フルシチョフソ連首相にも同様の親書。 **12** 日韓会談再開。
1962. 4	**1**［青］氷川下わかもの会、社会教育関係団体として申請するため、規約作成。 **8**［青］氷川下わかもの会準備会　第2回「うたとフォークダンスの会」　小石川植物園　参加者約30。 **18**［連］氷川下・八千代町・坂下、三セツル合同オリエンテーション 於お茶大学生会館。 **22**［青］氷川下わかもの会第1回うたとフォークダンスの集い　文京一中体育館　参加者100以上。 **29**［連］新入生歓迎ピクニック　宮沢湖。［保］［栄］新入生歓迎コンパ。	**10** 私鉄大手12社、24時間スト。 **14** 日本婦人会議結成。 大塚診療所、矢島保育園廃止反対運動参加。 医療危機突破中央集会。 **25** 米、太平洋上で核実験を再開。
1962. 5	**3**［児］総会　於お茶大学生会館　出席者40（部員総数80）方針〈我々のセツル活動を国民教育運動の一環として推し進めよう。〉①勉強会活動を国民教育運動の中に位置づけ、具体的、実践的に追求しよう ②教師集団との提携を推し進めよう ③母の会の意義を再確認し、地域の民主教育を推進する組織として成長させよう ④国民教育運動を推し進めていくセツラーとしての自覚を相互に深めあおう　よびかけ　学力テスト問題を考えよう　各班の勉強会の経験の交流を深めよう。 **13**［青］氷川下わかもの会第2回うたとフォークダンスの集い　小石川植物園　参加者約70。 **27**［青］わかもの会　第3回うたとフォークダンスの集い　文京一中　参加者約100。	**7** 第40通常国会閉会し、政治的暴力行為防止法案廃案となる。 **7** 第1回科学者京都会議開催。
1962. 6	**9･10**［全セ］第9回全セツ連大会　於教育大。 **10**［青･わ］陣馬高原ハイキング　参加者16。 **17**［青･わ］第4回うたとフォークダンスの集い　教育大体育館　参加者約100。セツルメント病院新築　セツルハウスは旧診療所の二階に。 ［連］第19回総会 児童部─小1から中3までの子供二百数十名を対象とした勉強会活動　①勉強会　現在、勉強会は氷川下、御殿町、久堅の各班が、小学生を各学年に分けて、6つずつ、中学生班が中学生を各学年に分けて3つ、合計21である。 　ただし、久堅班は、35、36年度はブロック別に勉強会を組織してきたが、今年度から再び学年別の勉強会に編成しなおした ②地域カンパニア活動　母の会　御殿町　1月　おしるこ会　氷川下 3月。 栄養部─料理講習会　毎月2回　5〜10名参加　乳幼児検診　第二土曜日安閑寺にて保健部と共同して実施。	**9** 医療生協氷川下セツルメント診療所　第1回総会（病院ホール）組合員1,017名。 セツルメント病院完成（36床）産婦人科新設。整形外科新設。 **20** 中教審、「大学の管理運営について」の答申原案作成。大学教官ら「大学の自治を守る会」結成。

	法相部—毎週金曜日　法律相談を実施「やさしい法律の話」とは別に「法律のやさしい解説」を多数集めた仮称「生活の泉」を月1回程度発行する予定。第1号発行（栄養部協力）。 保健部—女子医大、医歯大、同付属看護学校の各校から編成され、集団検診、乳児検診、環境衛生の三つのパートに分かれて、各パートは互いに有機的に連携しつつ、その活動を推し進めている。 **30**［連］「らしんばん」49号発行　青年部発足　他。	
1962. 7	**1**［青・わ］ダベリングの会　小石川図書館　参加者34。 **8** 1年セツラーの会 文集「かぎろひ」創刊号発行　会員数　栄養部20　児童部36　青年部11。 **8**［青・わ］第5回うたとフォークダンスの集い　窪町小。 **11**［保］「あしぶえ」5号　発行。 **14・15**［青・わ］丹沢キャンプ　費用600円　参加者54 その後地域まわりインタビュー。 **22**［青・わ］コーラス部　第1回うたう会　個人宅　参加者34。 **29**［青・わ］スポーツ部　稲毛海岸海水浴　参加者50。 **29**［青］第1回読書会 「働くわかものよ誇り高く」を中心として。［保］合宿　霞ヶ浦　医科歯科大分院。	**22** ソ連、核実験再開を発表。
1962. 8	**2**［青・わ］コーラス部　うたう会　小石川図書館　参加者約30。 **12**［青・わ］フォークダンス部　フォークダンスの集い。 **15**［青・わ］準備会を運営委員会に切り替え、役員改選。 **15**［青・わ］文集「てのひら」創刊号発行　B5判26ページ。 **18・19**［青・わ］真鶴岬キャンプ　文京区民青主催、民青、他のわかもの会との交流がなされた。 **26**［青・わ］第6回うたとフォークダンスの集い　教育大体育館　参加者約70。 **28〜30**［栄］合宿　志賀高原。［連］第8回原水禁世界大会へ参加。	**6** 第8回原水禁世界大会、ソ連の核実験をめぐり対立。 **31** 健康と生活を守る会「こんばんかいニュース」82号発行マッチ箱が大好きな日本人他。
1962. 9	**6**［青・わ］カッパ劇団結成。 **9**［青・わ］コーラス部歌集「てのひら」1号発行　A5判99ページ。 **10**［青・わ］会費を月額50円とする。 **16**［青・わ］第7回うたとフォークダンスの集い　小石川植物園　参加者約7。 **22・23**［栄］コンパ　ハウス。 **23**［青・わ］大垣わかもの会と交流。 **30**［青・わ］中央合唱団のうたごえに参加　中央合唱団と交流　他のわかもの会、他のいろいろの団体、サークルとの交流がもたれだした。	**12** 原子力研究所国産1号炉JRR-3、臨界に達する。 **15** 国大協総会、大学の管理運営は大学の自主性に、との中間報告。 氷川下セツルメント病院落成式。
1962.10	**2〜4**［保］第8回医学生・看学生ゼミナール開催 集団検診パート 「中小企業における健康管理について」報告。 **3**［連］1年セツラーの会 文集「かぎろひ」2号発行。 **4**［連］教育大わだつみ会からのよびかけに応えて、実行委員会発足。 **7**［青・わ］天覧山ハイキング（ハイキング部主催）林町わかもの会と交流。 **8**［青・わ］「氷川下わかもの会ニュース」創刊号　発行（機関紙係主催）。 **13**［青］学習会。	**2〜4** 第8回医学生・看学生ゼミナール開催。 **15** 中教審、大学の管理運営等について答申。文相の人事拒否権は削除。 **19** 新日本婦人の会結成。 **22** 米キューバでのソ連のミサイル基地建設を理由に、海上封鎖を声明。キューバ危機勃発。

	13［連］学習会 映画"怒りの記録"第8回原水禁大会の幻燈とテープと「10・21」にむけての学習会。 19［児］学習会。 21［連］横田基地集会　セツルとして取り組む（参加者児童部38名、保健部15名、青年部8名、法相部2名 合計63名）。 25［連］総括。 28［青・わ］第8回うたとフォークダンスの集い　教育大体育館　参加者約70。 ［青］青年労働者を対象とする地域調査。［保］環境衛生パート活動休止　セツル保健部連絡会議設置決定。	25 健康と生活を守る会「こんばんかいニュース」84号発行 私たちの切実な訴え区議会で採決　他。 医歯大お茶の水祭。 氷川下セツルメント病院、労働組合管理方式やめる。
1962.11	3・4［青・わ］第4回グラフわかもの読者全国大会に参加 社会福祉会館、品川公会堂　氷川下からの参加者延べ80 全国各地のわかもの会、サークルと交流できた点で視野の拡大、様々な実践を学ぶことができた 宿泊した厚木、柏崎、平塚、鳥取のわかものと交流。 3〜5［栄］栄養展活動の紹介　氷川下・亀有・駒込の3セツル共同。 23［連］徽音祭でフォークダンスとグループにわかれての話し合い　保健部を除く各部参加。 25［青・わ］おしるこパーティー　個人宅　参加者約30。 28［栄］コンパ　駒込台。 ［連］各部の読書会　保健部"二重の搾取"第2、第4水曜日5時30分から 医歯大の新一番教室。法相部　判例の学習　金曜日3時30分から ハウスで 木曜日1時から 東大本郷学生ホールで。青年部＊"現代教育学16　青年の問題"（岩波書店）土曜日4時から5時まで　＊（1年生で）レオ・ヒューバーマン"社会主義入門"土曜日5時から。児童部＊（氷川下班）"教師の社会科学"土曜日7時〜7時30分 お茶大学生会館　＊（久堅班1年生）"共産党宣言"月曜日5時〜7時。お茶大学生会館　＊（御殿町）"教育基本法"火曜日5時〜7時 お茶大学生会館集会室2・3　＊（御殿町1年生）"ものの見方・考え方"（三一新書）木曜日5時〜7時　＊（中学生班）"ものの見方・考え方"（三一新書）水曜日5時〜7時 お茶大学生会館。［連］「ひかわしたセツルメント10ねんし」完成。	3・4 第4回グラフわかもの読者全国大会。 16 日本、国連総会で、南アフリカ連邦の人種差別瀬宇佐国対する制裁を要請する決議案に反対投票（ただし、同案は可決）。 お茶大徽音祭。
1962.12	3［青・わ］中央合唱団49・50期生と共催「みんなうたう会」に参加　文京児童会館　参加費30円。 9［連］第20回総会　於教育大E館403教室。 児童部―1.勉強会活動　地道な実践が成果を上げつつあり、それらをみんなのものとして、勉強会のあり方（内容、形態）を検討しようとする動きが意識的になされた　2.教師集団との提携　必要性はおおいに叫ばれながら、実際にはほとんど何もなされなかった　3.地域カンパニア活動　①母の会　7.1　各班が統一し、文京一中の先生2名のご出席のもとに学力テストについての「統一母の会」が開かれた　②母親新聞　氷川下･･･パート毎に発行、4年パート週1回、他のパートは月1回位の割合で出す。御殿町･･･この半年間に2回　久堅･･･週1回　中学生･･･なし　4について　学習会「原水禁第8回大会報告を兼ねた平和運動とセツルメント活動」についての学習会をはじめとして、「基地闘争」「日韓会談」「大管法」についての学習会　実践記録発表会　今年で3年目となる。	3 第2回日米貿易経済合同委員会。ケネディ大統領、アジアにおける共産主義の脅威を強調。 3 社会党・総評など「原水爆禁止と平和のための国民大会」を広島で開催。いかなる国の核実験にも反対を決議。 11 陸上自衛隊北海道島松演習場で、地元の酪農民が演習中の電話線を切断（恵庭事件）。63.3.27札幌地裁、農民を自衛隊法違反で起訴。 映画『キューポラのある街』制作。

保健部―方針　1.もっと地域に根を下ろした活動をしよう。地域の人々の要求を汲み上げ、その要求にもとづいた活動をしよう　2.1のようにしていくために、現行の医療制度、社会保障制度についての理解を深め、地域がおかれている現状、日本の現状を正しく把握することができるような活動をしよう　そしてそこから　セツル活動を平和を守り、生活擁護の闘いと結びつけて行こう。3.集検パートと乳検パートとのギャップをうめる努力をしよう　そのために部会、運営委員会を強化しよう　4.保健部を“独立保健部”としてではなく、“氷川下セツルメント保健部”としてとらえ、それに沿った活動をしよう。5.セツルの中をお互いに何でも話せるような場所にしていこう　そしてそういう仲間をたくさん作って、セツルを大きなものにして行こう。集団検診　総括を通しての今後の方針　1.引き続き集検活動を継続していく　2.医ゼミでの調査研究に基き更にそれを発展させ、我々の活動を理論的に深めていく　3.地域との密接なつながりを持つような活動をする　4.セツラーの数が減っているということに関して、もっと各セツラーの意見創意を尊重し、一部セツラーの考えを押しつけることがないようにしたい　セツラー相互の仲間作りに心掛けていきたい。

栄養部―2年4名、1年8名により構成　乳幼児検診　料理講習会　これからは　1.部会を徹底させ　2.入部した者達の目的としたものの話し合い　3.無駄話などからセツラー間の親交を深め、活動する　4.地域への浸透から地域の要求を確認し、それに基いた活動の方向にもっていく　5.地域の人達との生活の話し合い　6.方針の確立など心機一転、心を新たにして活動していきたいと考えている。

青年部―青年部の独自活動　青年部と若もの会の関係、青年部の役割が問題になった。次の三つのことをやってゆく　1.地域調査を行う（青年労働者を対象として）2.児童部中学生班との提携　3.青年会館設立運動を若もの会に働きかける。

法相部―1.通常活動 法律相談　2.特別活動

イ.「こんばんかいニュース」に「やさしい法律の話」を連載　ロ.栄養部の協力の下に、「生活の泉」を創刊　12月中に第2号　ハ.我々の法律知識収得のため、毎週ゼミナールを行っている 新セツラー6名が新たに活動。

連協―10・20基地撤去闘争　保健部15名、児童部38名、青年部8名、法相部2名の63名のセツラーとわかもの会10名の参加　大学管理法案について　11・17の統一行動の成功のための実行委員会に参加　方針　現在の情勢の中で地域の実情に基づいた各部の課題を明らかにし、各部の活動を理論化しよう。

よびかけ　・地域への情宣活動を定期化し活発にしよう　・セツルの総合化をおし進めよう　事務局　セツラー数（1962.11現在）　法相部8　栄養部15　保健部23　青年部13　氷川下26　久堅16　御殿町13　中学生13　青年部、御殿町のセツラー数は推測　会計　収入　14,841円　支出　7,055円。

14〜16［全セ］第13回全セツ連拡大連合委員会　名古屋大学教育学部・日本福祉大　第1テーマ　セツル運動の新しい動きをどう評価し、どう位置づけるか　第2テーマ　セツルの行っている各活動の方法論を体系化しよう

	その他 「セツラーについて」「日韓会談」「大管法」氷川下、全セツ連委員長に 名古屋、仙台のセツル書記局入り。[保][栄] クリスマスコンパ 松風会館。 **23** [青・わ] クリスマスパーティー カッパ劇団第1回公演「寒鴨」 文京一中体育館 参加者約150。 [連]「らしんばん」51号発行 大管法 他。[法][保][栄]「生活の泉」発行 減税について 他。各部協力して地図つくりに取り組む方針。	
1963. 1	**12・13** [青・わ] スポーツ部主催 松原湖スケート旅行 32名参加。 **27** [青・わ] 今年もがんばろう会 (実行委員会主催) 60名参加。	**9** ライシャワー米大使、政府に米原子力潜水艦の寄港承認申入れ。 根津診療所、医療生協に合併。
1963. 2	**2** [青・わ]「みんなうたう会」。 **10** [青・わ] 美術部結成。 **24** [青・わ] 民青文京と共催「文京二十歳を祝う集い」に参加 青柳小 カッパ劇団公演。 **28** [連]「らしんばん」52号発行 3年生特集号。	**16** 熊本大水俣病研究班、新日本窒素の廃液が原因と発表。 **20** GATT理事会で日本代表、11条国 (国際収支を理由とする貿易制限禁止) 移行を表明。
1963. 3	**8〜11** [青] 合宿 浜松 「合宿のしおり」。 **12** [連]「らしんばん」53号発行 全セツ連拡大連合委員会報告号。 **24** [青・わ] 第9回うたとフォークダンスのつどい (雨天のため中止)。 [保] 合宿 赤城山寮 (一泊二日)。	**15** 最高裁、公共企業体職員の争議行為の刑事責任を認める判決。 大塚診療所、10周年記念アピール、病院化発表。
1963. 4	**17** [青・わ] 運営委員会で1周年記念行事、および総会の準備がとりくみはじめられた 1周年記念行事実行委員会結成。 **19** [連]「らしんばん」54号発行 新セツラーのために。 **19** [連] 新入生歓迎オリエンテーション お茶大学生会館。 **21** [青・わ]「焼きそば歌って歌を食べる会」実行委員会主催。 **24** [青・わ] 運営委員会で5月1日に「氷川下わかもの夜のメーデー」(会場 竹早公園) を行うことをきめ、すばやく準備をはじめた。 **28** [児] 総会 お茶大学生会館5・6室 **29** [保] 保健部話し合い 医歯大歯学部 参加者16名。	**19** 警視庁、にせ証紙事件で東竜太郎東京都知事選挙事務所捜索。 **28** 講和条約発効記念日に、北緯27度線の会場で初の沖縄祖国復帰会場交歓会を開く。
1963. 5	**1** [青・わ]「氷川下わかもの夜のメーデー」(雨天のため中止)。 **3** [青]「氷川下わかもの会の一年」発行。 **5** [連] 教育大桐葉祭で、児文研等と「子供と青年の国」共催、子供350人参加。 **12** [青・わ] スポーツ部主催、コーラス部、フォークダンス部参加「ソフトボール大会」40名参加。 **26** [青・わ] フォークダンス部 フォークダンスの集い 読書部主催「ダベリングの会」午後7時半から「楽しく遊ぼうや」—セツル病院ホール「友情について」—ゴメちゃんの家「恋愛について」—ダブチャンの家「将来について」—シロチャンの家 参加者は約50人。 **29** [青・わ]「氷川下わかものニュース」2号発行 氷川下わかもの会1周年祭 他 運営委員会で1周年記念行事および総会について、それらの計画がくわしく報告された —以上、第2回氷川下わかもの会総会資料「氷川下わかもの会1年のあゆみ」	**12** 米空軍F105Dジェット機 (水爆搭載可能) を板付基地に配備。

	31［保］「なかま」№12発行　保健部話し合い　他。 ［全セ］全セツ連第10回大会。	
1963. 6	**2**［青･わ］第2回わかもの会総会　於病院ホール　出席32名。わかもの会　1周年記念祭　於文京一中　参加者120名。 **2**［保］ハイキング　石老山。 **4**［全セ］「全セツ連ニュース」10－3発行　7月全国学生集会を全セツ連が他団体と共催して開くことについて。	**1**　京都で部落問題研究所主催、第1回部落問題研究全国集会。
1963. 6	**8**［青･わ］文京うたごえ協議会主催のうたとフォークダンスに参加　柳町小学校。 **9**［青･わ］フォークダンスの会　病院屋上。 **17**［連］「らしんばん」55号発行　全セツ連大会感想文集。 **19**［青･わ］「氷川下わかものニュース」3号発行　年内500名の仲間を　他。 **30**［青･わ］第1回全国青年スポーツ祭典に参加。	**1**　京都で部落問題研究所主催、第1回部落問題研究全国集会。 **30**　第1回全国青年スポーツ祭典　三ツ沢競技場。 **30**　1年4カ月の広島—アウシュヴィッツ平和行進終わる。
1963. 7	**7**［青･わ］わかもの会　鷹取山ハイキング　参加者30。 **7**［連］第21回総会　於お茶大学生会館ホール。 栄養部—料理講習会　乳児検診　物価調査—3年間計画で5月より開始。 児童部—方針　我々のセツル活動を国民教育運動の一環としておしすすめよう　1.生活と結びついた勉強会を追求しよう　2.勉強会において、がっしりした子供の集団をつくりあげよう　3.母の会を定期化し、年4回は必ず持とう　桐葉祭で「子供と青年の国」にとりくむ。　全ての班で「母の会」にとりくみ、ポラリス潜水艦「寄港」問題の学習などを行う。 青年部—5つのスローガン・月1回うたとフォークダンスをやろう！・お父ちゃん、お母ちゃんとがっちり手をつなごう！・氷川下に青年センターを建てよう！・女は度胸、男は愛嬌！・今年中に500名の仲間を作ろう！！　青年部の独自活動　・地域調査・青年センター設立運動　・他部との提携。 法相部—1.地域との接触の強化　(イ)今晩会　(ロ)南対協関係　2.アフターケアの徹底　4月以降の相談件数を記すと借地相談6件 金銭貸借相談2件 交通事故の損害賠償1件 その他3件。 保健部—集検パート　病院との協力の下に行われた医療生活協同組合員を主なる対象とする健康診断の活動　今後の方針　1.中小零細企業の健康管理の問題にも関して、地域の組織化、既成の地域の組織との協力の問題を追及する　2.話し合いの場を多く持ち、セツルのサークルとしての性格を強めよう 乳検パート　4月新入生歓迎コンパ（栄養部と共催）。5･6月栄養部と共に第1回地域調査。7月保健部全体で霞ヶ浦の医歯大分院に合宿。乳児検診を受けた家庭に対し第2回地域調査を実施。10月医歯大お茶の水祭（大学祭）集検乳検とも活動の紹介。12月クリスマス・コンパ（栄養部と共催）。1963年2月氷川下セツルメント診療所の医療生協組合員を対象とした集団検診の準備に協力。3月赤城山、関東甲信越国立大学赤城山寮に合宿（1泊2日）。4月、2月に実施された医療生協組合員の乳幼児検診。5月あゆみ保育園から乳幼児検診を依頼され、5月25日第1回の乳検。6月保健部全員でハイキング（相模湖）。今後の活動	**8**　防衛庁、国産初の空対空ミサイルを新島で試射実験、成功。 **9**　経企庁、62年の経済成長率（実質）5.7%と発表。 **25**　米英ソ、地下を除く大気圏・宇宙空間・水中での核兵器実験を禁止する部分的核実験停止条約に仮調印。8.5正式調印。 **26**　OECD理事会、日本加盟を決定。 **29**　仏、部分核停条約不参加を表明。7.31中国、同条約に反対し核兵器禁止のための世界首脳会議を提案。

	（1）安閑寺における乳検について （2）あゆみ保育園の健康管理 （3）勉強会のこと （4）地域の分析 連合委員一第13回拡大連合委員会 1962年12月、はじめて名古屋で拡連委が行われ、20名以上。第10回大会は、5月の3・4・5の3日間東京で600名のセツラー。氷川下セツルと全セツ連 書記局活動に対して 氷川下の全セツ連で果たしている役割。第14回拡連委めざして、今から取りくみを！ もっともっと全セツ連の動きに目を向けていこう！ 連協一活動内容 日「韓」会談へのとりくみ 6.23横須賀集会を中心とする、米原子力潜水艦「寄港」問題へのとりくみ 3月学生集会への参加 拡大連合委員会、全セツ連大会 地域調査 青年センター設立運動について 卒業式、オリエンテーション、新入生歓迎ピクニック。 方針 1.地域との結びつきを広め深めよう 2.活動を常に点検し、情勢と結びつけて学習をすすめ、成果を皆のものにしてゆこう。呼びかけ 1.第9回原水禁大会を成功させよう 2.「氷川下セツル十年史」を学ぼう 3.活動記録をつくろう 4.7月全国学生集会に参加しよう。（反対1、棄権4のメモあり） 事務局一5つの部、150余名のセツラー 会計報告 収入35,096円 支出23,931円 残高11,165円 文庫 資料保存 ハウス管理 「らしんばん」発行等について活動。事務局員の問題 各部、各班、必ず2名の事務局員を。事務局の意義を再確認し、事務局に協力しよう。 **14**［青・わ］作って食べる会 青年部栄大セツラー主催 ハウス。 **16〜18**［連］全国学生集会全セツ連共催団体に氷川下からの参加20余。 **28**［青・わ］カッパ劇団第3回公演「三年寝太郎」。全国学生集会 全セツ連、共催団体に。	
1963. 8	**10・11**［青・わ］五日市キャンプ。 ［連］第9回原水禁世界大会に参加。	**14** 日本、部分的核実験停止条約に調印。 **28** 米、人種差別撤廃・雇用拡大を要求する「ワシントン大行進」に20万人参加。 **28** 文京区勤労者生活協同組合第3回総会 病院ホール。
1963. 9	**15**［全セ］「全セツ連ニュース」10-6発行 秋の大会を成功させるための各セツルの課題 他。 **21**［連］原水禁大会報告会 ハウス **22**［青・わ］第10回歌とフォークダンスの集い 植物園。	**1** 安保反対国民会議など、横須賀・佐世保で原子力潜水艦寄港反対集会を開く。 **12** 最高裁、松川事件上告審で上告を棄却 14年目に全員の無罪確定。
1963.10	**2**［青・わ］「わかものニュース」4号発行 おれたちの秋まつり 他。 **6**［青・わ］グラフわかもの「秋祭り」に参加 小金井緑地参加費50円。 **13**［連］原水禁報告会 参加22。 ［青・わ］第11回歌とフォークダンスの集い（植物園予定、雨のため病院屋上）第2回作って食べる会 ハウス（サンドウイッチ・フルーツゼリー・紅茶）参加費60円。［法］東大法相 オリエンテーション。	**1** 健康と生活を守る会「こんばんかいニュース」88号発行 ただ今下水道は満員 他。 雑司が谷診療所開設 雑司が谷1-3-8。 看護婦寮新設（借家）白山2丁目。

1963.11	**1**［青］文集「あしのうら」創刊号発行。 **2**［青・わ］映画会「キューポラのある町」「純愛物語」指谷児童会館　参加費50円。 **9**［栄］［児］脱脂粉乳問題学習会。 **10**［青・わ］教育大運動会参加、売店を出す。 **11**［連］「らしんばん」56・57号発行　各部の動き　他。［法］基本方針―1.地域社会との接触の強化　(イ)今晩会への協力、(ロ)"生活の泉"の継続発行。1.アフターケアーの徹底　1.フランクな話し合いの場の確保　1.他部との提携　1.セツラーの実力養成　(イ)カルテの整理　(ロ)勉強会。［保］医療生協組合員約1,000人を対象とする集団検診　秀工舎(30人)の集検には、新入セツラーも参加。集検パートの機関紙「セツルの仲間」は大体定期的に発行。6月、新入セツラー歓迎のハイキング。機関紙、「あしぶえ」は新入セツラーの歓迎号として発行。 **20**［全セ］「全セツ連ニュース」10-11発行　秋の大会に向けて準備を進めよう　他。 **24**［青・わ］第12回歌とフォークダンスの集い　文京一中。［青］お茶大徽音祭にて宣伝誌発行。［青・わ］社交ダンスの会」3回もたれる。［連］徽音祭で各部交流会　参加50余。	**9** 三井三池三川鉱で炭じん爆発　458人が死亡、重傷675人の多くがCO中毒後遺症。 **10** 共産党、「アカハタ」で中ソ論争に対して自主独立の態度をとると発表。 **22** 米ダラスでケネディ大統領暗殺される。 **23** 初の日米テレビ宇宙中継、ケネディ大統領暗殺を速報。 氷川下歯科分院開設　白山3丁目。 朝日訴訟第二審、原判決棄却. 医卒連、インターン制度反対全国統一行動。 お茶大徽音祭。
1963.12	**1**［青・わ］第1回わかもの祭りに参加　根津小。 **2**［全セ］「全セツ連ニュース」10-12発行　東北大学当局に会場使用許可の要請文を。 **8**［青・わ］文京区民文化祭　4名参加(セツラー2名)。 **8**［連］第22回総会　於お茶大学生会館。 栄養部―料理講習会　物価調査―10月で中断　乳児検診。 児童部―勉強会とともに、夏休み勉強会(集団指導)、児童部合宿、母の会(3回開く)実践記録発表会(全セツ連のテーマにもとづき3分科会に分かれて行われた。 第1―社会科学をどう教えるか、国語、つづり方教育をどう進めるか。第2―自然科学をどう教えるか。第3―創造活動をどう進めるか、遊びとスポーツをどう取り上げるか。以上の二つを通して子どもの仲間作りをどう進めるか)。原水爆禁止世界大会、徽音祭　など。 青年部―地域の人々・他団体との提携。7月全国学生集会への参加　原水禁大会　徽音祭　地域調査　等。 法相部―1.法律相談　相談件数は1回平均1.3件　内容は借地借家が9割以上。2.今晩会関係　3.遊園地問題。 保健部―乳児検診パート　集団検診パート。今後の我々のとるべき道　1.氷川下セツル保健部のあり方について病院・OS・他のセツルなどの意見を聞くと同時に、我々の中での討論を深めることが最も重要である。2.それと同時に出来るだけ実践をする　3.セツル内での統一と団結を強める。 事務局―会計報告　収入23,545円 支出18,885円　次期繰越4,660円 歴史小委員会―収入90,410円　支出77,720円　貯金12,690円　負債30,000円(診療所)貯金をおろして病院に返しても17,310円の赤字。『10年史』印刷部数500　販売部数200。 連協―各部活動の交流 原水禁大会 7月全国学生集会 学習会 徽音祭での各部交流会 拡連委 事務局の強化。	**7** 東京地裁、原爆被爆者の国への損害賠償請求に対し、原爆投下は国際法違反とするが賠償請求は棄却する判決。 **8** 文京区民文化祭　真砂町小。 **9** 第三次池田内閣成立。 **17** 韓国、朴大統領就任。 **21** 教科書無償措置法公布施行(広域選択制・教科書出版企業の指定制などを規定)。 **26** 最高裁砂川事件再上告を棄却、被告7人全員の有罪確定。

	方針　1.地域との結びつきを広め深めよう　2.活動を常に点検し、情勢と結びつけて学習を深め成果をみなのものにしていこう。よびかけ　全セツ連拡大連合委員会を成功させよう！ **14〜16**［全セ］第13回全セツ連拡大連合委員会　東北大学　参加者500名、うち氷川下からの参加48名。［青］「氷川下セツル青年部報告書」。 **21**［連］「連協ニュース」第1号発行　歴史小委員会の設置について。 **22**［青・わ］クリスマスパーティー　窪町小講堂　参加者75名。	
1964. 1	**18**［連］「連協ニュース」第2号発行　各部報告　他。 **18・19**［青・わ］軽井沢へスケート旅行　参加費1,350円。 **25**［連］「連協ニュース」第3号発行　規律ある活動を行おう。 **26**［全セ］「全セツ連ニュース」10-13発行　菊坂問題調査委員会発足　他。 **27**［連］「わたしたちの町」1号発行　セツルは今年もがんばります。 **30**［連］歴史小委員会。	**26**　F105D配備・原潜寄港反対全国統一運動、板付・横田などで展開。 **27**　中国とフランスが外交関係の樹立を発表。 「生協だより」発行。
1964. 2	**1**［連］「連協ニュース」第4号発行　卒業式について。 **5**［青］文集「あしのうら」2号発行。 **5**［全セ］「全セツ連ニュース」10-14発行　3・1ビキニ被災10周年原水爆禁止全国大会に代表を送ろう。 **6**［児・御］「ごてんまち」発行　1・26横田大集会に参加して　他。 **6**［青］「青年部ニュース」1号発行　常任委員会のメンバー　他。 **8**［連］「連協ニュース」第5号発行　各部報告　他。 **9**［青・わ］新年会　植物園。　14［青］「青年部ニュース」2号発行。 **15**［連］「連協ニュース」第6号発行　各部各班の合宿を実りあるものにしよう。 **16**［青・わ］フォークダンス部　フォークダンスの集い　セツル病院ホール　30名参加。 **22**［連］「連協ニュース」第7号発行　各部報告　他。 **23**［青・わ］第3回作って食べる会　ハウス　参加者25名。文京わかもの主催「社交ダンスの会」12名参加。 **28**［青］「青年部ニュース」3号発行　3・1ビキニ被災10周年原水爆禁止全国大会へのとりくみ　他。 **29**［連］「連協ニュース」第8号発行　卒業式について　他。	**23**　文京わかもの主催「社交ダンスの会」真砂町小。 **26**　最高裁、義務教育無償制は教科書代を含まずと新判断。 柴田翔『されどわれらが日々—』。 朝日茂氏死去。 アメリカの北ヴェトナム爆撃本格化。
1964. 3	**3**［連］「らしんばん」58号発行　第14回拡大連合委員会報告集　代表団の構成　児童部31名（氷川下班17名　御殿町班8名　久堅班1名　中学生班5名）　青年部12名　保健部3名　栄養部2名　合計48名　学年別　1年生20名　2年生6名　3年生6名　4年生3名。 **8**［連］卒業式　於お茶大学生会館。 **13**［青・わ］「わかものニュース」5号発行。 **22**［青・わ］第15回「歌とフォークダンスの集い」　植物園　35名参加。 **24**［全セ］「全セツ連ニュース」10-15発行　大会日程と分科会設定　他。	**14**　ILO87号条約批准・スト権奪還統一行動中央集会。 **16**　福岡地裁、文部省の学力テストは教育小本法第10条違反と判決。

	27 ［全セ］「全セツ連ニュース」10-16発行　新入生対策に力を　他。 **30〜4-1** ［青］合宿　教育大岳東寮　参加者21名。［法］「生活の泉」第3号発行。	
1964. 4	**4** ［連］「らしんばん」59号発行　新入生向けセツル紹介号。 **11** ［連］「連協ニュース」第10号発行　各部報告　他。 **18** ［連］「連協ニュース」第11号発行　入学おめでとう。 **19** ［青・わ］第４回作って食べる会　ハウス　参加者65名「社交ダンスの会」　ホール　65名参加。 **19** ［青・わ］「わかものニュース」6号発行　大阪行って泣けちゃった　他。 **25** ［連］「連協ニュース」第12号発行　新入セツラー歓迎ピクニックについて　他。 **25** ［青］「青年部ニュース」4号発行　「作って食べる会」他。 **26** ［青・わ］2周年記念・第16回歌とフォークダンスの集い　文京一中　参加者90名。 **28** ［全セ］「全セツ連ニュース」10-18発行　第6回子ども月間　他。 **29** ［連］新入セツラー歓迎ピクニック　相模湖。 **29** ［青］「青年部ニュース」6号発行　青年部活動総括のためのレジュメ。 **29** ［法］生活保護受給者と日雇労働者を対象とする慰安会開催に協力・参加　於文京区民センター。 ［法］生活保護家庭の実態調査　結果を東大五月祭で発表。2年生セツラーの会。	**1** 日本、IMF8条国に移行、開放経済体制に入る。 **1** 海外旅行自由化。 **10** 東京・晴海で中国経済貿易展覧会開催。 **17** 春闘統一行動、民間労組を中心に24時間スト。 **28** 日本、OECDに正式加盟。
1964. 5	**3** ［青・わ］天覧山ハイキング　参加者34名。 **9** ［連］「連協ニュース」第14号発行　各部報告　他。 **10** ［児］総会。 **12** ［青］新入生16名。 **16** ［連］「連協ニュース」第15号発行　各部報告　他。 **17** ［青・わ］日本青年学生大集会に向けての文京集会に参加。 **18** ［連］「わたしたちの町」2号発行　多くの新入生を迎え決意も新たに活動を始めました。 **22** ［法］第38回五月祭「社会保障の現実―朝日訴訟・生活保護をめぐって―。 **23** ［連］「連協ニュース」第16号発行　総会について　他。 **23** ［青］「青年部ニュース」8号発行　新入生講座の内容と今後の対策　他。 **23** ［青］「青年部ニュース」9号発行　わかもの会の中での青年部の活動　他。 **23〜25** ［青・わ］日本青年学生大集会に参加。 **24** ［青・わ］文京わかもの交流会　ハウス　ダベリングの会　社交ダンスの会　28名参加。 **28** ［青・わ］「わかものニュース」7号発行　第17回歌とフォークダンス　他。 **30** ［連］「連協ニュース」第17号発行　23回総会　他。 **31** ［連］桐葉祭で、児文研、八千代町セツル等と提携して地域ぐるみの大運動会 子供250人、親50人参加。 **31** ［青・わ］第17回「歌とフォークダンスの集い」文京一中体育館。	**14** ミコヤンらソ連最高会議議員団来日。9.4日本国会議員団訪ソ（相互訪問実現）。 **15** 衆議院、部分核停条約承認。5.25参議院も承認、成立。 **16** 国際金属労連日本協議会結成（54万人）。 **17** 日本青年学生大集会に向けての文京集会 柳町小。 **22** 第38回東大五月祭。 **23〜25** 日本青年学生大集会。 **27** インド、ネルー首相死去。 **31** 教育大桐葉祭。
1964. 6	**1** ［連］「らしんばん」60号発行　新入生特集号　オリエンテーションのまとめ　栄大　新入生セツラー8名 教育大、お茶大　氷川下セツルに30名を超える新入生セツラー。	**17** 自民党、参議院法務委員会で暴力行為等処罰法改正案強行採決。6.20成立。

2［青･わ］「わかものニュース」8号発行　第18回歌とフォークダンス　他。
5［青］「中学生班卒業生高校生の勉強会への取り組みについて」。
6［連］「連協ニュース」第18号発行　次期方針案。
6［青］「青年部ニュース」10号発行　23回総会に向けて。
7［連］第23回総会　於お茶大学生会館ホール
栄養部―安閑寺での乳検の休止　対象のずれ、場所の問題、セツラーの不足等の問題から安閑寺乳検を3ヶ月間休止。あゆみ保育園　料理講習　生活保護家庭の訪問　他のセツルとの交流。
児童部―39年度児童部方針〈我々のセツル活動を、国民教育運動の一環としておし進めよう〉1.生活と結びついた勉強会を追求しよう　(1) 子供の要求を具体的にとらえよう　(2) 勉強会の教育内容を追求しよう　2.勉強会でのがっしりした子供の集団をつくりあげよう　―子供、家庭をつかもう―3.地域との結びつきをつよめよう　(1) 母の会を定期化し、年4回は必ずもとう　(2) 街の民主団体との具体的な提携を追及しよう。
青年部―しまいっぺいとの話し合い　1.17、3.4、3.12、かよう会、川崎セツル、氷川下セツルの間で島一平を囲んでの話し合いがもたれた。内容は①中小企業未組織青年労働者のおかれている状態。
②その中での彼らの不満・要求　③わかもの会の中でそれらの不満・要求がどのように解消され、又彼等がどのように高まっていったか。平和運動　1･26横田集会　焼津集会　アジアの平和のための日本大会　学生文化会議。
法相部―4年生が9人（内2人活動可能）3年生13人（内教育大生2人）2年生2人（内教育大生1人）
法律相談　4月5月の相談の内容　借地借家関係4件（うち1件は労働法も関係する）　交通事故2件、その他2件、結婚相談所設立に関するもの1件（これは通信）。地域活動　今晩会（慰安会　生活保護家庭の訪問）南対協　今期の方針　1.地域にもっと根をはろう～家庭訪問・集会をあらゆる機会をとらえてやろう　2.セツラーの問題を考えよう～話し合いの場を保障し、セツル運動の考えを整理しよう　3.組織の再編成。
事務局―レジデント　ハウス管理の面からも早急に必要だろう。
連合委員―第14回全セツ連拡大連合委員会と全セツ連の動き　拡連委にむけて書記局からだされたセツル活動の二つの側面　・第一には地域の生活と文化教育etcの具体的要求を出発点とする人民大衆の運動を側面から援助するという事　・第二には学生の要求を出発点とするサークル運動であり、活動を通じて、セツラーは政治的にも民主主義的にも自覚を深め学ぶのであるという事。
12［青］労文パート発足。
13～15［全セ］第11回全国セツルメント連合大会　文京区民会議所・医歯大・お茶大・窪町小学校等　全学連再建を支持。事務局体制（氷川下、寒川）確立（青年部）「氷川下地域における青年運動へのとりくみ」（青年部）「わかもの会報告」（青年部）「高校生パートのまとめ」。
20［青］「青年部ニュース」11号発行　連協報告　他。
20［青･わ］「わかものニュース」9号発行。

氷川下病院、基準給食承認。
新潟水俣病発生。

	21［青・わ］野猿峠ハイキング　参加者46名。 28［青・わ］第18回うたとフォークダンスの集い　文京一中　参加者95名。 29［連］レジデント再開のためのカンパ活動開始。レジデント再開。	
1964. 7	2［連］2年セツラーの会 文集「はんてん」発行。 4［青］「青年部ニュース」13号発行　連協報告　他。 5［連］臨時総会　文京原水協加盟の件。 5［青・わ］社交ダンス・ゲームの会参加者32名。 12［青・わ］作って食べる会 いなり寿司。 19［青・わ］葉山海水浴　参加者72名。［連］「らしんばん」61号発行　全セツ連大会特集。 19〜21［法］合宿。 20［連］「わたしたちの町」3号発行　夏休み勉強会のお知らせ。 24〜27［保］合宿。 26［青・わ］歌とフォークダンスの会　参加者90名。 28〜30［青］合宿　野辺山　信州大牧場　参加者26名「合宿のしおり」。［栄］［法］サンドイッチを食べる会。 〜9月［連］原水禁：地域で署名（900）・カンパ（6万）、大会へ10名の代表 セツル、文京原水協に加盟 氷川下青年共闘と共闘して大会結団式、報告集会。 ［法］［栄］［保］450世帯に対し南京虫駆除剤散布。	3 憲法調査会、池田首相に最終報告書を提出。 9 第18回経済白書「開放体制下の日本経済」発表。
1964. 8	2［青・わ］ダベリングの会 参加者20名。 5〜9-5［連］「在京者会議ニュース」№1〜№6 9［青・わ］プール参加者8名。 16［青・わ］何でも何でもの会。 22［連］原水禁大会報告会　病院ホール。 23［青・わ］うたとフォークダンスの集い　植物園　林町わかもの会共催。 23・24［連］第10回母親大会に9名の母親参加。 30［青・わ］中津川渓谷キャンプ 参加者50名。	2 米駆逐艦がトンキン湾で来たヴェトナム魚雷艇に攻撃され光線と発表（トンキン湾事件）。 10 社会党・共産党・総評など、ヴェトナム戦争反対集会開催。 16 松川事件、真犯人不明のまま時効。 23・24 第10回母親大会（8月23日・分科会、法政大学、24日・全体会、都体育館分科会1万8千人、全体会1万2千人の母親）。
1964. 9	6［青・わ］チョンリマ映画参加者20名。 17［全セ］「全セツ連ニュース」11-2発行　秋の大会へ向けてとりくみを開始しよう。 19［連］「連協ニュース」№4発行　原水禁報告会　他。 19［青］「青年部ニュース」15号発行　連協報告　他。 20［青・わ］東京わかもの秋まつり 参加者15名。 25［連］「連協ニュース」№5発行　各部報告　他。 26［青］「青年部ニュース」16号発行。 ［法］［栄］尾瀬旅行。	23 横須賀市で7万人が米原潜寄港反対、佐世保でも1万人。 29 日中記者交換が決まり、北京・東京に相互入国。
1964.10	2［連］「連協ニュース」№6発行　レジの運動をセツルの中に位置づけよう。 3［青］「青年部ニュース」17・18号発行　連協報告　他。 4［青・わ］歌とフォークダンスの会 参加者30名。 10［連］「連協ニュース」№7発行　学園祭の成果を皆のものにしよう。 11［青・わ］文京スポーツ祭典 参加者28名。	1 国鉄、東海道新幹線開業。 10 第18回東京オリンピック大会開催。 11 文京スポーツ祭典。 16 ソ連フルシチョフ、党第1書記・幹部会員・首相を解任される。

	18［青・わ］「作って食べる会」参加者43名。 **20**［連］「連協ニュース」№8発行　学習会　他。 **23**［連］「連協ニュース」№9発行　青年スポーツ祭典に参加しよう。 **24**［青］「青年部ニュース」19号発行　連協報告　他。 **24・25**［青・わ］第2回全国青年スポーツ祭典に参加。 **28**［全セ］「全セツ連ニュース」11-3発行　セツル白書を作ろう―揺れ動く地域の状態をつかむために―。 **30**［連］「連協ニュース」№10発行　11・2中央集会に参加しよう。 **30～11-1**［栄］栄養展。 ［青］「ひかわした」発行　氷川下の実態。	**16**　中国、初の原爆実験成功を発表。 **17**　鈴木善幸官房長官、中国の核実験に抗議の談話発表。社会・民社・公明・総評も反対を声明。宮本顕治共産党書記長、中国の核実験は自衛手段とする見解を発表。 **24・25**　第2回全国青年スポーツ祭典　武蔵野グランド。
1964.11	**1**［青］“ともしび”で八千代町高校生を交えて、八千代町、めざし会との交流。 **3**［青］セツル第1回交流会。 **6**［連］「連協ニュース」№11発行　交流会　他。 **7**［青］「青年部ニュース」20号発行　原潜　他。 **7～12-4**［青］教育大桐葉祭に参加。 **8**［青・わ］フォークダンス部　社交ダンスの集い　セツル病院ホール 参加者19名。 **9**［連］「わたしたちの町」4号発行　アメリカの原子力潜水艦が日本にやってくることに反対しましょう。 **14**［青］「青年部ニュース」21号発行　ソフトボール大会　他。 **15**［青・わ］わかもの秋の文化祭に参加　山野ホール　参加費100円　参加者26名。 **15**［青・わ］フォークダンス部　社交ダンスの集い　セツル病院ホール。 **17**［連］「わたしたちの町」5号発行　アメリカの原子力潜水艦が佐世保にきてしまいました。 **19**［全セ］「全セツ連ニュース」11-4発行　全国の仲間たち、大会に参加しよう。 **21**［青］「青年部ニュース」22号発行　わかもの会　他。 **22**［青・わ］文京わかものまつりに参加　青柳小学校 参加者30名。 **22・23**［青］お茶大徽音祭にて宣伝誌「ひかわした」発行。 ［連］「らしんばん」62号発行　夏休み特集号。［連］OS（ホラヒ、サンゴ）との交流会。［連］全国学生統一行動に4部から60人参加。	**7～12-4**　教育大桐葉祭。 **9**　池田内閣総辞職、第1次佐藤内閣成立。 **12**　全日本労働総同盟（同盟）発足。 **12**　米原潜シードラゴン号、佐世保入港。 **17**　公明党結成（委員長原島宏治）。 **22**　文京わかものまつり　青柳小学校。 **22・23**　お茶大徽音祭。
1964.12	**5**［青］「青年部ニュース」24号発行　役員改選　他。 **6**［連］第24回総会　於お茶大学生会館ホール。 栄養部―夏休み前「寒川セツル」栄養部と交流会。原水禁へのとりくみ。 児童部―桐葉祭大運動会　子供約250名　父母約50名　セツラーほぼ全員　カンパ15,000円。原水禁　署名841　カンパ62,140円　大会参加10名. 夏休み集団指導。 青年部―わかものパート「わかもの会」。高校生パート　勉強会　伊豆キャンプ　ハイキング。平和運動　原水禁大会へ青年部からはセツル代表として3名。 他セツル・他団体との交流・提携。わかもの会、労文部、高校生の3パートの状況報告と経験交流。 保健部―南京虫駆除運動　南対協と共同して450世帯扱う。 事務局―会計　収入25,956円　支出18,822円　残金6,134円	**1**　自民党臨時大会、佐藤栄作を総裁に選出。 **3**　第7次日韓会談開始。 **15**　東北大評議会、教育学部教員養成課程の分離を決議（宮城教育大学設置）。 **26**　沖縄民主党結成（沖縄自由党・沖縄自由民主党の合同）。 この年、教育大筑波移転問題起きる。 大塚診療所、新築完成（19床）。 健保改悪案発表。 健保改悪反対闘争。

	レジデント　6月末より毎日男性2名によるレジ再開　連協管理から事務局に移管される 連協―方針　1.地域との結びつきを広め深めよう　(1)要求をとらえよう　(2)地域の民主団体との提携をすすめよう　2.深く情勢を学習する中で各部の課題を明らかにしよう　3.他部との交流をはかりながら、総合セツルとしての実践を進めよう　4.全国のセツルの実践に学び、氷川下の実践を全セツ連に結集しよう。 **7**［全セ］「全セツ連ニュース」11-6発行　あらゆる分野で学生運動を発展させよう―12月全学連再建を支持する―。 **10**［全セ］「全セツ連ニュース」11-7発行。 **12**［青］「青年部ニュース」25号発行　役員他。 **14**［連］「らしんばん」63号発行　第10回原水爆禁止世界大会特集　署名900余名、カンパ62,000円突破　10名の代表団　46都道府県、75団体、48ヶ国、148名の海外代表あわせて4万人にならんとする代表である。 **18〜20**［全セ］第15回拡大連合委員会　日本福祉大　73名参加　［青］「氷川下青年運動　わかものと高校生のサークル作り」。 **27**［青・わ］クリスマスパーティー。	
1965. 1	**10**［連］OS交流の集い　お茶大日本間。 **16・17**［青・わ］スケート。 **31**［全セ］「全セツ連ニュース」11-8発行　セツルメントを拡げ深めよう。 **31**［連］「連協ニュース」№2・№3発行。 ［全セ］この頃　関東児童部連絡会議結成。［青・労］セツラー現在3名（夏休み前は6名）。［児］実践記録発表会参加　静岡のOSも参加。［保］新年会　参加者17名。	**1〜3**　全国わかもの読者のつどい。 **11**　中教審、「期待される人間像」草案発表。 **22**　南ヴェトナム、サイゴンで反米デモ。 **28**　慶大の学費値上げ反対で学生が全額スト。
1965. 2	**1**［連］「事務局ニュース」発行。 **12**［連］「わたしたちの町」7号発行　つくば移転について。 **13**［青］「青年部ニュース」発行　連協報告　他。 **14**［青・わ］第7回作って食べる会。 **20**「青年部ニュース」発行「わたしたちの町」について他。 ［青］「あしのうら」3号発行。	**21**　文京成人式。 文京区健保改悪反対共闘会議結成。 三矢作戦問題。
1965. 3	**7**［連］セツル大学卒業式　お茶大学生会館ホール。 **8〜12**［青］合宿　戸山高校那須寮「高校生パート討議資料」。 **14**［青・わ］ダベリング。 **21**［青・わ］ハイキング 弘法山。 **25〜27**［保］合宿。 **28**［全セ］「全セツ連ニュース」11-12発行　分科会テーマ決まる。 **28**［青・わ］うたとフォークダンス 文京一中。 ［連］「わたしたちの町」8号発行　3・1ビキニデー報告集。	**1**　モスクワで世界共産党協議会開催。 **1**　文京区向ヶ丘弥生町の住民が町名変更に反対し行政訴訟を起こす。 インターン制反対大卒連名結成。
1965. 4	**4**［青・わ］赤リボン教室。 **11**［青・わ］うたとフォークダンス 植物園。 **15**「連協ニュース」発行　オリエンテーション他。 **16**［連］「らしんばん」65号発行　新入生特集号。 **18**［青・わ］文京わかものセンター主催長瀞・正丸峠ハイキングに参加。 **19**［連］「事務局ニュース」発行。	**18**　文京わかものセンター主催長瀞・正丸峠ハイキング。 **20**　大内兵衛・宮沢俊義・谷川徹三ら、佐藤首相に北爆の停止などヴェトナム問題解決に積極行動をとれと要望。 氷川下病院、全逓小石川の深夜労働疲労調査。

	25［青・わ］第8回作って食べる会・社交ダンス。［青］学習係　新入生向け宣伝パンフレット「こんにちは青年部です」発行。［法］生活保護家庭の実態調査　結果を東大五月祭で発表。	
1965. 5	2［青・わ］東京わかもの春まつり、丹沢集中登山。 9［青・わ］社交ダンス。 15［青・わ］3周年記念うたとフォークダンス。 22［青・わ］スポーツ大会。 22・30［青・わ］ダベリング 友情について。 ［全セ］第12回全セツ連大会。［青・わ］「わかものニュース」9号発行 3周年記念 「歌とフォークダンス」他。［保］新入生歓迎合宿　丹沢　参加者7名。［児］新入セツラー歓迎会　ビーナスに沈没。	29 社会・共産・民社・公明4党で、都議会解散リコール運動の統一推進本部発足。 文京区生活と権利を守る会結成。 厚生年金法改悪。
1965. 6	6［連］「文京母と子のつどい」に参加。 6［青・わ］「母と子のつどい」に参加。 6［連］「セツル白書実行委員会ニュース」発行。 9［法］［栄］学習会。 13［青・わ］ハイキング雨で中止。 20［青・わ］作って食べる会　ハウス　カレーコロッケ、フルーツゼリー　参加費50円。 20［連］第25回総会　於教育大E館301教室 栄養部—「栄養相談」を開始　土曜日1:30〜3:00 児童部—昭和40年度　児童部方針　我々のセツル活動を国民教育の一環としておし進めよう　1.たえず現状を検討する中で子どもの要求をとらえ、それを組織化しつつ真の要求を伸ばしてゆこう　2.地域、家庭をつかむ中で、みんなのことを考え、要求を実現していける自主的な子ども集団をつくりあげよう 3.地域との結びつきをつよめよう　①お母さんの要求を具体的にとらえ、母の会を定期化し年4回は必ずもとう　②お母さん達の結びつきを広げ深めよう　③町の民主団体との具体的な提携をさらに追求しよう。 青年部—わかものパート「わかもの会」　高校生パート　勉強会　今のところ　日曜日　1:00〜4:00　・子供　高1…5名　高2…8名　・セツラー　4年…1名　3年…1名　2年…5名　1年…6名　・パート会　土曜　1:30〜5:00　・学習会　火or木　5:00〜7:00 法相部—「南京虫会議」　法相部・保健部・セツル病院・民青・若者会の代表者による「南京虫会議」が何度も開かれ、栄養部の人も参加するなど画期的な動きをみせている。住宅調査　東大セツル法相（氷川下亀有、川崎労館、古市場、竹早）では、今年の五月祭のテーマとして、住宅問題を取り上げた。 保健部—オリエンテーション、3・1ビキニデー、全学文、筑波移転問題、ベトナム問題、6・9問題等にとりくむ。 連合委員—6月6日の母と子の集いは、とりくみの規模、参加人員、民主団体との提携、セツルが果した役割、から言って全セツ連14年の歴史にとっても画期的なことであった。6月9日のベトナム侵略反対国民行動の被には全セツ連書記局のアピールにこたえ氷川下では90名ものセツラーが参加し、アメリカ帝国主義の恥しらずの侵略と、それに加担する佐藤政府を断固、糾弾した。この6・6と6・9の二つの闘いは現在の緊迫した国内、国際情勢の中で位置づけるとき、60年テーゼ、二つの側面の正しい運動	6「文京母と子のつどい」 新婦人、民青、教員組合、母親連絡会議、氷川下セツルの五団体で実行委員会をつくり、文京区内の民主団体によびかけ、中央合唱団、文京わかものセンター、統一劇場、日本子どもを守る会、あらぐさ（教育大うたごえサークル）等の参加をえた　1,000人以上の参加。 9 ヴェトナム反戦運動で社会・共産両党の1日共闘実現。政暴法反対以来最大の集会・デモ、参加者3万7千人。 12 家永三郎、教科書検定を違憲とし国に対し損害賠償請求の第１次民事訴訟。 12 新潟大助教授椿忠雄らが阿賀野川流域で水俣病に似た有機水銀中毒患者が発生と発表。 14 都議会自民党議員17人逮捕、解散。 22 日韓基本条約・関連4協定調印．社会党・総評・全学連など抗議集会。 23 北朝鮮、日韓条約不承認・賠償要求の権利保有を声明。 27 文京グラフ若者読者の集い。 江戸川橋診療所閉鎖。

	論を発展させるうえで全セツ連に大きな貢献をしたものとして高く評価される。 事務局―会計　収入45,070円　支出37,020円　残高8,050円。 ハウス管理―4月から6月の間も、レジが徹底せず、レジノートも記入されなかった。 連協―方針　1.地域内外の情勢を深く学習する中で、各部の課題を明らかにしよう　2.地域に深く入る中で、要求をとらえよう　3.地域の民主団体との具体的提携を追求し、恒常的な連絡体制を確立しよう　4.各部の交流をはかりながら、総合セツルとしての実践を追求しよう　5.全国のセツルの実践に学び、氷川下の実践を全セツ連に結集しよう。 **27**［青･わ］「文京グラフ若者読者の集い」に参加。 **27**［栄］［法］［保］三部合同ハイキング。 ［児･御］セツラー20名位　土曜日班会最近出る人が少ない。［児･久］一年生セツラー多い　全体セツラー数も多く活発。［法］自民党青年憲章批判。［青･わ］「わかものニュース」10号発行　6･13ハイキング　高松山　他。［連］ベトナム侵略反対統一行動にセツルから93名（安保以来）。［児］日韓問題・ベトナム問題学習会　署名活動。［栄］栄養改善普及会に参加。	
1965. 7	**4**［青･わ］秋津療育園訪問。 **〜8月**［連］原水禁：署名1,200、カンパ5万円、15名の代表　原水禁大会で全セツ連が学生の階層別会議の議長団に。 **10･11**［青･わ］わかもの海水浴 わかもの社主催。 **18**［青･わ］うたう会 東公園。 **23〜26**［青］合宿 「わかものパート合宿にむけて」「合宿のしおり」。 ［連］「らしんばん」65号B発行。［青･わ］「わかものニュース」11号発行　10･11海水浴他。［児］原水禁署名活動。［児］合宿。	
1965. 8	**1**［青･わ］うたとフォークダンス 文京一中。 **8**［青･わ］うたう会 東公園。 **28･29**［青･わ］わかものキャンプ。 ［連］「わたしたちの町」発行　母親大会のお知らせ。	第11回原水禁大会。 氷川下病院増築（ベッド47床）。
1965. 9	**初め**［児］夏期合宿 藤沢遊行寺　日韓条約学習会等。 **5**［青･わ］ダベリング―流れ。 **12**［青･わ］うたう会 東公園。 **19**［青･わ］高松山ハイキング。 ［青･わ］作って食べる会。［法］合宿　赤城。［連］「わたしたちの町」発行　原水禁大会報告。［連］ハウス、移転。［連］日韓条約阻止闘争（氷川下からセツラー、わかもの70余）。［連］教育大筑波移転反対闘争にセツルも取り組む。	**9** 沖縄住民8人が渡航拒否損害賠償・原爆被爆者医療費を国に求め提訴。 **22** お茶大生、新学生寮管理規定に反対スト。以後学生寮問題、各大学で続発。 教育大筑波移転反対闘争。
1965.10	**3**［青･わ］野球、東京わかもの秋まつり。 **6**［連］「らしんばん」67号発行　［児］氷川下班合宿特集号　［青］「氷川下青年部紹介」「高校生パート紹介」。 **10**［青･わ］野球、うたう会、シロ・クリ結婚式。 **16**［連］「らしんばん」特集号発行　全セツ連大会特集。 **16**［青］「わかものパートニュース」3号発行　わかもの会の動き 他。 **17**［青･わ］うたとフォークダンス 植物園。	**10** 遠山茂樹・宗像誠也・阿部知二ら、「教科書検定訴訟を支援する全国連絡会」結成。 **12** 日韓条約反対で社・共統一行動。国会請願デモに10万人参加。 **21** 朝永振一郎、量子電気力学の研究でノーベル物理学賞受賞。

	23［青］「青年部ニュース」発行　明日は文京スポーツ祭典です　他。 **23**［青］「わかものパートニュース」4号発行　わかもの会の動き　他。 **27**［青］関東青年部交流会　お茶大学生会館。	**21** 文京青年スポーツ祭典。 雑司が谷診療所、地域でチフス大流行　予防と撲滅のための会結成。
1965.11	**9**［連］「らしんばん」68号発行。 **14**［青・わ］第3回全国青年スポーツ祭典に参加。 **20**［連］お茶大徽音祭に向け宣伝パンフレット「氷川下セツルメント紹介」発行。 **20**［青］お茶大徽音祭にて宣伝誌「氷川下青年部紹介」発行。 **20**［青・高］お茶大徽音祭にて宣伝誌「氷川下高校生パート紹介」発行。 **20**［連］「らしんばん」69号発行「教育と生活を守る父母集会」報告　10月16日、東京都教職員組合の呼びかけ (1)「教育補助」をもっとふやしてください (2) 高校をもっとふやして下さい (3)「学童保育」施設を作って下さい。 **21**［青・わ］ミカン狩り。 **26**［全セ］仙台大会出席のため上野出発。 **27〜29**［全セ］第16回全国セツルメント拡大連合委員会　於東北大　66名参加.「全国のセツルの実践を全セツ連に結集しよう」「関青連・関児連を強めよう」　川崎セツル代表権問題決着。 **28**［全セ］川崎中島町が正式に川崎セツルとして承認される。［保］仙台大会への参加3名　全国の保健部に学ぶ。［法］11月オリテー　4年生中心で読書会　ゼミナール開催。［児・久］東女、中大法大新セツラー加入。	**6** 自民党、衆議院日韓特別委員会で日韓条約批准を強行採決. 11.12未明、9日からの徹夜国会の末、衆議院本会議で同条約を可決。 **7** 文京グラフ若者読者の集い。 **9** 社・共系団体共催で日韓条約粉砕統一集会開催、全国329か所。 **13** サリドマイド渦の28家族、国と製薬会社相手に損害賠償請求を提訴 **14** 第3回全国青年スポーツ祭典　国立競技場。 **17** 国連総会、中国代表権の重要事項方式を可決。 **19** 政府、歳入不足2,500億円をまかなうため国際発効を決定（戦後初の赤字国債）。 **27** 経済政策会議、郵便料金・大手私鉄運賃の値上げを承認。
1965.12	**5**［青・わ］フォークダンス一流れ一ダベリング。［連］全国学生集会：地域の文化活動分科会に、氷川下からレポート。［青・高］12月クリパ準備するも盛り上がらず。 **12**［連］第26回総会　於教育大E405。 栄養部一料理講習会　栄養相談　あゆみ保育園　栄養展。 青年部一わかものパート「わかもの会」　高校生パート　5〜8名の高校生の出席　労文パート　これからの方向　・労働者学習協議会との提携をはかりよりよい勉強会にできるようにしよう　・多くの班にわけて、わかものたちがそれぞれの要求にあった勉強会に参加できるようなものにしよう 児童部一母の会　各班とも2回もった。「10・16教育と生活を守る父母集会」へのとりくみ。 法律相談部一法律相談　借地借家に関するものが多く、その他騒音に関する事件が2、3件、借金の問題が2件、国籍問題が1件、交通事件の問題が1件。 「法相ニュース」1号（5月）2号（7月前半）3号（7月後半）は、内容紹介、水道問題（9月）、日韓問題（10月）を発行。 保健部一南京虫アンケート　健康に関するアンケート　7月わかもの会集検（保健部独自のとりくみ）。 事務局一会計　収入26,520円　支出24,991円　現在高3,499円　レジの活動は不十分であった。「わたしたちの町」6〜11号発行。 連合委員一学習会　4部30余名参加　書記局発行資料　学習会　4部50余名参加　基調報告　川崎問題　結団式　第16回拡連委開催　赤いバラを胸に　児46　青12　法4　保3参加。	**4** 自民党、参議院日韓特別委員会で日韓条約批准を強行採決。12.11自民・民社、参議院本会議で同条約可決。 全国学生集会。 この年、戦後最大の証券不況、年間の中小企業倒産6,000件。 東大等でインターン反対闘争。 鬼子母神病院改築完成（ベッド112床）。

	連協―今期の方針　1.地域内外の情勢を深く学習する中で各部の課題を明らかにしよう　2.地域に深く入る中で、要求をとらえよう　3.地域の民主団体との具体的提携を追求し、恒常的な連絡体制を確立しよう　4.各部の交流をはかりながら、総合セツルとしての実践を追求しよう　5.全国のセツルの実践に学び、氷川下の実践を全セツ連に結集しよう。 **19**［青・わ］総会　役員改選等　参加者50。 **19**［青・わ］クリスマスパーティー　文京一中　参加者70。 **25**［青］「青年部ニュース」発行。 **〜1月**［連］12月1月の事局員は児童部のみ　資料保存のための棚戸棚の整理　3部残す確認。［栄］栄養部対策小委員会設置 保・児・青も出席 2年セツラー3名のみの実情に対策。［保］全くの混迷期。［青・労］基礎学力の追求　8科目開講　火・土実践。 **〜3月**［法］相談件数5件　低調　法律相談と法相ニュースで活動。 ［法］「法相ニュース」第6号発行。	
1966. 1	**16・17**［青・わ］第3回わかものスケート　赤城山　費用1,400円。 **24**［連］「らしんばん」73号発行。私たちの町第1号発行　物価値上げ問題。［栄］1年生3名加入　第1回栄養講習会　母親4名参加。［法］「法相ニュース」第7号発行。	**3〜15** 三大陸（アジア・アフリカ・ラテンアメリカ）人民連帯会議、ハバナで開催。 **18** 早大学生、授業料値上げ反対・学生会館運営参加権要求でスト。 **30** アメリカ、北爆再開。 大塚診療所、整形外科新設。
1966. 2	**2**［児・御］チューター会2年パート。 **5**［連］自民党青年憲章（資料）作成。 **5**［連］「らしんばん」74号発行。 **8**［青］第3回実行委　合宿中心課題討論。 **14**［連］「らしんばん」75号発行。 **24**［連］「らしんばん」76号発行。 ［児］春合宿に向けての準備（課題は60年テーゼ　二つの側面　川崎問題　セツルの理論化）。［全セ］空白地帯にセツルを（全セツ連委員長　言）。［連］「らしんばん」バックナンバーを備える（法相部の要求にこたえる）。	**14** 佐藤首相、参議院決算委員会で、安全が確認されれば米原子力空母の寄港を承認と答弁。 **15** 65年の貿易実績、戦後初の出超と判明。 **27** 春闘共闘委員会が物価値上げ反対・生活危機突破国民大会（第1回物価メーデー）。
1966. 3	**1**［児］ビキニデー取り組み。 **2**［青］第4回実行委　4つのスローガン決定　合宿のお知らせ作成。 **2〜5**［児・御］合宿 三浦半島　南海ホテル 参加者16名。 **3〜5**［児・氷］春季合宿 国立大学赤城山寮。 **5〜7**［法］セツル法相合宿 検見川（亀有　氷川下　菊坂　竹早　労館　古市場）。 **7〜10**［児・久］合宿　赤城山　60年テーゼ読書会　二つの側面　生産点論。 **11**［青］「あしのうら」4号発行。 **11〜14**［青］合宿 赤城。 **20**［児］統一行動　母の会取り組み推進。 ［連］「わたしたちの町」第2号発行　物価高に関する街の声　3・20呼びかけ。［連］「わたしたちの町」第3号発行　3・1ビキニデー報告。［青・高］合宿。［青・わ］「氷川下わかものニュース」第13号発行。［青・労］セツラー不足で火のみになる　労働者2名。［法］合宿　読書会	**5** 国鉄運賃値上げを実施。 **7** 政府、建国記念日を含む祝日法改正案を国会に提出。 **20** 3・20全国統一行動中央集会　晴海埠頭。 **31** 法務省住民登録集計で総人口1億人を超す（1億55万4,894人）。

	活発な討論　五月祭の準備開始。［連］セツル大学卒業式　お茶大学生会館。［児・中］春合宿 石打北辰寮　地元でセツル活動　ニックネーム初採用。	
1966. 4	**初め**［保］五日市広徳寺　合宿　参加者8名　新入部員20名獲得目標。 **5**［OS］「つぼみの会」発会　昭37入学ないし41年度卒セツラー月1回例会機関紙発行。 **19**［法］川島・戒能先生（先輩）講演会　10人の加入者獲得。 **21**［連］「らしんばん」72号発行　全教ゼミ報告集。［連］「らしんばん」77号発行　全セツ連拡連委特集。［連］「わたしたちの町」第4号発行　3・20報告。［児］新入生　久堅15　御殿町13　氷川下10　中学生10。［青］新入生　若者14　労文1　高校生9。［保］新入生23名。［法］新入生15名。［栄］新入生11名。［連］新入生百余名　氷川下セツル200名超の大所帯に。［連］「らしんばん」月刊化が課題　［連］4部体制（除く栄養部）　セツラー費60円／月。［連］沖縄報告集会。［青・労］若者Pからセツラー移籍　レース編みに挑戦。［青・高］セツラー・高校生の親睦会→反省会を経て運営委員会を作る　今後どうするかセツラー高校生合同親睦会計画。［青］合同合宿を経て4月3パートに　新入セツラー20名。常任委員会。［法］数度の読書会を経て、五月祭のテーマ「婦人労働問題」に決定。［栄］オリテー強化　新セツラー14名加入　青年部から3名の経験セツラー編入　部会を学内からハウスに移すアンケートとり。［保］カルテ整理　学習会。	**26** 公労協・交運共闘統一スト（戦後最大の交通スト）。 **26** IOC、72年冬季五輪大会の開催地を札幌に決定。 根津診療所、改築工事開始　仮診療所に移動（旧吉成委員現根津診療所）。 米軍、ハノイ、ハイフォン近郊爆撃。南ヴェトナムで反政府・反米運動広がる。
1966. 5	**5**［青・高］親睦会　実行委員会組織　その後勉強会の運営委員会ができる　中3パートとの連携がうまくいっていない　人手不足。 **7**［栄］日本栄養食糧学会（九段会館）全員参加。［栄］機関紙「こぶし」発行　学内に活動を返す。 **14**［連］セツラー数　氷25　久28　御22　中8　青30　保5　法12　栄5。［連］連協体制強化　児4青2法1栄1保1事2議長連合委。 **22**［保］実働部員数　20数名に。 **23**［連］原水禁学習会　計2回歴史、被爆者を交えたものが行われる。 **28**［栄］料理講習会。 ［連］「わたしたちの町」第5号発行　高血圧南京虫退治など　小石川図書館問題。［保］家庭訪問開始　高血圧対策　月1回病院の学習会にも参加。	**7** 日本栄養食糧学会 九段会館. **10** 物価問題懇談会、米価値上げ抑制を政府に勧告。 **27** 社会・民社・公明・共産の4党、小選挙区制反対で共闘と共同声明。 **30** アメリカ原子力潜水艦「スヌーク号」横須賀に初入港。
1966. 6	**1**［栄］栄大氷川下セツラー会　話題「被爆者を励ますつどいについて」。 **2**［全セ］連合委員会。 **3**［全セ］連合委員会　議長レポーター打合せ。 **4〜6**［全セ］第13回全セツ連東京大会　於教育大　1,100名参加史上最大。 **4**［全セ］全体会　分野別分科会　文化祭典　教育大中心会場。 **4**［青・高］第13分科会高校生パート分科会参加13セツル43名　氷川下レポーター。	**1** 公職選挙法改正公布、永久選挙人名簿作成。 **25** 国民祝日法改正公布. 敬老の日（9月15日）・体育の日（10月10日）など、建国記念日は6カ月後政令で決定。 **28** 三里塚芝山連合空港反対同盟結成。 **29** 米、ハノイ・ハイフォン地区の石油貯蔵施設を爆撃（聖域爆撃）。

	5［全セ］分野別分科会　フォークダンス　運動別・問題別分科会　分野別交流会。［児・御］［児・久］第8分科会「父母、教師との提携をどうすすめるか」参加。［栄］第17分科会栄養部活動　参加。［青・わ］第11分科会「青年労働者の生活の要求・政治的な要求をどう取りあげるか」参加。［青・高］二日目氷川下の高校生3名も参加発言。［法］第18分科会「法相部活動」参加。［児・中］運動別第1分科会「情宣活動」参加　氷川下レポーター。［法］運動別第2分科会「生活と健康と権利を守る運動」参加　当面横断歩道の問題あり。［青・高］第3分科会文化運動参加　今原水禁運動に取組中。［児・久］第4分科会「学生運動の中でセツルの果たす役割」参加。［児・氷］第5分科会「セツラーの仲間作り」参加　二日目会場桐花寮。 **6**［全セ］運動別・問題別分科会　全体会。 **19**［連］全セツ連大会総括集会40名。 **20**［連］「らしんばん」78号発行　合宿特集号。 **24**［連］「らしんばん」80号発行　戦後教育の流れ―筑波移転問題を理解するために―。 **24**［連］資料　戦後教育の流れ　教育年表　教育基本法　学校教育法　教科書検定　期待される人間像　大学管理制度　教員養成制度。 **25**［連］「らしんばん」79号発行　新入生特集号。 **28**［連］昨年から「らしんばん」発行数増大　次号から月刊化の方向追求。 ［連］「わたしたちの町」第1号発行　幼児部をつくろう　筑波移転　横断歩道の件　全セツ連。	
1966. 7	**9〜12**［児・御］夏合宿（奥多摩日原）鍾乳洞ハイキング　やみ汁　基調報告原水禁学習。 **10〜13**［児・久］合宿（精進湖）飯盒炊飯　ボート　原水禁話し合い。 **13〜15**［法］夏合宿（東大戸田寮）全体20名　氷川下から8名参加　来栖教授、岡田先輩も。 **23・24**［青］第1回わかもの会主催盆踊り大成功　延べ800人　久堅公園にて　「うさばらし」より。 **24〜26**［栄］夏合宿（松原湖畔バンガロー）12名参加　原水禁　料理講習会に計画性をもとう。 **29〜8-1**［保］夏合宿（伊東三山荘）　小選挙区制原水禁勉強会　読書会　役員改選。 ［児・氷］夏合宿　総括　原水禁。［児・中］夏合宿　武蔵嵐山。［全セ］関児連世話人会数回開催　7月以降は開催なし　関青連は夏以降活動ストップ。［連］原水禁大会署名活動　一日20人位で連日に及ぶ　実行委結成、学習会、カンパ1.5万、総決起集会100名近いセツラー参集。［連］「わたしたちの町」第2号発行　御殿町母の会の様子　原水禁文庫PR。	**1** 郵便料金値上げ、はがき7円・封書15円・速達50円。 **4** 政府、新東京国際空港建設地を千葉県富里に決定。 **8** 政府、建国記念日審議会の設置を決定。 **11** 広島市議会が原爆ドームの永久保存を決定（67.8.8完工式）。 **13** 都教委、都立高校入試改善基本方針を決定（学校群方式・内申書尊重・国数英の3教科制）。 **17** ヴェトナム民主共和国、ホーチミン大統領、徹底抗戦の訴え。 **25** 米、ライシャワー駐日大使を更迭、後任はA.ジョンソン。
1966. 8	**21・22**［児］第12回日本母親大会（東京）参加。［連］「わたしたちの町」第3号発行　原水禁大会の報告。 **下旬**［法］合宿。	**20** 中国、紅衛兵、四旧（旧思想・旧文化・旧風俗・旧習慣打破）の街頭運動開始。 **21・22** 第12回日本母親大会（東京）　延べ27,000人参加。
1966. 9	**1〜4**［児］合宿（御岳山駒鳥山荘）分科会　母親大会原水禁報告会　文化祭典　実践討論会　キャンプファイヤー　ピクニック。	**15** 紀元節復活反対キリスト者決起集会。 **17** 紀元節復活反対国民集会。

	8 ［連］「らしんばん」82号発行めど　事務局員10数名　「らしんばん」係3人　情宣活動専門部をおいたらどうか？ **15〜**［保］老人健診参加。 **16**［児・代］「代表者会議ニュース」発行。 **20**［連］「らしんばん」81号発行　第13回全セツ連大会によせて。 **24**［児・代］「代表者会議ニュース」発行。 **26**［連］「事務局ニュース」発行　ハウス禁煙　他。 ［連］「わたしたちの町」第4号発行　老人の無料検診　スポーツ祭典　母親大会感想　母の会の知らせ。	**21** 経企庁、65年度の国民所得、1人当り24万8,422円と発表。 **27** 社会党、共和製糖への不正融資問題を国会で追及（黒い霧事件）。 第1回全国高齢者集会。
1966.10	**6**［連］「連協ニュース」発行　他部の活動を知ろう　他。 **8**［児・代］「代表者会議ニュース」発行。 **9**［連］第8回赤旗まつり セツラー20名前後参加。 **10**［連］「事務局ニュース」発行「らしんばん」、「わたしたちの町」について　他。 **12**［児・御］4年生勉強会「なかよし」第17号発行。 **12**［連］ハウスの大掃除 児・青・保から22名参加　終了後おでんを作って食べる会。 **12**［青］第1回うたう会　於窪町東公園　若者会　青年部　あらぐさ。 **13**［保］ハイキングの歌集つくり。 **14**［連］10・14統一行動　セツラー50余名参加。 **15**［児・代］「代表者会議ニュース」発行。 **16**［連］第4回全国青年スポーツ祭典　栄養部　青年部　児童部　参加。 **19**［連］ハウスの裏壁に掲示板設置。 **21**［連］統一行動参加　全セツ連書記局も含め65名の参加　保、栄養部も参加。 **22**［児・代］「代表者会議ニュース」発行。 **23**［連］徽音祭バレーボール大会　於お茶大　フォークダンス　うたごえ喫茶。 **23**［児］母の会　於病院ホール　母親20人　セツラー40人　先生1人参加。 **24**［連］「事務局ニュース」発行「らしんばんについて」他。 **27**［全セ］東邦大生ハウス来訪　セツルつくりノウハウ。 **28**［児・代］「代表者会議ニュース」発行。 **29・30**［児・氷］ハイキング　三つ峠　20余名参加。 **31**［連］「事務局ニュース」らしんばん、ハウス管理　他。 **31**［連］「わたしたちの町」第5号発行　母の会報告　ベトナム問題　栄養・法律相談の紹介　うたう会PR。 ［栄］この頃、栄養部、週1回土曜、栄養相談。［青・わ］この頃、わかもの会、あらぐさ（教育大歌声サークル）と共催で「うたう会」水曜12時から13時　窪町東公園。 ［連］アコーディオン購入運動起こる。	**9** 第8回赤旗まつり 於多摩湖。 **14** 10・14統一行動。 **16** 第4回全国青年スポーツ祭典 **20** 全学連第四次統一行動。 **21** 総評、ヴェトナム反戦で統一スト実施。 **30** 青学代横田基地大集会。 **31** 中教審、「後期中等教育の拡充整備について」最終答申（多様化を強調、「期待される人間像」は別記にとどまる）。 根津診療所、新築落成式。 氷川下病院、歯科分院閉鎖。
1966.11	**1**［連］徽音祭実行委　徽音祭アンケートカッティング。 **2** 徽音祭アンケートとりはいる。 **3**［連］「連協ニュース」発行　第12回原水禁大会へのとりくみをまとめよう　他。 **3**［青・わ］うたごえバス　入間基地　母親も参加。 **8**［連］「らしんばん」82号発行　夏合宿　12回母親大会　期待される人間像。 **10**［全セ］全セツ連第1回氷川下実行委。	**12・13** 東大駒場祭。 **12〜14** 収穫祭。 **19・20** お茶大徽音祭。 **19・20** 教育大桐花寮祭。 **20** 第２回学生うたごえ祭典。

	14 [連]「事務局ニュース」発行 「らしんばん」について。 19 [青]「あしのうら」6号発行 徽音祭に向けて。 19 [栄] 料理講習会。 19 [児・代]「代表者会議ニュース」発行。 21 [連]「事務局ニュース」発行 文庫、ハウス管理 他。 25 [児・御] 4年生勉強会「なかよし」第24号発行。 26 [児・代]「代表者会議ニュース」発行。 26 [連] セツラー在籍数146 セツラー費60円(全セツ連費10円)。 27 [連] 平和についての話合い 徽音祭実行委総括。 28 [連]「事務局ニュース」発行 事務局体制について 他。 [法] この頃、「法相ニュース」復刊。[連] 徽音祭でバレーボール大会。	24 明大学生会、授業料値上げ案に反対、無期限スト。67.1.31紛争未解決のまま授業再開。 26・27 東京学生文化会議。 29 国防会議、第3次防衛力整備計画の大綱を決定(自衛官18万人・護衛艦増強等)。 第1回民医連運動研究東京集会(医学生の集い)。
1966.12	3 [青] 総会。 4 [児] 総会。 11 [連] 第27回総会。 12・11 統一行動参加呼びかけ。 19・20 [全セ] 全セツ連連合委員会 於桐花寮。 21〜23 [全セ] 第14回全国セツルメント連合大会 於都立大 66年テーゼ。 25 [青・わ] 総会、クリスマスパーティー。 30 [連] セツル忘年会。 [連]「事務局ニュース」発行 冬休み中のハウス管理 他。[連] 小選挙区制学習会 筑波移転問題学習会が日常的に行われる。[連]「わたしたちの町」第6号発行 母の会に参加した母親の感想. [法] 新婦人・生協と話し合い 南対協に結集 氷川下セツル全体の取り組みはできていない 栄養部と合同で小選挙区制学習会。[栄] 生協との連携 料理講習会のパンフをおいてもらう。[保] 今期病院と連絡が密接にとれた 健保改悪反対集会参加 老人健診にも参加 南対協に参加。今期弱体化 全面的総括できず 連協体制の見直し。	8 建国記念日審査会、記念日を「2月11日」(旧紀元節)と答申・12.9政令公布。 9 国民文化会議・紀元節問題懇談会など、建国記念日審査会答申に抗議声明。 27 第54通常国会召集、同日衆議院解散(黒い霧解散)。 この年、いざなぎ景気。 「明るい革新都政をつくる会」結成。
1967.1	1 [児] 全体総会 現在の問題点について パート代表者会議。 7 [青・高] 勉強会、参加セツラー1名。 8 [青] 新年会。 9 [連] 事務局ハウス開き。 13 [青]「青年部ニュース」No.2 発行。 13 [連]「連協ニュース」発行 新年を迎えて 他。 14・15 [青・わ] スケートバス 赤城山。 15 [保] 成人式。 17 [連]「らしんばん」83号発行 新年にあたって スポーツ祭典 母の会に出席して。 19 [全セ] 全セツ連実行委(氷川下)総括・コンパ。 20 [児・代]「代表者会議ニュース」発行 第14回全セツ基調報告学習合宿 成人式について 合宿 等。 21 [児・代]「代表者会議ニュース」発行 全セツ連総括 龍の子太郎上映会について 教室をきれいに使おう 代表者会議費集めます 等。 22 [連] 氷川下セツル成人式 保健部3名参加。 23 [連]「事務局ニュース」発行 ハウス管理 他。 30 [連]「連協ニュース」発行 今回の連協について 他。	6 米海兵隊、南ヴェトナム民族解放戦線の拠点メコン・デルタ上陸作戦を開始。 24 日本共産党、「赤旗」紙上で初めて中国共産党を批判。 29 第31回衆議院議員選挙。 自民277・社会140・民社30・公明25、自民党の得票率初めて50%を下回る。 第1回生協新年会 池袋温泉。

	[連]「わたしたちの町」発行　1月29日は投票日　他。[法] この頃、御殿町にある都有地からの立ち退き問題で法相部活躍。	
1967. 2	**3**［児・代］「代表者会議ニュース」発行　成人式　子どもを守る文化会議　建国記念日　等。 **4**［連］氷川下セツルメント病院の先生と話し合い **5**［児］竜の子太郎。 **11**［児・代］「代表者会議ニュース」発行　建国記念日について　合宿の日程　等。 **12**［栄］料理講習会　ハウス。 **18**［児・代］「代表者会議ニュース」発行　卒業式　3・1ビキニデー　等。 **24**［児・代］「代表者会議ニュース」発行　子どもを守る文化会議　龍の子太郎　卒業式　3・1ビキニ　オリテー　等。 **28**［連］「わたしたちの町」発行　都知事選、教育大美濃部先生立つ　他。	**10** 国際基督教大学生、入試への能研テスト利用に反対し、本館に立て籠もる。2.22学校側、同テスト不採用を発表。 **11** 初の建国記念の日、各地で祝賀や抗議。
1967. 3	**4〜**［法］春合宿（高麗清流園）議題五月祭　新入セツラー7名。 **5**［連］セツル卒業式 於お茶大学館ホール。 **11・18・25**［連］在京セツラーの会。 **17**［連］在京者ピクニック。 **30**［連］ハウス大掃除。[全セ] 全セツ連書記局アピール「統一地方選挙に創意的なとりくみを」。 ［栄］春合宿。［児・氷］春合宿　3泊4日。［児・中］春合宿 石打。［青］春合宿。	**1** 3・1ビキニデー。 **12** 青年医師連合、インターン制廃止を要求して医師国家試験9割ボイコット。 **29** 札幌地裁、恵庭事件（62.12.11）に無罪判決（自衛隊についての違憲判断を回避）、確定。 文京民医労結成。
1967. 4	**4**［連］栄大オリエンテーション。 **5〜7**［保］春合宿 鹿沼　参加7名。 **11**［連］オリテー準備。 **12**［連］「わたしたちの町」発行　地方選挙近づく他。 **14**［連］お茶大オリエンテーション。 **16**［保］卒業生追い出しコンパ　卒業生3人。 **20**［全セ］「全セツ連大会実行委員会ニュース」発行　14回大会の成果をふまえて新入生の歓迎を　他。 **21**［児・代］「代表者会議ニュース」発行　オリテーについて　全セツ連　桐葉祭　等。 **22**［連］「連協ニュース」発行　さらにセツラーを拡大しよう　実践：創意ある工夫に学ぼう　五月祭、桐葉祭　等。［連］新入セツラー　栄大65、教育大26、お茶大4、東大4　児童部50、栄養部30、青年部19。 **22**［保］新入生歓迎コンパ。 **24**［全セ］全セツ連実行委員会開始。 **24**［保］ケースワークのデータ整理。 **29**［連］「連協ニュース」発行　全セツ連大会へのとりくみを強めよう　実践　青年部　児童部　栄養部　法相部　保健部　外国人学校制度　30日の新入生歓迎ハイキングを成功させよう　等。 **29**［児・代］「代表者会議ニュース」発行　実践報告のやり方　実践報告　氷川下　御殿町　久堅　中学生　全セツ連大会　桐葉祭　等。 **30**［連］新入生歓迎ピクニック 狭山湖・多摩湖。 ［法］地域の借地借家問題に関する面接調査　92世帯　結果を東大五月祭で発表。［連］「わたしたちの町」発行　教育補助を知っていますか　他。［連］「事務局ニュース」	**5** 岡山大教授小林純が富山県の「イタイイタイ病」は三井金属神岡鉱業所の排水が原因と発表（荻野昇医師との共同研究）。68.5.8厚生省も認める. **5** 日ソ漁業交渉、カニ漁につき妥結。 **15** 東京都知事選で、社共推薦の美濃部亮吉当選。 文京医療生協と大塚診療所（雑司が谷診療所含む）合併。

	発行　事務局・事務局費・レジなどについて考えよう　他。[連]「事務局ニュース」発行　文庫、資料、ハウス管理について　他。	
1967. 5	**4** [連]「連協ニュース」発行　持続的計画的にセツラーを拡大しよう　氷川下セツルメントの総会について考えよう　外国人学校制度の問題について学習し、とりくんでいこう　等。 **5** [保] 秋津療育園訪問。 **6** [保] 高血圧についての学習会。 **7** [栄] 林町「あゆみ保育園」にて料理講習会　母親8名　セツラー7名。 **8** [連]「事務局ニュース」発行　備品について　他。 **13** [保] 民族教育についての討論会。 **19** [連]「連協ニュース」発行　全セツ連大会を成功させるため全セツラーは一丸となってがんばろう！　氷川下セツルの現状 「わたしたちの町」について　等。 **14** [青・わ] 作って食べる会　ハウス　参加者30余。 **15** [連]「事務局ニュース」発行　みんなが守ること　他。[連]「わたしたちの町」　桐葉祭のおしらせ　他　ハウスに電話設置の運動。 **19** [連]「連協ニュース」発行　全セツ連大会を成功させるため全セツラーは一丸となってがんばろう！　氷川下セツルの現状 「わたしたちの町」について　等。 **20** [児・代]「代表者会議ニュース」発行　明日は児童部総会だよ　セツラー会議　勉強会の問題　家庭訪問の問題　セツラーの仲間づくり　セツルは「左」だということについて　専門とセツル活動　等。 **20・21** [法] 東大五月祭 「氷川下の借地・借家もんだい」。 **21** [児] 総会。 **22** [連]「事務局ニュース」発行　レジセツラーを拡大しよう他。 **22** [連] 氷川下・八千代町共同アピール「不当な不許可をはねかえし、全セツ連大会の教育大開催をかちとるために」。 **26** [連]「連協ニュース」発行　全セツ連大会へのとりくみの立遅れを直ちに克服し、全力をあげて大会を成功させよう！　氷川下セツル各部のとりくみの現状　氷川下セツルの総会　等。 **28** [青・わ] 歌とフォークダンスの集い　大塚小。 **30** [保] 総括討論。	**20・21** 東大五月祭。 **21** 全学連第5回大会。労働者農民の中へ。 **24** 最高裁、朝日訴訟で「健康で文化的な」最低限度の生活の判断は厚生大臣に裁量権あり」と判断。なお同訴訟は本人死亡で修了。 **26〜28** 教育大桐葉祭。 医療生協第6回総代会　生協と大塚合併承認　センター病院建設決意。
1967. 6	**1** [連] 全セツ連にむけての結団式。[連] 教育大セツラー有志アピール「筑波移転問題を学習し、ストライキを支援しよう」。 **3〜5** [全セ] 第15回全セツ連大会。 **10** [連]「連協ニュース」発行　全セツ連大会で学んだことを総括し、その上に立って今後の活動をおしすすめよう　在日朝鮮人の民族教育について考えよう　氷川下セツルの全体総会について　等。 **10** [児・代]「代表者会議ニュース」発行　全セツ連　総括の方向　学生シンポジウム　児童部総括　氷川下　ごてん町　全体総会　等。 **11** [青・わ] 6周年の集い　文京一中。	**2** 外資審議会、資本取引自由化についての答申を提出。 **5** アラブ諸国・イスラエル、戦闘開始（第3次中東戦争）。6.6 国連安保理、停戦決議採択。 **10** 教育大評議会、筑波研究学園都市への移転を強行採決。 **23** 家永三郎、教科書不合格処分取消しの行政訴訟を起こす（第2次訴訟）。

	16［連］「連協ニュース」発行　全体総会を成功させよう。 **18**［連］第29回総会　於お茶大学館ホール。 **18**［連］「連協ニュース」発行　第29回総会連協報告。 **25**［栄］関東栄養部連絡会準備会開催予定。 ［全セ］第15回全セツ連大会 於早稲田大学。［保］総括討論。［連］「らしんばん」84号発行　全セツ連　全教ゼミ。［連］「らしんばん」85号発行　春合宿　春休み　オリテー。［連］「らしんばん」86号発行　新入生特集号。［連］「わたしたちの町」1号発行　セツル紹介　総選挙に投票しよう。［連］「わたしたちの町」2号発行　総選挙についてお母さん発言集。［連］「わたしたちの町」3号発行　紀元節について　竜の子太郎上映のこと。［連］「わたしたちの町」4号発行　都知事選挙のこと　料理講習　卒業式　3·1ビキニデー。［連］「わたしたちの町」5号発行　地方選挙について　革新知事と保守知事　コールドチェイン。［連］「わたしたちの町」6号発行　教育補助　法相アンケートのお願い　メーデーについて。［連］「わたしたちの町」7号発行　桐葉祭　筑波移転問題　わかもの会活動紹介　料理講習。［連］ハウス使用時間、夜10時まで　ハウス内は禁煙。 ［連］電話設立実行委員会。［連］学校別学年別セツラー数調査報告　合計186人。［連］総括　全面的な総括できず　基調報告の学習会の要。［児］全セツ連14回大会で出された基調に対し、児童部ではそのとらえ方にかなり動揺。	**23** 米ソ首脳（ジョンソン大統領・コスイギン首相）会談。中東・ヴェトナム・核拡散防止問題を討議。 **24** 京大教官有志、自衛官の大学院入学に反対声明。6.29学生自治会も全学スト。 健保改悪反対の国会請願行動（連日）。
1967. 7	**2**［保］集団検診計画。 **8**［連］「連協ニュース」発行　合宿、原水禁へのとりくみを成功させよう　合宿について　夏休み体制について　栄養展について　地域の拡大について等。 **14**［児・代］「代表者会議ニュース」発行　6·30、7·7「代表者会議ニュース」出せず　合宿報告　氷川下　御殿町　久堅　夏休み勉強会　等。 **17**［連］原水禁第1回実行委員会。 **23**［連］氷川下セツルメント原水禁実行委員会　原水禁を考える夕べ。 **24〜27**［青］合宿。 **28〜30**［栄］合宿　それまでに牛乳アンケート回収の予定。 ［法］東大法相合宿　於東大戸田寮。	**1** 欧州共同体（EC）成立。 **23** 米デトロイトで史上最大の黒人暴動。ミシガン州政府、非常事態宣言。 **28** 防衛庁設置法・自衛隊法改正各公布（定員4,331人増員）。
1967. 8		**3** 公害対策基本法公布。 **8** 東南アジア諸国連合（ASEAN）結成。 健保改悪成立。
1967. 9	**16**［連］「連協ニュース」発行　連協方針について　お茶大の全学連復帰について。 **25**［児・代］「代表者会議ニュース」発行　氷川下班学習会（小選挙区制）　徽音祭について　赤旗まつり参加しよう 等。 **28**［法］「法律相談」創刊号発行　今年もまた米価値上げに 他。 ［法］この頃の法律相談は週1回金曜日ハウスにて。［法］合宿　於長野。	**1** 四日市ぜんそく患者9人、石油コンビナート6社を相手に損害賠償請求訴訟（初の大気汚染公害訴訟）。 **5** 政府、原子力船の母港をむつ市に決定。

1967.10	**2**［連］「らしんばん」87号発行。 **3**［児・代］「代表者会議ニュース」発行。 **6**［児・氷］3年勉強会「つくしんぼ」発行。 **7**［連］「連協ニュース」発行　よびかけ　学習会　学園祭　参考）　全セツ連書記局「さらに、実践を深め、私達一人一人が要求をもって秋の闘いに参加しましょう（67.10.17）等。 **9**［連］「わたしたちの町」発行　小選挙区制を考えましょう他。 **10**［連］資料　研究学園都市構想　期待される人間像　各大学問題。 **17**［法］小選挙区制に関する学習会　比例代表制の学習18名参加。 **18**［全セ］全セツ連書記局アピール　さらに実践を深め、私達一人一人が要求をもって秋の闘いに参加しよう。 **24**［法］参加者21名　小選挙区制出された背景　沖縄問題学習。 **26**［連］第5回徽音祭実行委員会。 **26**（参考）第2回東京学生文化会議よびかけ（第1次案）（67.10.30）。 **27**［連］「太陽の街から」発行（教育大・お茶大生向け徽音祭ビラ）。 **28**［児・代］「代表者会議ニュース」発行　実践報告　御殿町　久堅　氷川下　中学生　徽音祭　全セツ連大会　等。 **30**［児・代］「代表者会議ニュース」発行　代表者が班の中で果たす役割　徽音祭　11・5について　等。 **30**［連］基調報告学習会。実践報告　氷川下 久堅　御殿町 中学生　徽音祭等。 ［連］「事務局ニュース」発行　最近の事務局会議他。	**8** 佐藤首相、第2次東南アジア・オセアニア諸国歴訪に出発。3派系全学連、反対デモ、警官隊との衝突で学生1人死亡（第1次羽田事件）。 **21** 米ワシントンで15万人参加のヴェトナム反戦集会。 **30** 教育課程審議会、社会科に神話・伝承導入、毛筆必修などの教育課程改善を答申。 **31** 最高裁が工場騒音に慰謝料払えと判決。
1967.11	**2**［連］「連協ニュース」発行　学園祭について 総会、全セツ連について 事務局の強化について 11・5について 等。 **4**［連］「連協ニュース」発行　学園祭について。 **4** 駒場セツルメント連合（川崎・氷川下・亀有・森ヶ崎）アピール「プログラムを買って下さい」。 **11**［児・代］「代表者会議ニュース」発行　班委員会へのみんなの抱負　実践報告について　読書会をやろう　等。 **11・12** 東大駒場祭　駒場セツルメント連合シンポジューム「学生の生き方を考える」。 **16**［連］「連協ニュース」発行　総会　全セツ連大会　東学文12月集会を成功させよう　等。 **19**［青・わ］ハイキング　長瀞・正丸峠。 **20**［児・久］（参考）久堅班総括　(1)どんな方向で総括するか　1.実践がどう発展してきたか　2.班運営　3.典型的なとりくみ　4.係になっている人への援助。 **27**［児・代］「代表者会議ニュース」発行　児童部総会を成功させてセツルへの確信を更に深め、同時に全セツ連大会の意義を追求しよう　第16回全セツ連大会　児童部総括について　教室使用について等。	**1** 原子力委員会、原子力空母、安全性に問題なしと結論。11.2政府、寄港承認。 **4・5** 栄大栄養展。 **12** 佐藤首相、訪米に出発。三派系全学連デモ隊、空港周辺で警官隊と衝突（第2次羽田事件）。 **15** 日米共同声明発表（小笠原返還は1年以内、沖縄返還の時期明記せず）、11.16沖縄で県民抗議集会。 **18・19** お茶大徽音祭。
1967.12	**3**［児］総会。 **4**［児・代］「代表者会議ニュース」発行　児童部総会報告　全セツ連大会　2月10日全体総会等。 **10**［連］第30回総会　連絡協議会の構成変更　児童部各班1　青年部2　栄養部・法相部・保健部各1　事務局2　連合委員　連協議長　計13　会議隔週開催。 **21〜23**［全セ］第16回全セツ連大会 於大阪外大。	この年、ヴェトナム特需。 テレビ普及率、83.1%。

	23［全セ］全セツ連大会連合委員会アピール　輝いている目、力強い仲間達、今こそ拡げよう団結の輪を! ［法］『法律相談』（岩波新書）第2版出版。	
1968. 1	15［全セ］全セツ連書記局アピール　参議院選挙にみんなで創意的にとりくもう。 20［連］「連協ニュース」発行　成人式をみんなの参加で成功させよう　エンタープライズ号が佐世保に入港します　高校生Pも含めて全体的に　映画「ドレイ工場」を見に行きませんか　全セツ連感想文を　エンタープライズ号寄港に対しての連協アピール　等。 21［連］セツル成人式　於お茶大学館ホール。 22［連］「事務局ニュース」発行「わたしたちの町」をどうしよう　他。 28［児・代］「代表者会議ニュース」発行。	19 米原子力空母佐世保入港。 27 佐藤首相、国会答弁で「核兵器を作らず、持たず、持ち込ませず」の非核3原則を含む『核4政策』を発表。 29 東大医学部学生自治会が、登録医制度導入に反対して無期限スト決行（東大紛争の発端）。 30 南ヴェトナム民族解放戦線・北ヴェトナム軍、全土に第攻撃開始（テト攻勢）。
1968. 2	3［連］「連協ニュース」朝鮮・ベトナム・日本、情勢はどんどん変わってきています　卒業式について　実践報告から　高校生の勉強会で　等。 4［児・代］「代表者会議ニュース」発行。 10［連］「連協ニュース」新入生を迎える準備を始めよう　紀元節学習会　「ドレイ工場」を見るつどい　等。 12［児・代］「代表者会議ニュース」発行。	1 南ヴェトナム、サイゴン・フエに民族民主平和連合成立。 5 日仏科学者433人、米科学者にヴェトナム戦争協力をやめるよう声明。
1968. 2	17［連］「連協ニュース」発行　合宿をみんなの手でつくりあげよう　2・21日朝青年学生友好と連帯のつどいに参加しよう。 28〜3-2［児・氷］合宿。 28〜3-2［青］合宿。 29〜3-3［児・御］合宿。 29〜3-3［児・中］合宿。	7 日・ソ共産党、関係正常化の共同コミニュケ発表。
1968. 3	10［連］卒業式　於お茶大学館ホール。 11〜14［児・久］合宿　赤城山寮。 17［連］全セツ連大会のための廃品回収。 ［法］東大法相、合宿　於検見川。［法］合宿　於戸田　五月祭への取り組みについて。	医療生協「15周年記念の集い」センター病院建設アピール発表。
1968. 4	5［法］「法律相談」第6号　発行。 22［児・代］「代表者会議ニュース」発行。 24［児］中学生を持つ母親の集い。 27［連］「連協ニュース」発行　各部の実践を発展させよう　他。 28［連］沖縄問題学習会。 29［連］新入生歓迎ピクニック　多摩湖。 ［児・御］各学年ごとのパート会と家庭訪問　土曜午後の実践と班会議。	4 米黒人運動指導者キング牧師、テネシー州メンフィスで暗殺。各地で抗議の黒人暴動。 5 小笠原返還協定調印。6.26正式返還、東京都に編入。 氷川下病院、産婦人科中止。
1968. 5	5［青・わ］作って食べる会　参加者20余。 5［青・わ］7周年記念歌とフォークダンスのつどい　文京一中体育館　参加者80余。 12［連］セツル大学（新入生を迎えて） 19［青・わ］潮干狩。	24〜26 東大五月祭。 31〜6-2 教育大桐葉祭。 インターン制度廃止。
1968. 6	9［連］第31回総会。 15〜17［全セ］第17回全セツ連大会　於教育大。	15 東大医学部紛争で、一部の学生が安田講堂占拠。6.17警官隊導入により強制排除。6.20警官隊導入に抗議した、東大1日全学スト。

1968. 7	**4**［連］「連協ニュース」発行　氷川下祭典について　他。 **8**［連］第2回幼児部設立準備会　児童部に参加要請。 **10**［児・代］「代表者会議ニュース」発行　全セツ連　総括の方向　学生シンポジウム　児童部総括　氷川下　御殿町　全体総会　等。 **10**［連］「連協ニュース」発行　全セツ連大会で学んだことを総括し、その上に立って今後の活動をおしすすめよう　在日朝鮮人の民族教育について考えよう　氷川下セツルの全体総会について　等。 **18**［連］「らしんばん」92号発行　主張「一人一人の力で私たちの活動を励ましてくれるようなハウスをつくろう」「事務局を重視しよう」　ハウスの掃除・整頓当番表。 **18～22**［児・久］合宿。 **21～24**［児・御］合宿。 **22～26**［児・氷］合宿。 **24～28**［青］合宿。 **26～29**［児・中］合宿。 ［法］東大法相、合宿於鳩の巣　6月以降の東大闘争の総括。	**7** 第8回参議院議員選挙。自民69・社会28・民社7・共産4・無所属5、社会党不振、タレント候補目立つ。 **11** 文部省、新学習指導要領告示.歴史教育に神話おりこみを指示。 **21・22** 東京母親大会。
1968. 8	**5～10**［栄］合宿。 **31～9-2**［連］全体合宿　場所未定　奥多摩？	**3～5** 原水禁14大会　本会議於東京。 **8** 札幌医大和田寿郎教授、日本初の心臓移植手術。
1968.10	**21**［連］全国学生統一行動に参加　栄養部8　御殿町班14　氷川下班5　久堅班15　中学生班7　青年部13　法相部11　計73。 **24**［連］「連協ニュース」発行　全国学生統一行動について。 **26**［連］連協アピール「沖縄三大選挙支援活動にとりくもう」。	**21** 全国学生統一行動。 **17** 川端康成、ノーベル文学賞受賞決定。 **26** 政府、水俣病と阿賀野川水銀中毒を公害病と正式に認定。
1968.11	**28**［連］「連協ニュース」発行　当面1か月の見通し他。	**2・3** 栄大栄養展　シンポジューム「女性の職業について」 **22～24** お茶大徽音祭。 **23・24** 東大駒場祭。 氷川下病院、耳鼻科新設　婦人科閉鎖。
1968.12	**1**［全セ］関東児童部連絡会　於都立大。 **12**［連］新旧事務局コンパ。 **15**［連］第32回総会　私達の要求に基いて積極的に地域に働きかけ、地域の人達の要求に根ざした各部各班の実践を発展させよう。 **23～25**［全セ］第18回全セツ連大会　文化祭典で初めて劇に取り組み大成功　一部に分裂行動　名古屋市公会堂・福祉大・愛知大。［連］連合費の滞納3万円の一掃　財政強化の成果　全セツ連との結びつき弱い。 ［全セ］関児連、再開されるも世話人会に入っておらず交流は停滞。	**29** 教育大4学部　69年度入試中止を決定。 この年、国民総生産（GNP）は1,428億ドル、自由世界で米国に次ぎ第2位.
1969. 1	**初め**［連］原水禁討論資料作成小委員会設置。 **4**［連］ハウス閉鎖　4名の男女がシンナーを吸引し不純異性交遊　病院が追い出してハウスをベニヤ板で封鎖。 **12**［連］ハウス大掃除　20名近くのセツラー参集　封鎖解除に向けての掃除。 **14**［連］ハウス閉鎖解除　ハウ管についてセツルメント・病院・わかもの会での話し合い　大そうじ　ペンキ塗り　会議、パート会後に責任を持って掃除をしようの意思統一。	**18・19** 東大、機動隊8,500人を導入、占拠学生を実力排除　両日で学生631人逮捕（安田講堂事件）。

	31［連］「連協ニュース」発行。 ［連］44年度前期方針　連協　事務局　地域対策部　班運営委員会　児童部CAP会議　大学セツラー会。	**19** 移転推進派「筑波新大学構想」発表。 **20** 政府　東大の69年度入試の中止を決定。
1969. 2	**14**［連］「連協ニュース」発行 **22**［児］母の会　4名の母親参加。 **24**［連］「らしんばん」94号発行。 **27〜3-2**［児・御］合宿。［栄］合宿。 ［青・わ］スケートバスの取り組み　お母さん子供も参加。	**5** 教育大入試中止後理学部教授会決定、当分の間学内閉鎖。 **21** 筑波移転機関の再確認（閣議決定）。 **25** 宮島学長　機動隊導入要請する失敗。 **28** 教育大に機動隊出動、封鎖解除、学生129人逮捕。
1969. 3	**1・2**［青・わ］スケートバスの取り組み　40名の仲間を集める。［法］氷川下の鉛問題に取り組む　印刷所に入り調査　学習会。 **初め**［青・わ］スポーツを企画し会場を一中に借りる事に成功。［青・わ］ビラまきでアカ攻撃をうける。 **6〜9**［児・久］合宿。 **10〜13**［児・中］合宿。 **11**［連］大学もんだいを語る会　地域の人と一緒に開催　教育大の情勢を話す。 **16**［連］統一行動　若者パートを除いて取り組み不調。 **16**［青・わ］実行委結成し、3・16集会に地域的に取り組む。［法］継続的に鉛中毒問題取組　学習活動と実態調査。 **16**［青・わ］統一行動にわかもの会として参加。 **17**［連］事務局「海の仲間」大コンパ　15人足らず。 **17**［連］お茶大合格発表ビラまき。 **22**［連］第15回卒業式　お茶大学館ホール　卒業生50余。 **23**［栄］［保］高血圧のつどい　参加18。 **30**［青・わ］スポーツのつどいは雨の為中止　卓球、パチンコ、ダベリングで興ずる。 **30〜4-2**［児・氷］班合宿。	**1** 京大に、機動隊2,300人大学の要請なしに出動、学生12人逮捕。 **3** 東京都立大で現職自衛官3人の受験を拒否。 **6** 八幡・富士両製鉄、合併契約書に調印。 **10** 佐藤首相、衆院予算委員会で、沖縄返還は核抜き本土並みを基本方針として対米折衝と言明。
1969. 4	**7・8**［連］お茶大身体検査日ビラまき　立大ビラまき（初）。 **9**［連］栄大オリテー。 **11**［連］東洋大オリテー（初）。 **13**［児・御］統一ハイク。 **14**［連］お茶大オリテー。 **14**［連］「らしんばん」95号発行。 **15**［連］栄大オリテー。 **16**［連］駒場オリテー。 **23**［連］須長シンポジウム。 **28**［連］沖縄デー　映画「広島の証人」について伝える。 **29**［連］新入生歓迎統一ハイキング　全都のセツラー集まる。 ［栄］新入生十数人加入　高血圧班と乳幼児班結成。［連］東大・教育大入試中止でセツル新入生はほとんど女性に。新入セツラー60名突破　経験セツラーとほぼ同数　児童部新入セツラー21　男性セツラー不足。［児］新入セツラーが圧倒的に不足　男性セツラーが少ない悩み深刻化。［連］ハウス閉鎖事件から3カ月、ハウスをきれいにしようの訴え。	**2** 最高裁、都教組事件判決で、公務員の争議行為について不当性を伴わない限り刑事罰の対象にならずと新判断。 **28** 沖縄デーで全国45都道府県で集会・デモ。 **30** 国土総合開発審議会、新全国総合開発（新全総）計画を政府案通り答申。 自民党、国民医療対策大綱発表。 氷川下病院、民医連研修病院に指定。 氷川下病院、「医報」創刊。

1969. 5	5［連］「らしんばん」96号発行。 11［連］入学式　夜経験セツラーの会開催　沖縄デーが話題に。 12［連］会議後大管法の文部省案の読み合わせ　討論資料集作成決定→「らしんばん」97号。 13［連］電通大オリテー（初）セツラー拡大。 19［連］「らしんばん」97号発行　大学立法資料（駒場自治会発行参照）　討論に活用　統一行動へ。 23［連］大学立法粉砕全学連統一行動に60数名のセツラー参加　学習会ももつ　事務局資料の成果。 24［連］東洋大オリテー　セツラー拡大。 31［連］ハウスのガラスが入る（閉鎖後にガラスが割られ、ベニヤ板でしのいでいた）備品などもそろえて管理体制を整えつつある　レジ制度の復活も　しかし物を大切にする気持が欠如している。 ～6月［連］この間大学もんだいを語る会　2回開催。	8 パリ会談で南ヴェトナム民族解放戦線、臨時連立政府樹立など10項目を提案。5.14ニクソン米大統領、8項目を逆提案。 16 自民党、靖国神社法案を正式決定。 17 キージンガー西独首相来日、5.19佐藤首相と会談。核拡散防止条約問題で協調に合意。 27 政府、核抜き本土並み72年返還の沖縄対米交渉最終方針を決定。
1969. 6	1［栄］［保］高血圧のつどい　参加10。 1［児・久］国際子供デーに植物園で母と子のイベント　母親20　子供60　セツラー10の参加。 13［連］大そうじ。 14［連］東洋大オリテー。 14・15［栄］合宿。 16［連］文庫予算5,000円配分中購入ゼロ状態　カードでのセツラー相互の貸出しシステム　この頃事務局費80円／月（事務局50　連合費10　せつるめんと代20）130人概算。 19［連］「らしんばん」100号発行。 20［連］「らしんばん」99号発行　第二部総括集。 22［連］「らしんばん」101号発行　原水禁資料。 22［連］第33回総会。［連］地域調査委員会として発足して1周年　地域ぐるみの実践に貢献。 23～［連］氷川下祭典の討論をまきおこす。 26～［連］ビラ入れ開始（家庭訪問時）。 ［法］鉛問題聞き込み調査実施中。［児］塾に通う子供達が目立つようになる　土曜日の勉強会に支障をきたしている。［連］70年問題の学習会提案　学園問題をセツルの課題にしよう。［連］各大学の大学弾圧立法化阻止の闘いに参加よびかけ。［連］第19回全セツ連大会の準備　6・29関東交流会を成功させよう。［連］大会を延期したことの戦闘的意味を再確認して、大管法粉砕闘争を闘いぬこう。［全セ］駒場にて臨時連合委員会開催　氷川下は委員長セツル。［連］関児連の世話人会に不参加　関青連とも合わせて積極的に参加するよう檄。［連］「らしんばん」99号発行　第一部総括集。	10 南ヴェトナム民族解放戦線、臨時革命政府の樹立を発表。 23 ガンディ・インド首相来日.大学問題が地域に影響を与えて。 東京都、公害防止条例可決。
1969 前半	［連］高校生と若者会のサッカー　スケートバスへの母子の参加　法相部と若者会の野球　植物園のイベントへの若者の参加　部の連携活発。［連］大学弾圧法の学習会　ハウスにて数回　30人前後の参加者→大管法粉砕行動委員会。［保］鉛問題学習会.　班運営委員会設置。［児］幼児パート　新入セツラー5人加入。［児］一年前「代表者会議」が発展解消　代えて「児童部CAP会議」の設置　適時開催。［連］一年前実践の協議機関→方針を出す指導機関　会議も隔週から毎週開催に　仕事が多すぎて機能が果たせず　学園闘争の影響も（忙しくて結集が弱い）。	駒連：オリテー　須長シンポ　自主ゼミ。

	［連］事務局、地対、各種実行委。新歓ハイキング　入学式　取り組み。鉛問題　氷川下祭典　地図つくり　取り組み。［連］オリエンテーション　全セツ連　取り組み。［連］全体を考える中心セツラーがおらず組織的にばらばら　児童部は混乱。［連］お茶大セツラー会：機関紙「どっこいしょ」発行　コンパ。［連］栄大セツラー会：オリテーで合唱　合宿。［連］教育大セツラー会：あまり開かれず　弱体化。［連］全学連製作東大闘争記録映画「燃え上がる炎」を八千代町セツルと共同購入。［連］全セツ連の延滞金を返す　事務局費（80円）の徴収強化　セツラー数概ね130。	
1969. 7	**6**［連］氷川下祭典第1回実行委員会　遠足　花火大会　お化け大会の取り組み決定　若者、地対、小学生、中学生、高校生、保健、法相、栄養、老人会オブザーバー。 **10～**［連］ビラ入れ。 **13**［連］第2回実行委員会　具体的な行動提起。 **14～**［連］情宣活動提起　情宣　カンパ活動。 **20**［連］第３回実行委員会？ **21～26**［児］集中実践　写生大会。 **27**［児］運動会。 **24～27**［連］第1回氷川下祭典実施　盆踊り　展示会　夏休み勉強会　栄おでん屋台。 ［青］夏合宿 猿ヶ京　三国峠。	**10**　同和対策事業特別措置法公布（10年間時限立法）。 **20**　米宇宙船アポロ11号月面着陸。 **24**　教育大評議会、大学の筑波学園都市移転を正式決定。
1969. 8	**4～6**［全セ］第19回全セツ連大会　於東大。 ［青・わ］わかもの会第4回盆踊り。	**3**　大学運営臨時措置法案、参議院本会議で強行採決、成立。健保改悪法成立。
1969. 9	**6**［連］「太陽の街」発行。 **13**［連］「太陽の街」発行。 **20**［連］「太陽の街」発行。 **27**［連］「太陽の街」発行。	
1969.10	**4**［連］「太陽の街」発行。 **10**［連］「太陽の街」発行。 **18**［連］「太陽の街」発行。 **19**［栄］［保］高血圧のつどい　参加2。 **25**［代］「太陽の街」発行。	
1969.11	**8**［連］「太陽の街」発行。 **15**［連］「太陽の街」発行。 **22**［連］「太陽の街」発行。 **29**［連］「太陽の街」発行。	氷川下病院、耳鼻科廃止。
1969.12	**6**［連］「太陽の街」発行。 **13**［連］「太陽の街」発行。 **20**［連］「太陽の街」No.29発行。 ［連］第1回クリスマス祭典。［児］第2回クリスマス祭典　クリスマス子供会　もちつき　うたごえ喫茶。	**27**　第32回衆議院議員総選挙。自民288・社会90・公明47・民社31・共産14・無所属14。 東京都、老人医療無料化実施。
1969	［連］第34回総会開催　新体制に。（連絡協議会に代わるものとして各部各班各パート代表1名によって月1回開催される代表委員会が組織され、日常的には4名の常任委員によって週1回開催される常任委員会により運営される「連協ニュース」に代わり週刊の「太陽の街」が発行される）。	
1970. 1	**10**［代］「太陽の街」発行。 **17**［代］「太陽の街」No.31発行。	よみせ通り診療所開設（千駄木3-40-18）。

	19［代］事務局新旧交替コンパ。 24［代］「太陽の街」No.32発行。 24［代］「太陽の街」No.33発行。 25［代］成人式　1時〜4時　於桜蔭会館　OSも参加。	
1970. 2	7［代］「太陽の街」No.34発行。 14［代］「太陽の街」No.35発行。 21［代］「らしんばん」107号発行　久堅中心の内容。 21［連］「太陽の街」No.36発行。［代］セツルゼミ。	3 政府、核拡散防止条約に調印。 11 東大宇宙航空研究所、国産初の人工衛星打上げに成功「おおすみ」と命名。 センター病院医療構想発表。
1970. 3	16［代］卒業式準備会。 22［代］卒業式　10時〜4時　卒業生3〜4人出席　母親、子供達も参加　満さん病気で講演中止。 ［全セ］第20回全セツ連大会　於京都立命館大学　京都府知事選挙の早朝ビラまき 書記局反対派、連合委員会と全体会を攪乱（セクト間対立が全セツ連に影を落とす） 加盟セツル52。［青］春合宿 西伊豆雲見温泉。	14 日本万国博覧会開会。 31 赤軍派学生、羽田発福岡行き日航定期便よど号をのっとる。 31 八幡・富士合併、新日本製鉄発足。
1970. 4	13［代］第1回大掃除　ペンキ塗り　棚直し　ガラスいれ　インターフォン設置。 29［全セ］全関東セツル新歓ハイク　多摩湖にて　40名の参加。	24 沖縄の国政参加法、参議院本会議で可決成立。
1970. 5	2［代］「らしんばん」108号発行　全セツ連感想　合宿感想　卒業式総括。 16［連］「らしんばん」109号発行　新入生紹介号。 17［代］入学式　お茶大学館　経験セツラー30　新入セツラー30　早乙女勝元氏の講演「青年の生き方」　グループ別討論　学年別討論。 ［栄］料理講習会。	7 日本ユネスコ委員会、国連大学構想を国連事務局に提出。 第9回総代会（文京区民センター）組合員3,535名　東京保健生活協同組合に改称。
1970. 6	2［代］学習会提起。 8［代］「らしんばん」110号発行　卒論集　5名の論文。 9［代］第1回学習会　教育史 11［代］「安保について」学習会反省。 12［代］「安保を考え未来を語る会」発足。 13〜14［代］泊まりこみで方針を深める。 15〜16［代］泊まり込みで討論資料集つくり。 16［代］第2回学習会 「あんたならどうするこの安保」全セツ実行委も参加。 18［代］アッピール決定 「安保と私」。 19［代］泊まり込み　アッピール「安保と私」作成。 21［代］臨時総会。 22［代］第3回学習会 「軍事　国防　経済」。 23［代］統一行動参加　氷川下から90名参加。 ［代］「ハウス月間」ハウ管に重点. ［栄］料理講習会。	1 67年度の消費者実態調査、マイカー4世帯に1台と発表。 22 政府、日米安保条約自動延長で声明。 23 総評の反安保統一行動で集会・デモ、全国で77万人参加。 センター病院建設事務局設置。
1970. 7	5［代］第2回大掃除　備品資料保存の面で効果　備品一覧表作成。 6［代］「らしんばん」111号発行　セツル　ハウス特集好評。 12［代］原水禁の取り組み放棄（合宿祭典で忙しい？）。 **前半**［代］反省　行事費用の集まり悪い　事務局員の立替相当発生　レジは班ごとに戻して行って来たが毎日きちんとやるのは困難　事務局費90円→100円にの声　ごみ処理の課題　夜間ハウス使用の問題　男子事務局員の不足。	1 日本共産党第11回党大会開催。 13 中央公害対策本部発足。 17 第2次家永教科書訴訟で、東京地裁（杉本良吉裁判長）が「家永教授の教科書に対する検定は憲法21条が禁止する検閲に当る」と判断、文部省敗訴。 光化学スモッグ発生。

	25［栄］東公園にて　氷川下祭典食品公害のつどい薬剤センター千野先生のお話。 ［代］第2回氷川下祭典　氷川下セツル祭典実行委 　盆踊り実行委　児童部集中実践　お化け大会　4班でハイキング　保健部力だめし。［法］氷川下祭典で教科書裁判。［代］夏休み集中実践での教育大K館使用許可が出ず。 ［代］原水協分担金（6,000円）で1,900円の赤字かかえる。 ［代］試験後6・9行動について考える原水禁学習会をひらく。	
1970.8	**4〜6**［全セ］第21回全セツ連大会　於お茶大　21回大会を最後に反対派は脱退あるいは不参加となる。 ［代］文京区の予算などを調べる小委員会を設置の呼びかけ。［代］病院の移転問題は事務局が調査。［栄］料理講習会。	**5** 気象ロケット2号、打上げ成功（三陸海岸）。 **10** 拓大で18人大量処分（リンチ事件をきっかけに民主化要求たかまる）。
1970.9	**3**［代］現在セツラー数概ね130。全セツ連関係滞納3,100円。事務局費90円（全セツ連費40円）。 **6**［代］第35回総会。 **10**［代］「太陽の街」No.51発行。 **15**［代］代表委員会。 **26**［代］「太陽の街」No.53発行。 **26・27**［代］栄大セツル合宿　向丘　正行寺。	**7** 厚生省、キノホルムの私用・販売禁止。 **10** 琉球政府、尖閣諸島の領有を宣言。
1970.10	**17**［代］「太陽の街」No.56発行。 **17**［代］「太陽の街」特別号発行　教育大闘争資料　発行。 **20**［代］学習会　ハウス。 **24**［代］「太陽の街」No.57発行。 **31**［代］「太陽の街」No.58発行。［青・わ］青年部　若ものパート新聞発行。	**22** 生活と健康を守る会「みのり会」結成。 **23** 地域懇談会「教育・大学問題」講師三上満。 **30〜11-3** 医歯大お茶の水祭。 **31〜11-3** 青山学院学園祭。 「文京公害なくす会」結成。
1970.11	**2**［代］実践討論会「家庭訪問」「ハウス」。 **18**［児・代］代表者会議。 **21**［代］「太陽の街」発行。 **26**［代］教育大セツラー集会。	**1〜3** 東大駒場祭。 **7・8** 栄大学園祭。 **14・15** お茶大徽音祭。 **15** 沖縄の国政参加選挙。 **19〜24** 東洋大白山祭。
1970.12	**18**［代］「太陽の街」発行。 ［児］第35回総会で第2回クリスマス祭典に積極的に取り組もうの訴え。	白山南寿会館落成（白山3丁目）。
1970	［法］［保］南京虫退治活動噴霧作業。［代］「らしんばん」112号　№2発行。	この年、公害問題が深刻化、住民運動も活発になる。
1971.3	**1**［全セ］全セツ連実践記録集「夜明けにむかって」発行。 **4〜6**［全セ］第22回全セツ連大会　於東京学芸大。	氷川下病院、鉛中毒患者会結成。
1971.8	**5〜7**［全セ］第23回全セツ連大会　於北海道大。	
1971.10		**22**「みのり会」（氷川下地域の生活保護受給者の組織）結成。
1972.3	**6〜8**［全セ］第24回全セツ連大会　於愛知学芸大「24回大会基調」を提起。	
1972.5		**15** 日米沖縄返還協定発効、沖縄県発足。 第11回総代会、センター病院建設を氷川下病院周辺と決定。
1972.8	**3〜5**［全セ］第25回全セツ連大会　於都立大　加盟セツル55。	

1972.9		**25** 田中首相訪中に出発、周恩来首相と会談。9.27毛沢東主席と会談。9.29日中共同声明発表、国交樹立。
1972.12	**22・23**［全セ］第8回全国学生学術文化集会全国理論会議（セツラー350名参加）。	
1972	［代］氷川下全体では常に100人を超えるセツラー。［代］ハウス閉鎖。	
1973.1		老人医療無料化制度確立。
1973.3	**7〜9**［全セ］第26回全セツ連大会　於大阪府立大　加盟セツル56。	田中内閣、小選挙区制法案出す。
1973.4	［法］法律相談の場所が、ハウスの閉鎖に伴ない白山南寿会館に変更される。全国セツラー活動実数4,000名達成。	
1973.8	**5〜7**［全セ］第27回全セツ連大会　於東大・本郷　加盟セツル58。	
1973.9		オイルショック。
1973.11	**9〜11** 第24回東大駒場祭　氷川下セツル駒場セツラー会オリジナル劇「太陽のない街は今・・・」上演。	
1974.3	**5〜7**［全セ］第28回全セツ連大会　於立命館大　加盟セツル60。	
1974.4		**1** 筑波大学開校。
1974.5	［法］東大五月祭で氷川下セツル法相がろうあ者問題を取り上げる。	**31** 参院本会議、地方自治法改正案可決、成立　東京の区長公選制実現。
1974.6	［法］法相部に有志セツラーによる手話サークル「食べよう会」が誕生　その後「食べよう会」を母体に法相部の内部組織として「聾唖者班」が誕生。	
1974.8	**8〜10**［全セ］第29回全セツ連大会　於北海道大　加盟セツル59。	
1974.9		公害健康被害補償法制定。
1974	［代］文京教育懇談会にオブザーバーとして参加。	
1975.3	**7〜10**［全セ］第30回全セツ連大会　於都立大　加盟セツル64。	
1975 春	［法］法相部に内部組織として生活保護班が誕生。	
1975.5	氷川下セツル駒場セツラー会再結成。［法］東大五月祭で氷川下セツル法相が前年に引き続きろうあ者問題を取り上げる。	
1975.6	［代］教育大跡地利用につき、住宅地ではなく公園にとの住民運動と協力、署名活動等に取り組む（〜76.5）。	
1975.7	［法］清里合宿（35名参加）。	**19** 沖縄国際海洋博覧会開催。
1975.8		六価クロム問題起る。
1975.11	**14〜16** 東大駒場祭　氷川下セツル駒場セツラー会「仲間」をテーマとする自作劇を上演。「太陽の街から」と題する展示。	
1975.12		氷川下病院、増築完成組合員披露会。

1976. 2	[代] 氷川下セツルメント病院増改築　ハウス、病院地下に移動。	**4** ロッキード事件。
1976. 3	**21〜24** [全セ] 第31回全セツ連大会　於名古屋大。	最後の教育大生卒業。 センター病院完成（104床）建設落成祝賀会。
1976. 4	**15・16** [代] 代表委員会合宿　於本郷・太栄館。 **29** [代] 新入生歓迎コンパ。	
1976. 5	**17** [代] この日現在の氷川下セツル全体のセツラー数は162名（KS79名、NS83名）、大学数は27。	**30** 子供まつり。
1976. 6	**6** [代] 氷川下セツル大学。 **18** [代] 新入生に対する氷川下セツル説明会（お茶大学生会館）。 [代] 75年度会計報告　75年度の収入は144,186円、支出は127,640円　事務局費（セツラー費）は1月170円　セツラー費納入対象セツラー数は163名。	
1976. 7		**2** ヴェトナム南北統一、ヴェトナム社会主義共和国成立。 **21〜25** 第10回氷川下祭典。
1976. 9	**15** [全セ] 関セツ連代表者会議。	
1976.10	**23・24** [代] 第46回総会。	
1976.11	[代] 氷川下教育懇談会結成を呼びかける。	**23・24** 関東学生学術文化会議　於都立大。
1976 秋	[法] 生活保護班は「ひまわりの会」と名前を改める。	
1976.12		**20〜24** 12月集会　於名古屋。
1977. 4	**1** [全セ] 全セツ連新入生向けパンフ「青春の回復と創造—セツルメントを知っていただくために—」発行　寄稿　元東大教養学部長　山下肇。	
1977 春	[法] ひまわりの会・ろうあ者班が法相部から独立。	
1977. 8	**5〜7** [全セ] 第32回大会第2回定期連合委員会　於都立大。	原水禁大会、14年ぶり統一。
1977	[全セ] 第32回全セツ連大会　於大阪。	
1977.12		日中平和条約調印。
1978. 3	[青] 青年部はセツラーがいなくなり事実上消滅。[全セ] 第33回全セツ連大会（東京）氷川下から延べ50名以上が参加。	**15** 東京教育大学（1872年創立）廃学。
1979. 4	**30** [代] 第49回総会　於お茶大学生会館。 [代] 新入生歓迎コンパ。	**8** 第9回統一地方選挙。東京都知事に鈴木俊一、大阪府知事に岸昌当選（革新都政・革新府政に幕）。
1980	[代] 氷川下セツルメントの組織　常任委員会　代表委員会　児童部（氷川下班、久堅班、御殿町班）、中学・高校生班、ひまわりの会、よういどん子ども会、法律相談部。この時の氷川下班　5・6歳対象の幼児パート1、小学校低学年パート2、高学年パート2　他に計画中の中学生パート　早稲田大8名　東洋大7名　大妻女子大6名　東大1名　お茶大1名　玉川大1名　慶応大附属看護学校1名　他。 [OS] 東京都教育会館でOS会（50年代中心）総会　約40人参加。	**5.16** 大平内閣不信任案を全野党の賛成で可決。 **6.22** 第36回衆議院議員総選挙・第12回参議院議員選挙同日施行（初の衆参同日選挙）。

1981.3	**13〜16**［全セ］第36回全セツ連大会　於東大本郷。	
1981.4	**19**［全セ］関セツ連代表者会議　於東大駒場。［代］氷川下班（早稲田・東洋大中心）　久堅班（男子が東大中心）　御殿町班　中高生班　保健部　ひまわり班　よおいどん　総勢100名超　よおいどん（障害児ケースワーク）ひまわり（老人ケースワーク）保（年1回の健康診断）各班をまとめるのが非常に困難　最大の班・人数を誇った最後の時期　キャンプ　ハイキング　クリスマス祭「みんなこいこい12月」（久堅児童館と共催の学芸会ともちつき）　夏の盆踊り　定期的な父母会　教育懇談会.［児・御］活動は土曜日実践（子供達と遊ぶこと）。［児・久］週1回の家庭訪問。	**11**　日本リクルートセンター調べで大卒男子の初任給は12万1,678円。
1981.5	**10**［全セ］「旅立ち」第1号発行。第22期関東学生セツルメント連絡会議書記局（氷川下から2年ぶりの書記局員）。［全セ］関セツ連　新入生歓迎フェスティバル。	革新懇結成。
1981.6	**6・7**［代］セツル総会　会場ホテル大国・お茶大学館　6日　20時開会　21時〜22時30分　レクリエーション　22時30分〜24時　実践交流　7日　10時30分集合再開　歌、祭典実行委員の紹介と決起集会　11時30分〜12時　分科会のレポート紹介　13時〜15時30分　フリートーキング　15時30分〜16時30分閉会式。 **14**［全セ］関セツ連代表者会議　於東大駒場。［全セ］「旅立ち」6月14日号発行。 **20・21**［全セ］関東交流集会　於　ホテル大国・東大駒場。	
1981.7	**18〜20**［代］第15回氷川下祭典　主催　野草の会・氷川下学生セツルメント。	
1981.9	**13**［全セ］関セツ連連絡会議　於東大駒場。	
1981	［代］この頃の構成　1.子ども会　活動毎週土曜　氷川下：大塚公園、窪町公園　御殿町：窪町東公園　久堅：久堅公園、竹早公園　2.中高生班　3.ひまわりの会（1人暮らしのお年寄りや母子家庭の訪問）　4.保健部（集団検診とお年寄り訪問）　5.よういどん子ども会（聴覚障害児対象の子ども会）　6.法律相談部。	
1982.1	［児・御］小2・3年パート　セツラー1人こども10数人。	**20**　文学者287人が反核アピール。呼びかけ人、中野孝次、安岡正太郎、小田実ら。
1982.3	**14〜17**［全セ］第37回全セツ連大会　於東北大。［代］東京健生病院完成　氷川下病院は一時閉鎖後10月に再開　ハウスは二階に移動。	**11**　桜内義雄外相、参院予算委で米の核持込み事前協議の有無も非公開と表明。
1982.4		東京健生病院オープン。 氷川下セツルメント病院、一時休止。
1983.2		老人保健法施行　医療費有料化。
1983.3	**12〜15**［全セ］第38回全セツ連大会　於立命館大。	
1983.4	**24**［全セ］関セツ連連絡会議　於東大駒場。	
1983.8	**27〜29**［全セ］第38回大会第2回定期連合委員会　於東大本郷。	
1983	［代］栄養部　法相部は存在せず。［全セ］全セツ連大会開催。	

1984.3	**12〜15**［全セ］第39回全セツ連大会　於阪南大。	
1984.4	［代］氷川下班・御殿町班・久堅班（幼児・児童部）中高生班　保健部ひまわり班（老人部）。班活動中心　パート会　家庭訪問　キャンプ　クリスマス会　お花見会　セツルメント全体でやる事は少ない　春秋総会　夏は祭典で盆踊りや映画会.［児・御］20名東大・お茶大・東洋大・早大・国際手芸学院　土曜日午後子供と遊ぶ総勢90。中高生班：セツラー3　子供9　土曜午後学館や運動場で。［保］ひまわり：お年寄りのお宅訪問　班会土5時学館　お花見　祭典　住民検診　合宿。	
1984.5	**22**［代］連協　分野別連絡協議会設定。	**27**　トマホーク配備反対集会、横須賀・佐世保など8か所で開催。
1984.6	**1**［代］連協総括　'84春の関交集実行委員会CAPに。 **5**［全セ］関交集実行委員会第1回（実務割当　歌集つくり）。 **8**［全セ］関交集実行委員会第2回（実務確認　実践交流会）。 **12**［全セ］関交集実行委員会第3回（実務）。 **16・17**［全セ］関東交流集会　150人？参加　一日目の晩フリートーク　氷川下から4人。 **22**［全セ］総括　7月関東代表者会議用基調報告案つくり。 **24・7-8**［代］第18回氷川下祭典　(6.24と7.8では会場が異なり、6.24は久堅子ども会が、7.8は氷川下子ども会が中心となり運営されている　盆踊り、腕相撲、絵画展示、じゃんけん大会、輪投げ大会、映画会、麦茶サービス等　収入　413,270円（内、商店からのカンパ180,500円）　支出　291,925円。 **27・28**［代］第61回総会　於ホテル大国・お茶大学館　27日学年会　全体会　部屋別交流会　28日レクレーション　実践討論　閉会全体会。	**13**　85年4月から使用の高校教科書（新現代社会）で、在日韓国・朝鮮人の差別問題についての記述差替えが判明。 **30**　厚生省、平均寿命女性79.78歳、男性74.2歳と発表（男女とも長寿世界一）。
1984.7	**4〜6**［全セ］合宿　7月関東代表者会議の基調案書き。 **8**［全セ］関東代表者会議　20人位参加　後コンパ。氷川下祭典。 ［児］夏期集中実践。	**5**　神奈川県議会、長洲一二知事提案の「神奈川非核兵器県宣言」可決。
1984.8	**10**［全セ］来期関セツ連の人事　第40回全セツ連東京大会の中央実行委の人事。 **19**［OS］OS会　東京健生病院　出席者数37。 **26〜28**［全セ］第２回全セツ連定期連合委員会。 **27〜31**［児・久］久堅子ども会夏合宿　河口湖「民宿富士湖」。 ［代］総括　夏合宿。	**6**　自民党安全保障調査会、法令整備小委員会がスパイ防止法案を作成。
1984.9	**24**［全セ］関東代表者会議　40人位のセツラー。状況集約集「太陽の街」作成。機関紙「で・あい」4回発行。	**6**　全斗煥韓国大統領、国家元首として初めて来日。
1984.10	**27**［代］第61回総会。 ［児］秋期集中実践。合同班会　氷15　久13　ひ4　中3　御1　参加　概ね好評。	健保改悪実施　健保本人当面1割負担。
1984.11	**9**［全セ］第40回全セツ連大会中央実行委員会　雷おこし第2号発行。 **17・18**［全セ］関東セツルメント連合交流集会。	

1984	「氷川下セツルメント'84」(オリエンテーションパンフレット)発行　氷川下子供会・御殿町子供会・久堅子供会・中高生班・ひまわり会。[代]セツルメントには70名位の学生が参加　事務所はお茶大　ボランティア的要素　寝たきり老人の世話　町の盆踊り大会　日曜に遊ぶハウスについて病院と学生、契約書を取り交わす(2階の約20坪をセツルが所有)。[OS]東京健生病院でOS会第2回総会(以後2年おきに総会)。[代]代表者会議毎週月曜定例開催。	
1984～1986	[保]ひまわり班活動休止　解散。[児]よおいどんこども会脱退。中高生班の活動不定期となる。[児・御]こども会活動休止　解散。[代]代表委員会停止。	
1985. 2	[児・久]こども会作文集ひなたぼっこ。	**11** 建国記念の日を祝う会主催の「国民式典」開催、中曽根首相、歴代首相で初の出席。
1985. 3	**24～27** [児・久]子ども会春合宿　館山「いなば荘」。 **11～14** [全セ]第40回全セツ連大会　於東大本郷。	**4** 東京地裁、「4.28沖縄デー闘争」(69年)直前集会での新左翼諸派の発言に破防法を適用、執行猶予つき有罪判決。
1985. 9		**22** 5カ国蔵相・中央銀行総裁会議(G5)、ドル高に対して為替市場への積極介入で合意(プラザ合意)。
1985.11	**16・17** [全セ]関セツ連交流集会。	**19** 米ソ、6年半ぶりにジュネーヴで首脳会談。11.21両首脳の相互訪問、戦略核50%削減など13項目にわたる共同声明を発表。 氷川下セツルメント病院一部診療開始(半年ほど空家)。
1986. 3	**10～13** [全セ]第41回全セツ連大会　於日本福祉大。	
1986. 4	[保]消滅。	**1** 男女雇用機会均等法施行。 **26** ソ連チェルノブイリ原子力発電所で大規模な事故発生。
1986. 7	**14～17** 第20回夏祭り。	
1986. 8	[児・久]夏合宿。	
1986.12		老人保健法改悪。 「バブル経済」―1986年12月から1991年2月までの4年3か月間を指すのが通説。
1987. 7	**16～19** 第21回夏祭り　主催久堅子ども会・氷川下子供会(総称氷川下セツルメント)　会場　窪町公園。この頃、久堅子ども会:セツラー約30名子ども約100名、氷川下子ども会:セツラー約40名子ども約120名　共に週1回の家庭訪問と公園遊び、春秋のハイキング、夏のキャンプ、冬のクリスマス会・餅つき大会等。	
1987. 8	**7** [OS]大OS会(50～60年代)開催　61名参加　於新宿キャッスルイン。	**7** 臨時教育審議会、教育改革に関する最終答申提出。

1988. 7 1988	**14〜18** 第22回夏祭り　主催氷川下セツルメント（久堅子ども会・氷川下子ども会）　170程の商店・企業からのカンパ213,500円。この頃の氷川下子ども会：3歳から6歳の幼児パート、小学校低学年パート、高学年パート各2パートずつ　東洋大13名　大妻女子大9名　早稲田大2名。セツルメント名は合同夏祭の時のみ。 ［全セ］関東セツルメント交流集会参加。［青・わ］OB・OG会（現役セツラー2名参加）。	
1989. 1 1989. 3 1989. 4 1989. 7 1989.11 1989.12	 久堅こども会解散記念文集「おひさま」発行。 **20〜23** 第23回夏祭り　主催氷川下セツルメント（久堅子ども会・氷川下子ども会）会場　窪町公園。この頃、久堅子ども会：セツラー約40名子ども約110名、氷川下子ども会：セツラー約40名子ども約130名。	**7** 昭和天皇死去、皇太子明仁が即位、新元号を「平成」と定める。 **1** 税制改革「消費税3%課税など」実施。 **10**「ベルリンの壁」崩壊。 **2** マルタ島でブッシュとゴルバチョフが会談。12.3冷戦終結を宣言。
1990. 4 1990. 6		**26** 選挙制度審議会、小選挙区比例代表制（並立制）導入の改革案答申。 **1** 米ソ首脳会談、戦略兵器削減条約（START）に基本合意。 **22** 海部首相、歴代首相で初めて沖縄戦没者追悼式に参列。医療生協「患者の権利章典」（案）発表。
1990. 7 以前 1990. 7 1990. 8 1990.10	氷川下こども会、セツルメントの名称をはずす。 **21・22** 第24回夏祭り。この頃の氷川下子ども会　大妻女子大16名　東洋大14名　早稲田大3名　聖路加看護大2名　成蹊大1名　神奈川大1名　他。 **〜1995.1.10**［OS］久堅こども会OS 2名の編集による「氷川下セツルメントのあゆみ」、文京教育懇談会機関紙『文京の教育』に連載。	 **2** イラク軍がクウェートを侵攻・制圧、湾岸危機発生。 **3** ドイツ統一。 この年、「バブル経済」流行語となる。
1991. 1 1991. 3 1991. 6 1991. 7	 久堅こども会、セツルメントの名称をはずすことを決議。 久堅こども会、セツルメントの名称をはずす。	**17** 湾岸戦争勃発。 **13** 文部省、指導要領を絶対評価中心へ。 **30** 新学習指導要領に基づく教科書検定で、「日の丸・君が代」が国旗・国歌と明記。 この年バブル経済崩壊、金融・証券不祥事。

1992	この頃の氷川下子ども会　各1パートの計3パート、東洋大7名　大妻女子大7名　東京経済大1名　成蹊大1名　他。	
1993.12		14 細川首相、ウルグアイ・ラウンドのコメ市場開放問題で「コメ開放」受託を表明。
1993	この頃の氷川下子ども会　各1パートの計3パート　活動場所窪町公園　大妻女子大11名　東洋大9名　東京経済大1名。	
1998. 7	**18・19** 夏祭り。	
2000. 4	「ありがとう氷川下セツルメント」のイベント開かれる800名参加。	
2001. 3		**16** 政府が戦後初のデフレ認定。
2002	［OS］「氷川下セツル50周年」のモニュメントを最初のセツルハウスの地に設置。	**4月** 介護老人保健施設ひかわした開設。
2004	**11.27** ［OS］オールド・セツラーの集い '04　64名参加　於全林野会館「かつら」。	**6.18** イラク多国籍軍への自衛隊参加を閣議決定。 文京区の新行財政改革推進計画により白山南寿会館廃止が決定される。
2005	**5.15** ［OS］OS会「磯野誠一先生を偲ぶ会」。50年代活動のOSを中心に36名参加。今後のOS会について「名簿の管理と会計を60年代以降のOSに託す」ことが提案され、了承される。於全林野会館603会議室。	**2.16** 地球温暖化防止のための京都議定書発効。 **10.14** 郵政民営化関連6法成立。
2007	**8.10** ［OS］『氷川下セツルメント—「太陽のない街」の青春群像—』出版。 **8.19** ［OS］OSの集い'07　63名参加。於全林野会館	**7.29** 第21回参議院議員選挙で自民党歴史的惨敗。 **10.1** 日本郵政公社分割・民営化。 アメリカでサブプライムローン問題、利下げに転換。原油高騰。
2008	**7.10** ［OS］氷川下セツル史料集「第一」『総会資料』発行。 **8月** ［OS］氷川下セツル史料集「第三」影印本『ひかわしたセツルメント10ねんし』発行。 **9.20** ［OS］氷川下セツル史料集「第二」『らしんばん』発行。	**3.28** 文部科学省が小中学校新学習指導要領告示。 **9.15** ［米］リーマン・ブラザーズ証券が史上最大の経営破綻.世界金融不安。 **9.24** 福田内閣総辞職、衆議院優越規定で麻生内閣発足。
2009		白山南寿会館解体撤去　跡地は「白山3丁目児童遊園」の拡張整備に充てられる。
2010	氷川下子ども会　幼児パート、低学年パート、高学年パート、各1　活動場所 お茶大・窪町公園　活動日　木・土　セツラー数約30　子ども約25　構成大学　東洋大、大妻女子大、お茶大。年間スケジュール　7月　七夕祭　8月　キャンプ（2泊3日）12月　クリスマス祭　3月　お別れ会、お泊り会〈学生の行事は　4月　新入生歓迎会、春ハイク　5月　新入生歓迎会　9月　夏合宿（3泊4日）　2月　お別れハイク、春合宿〉。 **10.3** ［OS］OSの集い'10　40名参加　於全林野会館「かつら」。	**2.27** チリ、コンセプシオンにてマグニチュード8.8の地震が発生。 **6.2** 鳩山由紀夫首相が辞任。 **6.8** 菅内閣が発足。 **7.11** 第22回参議院議員通常選挙で民主党と国民新党両党の連立与党が過半数割れ。

		11.13 ミャンマーの民主化指導者アウンサンスーチー氏が解放され、自宅軟禁が7年半ぶりに解除される。
2011	**11.19**［OS］編纂委員と氷川下子ども会会合　於お茶大学生会館。	**3.11** 東日本大震災（東北地方太平洋岸沖を震源とする、マグニチュード9.0の地震が発生）。この地震で福島第一原子力発電所が被害を受け、それによって大規模な原子力発電事故が発生。

出典一覧

[出典]		[発行年月]
『氷川下セツルメント史料集』	第一「総会資料」Ⅰ・Ⅱ	2008年　7月
	第二「らしんばん」Ⅰ・Ⅱ・Ⅲ	2008年　9月
『ひかわしたセツルメント10ねんし』		1962年 11月
『氷川下セツルメント―「太陽のない街」の青春群像―』		2007年　8月
『都心で育てた30年―発展の歴史を追って―』（東京保健生活協同組合編）		1992年　5月
『医療生協創立のころ―東京の生協運動史（続編）思い出集―』	（東京保健生活協同組合連合会編）	2007年　3月
『昭和史事典』毎日新聞社		1980年　5月
『日本文化総合年表』初版　岩波書店		1990年　3月
『20世紀年表』初版（朝日新聞社編）		2000年　3月
『日本史総合年表』第二版　吉川弘文館		2001年　5月
『日本史年表』第四版（歴史学研究会編）岩波書店		2001年 12月
『日本現代史年表』初版（吉川弘文館編）		2008年 11月
『昭和・平成史年表』新訂版（平凡社編）		2009年　3月
『昭和・平成史』初版　岩波書店		2012年　7月

所属名の表記

[中央]	(中央委員会)	[保]	(保健部)
[連]	(連絡協議会)	[児・久]	(児童部久堅班)
[全セ]	(全国セツルメント連合)	[児・御]	(児童部御殿町班)
[文]	(文化部)	[児・氷]	(児童部氷川下班)
[児]	(児童部)	[児・中]	(児童部中学生班)
[生]	(生活部)	[青・わ]	(青年部わかものパート)
[診]	(診療部)(診療所)	[青・労]	(青年部労文パート)
[歌]	(歌う会)	[青・高]	(青年部高校生パート)
[法]	(法律相談部)	[児・代]	(児童部代表者会議)
[青]	(青年部)	[代]	(代表委員会)
[労]	(労働部)	[OS]	(オールドセツラーの会)

大学名の表記

東大	(東京大学)
教育大	(東京教育大学)
お茶大	(お茶の水女子大学)
栄大	(女子栄養短期大学・女子栄養大学)
日医大	(日本医科大学)
医歯大	(東京医科歯科大学)
女子医大	(東京女子医科大学)

氷川下セツルメント関係　規約・会則等

氷川下セツルメント規約

（1954年7月1日）

第1章　総則

第1条　本会は、氷川下セツルメントと称し、事務所を東京都文京区氷川下町4番地におく。
第2条　本会は、次の綱領の下に、氷川下周辺において活動を行う。
氷川下セツルメント綱領
1.　みんなでみんなの生活を守ろう。
健康で文化的な生活は、人間として最大の希望です。しかし今の日本では医療技術は向上しても、実際にその恩恵をうけることが出来ない人や、健康な楽しみにふれることが出来ない人がふえています。又、未来の希望である子どもにも、自由にのびていくための教育の機会が少なくなっています。更に、もっとも最低の要求である衣食住に対する困難はますます増加してきています。

　そこで氷川下セツルメントは、各部に分かれていろいろの面から破壊されようとしている生活を、町の人も、セツラーも一緒になって守っていくよう出来るだけの努力をしたいと思います。その中で、生活を破壊しようとしているものは何なのか、町の人と一緒に考え見つけだして、生活を破壊しようとするものに対し、ぶち破り平和で民主的な生活を築いていきましょう。
2. みんなに愛され、理解され、役立つ学問を創ろう。
本当の学問は誰にでも愛され、理解され、役立つものでなければなりません。そのためには、人々の生活に接し、人々の生活を理解しなければならないと思います。みんなの生活を守るためにどうしたらよいのか真剣に考え、話し合っていく中から真の学問が芽生えてくるのではないでしょうか。そこで得た学問は、更に人々の中に生かしていかなければならないと思います。
第3条　本会は、前条の綱領を認め、一つ以上の部に所属する会員をもって組織され、会員の入会及び退会は所属する部の承認を要する。
第4条　本会には、イ診療所　ロ診療部　ハ児童部　ニ歌う会　ホ生活部　ヘ法律相談部を置き、部の改廃、新設は総会の承認をもって行われる。但し、緊急の場合は中央委員会の仮承認をもって行うことができる。
第5条　本会は、関東セツルメント連合に加盟し、関東におけるセツルメント運動の発展に努力する。

第2章　組織

第1節　総会

第6条　総会は、本会の最高議決機関であり、6ヶ月に1回定例に開かれるが、必要と認められ

た場合は中央委員会が臨時に招集することが出来る。

第7条　総会は、全会員の過半数をもって成立し、議決は出席者の3分の2以上の多数決による。但し委任状による委任を認める。

第2節　中央委員会

第8条　中央委員会は、本会の特徴である各部の協同、連帯を推し進め、総会の決定に基づいて総会から総会までの間総会を代行する。

第9条　中央委員会は、毎月1回定例に開かれるが、必要と認められた場合は委員長が臨時に招集することが出来る。

第10条　中央委員会は、委員長、副委員長、各部各学校の代表1名及びレジデント1名をもって構成される。

第11条　委員長、副委員長は中央委員の互選によって選出され、その決定は総会に報告するものとする。尚、委員長、副委員長を出した部又は学校はもう1名の委員を出さねばならない。

第12条　中央委員会は3分の2以上の委員の出席をもって成立し、議決は全員一致による。但し各部委員は全員必ず出席しなければならない。中央委員に事故ある場合は委任を認める。尚、委員会はだれでも必要な会員の出席を求めることが出来、又会員の傍聴及び発言は自由である。

第13条　委員の任期は総会から総会までとする。

第3節　事務局

第14条　事務局は、中央委員会の決定に基づき、必要なる事務を執行し、機関紙その他の発行を行う。

尚、委員会から委員会までの間、委員会を代行できるが、その決定は必ず委員会の承認を受けなければならない。

第15条　事務局会議は毎週1回定例に開かれる。

第16条　事務局は、中央委員会によって任命された5名及び委員長、レジデントをもって構成され、情報宣伝、会計、渉外その他必要の係をおくことができる。

第4節　各部

第17条　各部は、本会のもっとも基本的な組織であり、他部との連携の下に独自に活動を行うことができる。

第18条　各部は中央委員1名を選出し、中央委員会の決定に従わねばならない。

第5節　会計

第19条　本会の会計は、次のように行われる。

イ．各部は原則として独立採算とする。但し各部会計は中央委員会の求めに応じて予算及び決算を報告しなければならない。

ロ．中央委員会会計

(1) 中央委員会の運営費は、各部がその財政能力に応じて負担する。

(2) 会員は会費（機関紙代その他及び関東セツルメント連合会費）として毎月20円を納める。

(3) その他の収入及び支出は中央委員会で協議の上決定する。

第3章　その他

第20条　レジデントはハウスに居住し、ハウスを管理すると共に、地域の動きを把握してセツルメントと地域との交流を深める。宿泊に必要な費用は事務局から支給を受ける。

第21条　本会に、本会の活動を積極的に奨励する維持会員の制度をおき、会員には活動を報告する。

第22条　本規約の発効及び改正は総会の決定による。

附則　本規約は1954年7月1日から本会内に適用される。

注　① 制定当初の規約については資料を欠いているので、1958年6月15日に全面改正される直前の規約を掲げた。

② この規約の草案は、1954年5月15日の第2回中央委員会において設置が決められた規約作成準備委員会が、同年5月20日の第1回会合以来精力的に作業を進めて取りまとめた原案を、6月12日、26日の中央委員会の討議にかけて決定したものであるが、6月27日の第3回総会　では、審議の上その一部が修正されて、最初の氷川下セツルメント規約となった。ただし、第2条については、綱領案が中央委員会でなお検討中であったため、「保留」扱いとなった。

その後、54年12月19日の第4回総会において、関東セツルメント連合に関する第5条の規定が追加され、それに伴い当初の第5条以下の条文は1条ずつ繰り下げられた。（その際、第5条の追加との関係で、第19条のロの(2)の関東セツルメント連合費に係る部分の修正も行われたものと考えられる。）また、保留となっていた綱領については、その後正式に決定されて（55年6月12日の第5回総会において行われたものと考えられる）、第2条に挿入された。

氷川下セツルメント規約

（1956年6月）

第1条　**総則**

本会は氷川下班セツルメントと称し、事務所を東京都文京区氷川下町4番地におく。

第2条　**目的**

本会は氷川下地区の生活と文化の向上のため活動しあわせてともに学問を学んでゆくことを目的とする。

会員

本会は一つ以上の部に属する会員をもって組織される。

第3条　**各部**

本会は基本的活動組織として次の部をおく。

イ　診療部　　ロ　児童部　　ハ　栄養部　　ニ　法律相談部　　ホ　診療所

第4条　**総会**

1. 総会は本会の最高の議決機関であり年2回定例に開かれる。但し連絡協議会が必要と認めたときは臨時に開くことができる。
2. 総会は全会員の過半数をもって成立し、議決は出席者の過半数による。

第5条　**連絡協議会**

1. 連絡協議会は各部より選出された連絡員をもって構成され、互選によって代表者1名を定める。
2. 連絡協議会は各部の相互的協力をおし進めることを目的とし、毎月1回開くこととする。

第6条　**事務局**

1. 事務局は各部より選ばれた事務局員により構成され連絡協議会のもとに必要なる事務をおこなう。
2. 事務局は機関紙・会計の2部とする。

第7条　**会計**

1. 各部会計は原則として独立採算とする。
2. 会員は毎月20円を納める。

第8条　**補則**

本規約の発効及び改正は総会の決定による。

連合委員については了解事項とする。

氷川下セツルメント規約

（1958年6月15日）

第1章　総則

第1条　本会は氷川下セツルメントと称し、その事務局を東京都文京区氷川下町4番地氷川下セツルメントハウスに置く。本会は全国セツルメント連合に加盟し全国のセツルメントおよびこれに準ずる団体との相互の交流を深め、セツルメント運動の全国的発展に寄与する。

第2章　目的

第2条　本会は氷川下地区の生活と文化の向上のため活動し、併せてともに学問を学んでいくことを目的とする。

第3章　会員

第3条　本会は前条の目的を達成するために、一つ以上の部に属し、常時活動する会員をもって組織される。

第4条　本会には総会の承認をへて、前条の会員の他に、顧問、維持会員をおくことができる。

第5条　大学卒業その他の事由によって本会を退会した会員はOS会に入ることができる。OS会は別にこれを定める。

第4章　組織

第6条　本会には、第2章の目的遂行のため、左の各部・各組織をおく。

（各部）　栄養部　児童部　保健部　法律相談部　診療所

（各組織）　総会　連絡協議会　事務局　ハウス管理委員会　臨時小委員会

第1節　各部

第7条　各部は本会の活動の基本的組織であり、独自に活動を行うことができる。

第8条　部の改廃・新設には総会の承認を要する。

第9条　各部は連絡協議会議員及び事務局員を選出し、あわせて本会運営に必要な経費を負担する義務を負う。

第2節　総会

第10条　総会は全会員をもって構成され、本会の最高議決機関として、本会の運動方針の決定、予算および決算の承認、規約の変更等を行う。

第11条　総会は年2回、原則として6月と12月にこれを開く。但し、連絡協議会において必要と認められた場合、又全会員の5分の1以上の要求がある場合、又は一つ以上の部の決議による要求がある場合は臨時にこれを開かねばならない。総会は連絡協議会議長が

これを招集する。連絡協議会議長は総会の2週間前に総会の日時・場所・議題を提示しなければならない。

第12条　総会の議決は出席者の過半数による。但し、賛否同数の場合は議長の決するところによる。

第3節　連絡協議会

第13条　連絡協議会は本会を代表し、総会の議決に基いて、次の総会までの議決機関としての任務を代行する。

第14条　連絡協議会は各部2名の代表者をもって構成する。
連絡協議会は互選により次の役員を選出する。
連絡協議会議長…連絡協議会を代表する
連絡協議会副議長…連絡協議会議長を補佐する。

第15条　連絡協議会議員の任期は、総会から総会までとする。但し、再任はこれを妨げない。
連絡協議会議員に欠員が生じた場合は各部責任において補充する。

第16条　連絡協議会は月に1度定例に開かれる。但し、必要と認められた場合は臨時に開くことができる。連絡協議会は議長がこれを招集する。

第17条　連絡協議会は、少なくとも各部1名の代表者を含む議員の過半数の出席をもって成立し、その議決は出席者の全員一致を要する。なお、連絡協議会は誰でも必要と認められる会員の出席を求めることが出来る。又会員の傍聴・発言は自由である。但し、議決権はこれを認めない。

第4節　事務局

第18条　事務局は連絡協議会の決定に基き必要なる事務を行う。

第19条　事務局に次の部を設ける。
財政部…本会運営に必要な財政事務を行い、総会に予算案・決算報告書を出す。
情報宣伝…機関紙発行その他の情報宣伝活動を行う。

第20条　事務局は原則として各部2名の事務局員によって構成され、事務局長が主宰する。事務局長は事務局員の互選によって選出される。事務局長は連絡協議会に出席しなければならない。但し、議決権はこれを持たない。事務局員の任期は連絡協議会議員の任期に準ずる。

第21条　事務局会議は定期的に月2回開かれる。但し、必要と認められた場合はこの限りではない。

第5節　全セツ連連合委員

第22条　本会は全国セツルメント連合委員1名を選出する。連合委員は、氷川下セツルメントを代表して全国セツルメント連合委員会に出席し、他セツルとの交渉渉外事務にあたる。
（付）全国セツルメント連合委員が全国セツルメント連合書記局員に選ばれた場合は新たに1名の連合委員を選出する。

第23条　全国セツルメント連合委員は、6月定期総会で選出され、任期は1年とする。連合委員は連絡協議会議員を兼任する。

第6節　ハウス管理委員会

第24条　ハウス管理委員会は、ハウス管理規定に基き、セツルメントハウスの管理維持に当る。ハウス管理規定は別にこれを定む。

第25条　ハウス管理委員会は、総会で任命された3名の委員によって構成される。

第26条　ハウス管理委員会委員の任期は、連絡協議会議員の任期に準ずる。

第7節　臨時小委員会

第27条　本会運営に当り必要と認められた場合は、連絡協議会の承認をへて臨時小委員会をおくことができる。但し、事後に総会の承認を要する。その詳細はその都度定められる。

第5章　財政

第28条　本会運営に必要な経費は会員の納入する会費、その他をあて、事務局財政部がこれを扱う。

第29条　各部は原則として独立採算をとる。

第30条　会員は会費として月10円を納めなければならない。

第31条　本会の会計年度は総会より総会までとし、総会毎に予算案・決算報告を提出するを要す。

第6章　附則

第32条　本規約の変更は連絡協議会がこれを発議し、総会における3分の2以上の賛成を得ることを要す。

第33条　本規約は総会の承認と同時に効力を生ず。

注　① 59年6月14日の第13回総会で、第17条は次のように改正された。

第17条　連絡協議会は、診療所を除いた各部より最低1名の代表者を含む議員の過半数の出席をもって成立し、その議決は、出席者の過半数を要する。但し、診療所にとって、特に関連の深い議事は、診療所の出席、或いは事後承認を要する。

② 59年7月2日の臨時総会で、規約の一部改正が行われた。その内容は次のとおり。

第6条　各部の項の「診療所」の次に「労働部」を加える。

第12条を次のように改める。

第12条　総会の議決は出席者の過半数のよるものとし、賛否同数の場合は議長の決するところによる。但し、第8条の承認については、総会の3分の2以上の議決を必要とする。

第23条前段を次のように改める。

全国セツルメント連合委員は、定例総会で選出され、任期は半年とする。

第32条に次の但し書を加える。

但し、部の改廃、新設については、全会員の5分の1以上の要求がある場合、又は、1つ以上の部の決議による要求がある場合には、連絡協議会はこれを発議しなければならない。この要求はあらかじめ文書をもって連絡協議会に届け出でることを要する。

氷川下セツルメント規約

（1962年7月8日）

第1章　総則

第1条　このセツルメントは、氷川下セツルメントと称し、事務局を東京都文京区氷川下町4番地氷川下セツルメントハウスにおく。

第2条　このセツルメントは、東京都文京区氷川下町及びその周辺の地域の人々の生活と文化を向上させるため活動すると共に、全国のセツルメント及び、これに準ずる団体との相互の交流を深め、セツルメント運動の全国的発展に寄与することを目的とする。

第3条　このセツルメントは、第9条に掲げる部（以下単に「部」という）の連合体として組織され、各部は次条に規定するセツラーにより構成される。

第2章　セツラー及びOS等

第4条　セツラーとは、1または2以上の部に属して第2条の目的のため活動して、その実践を通じて真の学問を体得するよう努めるものをいう。

第5条　セツラーになろうとするものは、その属しようとする部の承認を得なければならない。

第6条　このセツルメントは、総会の承認を経て、セツラーの他に顧問、維持会員その他をおくことができる。

第7条　大学卒業、その他の理由によりセツラーでなくなったものは、OSという。

第8条　セツラーは、このセツルメントの運営に必要な経費を負担する義務を負う。

第3章　部

第9条　このセツルメントを組織する部は、次の各部とする。

栄養部　　児童部　　青年部　　保健部　　法律相談部

第10条　総会によって部の新設又は改廃が承認された場合は、前条を訂正する。

第11条　部は、このセツルメントの活動の基本組織であり、この規約及び総会の議決するところに従い、それぞれ独自に活動を行う。部における内部組織、運営その他必要な事項は部の定めるところによる。

第12条　各部は連絡協議会議員及び事務局員を選出しなければならない。

第13条　各部はその部に所属するセツラーに変動があった時、連絡協議会から要求があった時には、セツラーの氏名、その他の必要事項を連絡協議会に報告しなければならない。

第14条　部の新設又は改廃は、連絡協議会が必要と認めた場合、1又は2以上の部、文書による要求があった場合、又は全セツラーの5分の1以上の文書による要求があった場合には連絡協議会議長がこれを総会に発議し総会の承認を得なければならない。

第4章　機関

第15条　このセツルメントの主要機関として総会、連絡協議会及び事務局を置く。補助機関として、臨時小委員会を置くことができる。

第1節　総会

第16条　総会は、定例総会及び臨時総会とし、セツラーにより直接構成される最高の議決機関である。

第17条　定例総会は、このセツルメントの運動方針の決定、予算及び決算の承認、連絡協議会議長、事務局長、全国セツルメント連合委員の選出任命を行い、その他の事業を討議する。

第18条　定例総会は、年2回、原則として6月及び12月に開く。

第19条　連絡協議会議長は、連絡協議会が必要と認めた場合、又は全セツラーの5分の1以上の要求があった場合には、臨時総会を招集しなければならない。日時、場所、議題その他必要な事項は連絡協議会がこれを定める。

第20条　総会の議決は、出席者の過半数によるものとし、賛否同数の場合は、議長の決するところによる。但し、部の新設又は改廃の承認及び外部団体への加入については、総会の3分の2以上の議決を必要とする。

第21条　総会は、連絡協議会議長が仮議長となって、総会ごとにその議長、副議長、書記を選出する。

第2節　連絡協議会

第22条　連絡協議会は、このセツルメントを代表し総会の議決に基いて、次の総会までの間、総会の任務を代行する。但し、第20条但し書きの事項については、これを議決することはできない。

第23条　連絡協議会は、連絡協議会議長及び各部2名の代表者、全国セツルメント連合委員、事務局代表者1名をもって構成する。

2. 連絡協議会議員は、出席不可能な場合は、他のセツラーに委任しなければならない。
3. 連絡協議会は、互選により次の役員を選出する。
   連絡協議会副議長　1名、連絡協議会書記　1名

第24条　連絡協議会議長及び連絡協議会議員の任期は、定例総会から定例総会までとする。

第25条　連絡協議会は、原則として月1回開く。但し必要と認める場合には臨時にこれを開くことができる。

2. 連絡協議会は、議長がこれを招集する。

第26条　連絡協議会は、少なくとも各部1名の代表者を含む議員の過半数をもって成立し、その議決は出席者の過半数を必要とする。

2. 連絡協議会は、必要と認める場合、セツラーの出席を求めることができる。

第3節　事務局

第27条　事務局は、連絡協議会の決定に基づき、次の事務を行う。

1. このセツルメントの運営に必要な財政事務を行い、定例総会に予算案、決算報告を提出すること。
2. 機関紙発行その他の情報宣伝活動を行うこと。
3. セツルメントハウスの管理維持にあたること。
4. セツルメント文庫の維持発展に努めること。

第28条　事務局は、事務局長及び各部2名の事務局員によって構成され、事務局長が主宰する。但し、連絡協議会が必要と認める場合は、事務局長が他のセツラーを事務局員として補充任命することができる。事務局長及び事務局員の任期は、連絡協議会に準ずる。

第29条　事務局は、連絡協議会にその代表者1名を出席させなければならない。

第30条　事務局会議は、原則として月2回開かれる。但し、必要と認められる場合はこの限りではない。

第4節　臨時小委員会

第31条　このセツルメントの運営にあたり、連絡協議会が必要と認めた場合、又は総会の議決があった場合には、臨時小委員会を置くことができる。但し、事後に総会の承認を得なければならない。

第5章　全国セツルメント連合

第32条　総会で選出された全国セツルメント連合委員は、このセツルメントを代表して全国セツルメント連合委員会に出席し、他セツルとの交流その他渉外事務にあたる。

第33条　全国セツルメント連合委員の任期は、一つの定例総会から次の定例総会までとする。

第34条　全国セツルメント連合委員は、連絡協議会に出席しなければならない。

第35条　全国セツルメント連合委員が全国セツルメント書記局員に任命された場合は、連合委員が新たに1名の連合委員を選出して、連絡協議会の承認を受ける。

第6章　財政

第36条　このセツルメントに必要な経費には、セツラーの納入する事務局費その他をあて、事務局がこれを取り扱う。

第37条　各部は原則として独立採算をとる。

第38条　セツラーは原則として月60円の事務局費を納めなければならない。

第39条　このセツルメントの会計年度は、定例総会から定例総会までとする。

第7章　改正

第40条　本規約の改正は、連絡協議会が発議し、定例総会における3分の2以上の賛成を得ることを要する。

附則　この規約は昭和37年7月8日より施行する。

注 ① 1964年6月1日発行の『らしんばん』60号所収の規約では、「追補」として次のような第19条第2項の改正規定が載せられている。前年4月19日発行の『らしんばん』54号及び同年11月1日発行の『らしんばん』56・57号所収の規約にはこの「追補」は載せられていないので、前年12月の第22回総会でこの規約改正が行われたものと考えられる。

第19条第2項　定例総会は、連絡協議会議長がこれを招集する。連絡協議会は総会の2週間前に総会の日時、場所、議題を提示しなければならない。

② 第38条の「事務局費」は、上記『らしんばん』60号所収の規約では「月40円」であるが、次の61号（64年7月発行）所収の規約では「月60円」となっている。従って、第38条は、64年6月7日の第23回総会で改正されたものと考えられる。

③ 以上の規約改正後も、組織変更等に伴う規約の改正は繰り返し行われたはずであるが、関係資料がなく不明である。規約の全文が総会討議資料又は『らしんばん』に収録されているのは、66年5月22日付けの第27回総会討議資料が最後である。

趣意書　氷川下セツルメントハウス設立に関して　（1953年6月）

関東大震災の直後、柳島に東京帝大セツルメントが設立され、学生、教授を中心として診療、法律相談等広く市民の生活の問題をとりあげ、大きな功績を残しました。

更に戦後昭和24年のキティ台風の災害救済を機会に、亀有川崎に東京大学セツルメントが新に生れ、一般市民の生活健康の擁護に着実な活動をしています。

科学研究の機関である大学と苦しい生活に追われる市民とが手を取り合って、一緒に健康を守り文化の向上をはかる、そこにこそ眞の科学が生れ、人々の平和な生活が築かれるのではないでしょうか。

この様な気持ちから、日本医科大学、お茶の水女子大学、教育大学、跡見学園、青山学院、武蔵大学、東京大学の学生は昨年氷川下にセツルメント活動を始め今日まで努力してきました。氷川下―文京区白山御殿町、久堅町一帯は、かつて『太陽のない街』と文学にもえがかれ、貧しい町の人々の生活はひろく知られた処です。

この事実は昨年夏とこの春休み行った私達の実態調査にもはっきり表れました。例へば、折り工（印刷した大きな紙を頁々に折る）の賃金は1000枚折って30円から50円、1日平均3000枚折って150円足らずであり、中小企業の勤労者は男子20才前後で時間給13円から20円であります。小石川一帯はいわゆる『ニコ四』の職安に働く人が多く住んでいますが、この人々の給料はまだいい方です。健康保険のない家が調査世帯の47%、水道が共同なのは御殿町42%、久堅町15%、共同便所使用は御殿町7%、久堅町3%、内職を行なっている家は御殿町35%、久堅町26%等のことが調査によってわかりました。

昨年末私達は、無料回診集団検診を行い、さらに今年4月からは氷川下にささやかながら一室を借り受け診療活動をつゞけ、一方子供会、勉強会等を地元の人々の支持の下に一生懸命つゞけてきました。

しかし間借りの3畳の間に連日30人に及ぶ患者を迎へ、患者一人を診療している時には、ほかの患者の人々には止むなく玄関先で立って待って頂かねばならない現況であり、又医師の住込も出来ず終夜近くまで診療をつづけ疲れ切った体を終電で自宅まで運んでいるという状態です。勉強会にしましても月曜から土曜まで毎日10人以上の子供が集り、勉強をつゞけているのですが、騒ぎ盛りの子供のことゆえどうしても室を借りている地元の人の差障りにならずにはいきません。

このような状態にあって地元の人々の『私達の健康を守るために診療所がほしい』という強い要望にこたえ、診療や勉強会の仕事をさらに充実させ、よりよい成果をあげてゆくにはどうしても『セツルハウス』を持たねばならなくなりました。

一日一日生活に追われ、内職に追われる主婦達、内職の足手まといになるとほっておかれる子供たち、病気になっても医者にかかれない人たち、このような人たちの生

活に接し、私たちセツラーはお互いに話し合い、はげまし合い、かたく手を組んで今後ともセツル活動を実り多いものにしていきたいと思っています。今『ハウス』をつくるに当って、多大な金額を要するのですが、私たち学生の集りでは『ハウス』建設の資金を独力で作りあげる力がありません。そこで誠にあつかましいお願いではありますが、右の趣旨による『セツルハウス』設立に御賛同下さいまして何分の御協力をお願いします。

1953年　6月　　氷川下セツルメント
日本医科大学学生セツラー
お茶の水女子大学セツラー
東京教育大学セツラー
跡見学園短期大学セツラー
青山学院大学セツラー
武蔵大学セツラー
東京大学セツラー
セツルハウス設立委員会責任者
東京教育大学助教授　磯野誠一

ハウス管理規定 （1958年）

1. 使用時間　午前9時〜午後10時
2. 使用できる部屋　階下2室（2階はセツラー以外はご遠慮願います）
3. 使用料金　関係団体：50円　外部団体：100円
4. ガス水道の件　長時間使用の場合は適当に使用料をいただきます。
5. 使用申し込み　原則として2日前までにレジデント又は診療所まで。
6. 使用受付　先着順とします。

注：火の使用は気をつけること
　　使用後はきれいにしておくこと

ハウス管理委員会

ハウス管理規定 （1962年）

一. 使用時間　午前　時〜午後7時
一. 使用料金　関係団体—50円
　　　　　　　外部団体—100円
一. ガス・水道の長時間使用の場合は、適宜使用料をいただく。
一. 使用申し込みは原則として2日前までに予定表に書き込む。
一. 使用受付は先着順とする。

（註）

○ 火の使用は気をつけて
○ 使用後はきれいにしておく
○ 子どもの宿泊はセツラーが直接親に会ってから許可する。

ハウス使用規則 （1962年）

一、ハウス使用の際は、予定表に記入すること。
一、掃除は各部各班で一週間交代で担当する。（割当は事務局で行います）
　　割り当てられた週に、最低一回掃除をする他、たえずハウスの美化につとめる。ゴミは必ず焼却炉へ捨てること。
一、ハウス使用後は、きれいにしておく。
一、電話は夜10時まで。
一、使用した台所用品は、洗ってもとにもどしておくこと。
一、戸じまりを忘れずに。
一、ハウスの出入りは外の階段を使用して下さい。
一、カギは必ず診療所の受付に返して下さい。
一、使用料金（一部屋につき）
　　関係団体　50円　　外部団体　100円　　宿泊　1人50円
　　料金は前払いすること
　　関係団体、外部団体の区別は、事務局で決定します。（若者会は1ヶ月360円）
一、水道、電灯の長時間使用の場合は、適当に使用料をいただきます。

一、使用申込みは、原則として2日前迄に診療所まで。
一、使用受付は、先着順とします。

小石川健康文化会会則（抄）　（1952年7月）

第1条（目的）　この会は、私達がお互いに協力して、健康で文化的な生活を営むことを目的とします。

第2条（資格）　この会は、右の主旨に賛成の方は誰でも入会できます。

第3条（事業）　この会は、次の四部を設け、それぞれの事業を行います。
1. 保健衛生部
2. 福利厚生部
3. 文化部
4. 総務部

第4条（役員）　略
第5条（議事）　略
第6条（会計）　略
第7条　本会の主旨と全く同じ目的で、左の大学の団体がこの仕事にたずさわっています。
1. 日本医科大学氷川下セツルメント
2. お茶の水女子大学セツルメント
3. 東京大学セツルメント

現在本会の主旨に賛成し契約中の診療所及び医院顧問医師は左の通りです。
日本キリスト教団早稲田診療所（医師　田辺正忠氏）
文京区初音町実費診療所（医師　中村英彦氏）
志村小豆沢町　小豆沢診療所

氷川下わかもの会規約　（1962年8月15日）

第1条（総則）　本会は、氷川下わかもの会と称し、氷川下町・白山御殿町・久堅町を中心とした地域の青少年の集まりである。

第2条（目的）　本会は、氷川下町・白山御殿町・久堅町を中心とした地域の青少年の親睦と生活及び文化の向上を目的とする。

第3条（会員）　本会の目的に賛成する者はだれでも会員となることができる。

第4条（会費）　本会の運営に必要な経費は会員の会費でまかなう。

第5条（組織）　本会は本会の目的遂行のため総会及び運営委員会を開く。

第6条（総会）　総会は本会の最高議決機関であり、原則として6ヶ月に1回開催される。

第7条（運営委員会）　運営委員会は総会の方針を遂行する。運営委員会は、各役員及び各部の代表者で構成される。

第8条（役員）　本会には次の役員をおく。
1. 会長　本会に関する責任を持ち、対外的には本会を代表する。
1. 副会長　会長を補佐する。

1. 会計係　財務を担当する。
1. 渉外係　対外的な交渉を担当する。
1. 記録係　本会に関することを記録整理する。
1. 情報宣伝係　本会の会員に対して常に本会活動内容を知らせる。

第9条（任期）　役員の任期は原則として6ヶ月とする。

第10条（改廃）　規約の改廃は運営委員会の検討の後に、総会出席者の過半数の承認の下に成立するものとする。

注　この規約は1962年8月15日以降のものであり、62年2月18日に案として決定されたものと比し役員条項に変化が見られる。

氷川下セツルメント・オールドセツラーの会規約　（2005年5月15日）

第1条　本会は、氷川下セツルメント・オールドセツラーの会（略称OSの会）と称する。

第2条　本会は、会員相互の親睦ならびにセツルメント活動への支援を目的とする。

第3条　本会は、以下の事業をおこなう。
（1）親睦会等の開催
（2）セツルメント活動に関する資料の収集と保存
（3）その他、本会の目的を達成するために必要な事業

第4条　本会は、氷川下セツルメントの元セツラー（OS）をもって会員とする。

第5条　本会は、以下の機関をおく。
（1）総会
（2）事務局会

第6条　総会は、原則として隔年に開催する。ただし、事務局会が必要と認めた場合はそのかぎりではない。

第7条　事務局会は、本会運営の中心であり、原則として年2回開催する。ただし、複数の会員の要請があった場合はこのかぎりではない。

第8条　本会に以下の役員をおく。
（1）会長　1名
（2）事務局長　1名
（3）事務局員　若干名

第9条　役員は、総会の推薦によりこれを決する。

第10条　本会は、事務所を事務局長宅におく。

第11条　本会の経費は、会費、寄付金その他の収入によってまかなう。

第12条　本会の会費は、総会において定める。

附則　この規約は、1980年5月1日から施行する。2005年5月15日改訂。

各期会計報告等とセツラー数

1954年6月会計報告（1月～5月）

	事務局		法相部		文化部	
	収入	支出	収入	支出	収入	支出
1月	3,189	1,923			1,955	690
2月	1,261	733	470	470	280	800
3月	520	450	0	0	520	45
4月	50	1,601	0	0	370	
5月	2,555	2,106	0	0		
計	7,575	6,813	470	470	3,125	2,225
残高	762		0		900	

会費（機関紙代その他及び関東セツルメント連合会費）
毎月20円
54年5月現在
セツラー数約80

1954年8月中央委員会予算

収入		支出	
診療所	3,000	レジ代	2,000
各部会費	800	ニュース	800
跡見大	600	通信費	300
お茶大	500	交通費	300
		用紙・ノート・その他	300
計	4,900	生活部	400
		診療部	300
		法相部	200
		積立金	100
		宣伝（積立）	200
		計	4,900

診療所から毎月1000円の援助（レジ費2000円を除く）
200円を法律相談部の交通費
残り800円で通信費と紙

1955年12月会計報告（6月～11月）

維持会費は一期100円（年200円）機関紙発行
セツラー費月額20円　　納入延べ人数450　月75人

1956年12月会計報告（6月～11月）

収　入		支　出	
6月までの繰越	1,680	事務用機器	1,235
維持会費	200	事務用品	2,690
事務局費	9,000	印刷費	440
診療所会費	2,600	通信費	699
会費	860	レジ費	7,040
児童部費	660	借金返済	500
カンパ	500	その他	2,169
レジから借金返済	500	紛失	616
その他	460	計	15,389
計	16,460		

らしんばん送付約30名
送料と実費で
最低10円

収　入		支　出	
児童部（6～11月）	2,760	全セツ連会費	500
栄養部（7～11）	860	全セツ連ニュース	750
法相部（6～10）	580	らしんばん	3,281
診療部（6～10）	400	計	4,531
わら半紙売却	110		
計	4,710		

セツラー費月額20円
納入延べ人数230
月平均42人

1957年6月会計報告

収　入		支　出	
児童部（6～4月）	4,355	全セツ連へ	2,700
栄養部（7～5月）	2,650	OS発送費	1,184
診療部（6～5月）	1,060	紙代	2,840
法相部（6～3月）	930	事務用品	627
診療所（8～12月）	840	ハウス備品	190
前期繰越	370	計	7,541
OSカンパ	200		
臨時収入	150		
計	10,555		

らしんばん送料一部8円
30～40人送付
セツラー費月額20円
納入延べ人数491
全セツ連月額200円？

1957年12月会計報告　事務局会計報告（内訳）（57・6・4〜12・5）

収　入		支　出	
児童部（5〜11）	4,390	全セツ連へ	1,650
栄養部（6〜11）	1,260	OS発送費	1,264
診療部（6〜12）	510	紙代	3,818
法相部（4〜3）	1,060	E館使用料	500
前期繰越	3,014	総会費用	350
OSカンパ	400	事務用品	565
計	10,634	その他	333
		計	8,480

セツラー実働数
約80〜100
セツラー費月額20円

1958年12月会計報告

収　入		支　出	
児童部（6〜11月）	2,400	全セツ連へ	1,400
栄養部（7〜11）	440	OS発送費	1,352
診療部（1〜12）	2,595	紙代（わら半紙）	2,940
法相部（4〜11）	560	インク・原紙	1,845
保健部（6〜11）	1,250	事務用品	503
前期繰越	-446	謄写版枠張替	120
OSカンパ	1,050	計	8,160
NHKTV出演料	300		
雑入	10		
計	8,159		

全セツ連納入額
前期1,125円
今期1,400円
次期各月250円に
値上げで1,500円に
セツラー費月額20円
納入延べ人数362
月85〜90
全セツ連加盟費
月額200円

1959年12月会計報告（7・7〜12・5の収支）

収　入		支　出	
前期繰越	1,817	らしんばん39号	151
セツラー費	6,980	らしんばん40号	1,367
OS会より	1,200	夏休み活動費（安保）	1,535
放送料	2,125	事務用品	1,492
らしんばん別冊	760	安保闘争費	235
映画会黒字	357	その他	1,329
計	13,239	計	7,471

セツラー費月額20円
納入延べ人数349
全セツ連加盟費
月額250円

1960年12月会計報告

収　入		支　出	
児童部	2,660	全セツ連加盟費	300
栄養部	1,200	機関誌発行	5,011
法相部	1,250	セツラー集会資料	830
保健部	2,250	備品	1,070
前期繰越	1,524	事務用品	310
OSカンパ	300	各部連絡費	45
計	9,184	総会資料	1,000
		計	8,566

セツラー費月額20円
納入延べ人数368
全セツ連加盟費
月額300円

1962年12月会計報告

収　入		支　出	
児童部	3,360	全セツ連加盟費	1,800
栄養部	3,000	紙・原紙・インク	2,935
法相部	1,920	全セツ連討議資料	700
保健部	2,200	備品修理	470
ハウス使用料	860	備品・フィルム	560
ハウス管理委残金	431	10．21分担金	200
前期繰越	3,070	その他	390
計	14,841	計	7,055

7月規約改正
事務局費　月額20円
ハウス管理費も含めて
10円の値上げ
セツラー費月額40円　納入
延べ人数262
全セツ連加盟費
月額300円

	6月	7	9	10	11	計（円）	納入	%
法相部	8	8	8	8	8	1,600	1,600	100
栄養部	15	15	15	15	15	3,000	3,000	100
保健部	23	23	23	23	23	4,600	2,200	48
青年部	13	13	13	13	13	2,600	0	0
氷川下	17	17	22	24	26	5,360	600	11
久堅	21	18	16	16	16	3,480	1,680	48
御殿町	13	13	13	13	13	2,000	0	0
中学生	13	13	13	14	13	2,600	1,080	42

1963年7月総会報告

収　入		支　出	
前期繰越	7,786	全セツ連加盟費・	1,800
カンパ	2,500	紙・原紙・インク	2,935
セツラー費	22,930	原紙・わら半紙	9,611
ハウス使用料	1,080	本棚	3,240
お茶大自治会費	3,200	上ござ	900
その他	100	パンフレット	2,440
計	35,096	その他事務用品	5,240
		計	23,931

62年2月児童部文庫が事務局
に移管
文庫用の本棚支出
セツラー費月額40円　納入
延べ人数573
5部150名のセツラー在籍
全セツ連加盟費
月額400円

1963年12月会計報告

収　入		支　出	
前期繰越	11,165	全セツ連加盟費カンパ	3,100
セツラー費	12,280	原紙・わら半紙・インク	4,570
ハウス使用料	100	書籍類	2,145
計	23,545	映画スライド	3,000
		カッティング代	1,950
		茶菓料	1,930
		事務用品	1,490
		その他	700
		計	18,885

セツラー費月額40円　納入延べ人数307
月平均51人
全セツ連加盟費
月額500円

1964年12月総会報告

収　入		支　出	
前期繰越	396	紙・原紙	13,340
事務局費	21,060	ハウス管理	285
ハウス使用料	1,700	書籍類	880
OSよりカンパ	600	事務用品	3,250
教大・茶大オリテより返金	2,000	茶菓代	837
カーテン超過分	200	教大文団連貸し	1,500
計	25,956	その他	300
		計	18,822

7月規約改正
事務局費　月額60円
事務局費中の10円は文庫費
納入延べ人数351
月平均60人
なお児童部（中）は
63・3〜64・3まで未納

1965年6月会計報告

収　入		支　出	
前期繰越	2,705	全セツ連連合費	6,000
事務局費	33,540	全セツ連ニュース	2,150
マフラー売上	2,560	紙・原紙・インク	8,735
10年史27部	5,400	らしんばん特集号	6,000
60年テーゼ3部	60	マフラー代	2,610
らしんばん原水禁特集	1,805	オリテー費	4,660
計	46,070	上ござ	5,600
		本	300
		その他事務用品	4,949
		計	41,004

事務局ニュース（4・16）によるとセツラー費月額70円
月額70円とすると
納入延べ人数479
この方が数値的に妥当
新ハウス移転で臨時に値上げ？
セツラー費月額60円
納入延べ人数559
月平均93人
連合費月額500円
財政6月19日現在

1965年12月会計報告

収　入		支　出	
前期繰越	8,106	全セツ連連合費	4,200
セツラー費	15,682	原紙・紙	11,340
39年度成人式残金	2,132	ハウス管理費	4,300
10年史	600	文庫	2,480
計	26,520	その他事務用品	2,671
		計	24,991

ハウス管理費内訳：
クリーニング代1,000円
フトン代400円
シーツ2,900円
セツラー費月額60円
納入延べ人数261
連合費月額700円

1966年5月総会　予算（41年前期）

全セツ連（今期分）10,800円
（未納分）7,000円　全セツ連5700円支出

1966年12月会計報告

	6月	7月	8月	9月	10月	11月	～6月 未納分	S数
久堅班	21	12	16	8	13	10	105	31
御殿町班	18	18	14	16	12	3	45	21
氷川下班	10	0	19	20	8	0	93	25
中学生班	11	12	9	7	7	4	19	11
青年部	26	18	17	18	11	8	53	26
法相部	6	5	0	8	11	8	21	10
栄養部	0	0	0	0	0	0	50	10
保健部	10	10	10	15	0	0	30	12
合　計								146

セツラー費60円（事務局50＋全セツ連10）

収　入		支　出	
セツラー費	38,157	全セツ連連合費	4,000
計	38,157	原紙・紙	21,940
		ハウ管備品	2,373
		文庫	530
		その他事務用品	4,752
		計	34,155

予算はセツラー数180で組むが納入は半分
納入延べ人数636
11月在籍数146
連合費月額900円
あるいは1000円か
全セツ連費未納分完納

1967年6月会計報告

収　入		支　出	
久堅班（12〜5）	4,980	連合費	8,000
氷川下	6,180	オリテー費	5,800
御殿町	4,800	紙・原紙	11,220
中学生班	2,040	文庫	950
青年部	4,980	寝具他	2,650
法相部	4,980	ガラス	2,400
栄養部	4,260	事務用品	2,215
保健部	2,040	雑費	2,775
カンパ	214	計	36,010
前期繰越	4,002		
計	38,476		

学年別セツラー数調査報告

合計186
会費納入者は概ね月100
安定した健全財政
セツラー費月額60円
納入延べ人数571
連合費月額1000円

1968年　資料なし　連合費月額1200円か　年14400円未納か

1969年6月会計報告

収　入		支　出	
前期繰越	11,589	全セツ連	32,160
事務局費・全セツ連臨時徴収	43,270	オリテー費	5,000
駒場祭・黴音祭文集	1,600	ハウス管理	11,570
廃品回収	648	紙・原紙	7,581
全セツ連大会援助金	8,100	事務用品	3,600
創美会ハウス使用料	5,000	その他	3,572
基調報告代	1,570	計	63,483
計	71,777		

事務局費50円・
連合費10円・
せつるめんと20円
オリテー費支出
新入S60名突破
経験Sとほぼ同数
弱小三派10以上確保
児童部新S21　新Sのいない
パート6〜7　男性セツラー
不足　（69年4月）
セツラー費月額80円
納入延べ人数540
連合費月額2,000円か

1970年9月会計報告（1月〜7月）

事務局関連　収入		支　出	
前期繰越	3,236	紙・原紙	16,922
セツラー費50×605	30,250	ハウ管・備品	10,490
拾得金	60	インク	1,790
計	33,546	雑費	2,230
		計	31,432

全セツ連関連　収入		支　出	
繰越	160	連合費（12〜5）	14,910
全セツ費40×605	24,200	22号ニュース代	2,600
計	24,360	滞納分	3,100
		計	20,610

事務局50円＋全セツ連40円
セツラー費
月額90円

	1月	2月	3月	4月	5月	6月	7月	その他
久堅班	12	11	11	18	20	17	18	12
御殿町班	9	9	9	19	19	20		
氷川下班	4	4	4	9	8	15	4	4
中学生班	6	7	7	11	11	10	4	5
青年部	3	4	3	4	18	16	8	
法相部	10	13	5	14	12	9	8	41
栄養部	7	7	7	11	11	11		6
保健部	15	15	15					15
合　計	126	130	61	86	99	98	42	

セツラー数
概ね130
保健部は9月5日に全納
納入延べ人数605
連合費月額
2,500円

1969年6月会計報告

収　入		支　出			
74年度繰越金	5,736	前期分（76年前期に報告済）	47,670	文房具	1,090
75年度JK費	133,450	全セツ連連合費	30,000	ガムテープ	660
コンパ黒字	5,000	関セツ連連合費	8,000	9月総会ふとん代	11,620
計	144,186	ざら紙代	15,760	カセットテープ代	900
		インク代	2,900	ジャンボへの個人負担返済	6,440
		原紙代	1,100	選管諸経費	1,000
		計			127,640

残金　16,546円　（これは76年度に繰り越します）

事務局費　月額170円
内訳　氷川下セツルに120円　関セツ連に10円　全セツ連に40円

1981年
氷川下班　久堅班　御殿町班　中高生班　保健部　ひまわり班　よおいどん
セツラー総数100名

1984年
第18回氷川下祭典会計報告
収入413,270円（内、商店からのカンパ180,500円）　支出　291,925円
セツラー総数70名くらい

全国セツルメント連合関係　規約・大会資料等

全国セツルメント連合規約　（1962年6月 第9回大会）

われわれ、全国のセツルメント及びこれに準ずる団体は、相互の交流と連帯を深め、活動の発展を図るために全国セツルメント連合を結成する。全国セツルメント連合に加盟する団体は、それぞれ平等の資格で参加し、その自主性は最大限に尊重される。

第1章　総則

第1条　本連合は全国セツルメント連合と呼称する。
第2条　本連合は全国のセツルメント及びこれに準ずる団体（以下セツルメントと呼ぶ）間の交流を深め、セツルメント運動の全国的発展を図ることを目的とする。
第3条　本連合は前条の目的を達成するために下記の諸活動を行う。
1. セツルメント運動に関する調査、情報の蒐集とその交換
2. 機関紙（誌）その他印刷物の発行
その他目的達成の為の必要な諸活動

第2章　組織及び権利義務

第4条　本連合は全国の各セツルメントより組織される。
第5条　本連合加盟セツルメントは次の権利を持つ
1. 本連合の機関に平等の資格で代表を送ること
2. 脱退すること
第6条　本連合の加盟セツルメントは次の義務をもつ
1. 規約を守り、本連合の目的実現のために努力すること
2. 活動の報告を送ること
3. 会費を納めること

第3章　機関

第1節　大会

第7条　大会は加盟各セツルメントの交歓並びに経験交流のために加盟セツルメント会員の参加を得てこれを開く。大会は委員長がこれを招集する。
第8条　大会は年1回5月に開かれる。

第2節　連合委員会

第9条　連合委員会は、本連合の最高決定機関で連合委員及び役員からなる。連合委員会は委員長が招集する。

第10条　連合委員は加盟セツルメントから1名ずつ選出する。事情により辞退を認める。

第11条　定期連合委員会は6ヶ月に1度開かれる。臨時連合委員会は次の時に開かれねばならない。

1. 書記局が要請した時
2. 3分の1以上の連合委員が要求した時

第12条　連合委員会の招集及び議題は遅くとも連合委員会開催の日の1ヶ月以前に告知されねばならない。

第13条　連合委員会は定員の3分の2以上の出席をもって成立し、議決は出席委員の3分の2以上の賛成をもって決する。委員は代理もしくは委任を認める。

第14条　連合委員会の任務は次の通りである。

1. 連合の運営事項に関する基本事項の決定
2. 役員の任命及び解任
3. 会計の承認及び監査
4. 加盟の承認脱退の確認

第15条　連合委員会はその決定事項につき大会に報告しなければならない。

第3節　連合書記局

第16条　連合書記局は連合委員会において、第4章第23条に定める地域の中から選出された地域のセツルメントによって構成される。

第17条　連合書記局は次の役員よりなる。

連合委員長　1名……書記局を代表する
連合副委員長　1名……委員長を補佐する
情宣係…………………連合ニュース作成、資料調査の交換
財政係…………………財政事務を行う

第18条　役員は連合委員会によって選出される。但し連合委員長及び副委員長は連合委員の中から選出されねばならない。役員を出したセツルメントはもう1名の連合委員を出すことができる。役員の任期は1年とし、欠員の生じた場合は、書記局担当の地域で補充役員を選出する。補充役員の任期は前任者の残任期間とする。

第19条　連合書記局は本連合を代表し、連合委員会で決められた方針に従って活動を行う。

第20条　連合書記局は、その任務を果たす為に必要に応じて加盟各セツルメントの協力を求めることができる。

第4章　地域別連合

第21条　本連合は地域別連合をおくことができる。地域別連合は本連合の目的を達成するために必要な活動を行う。その運営については各地域別連合は自主的にこれを行う。

第22条　地域別連合は本連合と常に連絡を取らねばならない。地域別連合は本連合より援助を受けることができる。本連合は地域別連合に協力を求めることができる。

第23条　地域は次のように分けられる。

北海道　東北　関東　中部　関西　中国　四国　九州

第5章　準加盟

第24条　本連合と連合を望む団体・個人の為に準加盟制度をおく。双方の関係は話し合いできめる。

第6章　財政

第25条　本連合の財政は会費、寄付金、その他の収入を以て当てる。

第26条　会費は各加盟セツルメントより徴集する。会費は別に定める細則による。

第27条　本連合の会計年度は4月1日に始まり翌年3月31日をもって終わる。

第7章　附則

第28条　本規約の変更は連合委員会において決する。

第29条　本規約にもとづく第1期の役員の任期は6ヶ月とする。

第30条　本規約は採決と同時に効力を発する。

第8章　細則

第31条　各セツルメントは毎年4月に所属会員数を本連合書記局財政係へ報告しなければならない。これは1年間不動数として会計上取り扱われる。

第32条　会費は会員数によって次の段階で定められる。

1. 30名まで　100円
2. 31名から100名まで　200円
3. 101名以上　300円

注　1962年6月の全国セツルメント連合第9回大会で、会費に関する規定の改正がなされた規約である。従って他の規定はそれ以前からのものと思われ、第29条の規定からすれば結成当初のものとも思えるが定かではない。また、1966年以降、大会は年2回開催に変更され、その時点で改正が行われたと思われるが、新規約の存在は明らかではない。

全国セツルメント連合規約 ［第41回大会基調報告案Ⅰ（1986年）所収］

われわれ全国セツルメント及びこれに準ずる団体は、相互の交流と連帯を深め、活動の発展をはかるために全国学生セツルメント連合を結成する。全国学生セツルメント連合に加盟する団体は、それぞれ平等の資格で参加し、その自主性は最大限に尊重される。

第1章　総則

第1条　本連合は全国学生セツルメント連合と呼称する。

第2条　本連合は全国の各セツルメント及びこれに準ずる団体（以下セツルメントと呼ぶ）間の交流を深め、セツルメント運動の全国的発展をはかることを目的とする。

第3条　本連合は前条の目的を達成するために下記の諸活動を行なう。

1. セツルメント活動に関する調査、情報の蒐集とその交換
2. 機関紙（誌）その他の印刷物の発行

その他目的達成のために必要な活動

第2章　組織及び権利・義務

第4条　本連合は全国の各セツルメントより組織される。

第5条　本連合加盟セツルメントは次の権利をもつ。

1. 本連合の機関に平等の資格で代表を送ること。
2. 脱退すること。

第6条　本連合の加盟セツルメントは次の義務をもつ。

1. 規約を守り、本連合の目的を実現するために努力すること。
2. 活動の報告を送ること。
3. 会費を納めること。

第3章　機関

第1節　大会

第7条　大会は加盟セツルメントの交歓並びに経験交流のために加盟セツルメント会員の参加を得て、これを開く。大会は委員長がこれを召集する。

第8条　大会は年1回行なう。

第2節　連合委員会

第9条　連合委員会は、本連合の最高決定機関で、連合委員、役員及び書記局員から成る。連合委員会は委員長が召集する。

第10条　連合委員は加盟セツルメントから1名ずつ選出する。事情により辞退を認める。

第11条　定期連合委員会は、6ヶ月に1度ひらかれる。臨時連合委員会は次の時に開かねばならない。

1. 書記局が要請したとき。
2. 3分の1以上の連合委員が要求したとき。

第12条　連合委員会の召集及び議題はおそくとも連合委員会の1ヶ月以前に告知されねばならない。

第13条　連合委員会は加盟セツル数の3分の2以上の連合委員の出席をもって成立し、議決は出席連合委員の3分の2以上の賛成をもって決定する。
委員は代理もしくは委任を認める。但し、委任は加盟セツルの6分の1を越えない限りで出席数に加えるが議決権はないものとする。

第14条　連合委員会の任務は次のとおりである。
1. 連合の運営に関する基本事項の決定
2. 役員の任命及び解任
3. 会計の承認・脱退の確認

第15条　連合委員会はその決定事項につき大会に報告しなければならない。

第3節　連合書記局

第16条　連合書記局は連合委員会において第4章24条に定める地域の中から選出された地域のセツルメントによって構成される。

第17条　連合書記局は次の役員及び連合委員会で選出された書記局員によって構成される。
1. 連合委員長1名（書記局を代表する）
2. 副連合委員長2名、事務局長1名（書記局員から選出される）
3. 但し役員の兼任はできない。
4. 連合書記局の任期は1年とし、3月に選出し、6月に交替する。

第18条　役員は連合委員会によって選出される。但し、連合委員長及び副委員長は、連合委員の中から選出されねばならない。役員を出したセツルメントはもう1名の連合委員を出すことができる。但し、その連合委員は議決権をもたない。役員の任期は1年とし、欠員の出た場合は書記局担当の地域で補充役員を選出する。補欠役員の任期は前任者の残任機関とする。

第19条　連合書記局は本連合を代表し、連合委員会で決められた方針に従って活動を行なう。連合書記局は連合委員会の決定を実行するにあたって必要な機関をもつことができる。

第20条　本連合は別に事務局をおく。事務局は連合書記局の指示のもとに次の事務を行なう。
1. 連合ニュースの発刊、財政の管理、資料の保存、その他連合書記局の決める仕事。
2. 事務局は責任のある機関によって承認をうける。

第21条　連合書記局はその任務を果たすために、必要に応じて加盟セツルメントの協力を求めることができる。

第4章　地域別連合

第22条　本連合は地域別連合をおくことができる。地域別連合は本連合の目的を達成するために必要な活動を行う。その運営については各地域連合は自主的にこれを行なう。

第23条　地域別連合は本連合とつねに連絡をとらねばならない。地域別連合は本連合より援助をうけることができる。本連合は地域別連合に協力を求めることができる。

第24条　地域は次のように分けられる。

北海道　東北　中部　関西　中国　四国　九州

第5章　準加盟

第25条　本連合と連合を望む団体、個人のために準加盟制度をおく。双方の関係は話し合いで決める。

第6章　財政

第26条　本連合の財政は、会費、寄付金、その他の収入をもってあてる。

第27条　連合費は各加盟セツルより徴収する。連合費は別に定める細則による。

第28条　本連合の会計年度は、4月1日に始まり、翌年3月31日をもって終る。

第7章　附則

第29条　本規約の変更は連合委員会において決定する。

第30条　本規約に基づく第1期の任期は6ヶ月とする。

第31条　本規約は採択と同時に効力を発揮する。

第8章　細則

第32条　各セツルメントは、毎年4回、6月、8月、12月、3月に所属会員数を本連合書記局に報告しなければならない。

第33条　連合費は会員1人100円とする。

（☆1966年12月14回大会連合委員会で一部改正した条項は第1、第8、第16、第33条である。）
（☆1969年8月19回大会連合委員会で一部改正した条項は第9、第17、第27、第33条である。）
（☆1970年8月21回大会連合委員会で一部改正した条項は第13条である。）
（☆1974年3月28回大会連合委員会で一部改正した条項は第33条である。）
（☆1975年3月30回大会連合委員会で一部改正した条項は第8条である。）
（☆1976年3月31回大会連合委員会で一部改正した条項は第19、32条である。）
（☆1976年8月31回大会第2回連合委員会で一部改正した条項は第17条である。）
（☆1977年8月32回大会連合委員会で一部改正した条項は第33条である。）

全セツ連大会　分科会・分散会一覧

開催年	分野別（運動別）分科会	問題別分科会	出典
1960	臨時（第7回）大会　11.5〜6	参加18セツル	
	第2分散会：勉強会のありかた	第1分散会：地域活動のありかた 第3分散会：各セツルのなやみ 第4分散会：労働運動とセツル	
1962	第9回大会　6.9〜10　（東京・教育大）	参加33セツル・約400人	
	9日午後:テーマⅠ実態、要求と任務、活動形態	10日午前	
	① 国民教育運動 ② 青年・青年労働者の運動 ① 生活と健康を守る運動	テーマⅡ　憲法問題 テーマⅢ　平和運動 テーマⅣ　セツラーについて	
1962	第13回拡連委　12.14〜16（名古屋・日本福祉大）	200名以上	
	14日午後：第1テーマ・セツル運動の任務と方向	15日午前［第2テーマ・政治課題］	
	1 国民教育運動 2 青年・青年労働者の運動 3 生活と健康を守る運動	1 平和運動 2 日韓会談粉砕闘争 3 大管法粉砕闘争	
	15日午後第3テーマ・セツル活動の進め方の体系化	16日午前［第4テーマ・セツラーについて］	
	1 勉強会と塾とのちがい 2 子供会，勉強会の教育内容と指導 3 子供の組織化 4 高校全入、学力テスト、道徳教科書 5・6 青年の組織化とその形態	1 生活と権利の問題 2 労働、労働者に対する考え方 3 政治の問題 4 セツルの成果を学内にどう返していくか（オリテ、学園祭、カンパニア） 5 セツル内の組織運営、学習会	
	・文化活動		
	7 集検,乳検、栄養、法相活動と生活と健康を守る会 8 生活と健康を守る運動をどう進めるか（自治体闘争） 9 診療所、ハウス、文化センター作り 10 母親、婦人の組織化をどう進めるか		
1963	第14回拡連委　12.14〜16（仙台）	38セツル、500名	
	15日	14日午後	
	1 社会科学をどう教えるか 2 自然科学をどう教えるか 3 国語、綴り方教育 4 創造活動 5 子供の仲間づくり 6 遊びとスポーツ 7 進学問題 8 おかあさん達との提携 9 労働青年のわかもの会への組織化 10 集団検診、乳児検診 11 ボーダーライン層への働きかけ	1 地域へのカンパニア活動 2 平和運動 3 セツル内の学習活動 4 サークルをどう強めていくか 5 サークル運営ー仲間作り	
1964	第11回大会　6.13〜15（東京）		
	13日午前：全体会［特別報告・僻地活動へのとりくみ］	13日午後［問題別］	
	14日［運動別］	1 地域への情宣活動 2 平和運動	
	国民教育運動		

加盟セツルメント一覧

（第32回大会第2回定期連合委員会討論資料・1977年8月より）

☆1977年現在・66セツル（注）

北海道　＊あらぐさ、札幌、大谷地、ズンガリ、どんぐり会、新篠津、どんぐり、どろんこ、じゃがいも、山の子

東北　＊青山、秋田、北上
＊宮城野、中江、鹿野、仙台保健部、追廻、国見、はらい川

関東　＊群馬
＊寒川、こぶし、市川
＊氷川下、中野、亀有、八千代町、坂下、雑司ヶ谷、大原、北鹿浜、一之江、塩浜、ぐみの会、境南、幸泉、大泉、小平
＊川崎、清水ヶ丘

北陸　＊あかつき

東海　＊井戸田、ヤジエ、トロッコ、島田一ツ山、町っ子、大根、名短

京都　＊屋形町、マンモス、高瀬川、岩本、鴨川、四十番地、つくしんぼ

大阪　＊夕陽ケ丘、猪飼野、住吉、日東、東淀川、衣摺、庄内

中国　＊岡山、神戸大

九州　＊熊本

（注）77年頃のものと推定される氷川下セツルの文書には、全セツ連67セツル、関セツ連22セツルとある。

全セツ連大会　分科会・分散会一覧

開催年	分野別（運動別）分科会	問題別分科会	出典
1960	臨時（第7回）大会　11.5〜6	参加18セツル	
	第2分散会：勉強会のありかた	第1分散会：地域活動のありかた 第3分散会：各セツルのなやみ 第4分散会：労働運動とセツル	
1962	第9回大会　6.9〜10（東京・教育大）	参加33セツル・約400人	
	9日午後:テーマⅠ実態、要求と任務、活動形態	10日午前	
	①国民教育運動 ②青年・青年労働者の運動 ①生活と健康を守る運動	テーマⅡ　憲法問題 テーマⅢ　平和運動 テーマⅣ　セツラーについて	
1962	第13回拡連委　12.14〜16（名古屋・日本福祉大）	200名以上	
	14日午後：第1テーマ・セツル運動の任務と方向	15日午前［第2テーマ・政治課題］	
	1 国民教育運動 2 青年・青年労働者の運動 3 生活と健康を守る運動	1 平和運動 2 日韓会談粉砕闘争 3 大管法粉砕闘争	
	15日午後第3テーマ・セツル活動の進め方の体系化	16日午前［第4テーマ・セツラーについて］	
	1 勉強会と塾とのちがい 2 子供会，勉強会の教育内容と指導 3 子供の組織化 4 高校全入、学力テスト、道徳教科書 5・6 青年の組織化とその形態	1 生活と権利の問題 2 労働、労働者に対する考え方 3 政治の問題 4 セツルの成果を学内にどう返していくか（オリテ、学園祭、カンパニア） 5 セツル内の組織運営、学習会	
	・文化活動		
	7 集検,乳検、栄養、法相活動と生活と健康を守る会 8 生活と健康を守る運動をどう進めるか（自治体闘争） 9 診療所、ハウス、文化センター作り 10 母親、婦人の組織化をどう進めるか		
1963	第14回拡連委　12.14〜16（仙台）	38セツル、500名	
	15日	14日午後	
	1 社会科学をどう教えるか 2 自然科学をどう教えるか 3 国語、綴り方教育 4 創造活動 5 子供の仲間づくり 6 遊びとスポーツ 7 進学問題 8 おかあさん達との提携 9 労働青年のわかもの会への組織化 10 集団検診、乳児検診 11 ボーダーライン層への働きかけ	1 地域へのカンパニア活動 2 平和運動 3 セツル内の学習活動 4 サークルをどう強めていくか 5 サークル運営ー仲間作り	
1964	第11回大会　6.13〜15（東京）		
	13日午前：全体会［特別報告・僻地活動へのとりくみ］	13日午後［問題別］	
	14日［運動別］	1 地域への情宣活動 2 平和運動	
	国民教育運動		

	1 社会科学的なものの見方をどう育てるか 2 自然科学的なものの見方をどう育てるか 3 綴り方教育 4 創造活動をどう育てるか 5 遊びとスポーツ 6 行事をどうとらえ、どう発展させるか 7 進学と就職（中学生の問題） 8 母親との提携	3 地域の民主団体との提携 4 セツラーの問題 ① セツルで何を学んだか ② サークルをどう楽しくしていくか ③ セツルで学んだことを学内にどう返していくか	
	青年運動		
	9 青年労働者をどうわかもの会に組織するか 10 労働者の学習要求をどうとりあげるか		
	生活と健康を守る運動		
	11 医療、生活の矛盾の地域への現れ		
	15日：全体会［講演；ぬやまひろし氏］		
1964	第15回拡連委　12.18～20　（名古屋）		
	18日午前［全体会］	午後［問題別］	
	19日［運動別］	1 地域への情宣活動 2 平和運動 3 地域の民主団体との提携 4 セツラーの問題 ① 学習会活動 ② セツルをどう強めていくか	
	国民教育運動		
	1 正しいものの見方をどう育てていくか ① 社会科学を通して ② 自然科学を通して 3 創造活動 5 進学と就職 6 学力の低い子、宿題の問題 7 非行化の問題		
	青年運動		
	9 わかもの会の集いをどう作っていくか 10 わかもの会の集いをどう発展させていくか 11 労働者の学習の要求をどう取り上げていくか 12 高校生の要求をどう取り上げていくか		
	母親運動		
	13 母親の要求をどう取り上げ母の会をどう発展		
	生活と健康を守る運動		
	14 地域における生活と健康を守る運動		
	農村・僻地での活動		
	15 農村・僻地の向上のために		
1965	第12回大会　5.22～24（東京・教育大）		大会討議資料
	22日午前［全体会］	22日午後［問題別］	
	23日［運動別］	1 平和運動 2 民主的権利、憲法改悪 3 生活と健康を守る運動 4 情宣活動 5 セツラーの問題 ① 学習活動 ② 仲間づくり・サークルづくり	
	〈国民教育運動〉		
	1 子どもの正しいものの見方をどう育てていくか 2 生活綴り方 3 創造活動 4 遊びとスポーツ 5 進学と就職の問題 6 基礎学力の問題 7 非行化の問題		

<table>
<tr><td></td><td colspan="2">8 幼児の問題</td><td rowspan="7">大会討議資料</td></tr>
<tr><td></td><td colspan="2">〈母親運動〉</td></tr>
<tr><td></td><td colspan="2">9 母親の要求（子供の問題も含めて）</td></tr>
<tr><td></td><td colspan="2">10 歌とフォークダンス、スポーツ、ハイキング等の要求
11 話したい、仲間が欲しい、書きたい等の要求
12 労働者の学習のの要求
13 高校生の要求</td></tr>
<tr><td></td><td colspan="2">〈生活と健康を守る運動〉</td></tr>
<tr><td></td><td colspan="2">14 保健部ー健康破壊の状況への対応
15 栄養部ー料理講習会、栄養相談、乳児検診</td></tr>
<tr><td></td><td colspan="2"></td></tr>
<tr><td>1965</td><td colspan="2">第16回拡連委　11.27～29（仙台）　400名以上</td><td rowspan="8">第16回拡連委　分科会討論方向</td></tr>
<tr><td></td><td>[運動別]</td><td>[問題別]</td></tr>
<tr><td></td><td>〈国民教育運動〉</td><td rowspan="6">1 平和運動・政治諸課題
2 ？
3 生活と健康を守る運動
4 セツラーの問題
① 学習活動
② 仲間づくり
5 学生運動の中でのセツルの果たす役割</td></tr>
<tr><td></td><td>1 子どもの正しいものの見方をどう育てていくか
2 創造活動
3 遊びとスポーツ
4 基礎学力の問題
5 幼児の問題
6 中学生の問題
7 ？</td></tr>
<tr><td></td><td>〈青年運動〉</td></tr>
<tr><td></td><td>8 歌とフォークダンス、スポーツ、ハイキング等の要求
9 話したい、仲間が欲しい、書きたい等の要求
10 生活の要求、政治的な要求
11 労働者の学習の要求
12 高校生の要求</td></tr>
<tr><td></td><td>〈生活と健康を守る運動〉</td></tr>
<tr><td></td><td>14 保健部ー健康破壊の状況への対応
15 栄養部ー料理講習会、栄養相談、乳児検診
16 法律相談部
17 農村、僻地での活動</td></tr>
<tr><td>1966</td><td colspan="2">第13回大会　6.2～6（東京）　1100名</td><td rowspan="9">大会討論資料</td></tr>
<tr><td></td><td>4日午後、5日午前［分野別］</td><td>5日午後、6日午前［運動別］［問題別］</td></tr>
<tr><td></td><td>①児童部活動</td><td>[運動別]</td></tr>
<tr><td></td><td>1 小学生</td><td rowspan="3">① 第１：生活と健康を守る運動
② 第２：平和運動
③ 第３：文化運動
④ 学生運動の中でセツルの果たす役割
⑤ 第５：セツラーの仲間作り</td></tr>
<tr><td></td><td>第1分科会：遊びとスポーツの要求
第2：創造活動
第3：基礎学力の問題</td></tr>
<tr><td></td><td>2 中学生</td></tr>
<tr><td></td><td rowspan="2">第4：話したい、楽しみたい、勉強したい、という要求
第5：進学と就職の問題</td><td>[問題別]</td></tr>
<tr><td></td><td>① 第１：情宣活動
② 第２：セツラーの学習活動</td></tr>
<tr><td></td><td>②青年部活動</td><td></td></tr>
</table>

	1 第 9：青年労働者の楽しく遊びたいという要求 2 第10：青年労働者の仲間が欲しいという要求 3 第11：青年労働者の生活の要求、政治的な要求 4 第12：青年労働者の学習の要求 5 第13：高校生の要求 ③ 第14：婦人部活動 ④ 第15：幼児部活動 ⑤ 第16：保健部活動 ⑥ 第17：栄養部活動 ⑦ 第18：法相活動 ⑧ 第19：農村、へき地での活動		らしんばん81号
1966	第14回大会　12.21～23（東京・都立大）		大会討論資料
	21午後、22午前［分野別］	22午後、23午前［運動別］［サークル運営］	
	1 児童部	［運動別］	
	① 小学生　a 遊びとスポーツ b 創造活動 c 勉強（会） ② 中学生　a 子ども会・勉強会 b 進学する子・就職する子 c「非行化」 ③ 正しいものの見方考え方 ④ 家庭訪問・母の会	1 生活と健康を守る運動 2 文化運動 3 平和運動 4 学内活動	
	2 青年部	［サークル運営］	
	① 高校生 ② 青年労働者	1 セツラー会議 2 セツラーの学習活動 3 コンパ・合宿・ハイキング	
	3 婦人部		
	4 幼児部		
	5 保健部		
	6 栄養部		
	7 法相部		
	8 農村辺地（僻地）		
1967	第15回大会　6.3～5（東京・早稲田大）		大会討論資料
	［分野別］	［問題別］	
	1 児童部	1 生活と健康と権利の問題 2 文化の問題 3 平和の問題 4 学内問題とセツラー	
	① 小学生　a 遊びとスポーツ b 創造活動 c 勉強（会） ② 中学生　a 子ども会・勉強会 b 進学する子・就職する子 c「非行化」 ③ 家庭訪問・母の会		
	2 青年部	［サークル運営］	
	① 高校生 ② 青年労働者	1 セツラー会議 2 セツラーの学習活動 3 コンパ・合宿・ハイキング	
	3 婦人部		
	4 幼児部		

	5 保健部		
	6 栄養部		
	7 法相部※		
	8 農村辺地※		
	※大会討論資料には討論方向の記載がないが 分科会はあったと推定		
1967	第16回大会　12.21〜23（大阪・大阪外大）		
	資料が残っていない。		
1968	第17回大会　6.15〜17　（東京・教育大）		大会討論資料
	［分野別］14日午前、15日午後、16日午前	［問題別］14日午後、16日午後、17日午前	
	1 児童部	1 生活と健康と権利の問題 2 文化の問題 3 平和の問題 4 学内問題とセツラー	
	① 小学生　a 遊びとスポーツ b 創造活動 c 勉強（会） ② 中学生　a 子ども会・勉強会 b 進学する子・就職する子 c「非行化」 ③ 家庭訪問・母の会		
	2 青年部	［サークル運営］14日午後、16日午後、17日午前	
	① 高校生 ② 青年労働者	1 セツラー会議 2 セツラーの学習活動 3 コンパ・合宿・ハイキング	
	3 婦人部 4 幼児部 5 保健部 6 栄養部 7 法相部 8 農村僻地		
1968	第18回大会　12.23〜25　名古屋　700名		大会討論資料
	〔分野別〉22日午後、23日午後、24日午前	［課題別］22日夜、24日午後、25日午前	
	1 児童部	1 平和と独立 2 生活と健康と権利 3 民主的な文化・スポーツ 4 地域民主化 5 学生運動とセツル活動	
	① 小学生　a 遊びとスポーツ b 創造活動 c 勉強（会） ② 中学生　a 子ども会・勉強会 b 文化・遊び・スポーツ c 進学する子・就職する子 ③「非行化」 ④ 家庭訪問・母の会・教師との提携		
	2 青年部	［サークル運営］22日夜、24日午後、25日午前	
	① 高校生 ② 青年労働者	1 セツラー会議 2 学習・調査活動 3 セツル集団の諸活動	
	3 婦人部		
	4 幼児部		

	5 保健部		
	6 栄養部		
	7 法相部		
	8 農村僻地		
1969	第19回大会　8.4〜6　（東京・東大）　750名		大会討論資料
	［分野別］	［課題別］	
	1 児童部	1 平和と独立 2 生活と健康と権利 3 民主的な文化・スポーツ 4 地域民主化 5 民主教育を守り育てる 6 学生運動とセツル活動	
	① 小学生　a 遊びとスポーツ b 創造活動 c 勉強（会） ② 中学生　a 子ども会・勉強会 b 文化・遊び・スポーツ c 進学する子・就職する子 ③「非行化」 ④ 家庭訪問・母の会		
	2 青年部	［サークル運営］	
	① 高校生 ② 青年労働者	1 セツラー会議 2 学習・調査活動 3 セツル集団の諸活動	
	3 婦人部		
	4 幼児部		
	5 栄養部		
	6 保健部		
	7 法相部		
	8 農村僻地		
1970	第20回大会　3.（京都・立命館大）		大会討論資料
	［分野別］	［課題別］	
	1 幼児部・児童部	1 平和と独立 2 生活と健康と権利 3 民主的な文化・スポーツ 4 地域民主化 5 民主教育を守り育てる	
	① 幼児 ② 小学生　a遊びとスポーツ b文化活動・創造活動 c勉強（会） ③ 中学生　a勉強会 b文化・遊び・スポーツ		
	2 青年部	［サークル運営］	
	① 高校生 ② 青年労働者	2 学習・調査活動 3 セツルの集団づくり	
	3 婦人部		
	4 栄養部		
	5 保健部		
	6 法相部		
1970	第21回大会　8.4〜6（東京・お茶大）	50数セツル、850名	全セツ連中央機関紙「せつるめんと」第25号
	［分野別］4日午後、5日午前 28の分科会開催	［課題別シンポジウム］5日午後 ・安保と沖縄（講師川端治） （他のテーマは不明）	
		［課題別グループ討論］6日午前	

1971	第22回大会　3.4〜6（東京・学芸大）		
	［分野別］	［課題別］	
	1 児童部	1 70年から71年へ（沖縄・安保） 2 民主教育の課題 3 文化・イデオロギー 4 セツル運動における"総括"の意義と方法 5 現代の貧困と差別 6 地域活動 7 大学民主化とセツラーの果たす役割	
	① 小学生 ② 中学生 ③「家庭訪問」「父母の会」の実践を中心にして		
	2 青年部		
	① 高校生 ② 青年労働者		
	3 栄養部		
	4 保健部		
	5 法律相談部		
	6 幼児部		
1971	第23回大会　8.5〜7（北海道・北海道大学）		
	分科会設定不明		
1972	第24回大会3、6〜8（愛知・愛知県立大学）		
	［分野別］	［課題別］	
	1 幼児部	1 セツルと学問研究 2 セツル活動にとって大学民主化とは何か 3 中教審路線と国民教育運動の課題 4 総括の意義と方法 5 生活と健康と権利を守る課題 6 青年学生の生きがい 7 70年代の日本の進路	
	2 児童部		
	① 小学生 ② 中学生		
	3 青年部		
	① 高校生 ② 青年労働者		
	4 栄養部		
	5 保健部		
	6 法相部		
	7 婦人部		
1972	第25回大会　8.3〜5（東京・都立大）		
?	［分野別交流会］3日午後		氷川下セツル大会実行委
	［分野別］4日	［課題別シンポ・分科会］5日午前	
	1 幼児部　a 幼児と生活	1 セツルと学問研究 2 現在の情勢と私たちの課題 3 現代日本の社会問題 4 地域教育運動 5 現代社会と学生 6 ものの見方と総括の視点 7 大学での諸活動 8 セツラー集団のあり方 9 地域運動	
	b 幼児部活動と父母集団 c 幼児集団と遊び d 幼児集団と文化活動		
	2 児童部		
	① 小学生　a 現代の子供と地域 b 集団づくり c 勉強会 d 児童部と父母集団 e 行事へのとりくみ f 文化創造活動		
	② 中学生　a 集団づくり b 勉強会 c 中学生と地域・学校		

	3 青年部・高校生 ① 高校生　a 高校生の要求をどうとらえるか ② 青年労働者 a 地域とサークル b サークルのあり方 c セツラーのはたす役割と学ぶ内容 d 地域と青年運動 4 保健部 ① 日常活動 ② 地域ぐるみのとりくみ 5 法律相談部 法律相談部活動 6 栄養部		「やりぬこう！みんなで造るでっかい大会」
1973	第26回大会　3.7〜9（大阪・大阪府立大）		
	［分野別］ 1 幼児部 2 児童部 ① 小学生 ② 中学生 3 青年部 ① 高校生 ② 青年労働者 4 婦人部 5 法相部 6 栄養部 7 保健部	課題別シンポジウム 1 70年代の政治動向と私達の課題 2 現代日本の経済動向と地域問題 3 都市における貧困化と住民運動 4 70年代地域教育運動の課題 5 今日の青年問題と地域青年運動 6 実践のための哲学 ものの見方と総括の視点 7 現代社会と学問・ 学生のありかた 民主的インテリゲンチャへの廸 8 70年代学生運動の課題	
1973	第27回大会　8.5〜7（東京・東大本郷）		
	［分野別］ 1 幼児部 2 児童部 ① 小学生 ② 中学生 3 青年部 ① 高校生 ② 青年労働者 4 婦人部 5 法相部 6 栄養部 7 保健部	課題別シンポジウム 1 70年代の政治動向と私達の課題 2 現代の貧困化と地域問題 3 中教審路線と国民教育運動の課題 4 青年学生をめぐる文化思想状況 5 現代社会と学問・ 学生のありかた 民主的インテリゲンチャへの廸 運動別シンポジウム 1 地域教育運動 2 地域青年運動 3 生活と健康と権利を守る運動 4 大学民主化運動	

1974	第28回大会　3.5～7（京都・立命館大学）		
	［分野別］	［運動別・課題別］	
	1 幼児部	分科会設定は不明	
	2 児童部		
	① 小学生		
	② 中学生		
	3 青年部		
	① 高校生		
	② 青年労働者		
	4 婦人部		
	5 保健部		
	6 法相部		
	7 栄養部		
1974	第29回大会　8.8～10（北海道・北海道大学）		
	分野別分科会	課題別分科会	
	1 幼児部	1 日本の進路と統一戦線 2 今日の都市問題 3 地域民主化と新自治体建設の課題 4 教育をめぐる情勢と民主教育の課題 5 現代社会と知識人 6 国民のための大学づくりをめざして 7 日本の農村問題	
	2 児童部		
	3 青年部		
	4 婦人部		
	5 栄養部		
	6 法相部		
	7 保健部		
	8 高校生部		
1975	第30回大会　3.7～10（東京・都立大学）		
	分野別分科会	課題別分科会	
	1 幼児部	1 日本の進路と統一戦線 2 都市問題 3 地域の諸運動から学ぶ 4 地域に根ざした教育めざして 5 現代の社会問題 6 中教審の現段階と学術文化運動の課題 7 日本の農業問題 8 総括の意義と方法	
	① 地域の人とてをつなぐ幼児部活動 ② 幼児と遊び		
	2 小学生部ー地域子供会建設に向けて		
	3 中学生部		
	① 中学生をめぐる情勢（2つの分科会） ② 中学生と勉強会（3つの分科会） ③ 中学生と自主活動		
	4 高校生部ー高校生の生活と要求		
	5 青年部	大学別分科会	
	① 青年と共につくるサークル活動 ② 青年の組織化と地域青年運動		
	6 法相部		
	7 婦人部		
	8 保健部		

（注）22、24、26、27、28、29の各大会の分野別分科会は、各部について、更に分かれていたのではないかと考えられるが、手元の大会討論資料からはわからない。31回以降の分科会設定は不明。

全セツ連大会資料

Ⅰ 「60年テーゼ」

［全国セツルメント連合臨時大会討論資料（1960年）より一部抜粋］

よびかけ（1）

6月に開かれた全国セツルメント連合大会において、前書記局によって全国セツルメントへの一つの呼びかけが提案された。その呼びかけ（以下「呼びかけ」）とは討論不充分の理由をもって書記局より却下されたが、1958年秋の連合委員会以来書記局によって提起された、いわゆる「生産点論」とよばれるセツルメント運動方針を更に進めたものであったと考えられる。「呼びかけ」は情勢分析、総括をへて、最后に全国のセツルに対して「労働運動を強化する目的をもって」「労働部に結集すること」を呼びかけている。

セツルメント運動に関する明確な展望をもった理論は残念ながら現在我々の手にはない。そして、その点について依然として深い対立を含む様々な意見が存在している。その事は我々にとって悲しむべきことではない。活発な討論検討を通じて我々の理論を深めて行くことを期待することができるからである。だが、我々が注意しなければならないことは、セツルメント運動が現実に展開されている現状及びそのおかれている情勢についての、客観的科学的な分析をもち、その裏付けをもった論争を展開しよう、ということである。学生にありがちな頭の中だけでの理論の空まわり、現実を無視した空論を闘わせてはならない、ということである。セツルメントの「良さ」は、現実社会の実践の中に足をふまえているということに昔も今もあるのであるから。

こうした意味からも、我々は現在までに多くのセツルメントからも寄せられた「呼びかけ」に対する批判に改めて目をむけてみたい。それは、「呼びかけ」が現に展開しつつあるセツルメントの現状に対する分析を欠き、その意味では「主観的な空論」におわっていた、ということである。前書記局が自己批判をしていた様に、「呼びかけ」は全国に存在するセツルメント運動の状況をキャッチし分析することなしに作成されていた。このことは、この討論資料の総括の部分に述べられている様に「呼びかけ」が地域活動の積極的意義を否定し、労働部への転換を提案しているにもかかわらず、現在までに二、三のセツルをのぞいてはそのまま「呼びかけ」が受止められることなく、むしろ別な独自の方向に活動を発展しつつあるという事実がはっきりと示している。

いわゆる「生産点論」が提起していた一つの問題、即ち、国民の生活と文化の向上

をめざす一つの運動であるセツルメントが、現代社会においては労働者階級の闘争への何らかのアプローチが必要である、ということであり、その限りに於ては「生産点論」は正しい評価をされるべきである。しかし同時にいわゆる「生産点論」はその展開の過程の中で「生産点における活動」即ち、労働運動に対する直接的働きかけ乃至支援のみが唯一の正しい活動であるとすることによって学生大衆に基盤をおくサークルとしての側面を持つセツルメントに不当に「高度な」任務を要求することになった。したがって「生産点論」が多くのセツラーに「頭の中では」支持をうけながらも、実践活動の上で具体的にそれを取入れる基盤を持たず、多くの混乱を生み出したのである。現実に「生産点活動」にふみ出したいくつかのセツル（新宿セツル・板橋セツル・福岡セツル等）においても、現在活動の組織的基盤を失うという「行きづまり」に当面しているのである。「生産点論」が最初に生み出される基盤となった、「地域活動」の持つ矛盾欠陥を含みつつも「生産点論」が全国のセツルメントに受入れられた基盤ともなっていった。この「地域活動」の問題点は、未だに完全に解決されたわけではない。しかし、「地域活動」を中心に活動を展開してきたセツル　（氷川下セツル、八千代セツル、寒川セツル、清水ヶ丘セツル、青山セツル等）が現在までに様々な点でセツルメント運動としての発展を示しており、一度生産点にふみきったセツル（若葉セツル、浦和セツル等）も再び地域活動中心に運動を進めつつあるということ、更に最近新たに生れた或は再建されたセツル（中野セツル、尾久セツル、大阪女子大セツル、弥次衛セツル、札幌セツル等、多くは未加盟であるが）が地域の活動をもってぐんぐん成長しつつあるという事実は厳然としてあるのである。このようなセツルの活動に関して我々がいま特に注目しなければならないことは、殆どのセツルが単に従来の「地域活動」を無批判に継続しているのではなく、それぞれの形で「生産点論」による批判を受けとめており、とくに安保闘争の経過の中でみられた大衆運動の昂揚からの経験を何らかの形でくみ上げて運動を展開しているということである。こうした点について、更に具体的に考えてみる必要があるであろう。

若葉セツルでは現在『平和、民主主義、生活向上のため国民的結集をはかる力の一つとなろう』というスローガンのもとに、地域における小中学生、青年、母親を対象とした日常的な活動を展開している。氷川下、八千代町両セツルでは同様な考え方にもとづいて安保斗争の中では地域共斗の一メンバーとして地域に対する安保問題の呼びかけ、請願行動の組織などが行われ、その他国民年金、小児マヒワクチンなどの日常的な問題での啓蒙や組織化、母親大会、原水禁などでのカンパニヤなどが日常の勉強会等諸活動を基盤に組織的に取組まれている。大阪女子大セツルでは「　　　　　」（注：5文字空白）という活動理念のもとに勉強会を行い、その基盤の上に様々なカンパニヤ活動を行っている。このようなセツルがその理念としてあげていることは、セツルメント運動がその主体的条件からも、歴史的にも持っている「地域社会の問題の解

決＝生活文化の向上」ということを、日常的な諸活動を通じて地域の住民自らの立ち上りを求め、共に国民的戦線へのアプローチを行うことによってはかろうとすることにある。氷川下セツルは云う。『現代では、独占資本家がそれと結ぶ国家権力による国民への圧迫は国民生活のすみずみ迄及んでいる。国民各層の生活向上の要求はいやが上にも「政治」に直面しそれに対する追求なしには本質的な問題の解決は得られなくなっている。同時にこうした状況が生活向上のための広範な大衆運動の成立を可能にし、大衆自らの手によって要求を獲得してゆく可能性と必要性が生まれたのである。したがって地域におけるセツルメントの活動は、いわゆる「貧困救済」とか、単なる「労働運動への足がかり」という要素を客観的にも主観的にも変更せざるを得なかった。』このような考え方にもとづいて、地域に存在する様々な問題を学生であるセツラーが受止め、地域の人々と共に追求することによって「平和、民主主義、生活向上のため」（若葉セツル活動スローガン）の国民的結集の一環としての社会的役割りを果して行こうとするものである。これらのセツルは、安保斗争への取り組みの中から各自にその成果をくみとり確信を深めてきている。

このような観点は、いわゆる「生産点論」が全く無視乃至は否定してきた面であり、その理論的な正否に関しては現在の書記局においても一つの結論を下すことはできない。しかし、現実の運動の中で発展方向をたどりつつあるセツルメントの活動理念として正当な評価はなされるべきであろう。現書記局は以上のような点に立って次のことを全国のセツルメントに呼びかける。

①平和・民主主義・生活擁護のための国民的統一の一環として、対象とする人々とともにねばりづよい運動をすすめよう。

安保斗争は、その盛り上りの中で労働者を中核とする国民諸階層の広範な統一の可能性と展望を明らかにしていった。米日独占資本の経済的軍事的同盟としての新安保条約が、現代においては民衆の生活の一つの基盤であり世界中の民衆の共通且つ切実な願いである平和と民主主義に対する公然たる挑戦であり、日本人にとっては生活のすみずみにわたる独占資本の収奪の一層の強化を意味していた。ここに全日本が統一した目標の下に結集して行った基本的基盤がある。その目標とした新安保阻止はついに達成することができなかったのであるが、私たちはこの運動の過程で得られた無数の成果を大切にまもり、同時に露呈された弱点の克服のために今后の努力をつづけなければならない。弱点としての最大のものは、何といっても中心部隊たる労働者階級が充分なだけの力を発揮しえなかったということであるが、更にセツルメントとして考えなければならないことは、新安保阻止の運動が必ずしも国民の末端にまで行きわたっておらず、ぼう大な中小企業の未組織労働者を含めた未参加層の存在が運動の足をひっぱる大きな役割りをはたしていたということである。

社会の末端である地域において、民衆の自覚的な要求をくみ上げ、共に追求すると

いう活動は、安保斗争の中であらわれた民主陣営の弱点を克服して行くという上でも、一つの役割をはたしうるものであろう。また、このような位置づけを自らに与えないかぎり、「地域の生活文化の向上をはかる」とする活動は、その本質的解決の方向を見失い、自己満足に陥ってしまう危険を含むのである。現在、多くのセツルにおいて進められている地域活動は、このような方向を目指して各地域の特殊性具体性を生かしつつ、ねばり強く進められる必要があろう。

セツルメント運動は、学生を主体とする活動であり学生一般の多様な豊富なエネルギーを十分にくみ上げて行かねばならない。そのことは、一方でセツルに対して社会的に課せられる過重な期待要求によって自らの主体性と組織原則を無視した過大な任務を負わせる危険をも含んでいる。セツルが地域の様々な要求を「請負う」のでなく、地織の民衆自らの立上りを求め、地域に存在する様々な組織、運動との組織的な連携を求めるべきであろう。

労働者に直接働きかけることを目標とした［生産点論］にもとづく活動は、現在も新宿セツルをはじめ二、三のセツルにおいて行われている。しかし、学生としての主体に対する過大な要求から、かなりの行きづまりをもたらしている様である。「生産点」活動が現在改めて再検討されるべき時点であることを含めて、今后セツルの統一した理論の完成をめざして、努力をつづけたいと思う。

II 「セツルメント運動の二つの側面」

［全国セツルメント連合第14回拡大連合委員会（1963年）討議資料より一部抜粋］

5月の東京大会は、全セツ連史上最高のセツラーの参加（約600人）の下に開かれました。この参加者の増大の事実は、一方では全セツ連大会がセツラーの実践と要求に密接したものとなり、充実してきたことを示しており、根本的にはセツルメント活動が学生のサークル活動、社会活動として、はっきり定着し地道な発展をしている事を物語っています。多くのセツルをとり出してみても、着実に数年来発展してきております。多くのセツラーがそのセツル活動の意味と価値の高さは、そのセツル活動の具体的実践の中味と質によって定まるのだということをあたり前のことと認めています。それ故にセツラーの多くはセツル活動の実践の充実に非常に強い関心を払っています。これはとってもよい傾向です。

5月大会において、連合書記局はつぎのように指摘しました。

『われわれ全国セツルメント運動は、過去の一時的な混乱を克服した昭和35年の11月大会において安保斗争の貴重な経験の中から、「平和と民主々義、生活の向上のための国民的統一の一環として、対象とする人々と共にねばり強い運動をすすめよう。」という方向を確立した。』と。

そして私たちのセツルメント運動は、この方向にそって一貫して追求してさました。このテーゼを一層具体的につかまえ、実践の課題を明らかにする事を要請されています。まえにも述べましたように、全国のセツルメント活動は一般的には着実に前進しています。しかし一方では、マンネリズムに陥ったり停滞したり困難な問題にぶつかっているセツルもいくつかあります。

このような情勢の中で、あらためて、私たちのセツルメント運動の具体的テーゼを明らかにし、実践課題を明確化することは、極めて重要な意義を持っています。

私たちのセツルメント運動には二つの側面が含まれています。一つの側面は、私たちのセツルメント運動は、地域の父母大衆、青年、子どもの、生活の要求、文化的要求、健康の要求、教育の要求等々、具体的要求を出発点として、サンフランシスコ体制を打破する、独立、平和、民主主義、生活の向上のため　国民的統一の一翼をになう、人民大衆の運動であるということです。そして、学生のセツルメント活動を側面の援助として行われる、この地域運動の主体者は、あくまでも地域の父母大衆、青年であるということです。しかし、この事によって、地域運動の構成部分たる学生の役割は軽視される事は決してなく、しかも、ある問題、ある運動を進めていく上で、学生セツラーが、ある一定の段階、過程で、ある一定の範囲で、極めて重要な役割を担うことは認められねばなりません。そして、この点については、各セツルで、充分討論され、充分に、究明される必要があります。だが重要なことは、地域運動は、セツラーが地域住民の要求を頭で考えたり、ひねり出して始められるものではなく、地域住民に密着した、つまり地域住民の中によく入ったセツラーが、地域住民が切に、強く望んでいることを引き出す事によって始まるものです。地域住民に深く結びつき、住民の要求を敏感に反映し、引き出すような活動を保証して、初めてセツルメント運動は、その運動の真価を発揮しうるのです。地域住民との離反は、活動に生々としたところを失わせ、マンネリ化に導き、方向の喪失と意欲の減退を招き、又、学生セツラーの請負は、物理的、精神的負担の増大によって自滅の道を歩ませます。

私たちのセツルメント運動の第二の側面は、セツル活動が学生の様々な要求を基盤としたサークル活動であり、しかも全体を含む重要側面として、学生セツラーは、セツル活動を通して、民主々義的にも政治的にも覚醒され、教育されるべきであるという事です。学生セツラーにとってセツル活動が、様々の面で（民主々義的なもの、政治的なもの、人間観、社会科学的、etc）で学習の場であるという事は、大きな魅力であり、セツル運動の上でも、極めて重要な意義を持っています。又、学生が青年であるという側面も、サークル運営で軽視することも間違いです。

現在、停滞している、マンネリ化の傾向に陥っているセツルメントは、この二点で厳密に点検し、良い経験に学んで、ねばり強く改善する必要があります。

Ⅲ「セツルメント活動の基本的性格」

［全国セツルメント連合第14回大会（1966年）討論資料より一部抜粋］

（1）セツルメント活動のこれまでの発展

最初に述べたように、特に60年以降、活動に参加するセツラーやセツルが順調に増えてきました。しかし、単に量的に発展しただけではありません。保母学校、栄養短大、看護学校を含む、一昔前では考えられなかったような広範な仲間が参加するようになっています。学ぶ専門や分野は違っても、机の上だけの勉強でなく、現実の社会（地域）に飛び込み、そこにある大小さまざまの矛盾と四つに組み、地域の人々と共に悩み、喜ぶ中で自分の生き方を学んだ沢山の学生セツラーを社会に送り出してきました。そして現に、かつてなく沢山の学生セツラーが地域実践でぶつかる問題を直接・間接の媒介にして自分の生き方について、大なり小なり真剣に考え合っています。更に生き方と結びつけて実践内容も真剣に追求され、例えば児童部で集団主義教育が研究され実践に生かされているように、経験の蓄積と、他の民主的な運動の成果に学んで豊かになり、それぞれの地域でより信頼を得、一定の役割を果してきています。

このように、この間のセツル活動の発展は何よりも、一貫して、主体である学生の変革の問題が重視されるようになってきた点にあります。この春の大会で跡づけられた大会基調報告の流れを見てみてもそのことが言えます。

学生の主体的条件を無視した生産点論の破産が宣言され60年テーゼが打ち出された大会で「セツルメント運動は、学生を主体とする活動であり、学生一般の持つ多様な、豊富なエネルギーを十分くみあげていかねばならない」、62年12拡連委で「セツルメントの運動は、地域の具体的・直接的な、多様な課題要求、そして平和と民主主義についての一般的要求を出発点とし、それらを発展させていくものであり、学生セツラーはそのような要求の上に立つ地域の人々の主体的な運動にセツラーなりに参加し、学生の持つ力・エネルギーを創造的にいろいろな型でその運動の方向に役立てていこうとするものである」とされています。そこには、まず学生の要求から出発するのではなく、地域の一般的要求から出発するという弱点が含まれていますが、学生を主体にするという点では前進の方向を示していました。次の九大会で始めてセツラーについての分科会が持たれセツラーの「意識変革」が強調され、更に翌63年14拡連委で「私たちのセツルメント運動の第二の側面は、セツル活動が学生の様々な要求を基盤としたサークル活動であり、しかも全体を含む重要側面として、学生セツラーはセツル活動を通じて、民主主義的にも政治的にも覚醒され、教育されるべきであるということです。学生セツラーにとってセツル活動が様々の面での学習の場であるということは大きな魅力であり、セツル運動の上でも極めて重要な意義を持っている」とされました。この14拡連委の指摘は重要な内容を含んでおり、その後、60年テーゼと二

つの側面が、セツル活動の原則のように言われてきました。しかし、この「二つの側面」は、セツル活動が学生の要求に基づいたものであり、その主体があくまで学生であるという点であいまいさを残しています。それがこの春の大会では、60年以降の歴史を総括した上で「セツル活動がセツラーの多様な要求に基づくサークル運動の側面が強調されるようになり、その過程で、セツル活動が自己変革の運動であることが、次第に多くのセツラーに理解されるようになったことに注目する必要があるとし、更に「セツルのサークル運動、自己変革の運動としての側面を、もっと理論的に明確にし、多様な要求を持って入部してきたセツラーが、当初の要求をどのように実現し、更にその要求をどのように発展させたのかを明らかにし、もっともっと多くのセツラーがその点を理解できるようにする段階に現在きていると考えます」と述べられました。このことが大会のさまざまの場で、多くの仲間たちによって強調されたことが春の大会の大きな成果でした。

現在のセツル活動を更に発展させ、ぶつかっている一定の困難〈(3) でふれます〉を克服してゆくためにも、60年以降の発展の主要な面をふまえてセツル活動の基本的な性格をはっきりさせることが重要になっていると思います。

(2) セツルメント活動の基本的性格

私たちが毎日の実践の中でぶつかってきたように、地域には実にさまざまな矛盾がうずを巻いています。子供たちが明るく健康に成長する環境は保障されず、社会の矛盾がしわ寄せされ、そのはつらつとしたエネルギーはともするとゆがめられがちです。お母さんは高物価・重税の生活破壊の中で日々の生活に追われ、パートタイムや内職を余儀なくさせられています。子供のことをゆっくりかまう暇もなく、生活の苦しい原因について考える機会も奪われています。その一方で、子供を戦争に狩り出すための「自衛官募集」のポスターが、はばかることなくベタベタ貼られ、陰では自衛隊適格者名簿まで作られています。特に、私たちと同じ世代の働らく青年たちは、私たちと違って教師になろうとか何になろうなどという将来の見通しなどまるで持てません。中卒で働らくことは何か既定のことで、大学は勿論高校へ行くことさえ夢にも考えられなかったという青年が沢山います。このような現実は一見とてつもなく大きく、青年にあきらめることを余儀なくさせています。

では、私たち学生は以上のような問題のワク外にいるのでしょうか。そんなはずはありません。セツルメント活動の基本的性格を考えるとき、どうしてもその主体である私たち学生自身の分析が必要です。

私たちが受けてきた学校教育は、ごく最近の「期待される人間像」に至る一連の反動文教政策の下で行われてきました。戦争を知らない民主主義的な戦后の世代に対し、侵略と軍国主義復活をすすめる米日反動は、その目的に役立つ人間を作るための「マ

ンパワーポリシー」による差別と選別の教育を強引に押しつけてきました。高校はますます予備校化し、真理を探求する勉強など片すみに押しやられ、友だち同士の真の友情や仲間との連帯も生れにくくさせられています。こうして大学にはいってきた私たちは、その成長過程からくる影響を大なり小なり受けています。沢山の仲間が連帯するなどということが信じられなかったり、自分のことだけ考えていれば一定の生活は保障されているところからくる利己的、個人主義約傾向、学者や文化人は尊敬するが労働者は見下すという労働べっ視の傾向等を根強く持っています。また、生産労働の経験がなく、社会生活の経験に乏しく、社会的政治的問題について主に講義や新聞、書物などによる知識をとおして接近するために、観念的になりやすく、公式主義や一面的な認識に陥りやすい傾向をもっています。

しかし、同時に受験競争の高校生活に多かれ少なかれ不満をもち、「大学にはいったら生きた本当の勉強がしたい、サークル活動もやりたい、友だちも作りたい」等の要求をもって入学してきます。そしてこの要求は、大学が軍国主義体制強化の道具にされつつある現状の下で、ますます強いものにならざるをえません。また、卒業後自立的地位につくことがますます困難にされ、個性の尊重されない、従属的な雇用関係に組みこまれざるを得なくされているなかで、将来についての不安をもっています。さらに、戦後の民主教育の成果として、あいまいながら「平和と民主主義」についての要求をもち、青年共通の不正・不合理を許さない正義感、エネルギーをもっています。そして、ほとんどの学生が底流として、観念的傾向や、利己的、個人主義的傾向に徹し切ることはできず、不安を感じ、机の上だけの勉強ではなく、実際の社会の現実にふれ真実を知りたいという一般的要求を大なり小なりもっています。

このような要求は、将来、社会の働き手として巣立っていくための成長期、思想形成期にある青年学生にとって、最も基本的であり不可欠な要求です。そしてそれは、必然的に自分を変革することに通じる要求です。

私たちのセツルメント活動は、このような学生なら誰もが潜在的に持っている要求をその基礎にした活動です。そして、セツルにはいってくるときに大部分の学生がもつ友だちが欲しい、子供と遊びたい、働く青年やお母さんと話してみたい、専門の勉強と結びついた活動がしたい、何か社会活動をやってみたいなどの具体的要求を出発点にしています。これらの要求は、前述の地域に存在するさまざまな矛盾とそこからくる地域の人々のさまざまな要求と結びつく性質のものですし、又、結びつかなければ決して実現されません。まさにこの点で、私たちのセツルメント活動は地域のお母さん、青年、子どもたちの生活の要求、文化的要求、健康の要求、教育の要求等々の具体的要求を出発点とする地域の人々自身の運動に一定の役割を果すことができ、その支持と信頼を得ることができます。そして、何よりも大切なことは、私たちが具体的に地域に働きかけ、当初の要求を実現させせることを通じて、具体的社会の現実を知

り、そこから多くのことを学ぶという点にあります。子どもや、働く青年、お母さんたちの気持や感情がわかり、要求を一緒に考えることができる人問になり、そういう地域の人々の立場に立った将来の生き方を身につけるということが大切な点です。このことによってこそ、地域の人々の要求に真に応えることができ、独立・平和・民主主義・生活向上のための国民的統一の一翼をになうことができます。セツルがこのような活動として存在し、ますます多くの仲間が参加してくること自体大きな意義があります。したがって、私たちのセツルメント活動の基本的な性格は、学生の、真の友情を得たい・子供と遊びたい・働く人々と話して何かを得たい・専門の勉強と結びついた活動がしたい・社会活動をやってみたい等の要求を具体的出発点にし、第二に、これらの要求を、仲間と共に実際に地域に働きかけるなかで実現する活動であり、第三に、そのことをとおして社会の現実にふれ、働く人々の生き方から学び、私たちの生き方を追求する学生のサークル活動である、ということです。

私たちは、このセツル活動の、普遍的な五つの要求に基づく三つの基本的性格を確認すると同時に、次のような傾向に注意を払う必要があります。

その一つは、実践活動が軽視されたり活動の質が下がることを心配するあまり、地域の要求をどれだけとり上げ組織できたかという面のみを重視する傾向です。しかし、私たちが地域でぶつかる矛盾は実に複雑で時として深刻です。私たちセツラーが「解決してあげる」には余りにもぼう大です。しかもセツルには毎年、いろんな要求をもって新らしい仲間が参加してきます。長くても四年間で入れ替り、基本的に学ぶ側面をもっている学生サークルとして、セツル活動が地域で果す役割には明確に一定の限界があります。そして何よりも、地域の要求を実現してゆく主体はあくまでも現実に地域で生活している人々です。この原則を無視して、セツル活動を、地域の矛盾を解決するための活動と規定するならば、終局的には学生インテリ好みの「ザセツ」に行きつかざるを得ないし、一部の「意識の高い」学生の活動にセクト化してしまいます。あるいは全く逆に、単なる地域奉仕の活動に矮小化する道を開きます。

もう一つは、セツラーの自己変革を実践活動と切り離して重視する傾向です。しかし、私たちは地域の人々の要求について真剣に考え、その実現のために一緒に活動する中で実践的に学ぶのであり、抽象的な自己変革はありえません。また、この傾向は、学び変る面を一面的に強調するところから、私たちが学生であることの積極的意義を見失わせる結果を生みます。地域の子供たち、働く青年、お母さんたちの気持や感情がわかり、一緒に考えられるような学生になってゆくことは、私たちが誰のために勉強するのかを明確につかむことでもあり、そうした時に地域の人々からも声援され学生としての本当の誇りをもつことができます

「はじめに」でもふれたように、このセツル活動の基本的性格は．特にこの半年間、全国のセツラーが築き上げた実践の正しい総括から導き出されるものです。したがっ

て、セツル活動の現状と問題点との関連で、実践的に理解することが必要です。

Ⅳ「24回大会基調」

[24回大会基調の理解をより深めるために、第24回大会（1972年）の一部に加えて、第25回大会（1972年）、第26回大会（1973年）の各討論資料の一部も抜粋]

＊「セツルメント運動の社会的性格」（24回大会討論資料7頁）

現在の学生セツルメント運動を成立させている社会的基盤は戦前の社会と異なり、現在の日本に於いては、本質的には全地域と全国民に共通する課題を持っているということが、現在の学生セツルメント運動を特徴づける上でのもっとも重要なポイントとなっています。地域の問題と要求は、学生の持つ問題と要求と共通の根源をもつものであるという66年テーゼの指摘は、地域の問題を解決することなしには、私たち学生の問題も根本的には解決できないということ、すなわち地域の問題は決してそこに限られた特殊な問題ではなく、私たち学生の問題そのものであるということを意味しています。（中略）二つは、根本的には同質のものであるといえます。しかしながら、地域の人々の問題が私達に対してそうであるように、私達が地域の人々が抱える問題とは相対的に独自な問題を、その学生という社会的位置からくるものとして抱え持っていることもまた事実です。（中略）このような社会的基盤についての理解にもとづいて現在の学生やセツルメント運動の社会的性格を簡単に言い表すとすべての国民が生活する、“地域”という場に典型的に現われる日本の社会的諸矛盾と、その社会的諸矛盾の一部に他ならない学生の諸矛盾の両方の矛盾の統一的な克服をめざして行なわれる学生のサークル活動であるといえます。

＊「住民主体の原則とセツラーの役割」（同18〜19頁）

この間の地域ぐるみの運動はこうした原則（住民主体の原則＝引用者）にたち、今まで「地域変革の主体は住民自身である」という第14回大会基調で確立された運動における住民主体の原則をとらえる時にもっていた、「だから学生であるセツラーは『学』べばいいのだ」という学生のもつ説教的な役割をみきれない、学ぶ内容そのものを貧弱にする受身的な傾向や「だから地域住民が立ちあがるのをまつ」という待機主義的な傾向、また住民主体の原則をも認識しえない請負い主義的な傾向を克服しつつ、住民主体の原則が地域ぐるみの運動を発展させるための必須の課題であることを実践的につかんできていることにあります。」

＊「セツルメント活動の社会的基盤」（第25回大会討論資料7〜8頁）

66年テーゼ＝「基本的性格」は、セツルメント活動の学生にとっての価値を明らか

にしましたが、一つひとつの地域実践が何を目指すのかは、今一歩明確にされていません。24回大会基調の述べた「社会的基盤」はそれを明らかにしました。児童部については「働く国民の子どもへの願いにもとづいて日本の未来を担うあとつぎを育てるという大きな意味をもつ」と、それが地域の父母と協力して行なう教育運動としての性格をもつものであると規定しています。また、青年部では「現代日本の中枢を支え、またそれだけにもっとも厳しい状況の下に生きている青年労働者の現実に立脚している」と、広い青年運動としての観点が打ち出されています。専門部活動では、「全ての専門部活動は私たちが専門の領域からとらえる部分的な問題に立脚しているのではなく、地域の人々の全生活領域にわたるあらゆる問題と、それを克服しようとする力強い要求にこそその立脚基盤をもっています。」と明示しています。

＊「児童部活動の立脚基盤」(第24回大会討論資料8～9頁)

川崎セツル児童部の実践です。川崎君のお父さんから家庭教師になってほしいと頼まれたセツラーは困ってしまいました。それは、「お父さんの子どもへの教育要求が上級進学、出世の武器獲得という歪んだ願いになっていることをどう考えるべきか」わからなかったからです。(中略)毎日夜勤で働くお父さんは「俺のようになりたくないなら勉強しろ」「勉強しなければ、中学でてすぐに職工にやるぞ」とどなりつけます。(中略)こういう問題は川崎君の場合だけに限られたことではなく、地域の中のどの親や子どもにもほぼ共通する問題だととらえて勉強会にとりくんでいくことになります。(中略)当初セツラーは、素直で明るい川崎君の力を大きく伸ばしていくことのみに目を奪われがちであったため、お父さんの子どもへの教育要求を、どうしてもそれと対立するものとしてしかとらえきれませんでした。もちろん、こうしたお父さんの川崎君への願いが、現実社会の歪みからくる影響を多分に受けているものであることは変りありません。しかしセツラーが川崎君の健全な成長にとって良くないからと、こうしたお父さんの要求を排斥したままで、子どもだけに目を向けて実践を進めていくならば、それは、その立脚基盤とすべき現実との溝をますます深めていくことになります。(中略)それは働く国民が背負わされている重々しい矛盾の反映であり、私達の実践はこうした現実にこそ立脚しているものなのです。すなわち、人間が立派に育てられ、教育されるということは、まず何よりも働く国民にとっての生きる上での必要なのであり、子どもの教育は、その子どもの親にとっての問題だけでなく、社会的な関心事なのであり、次の時代がどうあるべきかという国民全体の問題と直結してくるのです。学生セツルメント運動における児童部活動は、このような働く国民の子どもへの願いにもとづいて、日本の未来を担うあとつぎを育てるという大きな意味をもつ活動でもあります。

＊「70年代のセツルメント運動の4つの課題」（第26回大会討論資料34～35頁）

第一には、運動全体に、学生の運動としての「学ぶ」課題の積極的追求をはかる事です。私達の実践活動と学ぶ事の統一的発展を実践過程として確立する事、独自な学習活動の強化により、運動全体の科学化をはかる事があげられるでしょう。この学ぶ運動を強化する事は、私達が学ぶ要求と権利を基本におく学生である事のみならず、70年代の複雑で深刻化する地域の矛盾の激化が、私達セツラーの地域の総合的で科学的な認識と地域の人々の立場に立った思想を要求している事からも重要です。

第二には、地域への総合的組織的なかかわりを強め、地域実践の安定した発展をかちとる事です。ひとつには、地域実践と学ぶ事の統一の課題、二つめには、地域の住民主体の内容を活動全分野に貫く事です。住民主体の内容を活動全分野に貫く課題は、何よりも日々の私達の活動を、地域の人々の要求と変革の力に依拠した活動として追求する事に他なりません。（中略）また、住民主体の内容を私達の活動全分野に貫く事は、地域の民主団体との組織的提携について新たな課題として提起しています。（中略）学生セツルメントの地域の要求に依拠しその実現に一定の貢献をはかる中で学ぶ事を主要な課題としている性格を明確にした提携が求められるでしょう。（以下略）

第三には、学園での組織的定着と総合的な活動の発展をかちとる事です。大学の民主化運動を押し進め「学びがいのある大学づくり」「国民のための大学づくり」を追求する事は、70年代の学生共有の要求でもあり基本的課題でもあるのです。そして私達のセツルメント活動を通じて発展させられる私たちの要求は、私達学生の生き方、大学のあり方を明確にした要求へと発展させられる性格をもっています。

セツルが大学にかかげる要求を明確にしつつ、大学民主化の闘い、サークル条件獲得の運動を更に押し進めてゆく事が求められています。また学生全体の要求、問題意識にこたえ、私達の活動の成果を全学生のものとしてかえす事、他サークルと友に学内学術文化運動の発展を積極的にかちとる事が重要な課題となっているのです。私達の学内での閉鎖性を克服し自治会、文サ連に団結し他サークルとの協力共同をもはかりましょう。（以下略）

第四には、地域学園での総合的で科学的な運動を全面的に担う組織、理論強化の課題を追求する事です。（以下略）

東京帝國大學セツルメントの設立に就いて
――末弘巖太郎の設立趣意書

智識と勞働が全く別れ別れになって了ったことは現代社會の最も悲む可き缺點である。現在我國には國費により又は私人の經營によって多數の學校が設立されて居る。けれども、それを利用して智識を研き得べき幸福な機會をもつものは七千萬の同胞中果して其の幾分の一に當るであらうか。明治このかた、教育施設が完備したと云ひ文化が大進歩を遂げたと云ふ。けれども斯の如き教育を受け文化を享樂し得るものは全國民中の富有なる一少部分のものゝみに限るのであって、多數の無産者は天生の才能を抱きつゝも尚到底不完全なる小學教育以上のものを受けることは出來ない。彼等の多數は貧弱なる智識を與へられたまゝで勞働の世界に送り込まれその一生を報ひられざる勤勞と憐むべき無智との間に過して仕舞ふ。斯の如きは實に無産者自らにとっての不幸たるのみならず社會全體のためにも亦甚しき損失なりと謂はねばならぬ。

幸に家富みて、學習の餘裕を有し又或は幸福なる運命によって修學の機會を與へられたる最高學府の教授並に學生、彼等は此の意味に於て現代社會に於ける智識の獨占者である。此の獨占者が其の天與の幸福を感謝しつゝ其の割き得べき一日一時の餘暇を彼等貧しき人々のために捧げ、以て、其の智識を彼等に分與する事は、社會國家のために大いに意義ある仕事と云はねばならぬのみならず、正に彼等幸福なる獨占者當然の義務なりと云はねばならぬ。それは實に彼の「富は債務を生ず」との原則の一適用に外ならないのである。

次に現代社會科學の最大缺點は空理徒らに進みて、之を基礎付くべき現實資料の蒐集研究が之に伴はないことである。而して此の缺點は従來只管に歐米先覺の糟粕を嘗むるに汲々たりし吾學界について殊に甚しい。此の故に眞に吾國の學問を活かし其の獨自なる發達を期するが為には机上の思惟に先立って、先ず社會を調査する事が必要である。最近諸官廳の手により其の他特殊の機關によって、追々此の方面の調査研究が進められるに至ったことは我々の最も喜ぶ所であるが此點について、更に一層重要なる事は學徒自らが平常自ら接するを得ざりし環境の中に定住し、以て、親しく社會の實相を直視し其の人と生活とを知ることでなければならぬ。斯くする事によってのみ眞に學問は活きるであらう。學によって指導せらるゝ政策も亦其の社會に妥當するであらう。現在我國學界の短所を知る我々は痛切に、しかく感ぜざるを得ないのである。元來セツルメントの何たるかは正確に之を定義し難いのである。乍併我々の企畫せる大學セツルメントは我々學徒自らの地位と能力とに鑑み現在我國に於ける、如上の短所を補正することを以て、

其の最少限度の任務とすべきものである。即其の一つは智識の分與であって其中には自ら社會教育と人事相談と醫療とが含まれねばならぬ。又其には、社會事情の實地調査であって、我々の定住と右智識分與の仕事とは、自ら此の調査に向って多大の便宜を與へる事になるのである。

今此の趣旨の下に我々のセツルメントが設立された。若き理想に燃えた青年は此の趣旨の貫徹を計る為め、今正に大いに働かうとして居る。

―大正十三年六月―

『東京帝國大學セツルメント十二年史』1937年2月発行より転載